Public Crisis Governance
in the Global Risk Society:
An Interpretation of the Cultural Perspective

全球风险社会下的公共危机治理：

一种文化视阈的阐释

王 丽 ◎ 著

社会科学文献出版社
SOCIAL SCIENCES ACADEMIC PRESS (CHINA)

目 录

前　言 ·· 001

第一章　研究综述 ·· 001
　第一节　现有研究的一般性分析 ·· 002
　第二节　现有研究路径和范式 ·· 008
　第三节　本书的研究内容与方法 ·· 018

第二章　全球风险社会 ·· 035
　第一节　全球风险社会的开端与发展 ······································ 036
　第二节　贝克风险社会理论述评 ·· 046
　第三节　全球风险社会：文化视角的阐释 ································ 057

第三章　文化视阈下公共危机的发展和演变 ································ 068
　第一节　文化与公共危机 ·· 069
　第二节　近现代社会之前的公共危机及其演化 ··························· 085
　第三节　近现代社会的公共危机 ·· 095

第四章　全球风险社会下的公共危机：现代文化的阐释 ················ 110
　第一节　全球风险社会下的公共危机：现代性公共危机 ··············· 111
　第二节　全球风险社会下的公共危机：结构性暴力 ····················· 120

第三节　结构性暴力分析 ………………………………… 133

　　第四节　全球风险社会下的公共危机：现代文化的分析框架 ……… 144

第五章　社会实在与公共危机 ………………………………… 154
　　第一节　作为社会实在集合体的现代文化 ………………… 154

　　第二节　结构性制度和制度性权力 ………………………… 166

　　第三节　社会实在与公共危机 ……………………………… 178

第六章　观念与公共危机 ………………………………………… 194
　　第一节　人类中心主义与全球生态危机 …………………… 194

　　第二节　对意识形态的再审视 ……………………………… 201

　　第三节　社会化大生产 ……………………………………… 211

第七章　社会化大生产与公共危机 ……………………………… 223
　　第一节　市场经济与公共危机 ……………………………… 223

　　第二节　资本主义与公共危机 ……………………………… 238

　　第三节　经济全球化与公共危机 …………………………… 248

　　第四节　技术与公共危机 …………………………………… 258

第八章　治理与公共危机 ………………………………………… 266
　　第一节　作为政治主权运转的治理 ………………………… 267

　　第二节　治理模式的演变 …………………………………… 273

　　第三节　公民社会自治 ……………………………………… 280

　　第四节　何谓治理 …………………………………………… 287

　　第五节　治理与公共危机 …………………………………… 293

第九章　风险和公共危机：现代文化的应对机制 ……………… 298
　　第一节　西方国家公共危机管理的开端 …………………… 298

第二节 西方国家公共危机管理行为的展开 ………………… 302
第三节 一般安全机制 ……………………………………… 308
第四节 社会保障制度 ……………………………………… 312

第十章 全球风险社会下的公共危机治理 ……………………… 317

第一节 公共危机应急管理机制 …………………………… 317
第二节 全球风险社会下的公共危机治理机制 …………… 320
第三节 全球风险社会下的公共危机治理转型：
　　　　文化视角的阐释 …………………………………… 323

附录：20世纪的公共危机 ……………………………………… 334

参考书目 ………………………………………………………… 366

后　记 …………………………………………………………… 383

前　言

在全球风险社会下，环境危机、粮食危机、能源危机、经济危机、政治危机、地区冲突与战争、恐怖主义、大规模暴力冲突、屠杀、流行性疾病、极端灾害性天气事件、贫困、饥荒、自然灾害、大型交通事故，等等，一直在持续不断地挑战人类社会的抗压力。游荡在全球各个角落的风险和频繁发生的各种公共危机向人们昭示这样一个事实：我们生活在一个"危机四伏"的时代。在全球风险社会下，面对重重灾难与各种突发事件，人类的生存和发展正在面临着日趋复杂和严峻的威胁和挑战。在此背景下，对全球风险社会及其公共危机治理的研究就更加紧迫和重要。

通过研究，本书发现：一、公共危机作为文化的产物，是在人类文化发展到一定阶段产生，并对人类发展造成重大影响。二、全球风险社会及其公共危机作为现代性风险集结演化的产物，是一种结构性暴力。三、全球风险社会下的公共危机这种结构性暴力系统的基质就是现代文化。全球风险社会及其公共危机是现代文化扩张的产物。四、现代文化本质上是一个由社会实在构成的集合。五、现代文化的实践过程主要体现为社会化大生产。现代文化是一个由知识的社会化大生产、制度的社会化大生产以及物质商品的社会化大生产构成的社会化大生产系统。社会化大生产的系统产物就是包括知识、制度、物质商品以及现代性风险在内的各种社会实在。六、20世纪90年代兴起的治理是现代文化的重要组成部分，其发展历史可以追溯到16世纪乃至更早。所谓治理，就是现代文化的管理方式，是一种对生命进行控制的权力技术体系，同时也是一种安全管理机制。七、现代文化不仅系统地生产出大量的现代性风险和公共危机，还形成了包括一般性安全机制、社会保障体系和公共危机管理机制在内的公共危机治理机制。

在对现代文化的理解和阐释的基础上，本书力图从六个方面对现代文化和全球风险社会及其公共危机之间的因果关系进行阐释和证明：一是从社会实在这一微观角度出发，分析社会实在与公共危机的逻辑关联。二是从观念层面分析现代文化之意识形态与公共危机之间的因果关系。现代文化的核心价值观念蕴含的矛盾与冲突是导致全球风险社会及其公共危机的内在根源。三是从现代文化的实践过程出发，分析社会化大生产与公共危机之间的逻辑关联。四是具体区分市场经济、资本主义与公共危机之间的因果关联。五是从现代文化的管理方式治理出发，分析治理机制与风险和公共危机之间的相互关系。六是对现代文化的风险和危机应对机制进行梳理，概括和总结全球风险社会下公共危机治理机制的内容、构成与问题。

本书的创新之处主要体现在以下几个方面：一是研究视角的创新，从文化视角对全球风险社会及其公共危机进行分析和阐释；二是对治理界定的创新，本书认为治理作为现代文化的管理方式，既是现代文化用以控制风险和管理公共危机的手段，其本身也蕴含着暴力和各种矛盾；三是在市场经济和资本主义与全球风险社会及其公共危机关系的阐释上有所创新，在对市场经济和资本主义进行区分的基础上分别阐述它们与全球风险社会及其公共危机之间的因果关系；四是研究方法的创新，从文化这个难以驾驭的整体性视角出发，跨学科、多角度，从宏观和微观两个层面对问题进行分析和论证。由于作为一种基础性研究，本书的研究主要集中于从现代文化视阈对全球风险社会及其公共危机治理作一种阐释性分析，因此在对策方面的探讨和分析较少，这在为后续研究奠定基础的同时也预留了进一步研究的空间。

第一章　研究综述

自20世纪80年代贝克提出风险社会理论，风险社会研究逐渐成为社会学领域的一个研究热点和重要内容。"9·11"事件之后，全球气候变暖影响下出现的各种极端灾害性天气、动辄肆虐全球的流行性疾病，以及全球经济危机……频频发生的公共危机从各个方面印证全球风险社会这一事实。今天，全球风险社会及其公共危机已经成为人类发展面临的重大难题，对这一问题的研究已经成为国际社会、各国政府和学者普遍关心的热点问题。这不仅在于全球风险社会下的公共危机是一个事关大多数人的公共安全问题，而且在于它是一个事关人类发展前途和命运的问题。萨义德说，所有关涉人类社会而非自然界的知识都是历史性的知识，因此，都有赖于判断和诠释。[①] 全球风险社会下的公共危机作为一个关涉人类生存和发展命运的问题，有待人们从更久远的历史角度，去做深入的阐释、理解和判断。任何一项社会科学问题的研究，都可以转化为对以下三个问题的诠释和判断，即"是什么""为什么"和"怎么办"。全球风险社会下的公共危机治理问题研究同样如此。依照这个思路，对该问题的研究也可以分解为"全球风险社会及其公共危机是什么？""为什么会出现全球风险社会及其公共危机？""全球风险社会下的公共危机治理是什么、目前的状况如何、该如何进一步应对？"等问题。其中，"是什么"和"为什么"这两个问题是研究的第一步，属于阐释和判断的范畴，在搞清楚这两个问题的基础上人们才能进一步谈论、分析"怎么办"的问题。因此，对人类当前所面临的这一困境——全球风险社会及其公共危机的形成原因、性质进行深入系统地阐释和判断，是人类摆脱困境的第一步，是人们思考和探索解决方案和应

---

① 〔美〕爱德华·萨义德：《报道伊斯兰》，阎纪宇译，上海译文出版社，2009，第209页。

对机制前所必须要完成的重要理论研究工作。本书的研究，力图从文化这个整体性视角开始，就全球风险社会及其公共危机的深层原因和形成机制进行重新梳理和诠释，对全球风险社会下的公共危机治理机制的内容进行阐释。从文化角度对全球风险社会下的公共危机治理进行研究，在一定意义上就是对全球风险社会、公共危机、治理及其系统基质——现代文化的一种全新判断和诠释。

任何一项新的研究都是在前人研究的基础上开始的，因此，对已有研究进行梳理是一项新研究的必须要完成的基础性工作。更重要的是，对现有研究在广度和深度两方面的不懈探索，能够极大地影响新研究的视阈和观点。因此，第一章的前两节主要是对现有研究进行梳理和分析，后一节着重阐释本书的主要内容及研究方法。

第一节 现有研究的一般性分析

全球风险社会下的公共危机治理的研究是一个以多个主题面目出现的综合性研究，其相关主题包括"公共危机管理""突发事件应急管理""公共危机治理"等。下面先就国外研究现状进行简要阐释（见表1-1）。

一 国外的相关研究

表1-1 国外期刊网的相关检索

数据库名称	收录时间段（年份）	检索词	检索方式（篇数）		
			title（篇）	keyword（篇）	abstract（篇）
EBSCO EBSCO出版社全文电子期刊	1966~2010	Crisis management	949 1966~2010年	无此项	2468 1937~2010年
		emergency management	742 1975~2010年	无此项	4878 1941~2010年
		crisis governance	5 2006~2009年	无此项	3 2005~2007年
Wiley-Blackwell Wiley-Blackwell全文及检索型数据库	1900~2009	Crisis management	108	40	4415
		emergency management	293	100	4912
		crisis governance	20	5	590
SAGE Journals online出版社全文电子期刊	1900~2009	Crisis management	78	51	137
		emergency management	24	17	42
		crisis governance	0	0	1

自从人类出现以来，以自然灾害为首的各种公共危机状态就一直环绕在人类社会周围。随着人类社会和文化的发展，公共危机的种类和内容不断地增加，公共危机逐渐成为人类文化发展的重要组成部分。尽管公共危机的出现很早，但是针对公共危机的研究和危机管理理论出现得很晚。系统的公共危机管理研究和公共危机管理理论的出现是现代社会公共管理和知识科学体系发展的产物。其最初的研究重点是自然灾害，随着公共危机内容的不断扩充，公共危机研究也在不断发展。"二战"之后，受两次世界大战和冷战格局的影响，大国关系和国家安全成为继自然灾害之后的第二个重点研究领域，欧美国家的民防体系也是在这一时期建立的。此外，私人企业的危机管理也开始出现，危机公关和处理成为现代企业组织管理的重要内容。20世纪60年代，环境保护运动和反战、反核运动风起云涌，学术界也对此做出呼应，在环境保护、战争反思等方面出现很多有分量的著作。80年代，冷战格局的打破和风险社会理论的提出，为人们思考全球问题提供了新的视界。两极格局的打破和"一超多强"局面的出现使得国家安全研究出现新思路、新成果。贝克风险社会理论的提出在全球引起了风险社会研究的浪潮。90年代后，地区战争和冲突的不断升级、极端气候事件的频频发生、各种公共危机此起彼伏的出现，全球气候变暖问题的凸显，引起人们对全球生态危机的广泛关注。与此同时，针对这些问题的新的公共危机管理研究形成一定高潮。这样，从早期的灾害研究开始，历经国家安全研究、环境保护研究、风险社会研究等内容，公共危机管理研究开始成为一门显学。总的来讲，各种针对风险和危机的研究纷纷出现，但尚未汇合成一股洪流。具体地讲，现有的公共危机管理研究主要分为以下几个领域：一是对公共危机管理过程进行的一般性研究，其代表性著作有赫曼的《国际危机》，阿金·伯恩的《危机管理政治学——压力之下的公共领导能力》，Dynes的《灾难中的组织行为》，罗伯特·希斯的《危机管理》，Jervis的《国际政治中的认知与错误认知》，格雷厄姆·阿利森的《决策的实质》等，他们均从管理学的角度对公共危机的管理过程进行分析和阐释。二是风险社会研究，主要集中在社会学领域。代表性著作有德国学者乌里希尔·贝克的《风险社会》和《世界风险社会》，安东尼·吉登斯的《现代性的后果》，斯科特·拉什的《自反性现代化》和《风险、环境和现代化：走向一个新生态》以及彼得·泰勒-顾柏主编的《风险的社会扩大》《风险的社会视野》（上、下）、《社会科学中的风险研究》等书。三是从国际政治的角度对国家安全进行的研究，其代表性著作有彼得·卡赞斯坦（Peter J. Katzenstein）的《国家安全的文化：世界政治中的规范和认同》和《文化规范与国家安全：战后日本的警察与军队》，泰勒的《变局中的国家安全》，布热津斯基的《实力与原则：1977～1981 年国家安全顾问回忆录》，迈克尔·曼德尔鲍姆的《国家的命运：19 世纪和 20 世纪对国家安全的追求》，詹姆斯·R. 施莱辛格的《国家安全的政治经济学》等。四是从全球秩序角度对现代社会暴力冲突的分析和研究，包括斯蒂芬·范·埃弗拉德的《战争的原因》，查默斯·约翰逊的《帝国的悲哀黩武主义、保密与共和国的终结》，理查德·克罗卡特的《反美主义与全球秩序》，玛莎·芬尼莫尔的《干涉的目的：武力使用信念的变化》，约翰·伯顿的《全球冲突国际危机的国内根源》等著作，他们对现代战争及国际冲突的现代性根源和国内政治经济根源进行了深入分析。五是从批判和反思现代性角度对大屠杀的分析和研究，其中齐格蒙特·鲍曼的《现代性与大屠杀》，格林的《大屠杀》，阿伦·哈斯的《大屠杀后遗症》等著作对大屠杀的现代性根源及制度成因做了深刻分析。六是以詹姆斯·C. 斯科特德的《国家的视角——那些试图改善人类状况的项目是如何失败的》，诺姆·乔姆斯基德的《失败的国家》及《霸权还是生存：美国对全球统治的追求》，詹姆斯·加尔布雷斯德的《掠夺性政府》等著作为代表，针对由国家制造的公共危机的研究分析。七是关于生态危机和环境保护方面的研究，包括罗马俱乐部的《增长的极限》《寂静的春天》，苏联学者弗道洛夫的《人与自然：生态危机和社会进步》，美国学者约翰·贝拉米·福斯特的《生态危机与资本主义》等。八是经济学领域关于经济危机的研究和分析，如英国学者格雷厄姆·特纳的《经济危机：自由市场的末路：housing bubbles, globalisation and the worldwide economic crisis》，诺贝尔经济学奖获得者保罗·克鲁格曼的《萧条经济学的回归和 2008 年经济危机》等，关于经济危机研究的著述极其丰富。九是关于恐怖主义的研究，包括诺姆·乔姆斯基的《恐怖主义文化》，爱德华·萨义德的《报道伊斯兰》和《文化与抵抗——萨义德访谈录》等著作对恐怖主义作了深入分析。十是关于流行性疾病和现代技术导致的公共危机的研究，包括《瘟疫与人》《疾病的文化史》等。除此之外，还有一些专门针对饥荒的研究，如诺贝尔经济学奖得主阿马蒂亚·森的《饥饿与公共行为》和《饥荒与贫困——论权力与剥夺》；一些专门针对暴力的研究，如齐泽克的《暴力：六个侧面的反思》，阿马蒂亚·森的

《身份与暴力——命运的幻想》，乔治·索雷尔的《论暴力》等。总的来讲，这些单项研究无论是从内容还是从方法上都对本书的选题和写作奠定了宽厚的理论基础和学术视野。

二　国内的相关研究

1. 国内研究现状

国内关于公共危机的研究起步较晚，"9·11"事件之后，公共危机管理才引起了政府与学者的重视，一些研究课题相继出现。但直到2003年"非典"之后，公共危机研究和应急机制建设才步入正轨。国内公共危机研究分为两个体系：一是自然科学领域的公共安全和公共安全管理研究体系，主要侧重从科学方法、技术手段等方面探讨对公共危机的应对，以实现公共安全。公共安全管理，根据夏宝成教授的描述，是我国自己采用的学科名称——在2004年中国工程院制订我国12年科技发展规划的会议上，将所有学科分为20个门类，其中公共安全列第9类。其研究内容包括六个方面：自然灾害、事故灾难、防恐反恐、基础设施保护、公共卫生和社会安全。[①] 二是人文社会科学领域的公共危机和公共危机管理研究，主要侧重从制度建设、应急机制构建、提高政府应急管理能力等方面解决公共危机。两个体系使用的名称不同、研究的侧重点不同，但研究的问题是一致的。

2. 国内研究分析

总的来讲，我国的公共危机研究包括两个方面：一个领域是对公共危机管理方面的历史研究，主要是对中国古代荒政的研究和理论总结；另一个领域是对当代公共危机管理的研究，主要集中在对当代社会公共危机管理的制度构建和政策研究上。

首先，荒政是中国古代政治治理的一个重要构成，也是中国古代政治制度研究的一项重要内容。由于中国自古以来就是一个幅员辽阔、自然灾害频发的国家，因此，荒政很早就成为中国古代政府治理的一个重要内容。中国古代荒政历经秦汉时期的创始、隋唐宋明的发展，在清朝时期最终形成了一个较为完整的荒政体系。对荒政的研究作为中国史学，尤其是中国政治制度始研究的一个分支，形成了一批高质量的学术著作，在一定层面上显示出我国在公共危机管理历史研究方面的丰富成果。这方面的代表作

---

① 夏宝成：《西方公共安全管理》，化学工业出版社，2006，第1页。

有邓云特的《中国灾荒史》，孙绍骋的《中国救灾制度研究》，卜风贤的《周秦汉晋时期农业灾害和农业减灾方略研究》，陈桦、刘宗志的《救灾与济贫：中国封建时代的社会救助活动（1750~1911）》，夏明方的《民国时期自然灾害与乡村社会》，李文海、夏明方的《天有凶年：清代灾荒与中国社会》，等等。此外还有海外汉学家对中国公共危机管理历史的分期研究，其代表作有法国学者魏丕信的《十八世纪中国的官僚制度与荒政》，美国学者戴维·艾伦·佩兹的《工程国家：民国时期（1927~1937）的淮河治理和国家建设》等。这些著作对于理解中国现阶段公共危机管理的过去和现在都具有重要的理论价值和实践意义。

当代中国对公共危机的研究主要集中在公共危机管理制度的构建和对策政策研究等方面。以2001年SARS危机为拐点，国内的公共危机管理研究逐渐走向高潮，并很快形成了较为丰富的理论成果（见表1-2）。

表1-2 中国期刊网的相关检索

数据库名称	收录时间段（年份）	覆盖期刊（种）	检索词	检索方式			
				篇数	关键词（次）	摘要（次）	主题（次）
中国期刊全文数据库	1994~2013	7700多	公共危机	2700	1848	7924	8476
			公共危机管理	1086	842	3217	3528
			应急管理	4023	3072	14554	15842
			公共安全	2355	1648	18401	19312
			公共危机治理	285	57	876	915
维普资讯（中国科技期刊数据库）	1994~2013	7000多	公共危机	2002	2332	2830	无此项
			公共危机管理	779	536	1021	无此项
			应急管理	3628	4840	6826	无此项
			公共安全	2102	4815	8636	无此项
			公共危机治理	141	65	204	无此项

当前我国的公共危机管理研究主要表现为两个特点：一是当前的公共危机管理研究在很大程度上受限于国家政策导向，缺少应有的独立性。根据表1-2数据统计可以看出，一方面，受学科划分和国家政策导向，国内的公共危机管理研究主要集中在两个领域：自然科学的公共安全研究和社会科学的应急管理研究；另一方面，就公共危机管理、应急管理和公共危机治理三项做比较，应急管理研究占绝对优势，而公共危机管理研究和治理研究则比较少，尤其是公共危机治理方面的研究数量更为稀少，这表明

国内公共危机管理研究在很大程度上受限于国家政策导向，缺少应有的独立性。二是就研究的内容而言，国内研究普遍侧重危机的对策和应对机制的研究，缺乏对公共危机是什么以及如何形成这两个重要的基础性问题的系统研究。在公共危机的对策和应对机制方面，可以简单地分为应急管理研究、公共危机管理研究和公共危机治理研究三个路径。关于应急管理机制的研究，包括一般性应急管理程序、地方应急管理、企事业组织应急管理和针对单一公共危机的应急管理几个方面的研究。公共危机管理研究的内容和类型与应急管理相近。公共危机治理研究数量有限，但都遵循把"治理"作为一种用以替代目前公共危机管理机制的一种新模式的思维，从多元主体参与等角度建构公共危机应对的新方案，具有代表性的研究有吴志敏的《当代中国转型期公共危机治理研究》（2008），廖惠芳的《公民参与公共危机治理的影响因素分析》（2009），马小伟的《公共危机治理中参与主体协作机制的构建》（2008），马晓东的《多中心治理视角下公共危机治理研究》（2007），张小进的《公共危机治理：概念、框架与体系构建——政府能力提升的视角》（2006）等。此外，2003年SARS危机后，国内对西方公共危机管理和应急管理的研究以及相关方面的译著显著增加，如北京大学万鹏飞主编的《美国、加拿大和英国突发事件应急管理法选编》（2006），夏宝成编著的《美国公共安全管理导论》（2007），《西方公共安全管理》（2006），杨桂英、杜文编著的《社区及家庭：公共安全管理实务》（2006）等。

总的来讲，当前国内公共危机管理研究主要集中在公共危机管理机制的构建方面，对风险社会背景下的公共危机的定性研究较少，整体呈现一边倒的情况。在危机管理方面，多数研究限于对应急反应机制及相关体制和法律、危机预警理论体系的处理，集中于对突发事件应急机制的研究和构建，缺乏对公共危机综合性、整体性治理思路的思考，对公共危机治理的整体性和长久性缺乏一个综合性的分析框架。如前文所言，任何一项社会科学的研究都包含对"是什么""为什么"和"怎么办"这三个问题的判断和诠释。尤其是对全球风险社会下的公共危机这样一个新兴的、复杂的领域而言，"是什么"和"为什么"两个问题的解决远比人们想象得更为重要。因为，只有人们真正地理解了全球风险社会下的公共危机"是什么"和"为什么"，才能深入地思考"怎么办"，才能选择正确的领域、正确的层面和正确的路径建构全面的应对机制。总的来讲，国内现有研究为本书提供了一定的理论基础，也提供了进一步扩展的空间。在国内研究目前整体一边倒的情况下，本书主要从文化，尤其是现代文化视角，就"是什么"和"为什么"这两个问题对全球风险社会下的公共危机治理进行研究和阐释。

第二节 现有研究路径和范式

由于风险无处不在，频频发生的公共危机涉及现代社会各个领域，因此不同学科都从各自的学科范畴和视角出发对现代性风险和公共危机进行研究，从而形成了各自的风险——公共危机研究路径或范式。这些不同学科的研究为全球风险社会下的公共危机治理研究提供了开阔的视野和丰富的方法论。

一 经济学路径的技术—理性范式

风险—危机研究遵循的第一个路径是经济学的技术—理性范式。技术—理性范式是建立在两个基本假设基础之上。第一个基础就是"理性经济人"假设，技术理性范式以此为基础运用理性决策模型分析风险—危机的应对问题。第二个基础就是风险的技术可控假设，技术—理性范式力图通过技术对风险进行测量和控制。即通过实证方法估算出风险和危机的概率值，然后个体在处理信息和估计可能性的基础上做出理性选择和决策，从而规避风险。在此，风险和危机被看作是一种能够被测量的概率数值，人们运用统计学方法测量出风险和危机的发生概率，然后根据值域的大小范围进行决策判断和风险应对。这种以统计—概率技术为基础进行理性决策的风险（危机）管理方式就是风险应对的技术—理性范式。在技术—理性决策范式中，风险被视为可以凭借概率论计算进行测量的客观实体，决策者完全依赖于统计—概率的计算与分析，通过对风险可能造成的损失、公众对风险的承受力、公众的需求和支付能力等项目进行精确估算。

技术—理性范式主要应用于商业保险、社会保险、企业安全管理和流行病学领域。商业保险是以统计—概率为技术手段，通过对商业风险进行预测，事先构建一种集体储备机制来帮助个体应对风险的机制。但一旦风险预测结果含有较高的不确定性，商业保险运作的风险值加大，商业保险制度就无法运作。社会保险是以国家为主体，利用政府公共支出构建的社会保障风险应对模式，是民族国家对内建立秩序、弥补市场经济发展带来的风险、维持国家持续发展的手段。社会保障体系，包括养老保险制度、最低生活保障制度、失业保险制度、国家工伤事故保险制度等内容，通过统计手段，以出生率、死亡率、失业率、就业率、工伤率、事故率等数据为基础，制定各项保障制度的标准和底线，以达到化解社会风险的目的。大企业和国防工业的安全管理是通过运用统计概率技术、运筹学和系统分析，全面衡量企业生产过程中存在的各种技术风险及值域，然后通过引进新技术和开发必要的新程序来消减风险，最终将风险缩减到一个可接受水平，以达到一种相对的生产可控性和安全性目标。流行病学和毒理学风险分析通过运用统计概率技术评估生活方式或饮食习惯等因素对某种疾病的影响概率，如吸烟与癌症的关联，避孕药与宫颈癌发病率的关联等，估测某种药物或治疗方法对某种疾病的治疗效果以及药物副作用的可能性及损伤程度；定义某个关联项与疾病的关系，某种治疗方案的治疗成效，新的药物的临床效果及相应的副作用等内容；然后以此为基础制定医疗方案并做相关决策。

综上所述，技术—理性决策范式是技术层面的统计测量与决策领域的理性决策相结合的一种风险—危机应对模式。这种范式的优势在于采取的是纯技术和理性决策路线，将个人情感和特殊情况剔除出去，具有一定的科学性和规范性，其主要价值在于风险的防范和危机事件的应急处理，而不在于消除。此外，该范式在实际运用中还存在一些问题。

技术—理性决策模式以假设、模型和理想状况取代实践知识，以概率推论取代经验知识，内含一种将复杂势态简单化的逻辑，沿此逻辑进行的理性决策又以"理性人"假说为基础。因此以统计—概率技术为核心的技术—理性决策模式对于那些因果关系明晰，预期伤害与损失可测量，原因和结果可控和可分离的风险来说很适用。但对于那些不确定性、破坏性难以计算和测量的风险来说，则超出了风险计算的限度，统计概率技术则无法真实反映风险的真实情况。因此技术—理性决策模式往往捉襟见肘。随着越来越多的诸如博帕尔事件不可控制事故的出现，技术—理性决策式风险管理制度的局限性越来越多地暴露在公众视野。技术—理性决策模式开始出现危机。

大体上讲，技术—理性决策模式的危机主要源于以下几个方面。

第一，技术手段日益先进、技术过程日益复杂，但技术在危机解决中的效力却在日渐下滑,这导致人们对技术的质疑和不信任。而新的替代技术中所隐含的新的不确定性是公众对新的解决方案也产生不信任和质疑。

第二,人们认识到事故的原因和解决方案并不是简单的技术归因和技术依赖问题,它包含着复杂的社会、制度、文化因素,技术并非解决一切问题的万能药,这使得人们对高成本的新技术应用日渐抵制。

第三,统计方法的技术缺陷;某些领域,一些新风险所具备的特征,使得依靠概率手段进行风险评估几乎无可能。统计概率技术无法提供给决策者所需要的数据支撑,这使得决策者难以决定何种程度的风险为可接受水平,从而难以做出相应的决策计划和制度安排。

第四,对统计技术和决策方式的关注有时往往超过了对风险本身及其实质性伤害的重视。研究问题的方法取代问题本身成为人们研究、关注和改进的对象,从而使该领域的风险研究在一定程度上偏离了主题。

第五,该方法的实施以成本效益评估为基础,一般选择风险和成本比例最平衡的方案来实施。对成本的估量在一定程度上削减了风险应对方案的效果。

二 心理学路径及其研究范式

心理学路径的风险—危机研究实际上包括两种范式:一是宏观视阈的人性—文化范式,以弗洛伊德和弗洛姆为代表,二是心理测量范式,强调试验的方法,通过心理测量、心智模型等研究手段分析个体的风险感知及应对风险的概念框架。

1. 人性—文化范式

心理学的宏观范式是建立在对人性善恶判断基础之上的。心理学家对暴力本原的研究证明了暴力的产生并非建立在人性"恶"的基础之上,而是文化的产物。以弗洛伊德和弗洛姆为代表的心理学家对公共危机的关注是建立在两次世界大战的基础上。世界性暴力与破坏活动日渐增多的事实激发了心理学大师们从心理学角度探求人类侵犯行为的本性和原因的决心。弗洛伊德使用了一个"更为强烈、更为准确的表达方式"——"暴力"一词来表达战争,进而提出对战争问题的研究实质就是对暴力问题的研究。通过对暴力的研究,弗洛伊德指出,人类之所以这么容易被战争的狂热所鼓动,是因为人潜在的破坏本能在起作用。与此同时,文化的发展也使得人类本身发生了变化,"就心这方面而言,文化的最大影响有两个:一是统治我们本能生活的智力得到强化；另一个就是攻击的内在化"。① 弗洛姆把"暴力"本能问题转化为"侵犯"问题，着重研究人的侵犯性的本质和来源。弗洛姆指出，侵犯性是一种人性，而非人与生俱来的本能。剥削和战争是人类文明化进程的结果，从父权社会开始的侵犯性行为——这种人性是在漫长的文明进化过程中逐步形成的。因此，大屠杀、大规模战争等集体暴力是现代文化的产物。弗洛姆将"侵犯"分为"良性侵犯"和"恶性侵犯"。其中恶性侵犯是人类特有的东西，它构成了人类生存的真正问题，构成了对人类生存真正的威胁。恶性侵犯是人类文明产生的一个恶果，人的破坏性的程度与文明发展程度成正比，而不是成反比。文明人把他的破坏性投射到人的本性中，以为这破坏性是人的本性。② 与弗洛伊德一脉相承，弗洛姆也侧重社会文化因素在暴力这类公共危机中的形塑作用。人性—文化范式在风险—危机根源的阐释方面具有很强的说服力和建设性意义，对于人们重新审视现代文化、现代文化与风险—公共危机之间的关系指明了方向。但由于文化的范畴过大、内容过于复杂，不宜于实际操作，文化视角的风险—危机研究还停留在观点层面。

2. 心理测量范式

与文化范式的宏观视阈不同的是，心理测量模式强调从微观的个体心理出发，通过对公众对已发生的风险的反应和态度等心理活动进行测量，获得公众对风险的可接受程度——风险感知，然后根据测量所得数据思考决策的可接受性，包括决策者选择以什么样的态度对待风险、选择什么样的方案解决风险、选择什么样的新技术应对风险。风险—危机研究的心理测量模式认为，公众对风险的界定和感知是主观的，公众的这种主观反应受到心理、社会、文化、制度等多方面因素的影响，这些因素和相互关系可以通过量化方式和模型来测量和解释公众对风险的认知、理解和情感反应。因此，可以通过一种心理测量技术检测公众的风险感知特征，以及各种社会结构因素是如何影响公众的风险感知，通过研究建立起公众的风险感知—反应的稳定模式预测和解释公众对某项具体的风险的可接受性，为决策者提供可靠依据。心理测量模式的运行逻辑是：根据风险的可接受程度，决定决策的可接受程度。心理测量的方法能够在一定程度上体现出公

---

① 《爱因斯坦与弗洛伊德关于战争深层原因的通信》，引自〔美〕E. 弗洛姆《人类的破坏性分析》，孟禅森译，中央民族大学出版社，2000，第552、543~545页。
② 〔美〕E. 弗洛姆：《人类的破坏性分析》，孟禅森译，中央民族大学出版社，2000，第16页。

众对不同风险的关注度、对风险关注的共同特点、什么样的问题在公众中引发了多少恐惧、人们对这些问题的熟悉程度等问题的数值值域,从而为决策者提供相当意义上的决策参考。但心理测量模式仍然存在这样几个问题:一是由于人们对风险的反应在不断变化,因此,很难测量出公众风险感知的真实数据。个体心态结构的复杂性、风险感知的国家差异和地区差异、社会分层等因素使得风险感知的稳定模式和不稳定模式相互混杂,因此,难以对风险的可接受性作总体预测。二是心理测量的测量对象和统计结果是一个主观性变量,对于风险的客观的实质性危害无法反应。在这里,"风险和风险感知之间表面上无害的区分获得了其重要意义——并且同时丧失了它的正当性"。[①] 三是决策者根据公众对风险的可接受性来决定政策的可接受性;不根据问题的性质而是根据公众对问题的主观反应做决定的决策的方式在一定程度上是一种机会主义和投机的做法。在这里,风险的实质性危害被忽视,因而该决策模式无法从根本上解决风险问题。尽管风险研究的心理测量模式存在诸多问题,但它还是向人们传达了一定重要信息:风险研究不仅就一种技术—理性方法,而且还有其他社会和主观纬度;与专家凭借专业知识体系的理性决策相比,公众的感知和价值取向在风险研究中同样重要。在风险知识的有效性上,专家的观点也并非完全客观和经得起检验。

三 社会学路径和社会放大范式

与经济学路径和心理学路径从个体到社会制度结构的思维方式不同的是,社会学路径遵循的是从社会制度结构到个体层面的逻辑研究方向。它不再以个体的理性特征和风险感知特点为基础进行风险决策的制定和选择,而是从社会宏观制度框架入手,分析社会制度和社会文化对个体行为的影响。社会学路径假设理解社会行为的最好方法是考察制度和文化对其的影响,而不是追随理性计划或个人情感影响,因此,社会学的风险研究将风险与现代国家和现代权力形式、经济形式、工作和家庭模式、技术创新以及文化转型等因素联结起来。在这种逻辑思维方向的指引下,风险研究的社会学路径从两个方面对风险进行阐释:一是以道格拉斯和拉什为代表的风险文化研究,二是以贝克及其追随者为代表的风险社会理论。

[①] 〔德〕乌尔里希·贝克:《风险社会》,何博闻译,译林出版社,2004,第67页。

1. 路径一：风险文化研究

风险文化模式主要基于这样的观点：风险无法脱离人的主观性认识而独立存在，只有当人们普遍认识到风险的存在，即一种关于风险的文化出现时，风险才能成为政治议题，进入政治议程，被人们所构建和进行制度化处理。因此，在风险研究中，风险文化就显得异常突出和重要。风险文化模式把风险意识看作是人们应对风险的一种手段，把风险文化看作是风险社会的认知手段和保护方式。两位盎格鲁—撒克逊社会人类学专家玛丽·道格拉斯（Mary Douglas）和阿伦·维尔达夫斯基（Aaron Wildavsky）在 1982 年出版的《风险与文化》一书中展示了这种分析。在贝克的风险社会理论风靡理论界之后，风险文化理论又以风险社会理论的批评者的姿态再次出现，其代表人物是斯科特·拉什。与玛丽·道格拉斯和维尔达夫斯基的功能主义角度方法不同，拉什的观点更具颠覆性。拉什首先借用经济学的新自由主义观点，认为风险社会是一个依赖自然调节的、充满非确定性的无序状态。但与新自由主义强调制度和制度创新所不同的是，拉什认为对风险社会的治理需要依靠文化层面的实质性价值观念或者信念，通过价值和信念的引导进行风险治理，而不是依赖制度和制度创新。风险文化的价值取向和目标诉求就是取代目前的"制度性社会"，构建一个新的风险文化社会。

2. 路径二：风险社会理论

贝克的《风险社会》最初于 1986 年以德文出版，1992 年英文版的《风险社会》（Risk Society，Beck，1992）出版后开始在风险研究领域产生极大影响。随后发表的《世界风险社会等于世界主义社会？认为不确定性框架中的生态学问题》（1996）、《知识还是无知？关于"反思现代化"的两个视角》（1996）、《亚政治：生态与制度权力解体》（1997）、《9·11 事件后的全球风险社会》（2001）等文章进一步深化了贝克最初的观点。贝克的风险社会理论集中于在社会学框架内对生态领域出现的风险从成因、后果，以及应对方案几个方面进行探讨。贝克认为，风险社会是工业化进程过度生产和现代社会系统合谋的产物，生产力的指数式增长、不断创新的科学技术、知识体系、现存的标准体系和制度规范都是风险社会的始作俑者和推动者。工业化生产的过程、决策和现代文明构成了风险社会的滥觞。整个社会机制的"有组织的不负责任"使风险得以系统生产和向全球扩散，风险社会本质上是一个全球风险社会。风险社会下，风险的分配逻辑与财富的分配逻辑交织在一起，共同作用并影响着整个社会的进程。风险逻辑的分配不再遵循传统的阶层逻辑，与此相对应，基于风险的社会动员也不再遵循社会阶层团结的逻辑，而是按照风险的逻辑进行安排和组合。自反性现代化使得第一现代性的核心支柱在第二现代性中土崩瓦解，第一现代性中的核心家庭结构、权力结构体系、制度化和标准化要件及程序在第二现代性中被解体，以环境保护运动和符号性群众抵制运动为代表的亚政治崛起。在贝克看来，对于风险社会，亚政治比专家政治更具变革性和参与性，面对全球风险社会，人类必须重新发明政治。人类需要构建新的"全球社区""全球市民社会"和"全球管理"，在"世界主义民主"的号召下，必须进行政治主体的再创造，由"全球市民社会"和"世界主义党"引领的"世界主义运动"和"世界主义政治"将在风险治理的"世界民主化"进程中发挥巨大作用。①

与贝克的社会变迁分析路径不同，英国学者安东尼·吉登斯主要侧重于从现代性理论出发阐释风险。吉登斯认为，现代性是一个双重现象。在对马克思、涂尔干、韦伯等社会学经典理论家的思想剖析后，吉登斯指出，社会学经典理论的缔造者们往往重视的是现代性的"机会方面"，没有人对现代性的负面影响作过系统讨论，因此，他要对现代性的双重特性作制度性分析。在吉登斯看来，现代性在制度层面是多维的，因此，作为社会学最高目标的"秩序问题"就应被看作是时间—空间伸延的问题。现代社会中，"时间的虚化"和"空间的虚化"导致虚化时间和虚化空间的出现。时间—空间的分离性不仅是脱域过程的初始条件，还为现代文化机制的独特特征及合理化组织提供了运行机制。脱域机制同时也是一种风险形成机制。所有的脱域机制都包含着一种信任态度，而风险的产生恰恰与这种信任相关。风险与信任交织在一起，在信任所涉及的制度框架中，风险被制度化。风险社会下，安全是一系列的特定危险被消除或者被降低到最低限度的一种情境，通常建立在信任和可接受的风险之间的平衡之上。②

3. 社会放大范式

与前述研究模式不同，风险研究的社会放大模式是对不同研究方法进行整合的一种尝试，因此它看起来更像一种大杂烩。风险研究的社会放大

---

① 〔德〕乌尔里希·贝克：《风险社会》，何博闻译，译林出版社，2004，第15页。
② 参看〔英〕安东尼·吉登斯《现代性的后果》，田禾译，译林出版社，2000，第6~31页。

法（SAEF）是由克拉克大学研究组提出的，该模式认为心理测量法中的风险感知缺乏一种动态视角，忽视了周围媒体环境等因素对公众风险感知的影响，而公众获取的信息和知识大多是二手的，是通过诸如大众媒体等机构提供信息和通过信息交流获得的，这些信息通过中间传播机构的过滤、放大或缩小，然后进入公众视野和脑海。因此，该模式提出媒体和其他途径的风险信息交流对公众风险感知的影响具有决定性作用，因此，它试图整合不同路径把现有的研究联结起来，构建一种综合性分析框架，将风险感知和风险信息交流的认识结合在一起，综合描述影响公众风险感知的方式和过程。

风险研究的社会放大模式，其基本模型包括两个阶段。第一个阶段在于确认影响公众风险感知的基本动态过程，包括信息传播（或不传播）渠道的运作过程、社会制度对信息符号的修改过程、个体因素对信息符号的影响过程、抗议行动对信息符号的影响过程、政治等制度环境对信息符号的影响过程、风险进入决策议程的过程，等等。第二阶段，风险信息开始传播，第一阶段的各种过程开始发挥作用并形成反馈，风险信号在这些过程的交互影响和运作中被重新塑形：放大、缩小、增添新内容或过滤。如贝克所言，风险社会下，通往媒体的渠道成为决定性因素。[①]

风险研究的社会放大模式指明了风险信息的传递是可以随意被社会界定和建构的这一事实，并针对这种事实建构了相关分析模型。风险信息在社会系统中是可以被随意地改变、夸大、转化或者削减的，掌握风险定义话语权的是大众媒体、专家、公共性官方机构、权威部门等拥有关键社会和政治地位的机构和人群。而公众的风险意识最终成为各方力量建构、修改、隐蔽后的产物，因而是"二手的非经验的"。[②] 社会放大模式突出了风险感知的社会建构性，对风险感知的研究增添了新的力量。

有学者批评风险研究的方法框架，其本身并不是一种界定明确的理论，并且其分析模型缺乏预测力。社会科学的研究一定要理论分明、具有预测性和指导性吗？上述这种批评本身就是一种专家理性至上思维在作祟。学术研究不一定都要具有预测性和构建出一套理论体系来。提出一种综合性框架，对问题提供另一种角度的分析，为公众独立决策提供分析材料，其

---

① 〔德〕乌尔里希·贝克：《风险社会》，何博闻译，译林出版社，2004，第33页。
② 〔德〕乌尔里希·贝克：《风险社会》，何博闻译，译林出版社，2004，第85页。

本身也许是一种更大、更具实用性的价值。

与"跨学科"相比，基于方法论不同的理论壁垒同样要打破，定性与定论、现实主义与自由主义、理性主义与建构主义、专家与外行，视角不同而已。当前的研究是针对同一个问题、同一个人类群体的共同命运的分析，需要一种整体的、统一的视角将各种方法糅合在一起，逐一审视、反思，随后融合。整体性视角、综合性方法是全球风险社会研究的另一个重要任务和要件。

四　公共管理学路径及相关范式

一直以来各国政府都将对社会风险和公共危机的处理当作己任。自20世纪八九十年代以来，在公共管理学的兴起、人类进入全球风险社会和频频发生的公共危机这三个因素的推动下，风险应对和公共危机管理成为公共管理学的一个重要议题。就当代而言，公共管理学领域的风险（危机）研究有四个分支：风险预警机制、突发事件应急机制、公共危机管理论和公共危机治理论。

1. 风险预警机制研究

公共管理领域的风险预警机制研究是以政府和专家行为为主体，以社会风险防范为目的的，结合社会预测学的社会预警研究方法，通过构建社会风险预警指标体系来预测社会风险的风险应对模式。借助社会指标进行风险预警研究的政府行为最早出现在经济领域，经济学中相对成熟的定量研究传统和技术基础为该领域的风险预警研究奠定了基础。较有代表性的研究机构有"哈佛景气动向指数"、日本政府企划厅的景气动向指数、法国的预警对策信号、西方七国的"经济监测指标"等。随着全球风险社会的来临和各类公共危机的频频爆发，社会风险预警机制逐渐向政治系统和社会系统扩展。1961年，蒂里阿基安提出了社会动荡来临的经验指标。与此同时，F. T. 汉厄提出了一个能够反映政治、经济和社会风险的综合性评价指标体系——"富兰德指数"（foreland index）。美国纽约国际报告集团建立了名为"国家风险国际指南"的预警指标体系。1989年美国前国务卿布热津斯基建立了"国家危机程度指数"。20世纪90年代后社会风险预警机制受到联合国、经合组织等国际机构的重视和研究，在他们的引导下，越来越多的发展中国家开始进行社会风险预警机制研究。

2. 公共危机应急管理的理论和实践

自 20 世纪八九十年代以来,以美国为首的西方国家在原有民防体系的基础上先后建立起以应对突发事件为主的公共危机应急管理体系。随后一些发展中国家也先后建立起各自的公共危机应急管理机制。突发事件应急机制是当前各国政府在公共危机应对方面的主要举措。面对频频发生的各类公共危机,各国政府普遍采用突发事件或紧急事件的界定和应急处理模式,意在使政府在公共危机处理上"速战速决",尽量使危机"实践"尽快淡化出人们的视野,以免引发人们对危机前因后果做长久、深入的追究和跟踪。在理论研究领域,关于公共危机应急管理的研究开展得也比较早,并且形成了包括危机的类型学、危机的生命周期理论、危机决策研究、危机管理流程、危机善后管理、危机传播以及危机心理康复等研究在内的比较成熟的理论成果。总的来讲,当前的全球风险社会及其公共危机应对研究具有以下几个方面的特点:一是实践应对方面,以国家为行为主体、以制度构建为主要手段、以群体运动为行为方式,作为单独领域进行拓展。二是理论研究方面,以学科划分为基础进行分类研究、以政治组织和社会组织作为行为主体进行研究、以制度建构和政策献言为目的研究。总的说来,目前这种研究势态存在以下问题:实践中侧重应急管理、学术研究拘泥于学科分类、对危机缺乏整体视角下的综合性分析和系统性反思、对诸如国家之类的行为主体本身缺乏全面分析、对制度手段缺乏以本体论解析为基础的功能判定。

3. 公共危机治理的理论范式

公共危机治理是伴随着 20 世纪 90 年代治理理论兴起而出现的一种旨在替代现有公共危机管理模式的一种新理论范式。持公共危机治理范式的学者大多认为,20 世纪 90 年代兴起的治理理念,是一种替代当前行政管理模式的最佳选择。所谓治理,强调的是多元主体的合作共治,强调的是效能,强调的是对政府公权力的进一步约束和政府职能的根本性转变。在世界银行等国际组织的大力宣扬和西方公共管理改革运动的推进下,治理成为一种替代现有行政管理、社会管理和公共管理模式的新范式,这种新范式能够创造出人们所需要的新效能。基于对治理的这种认识,部分学者认为可以将治理这种新模式应用于全球风险社会下的公共危机领域,由此形成一种新的公共危机治理模式,以便更好地解决当前全球风险社会下的公共危机问题。对于公共危机治理范式,目前存在的一个关键性问题是:人们对于治理的理解、界定和论述比较混乱。对于治理是什么，人们还缺乏一种较为全面、深入和成熟的思考。而对于治理这种管理方式的后果，积极的和消极的、建设性的和破坏性的后果，更是知之甚少。当前国内对治理的理解，仅限于世界银行的宣传和倡导，以及通过译著对西方公共管理改革运动的部分了解。治理是否如世界银行所宣扬的那样是一种包治百病的良方还有待进一步研究和考证。治理的使用必须建立在对治理的全面、深入的认识和理解之上。各国的治理之路并不一定要遵循世界银行规定的统一范式，对世行的标准，欧盟依然表现出反对和多元化趋向。各国应该总结自己的治理经验和历史路径，建立适合本国国情和文化特征的公共危机治理机制。

第三节　本书的研究内容与方法

文化视阈下的全球风险社会及其公共危机治理研究，遵循这样一个分析思路：首先是对风险社会和公共危机两个核心概念进行深入思考，然后是对文化，尤其是对现代文化进行系统的分析和梳理，并在此基础上清晰地阐述全球风险社会、公共危机及其治理与现代文化之间的因果关系。下面就基本假设、研究内容、核心概念、研究路径等内容进行详细阐释。

一　研究假设、研究内容和基本思路

1. 基本假设

本书的基本假设是：（1）全球风险社会下的公共危机与文化，尤其是现代文化之间存在系统的因果关系。全球风险社会及其公共危机是文化，尤其是现代文化不断扩张的产物。全球风险社会下的公共危机是一种现代性产物，是在现代文化框架和体系内被生产和制造出来的社会实在。现代文化是全球风险社会及其公共危机产生的系统基质。全球风险社会下的公共危机及其应对模式的演变构成了文化演化，尤其是现代文化发展和演化的独特内容和形式。（2）治理作为一种新范式，其内涵、功能和整体性实施后果还有待从历史角度做进一步的分析和考证。全球风险社会下的公共危机治理必须建立在对治理系统分析的基础之上。

2. 研究内容

基于上述假设，本书的研究内容包括：（1）对公共危机、全球风险社

会,尤其是全球风险社会下的公共危机的分析和研究。这部分研究主要是从长时段的文化演化角度去分析公共危机、全球风险社会以及全球风险社会下的公共危机的发展势态和特征。(2)通过对文化、主要是现代文化的分析和研究,力图全面地把握文化和现代文化的内涵和特征。对现代文化形成系统认识,并构建现代文化分析框架,为现代性风险—公共危机形成机制的分析和阐释奠定基础。(3)对现代文化框架下的全球风险社会及其公共危机形成机制的分析和研究。这一部分主要包含以下三方面内容:一是文化与公共危机之间的因果逻辑关联,二是现代文化与全球风险社会之间的因果关联,三是现代文化与全球风险社会下的公共危机之间的因果关联。(4)对资本主义和市场经济的区分以及二者与全球风险社会下的公共危机之间的因果关联的研究。(5)对治理的分析和研究。借鉴米歇尔·福柯的治理研究路径,从历史角度对治理进行全面分析和阐释,旨在重新认识和界定被世人普遍当作新模式的治理。(6)对现存的风险和公共危机应对机制的分析和研究,旨在分析当前风险和危机应对机制的内容构成、特点和缺陷。总的来讲,这是一个在文化框架内对全球风险社会下的公共危机治理所进行的一项阐释性研究。

3. 基本研究思路

作为一种阐释性的理论研究,文化视阈下的全球风险社会及其公共危机治理研究总体遵循这样一个研究思路:从文化视阈对全球风险社会、公共危机及其治理进行全面阐释和分析,力图勾勒出现代文化与全球风险社会下的公共危机之间的复杂因果关系。

对于全球风险社会下的公共危机,贝克将之归因于工业化或者现代化进程,吉登斯将之归因为现代性,有学者将之归因为资本主义,有学者将之归因为市场经济,还有人将之归因为全球化。本书认为全球风险社会下的公共危机治理既不是现代化和工业化的产物,也不是市场经济和经济全球化的结果,这些因素仅仅是全球风险社会下公共危机出现的一个方面,文化的演化,尤其是现代文化的急速扩张才是导致全球风险社会下公共危机频发的整体原因。从现代文化这个立论出发,需要进一步阐释的内容包括:一是从观念层面分析现代文化与全球风险社会及其公共危机之间的因果关系;二是从现代文化之组织方式社会化大生产出发分析现代性风险与公共危机的形成过程;三是从社会实在的建构过程这一微观角度出发分析各种人为的不确定性和现代性风险的制造过程;四是从现代文化之管理方式治理出发,分析治理机制及其内在蕴含的暴力与矛盾;五是从经济社会角度分析经济社会与全球风险社会及其公共危机的因果关联。从这五个方面对现代文化与全球风险社会下的公共危机之间的因果联系进行阐释,力图揭示全球风险社会下的公共危机频发的系统机制和整体文化原因。

对治理的分析和阐释,采取的是避开当前流行的治理理论的做法。随着20世纪90年代治理理论的兴起,治理俨然已经成为应对各种复杂社会问题的治病良方。本书对治理的探讨,恰恰是以避开这种当前流行的治理理论的方式进行的。首先,20世纪90年代兴起的治理理论并非如世界银行所宣称的那样是一个放之四海皆准的普遍模式。其次,这种治理模式并非一个治病良方,可以不假思索地应用于全球风险社会及其公共危机这个问题域。最后,当前国内对这套治理理论、对治理的全貌还缺乏深入的分析和阐释,因此随波逐流地将治理应用于全球风险社会及其公共危机这个问题域,从中推导出全球风险社会下的公共危机治理方案是一种貌似合理但缺乏学术严谨的做法。这样,对于全球风险社会下的公共危机治理而言,研究起点就不再是现行治理理论,研究的方法也不是从现行治理理论中推导出全部公共危机治理的模式和机制。而是要避开这种做法,从治理实践的演化过程——治理化进程开始着手,力图对治理进行全面的分析和阐释,进而重新界定治理。进而以此为基础对现存公共危机治理机制进行归纳、阐释和评述。本书的研究首先是要把治理置于研究对象的位置,力图从整体上分析和把握治理。通过考察治理发展的历史来重新考量治理在现代文化体系中的地位和作用,治理的内涵和功能,以及治理与全球风险社会下的公共危机之间的内在关系。这是全球风险社会下公共危机治理研究的第一步。全球风险社会下公共危机治理研究的第二步是对现代文化体系内的公共危机治理机制进行归纳、分析和阐释,对现存公共危机治理机制进行评述。第二步的研究是建立在第一步研究基础之上的,因为只有全面理解治理、理解治理与全球风险社会及其公共危机之间的内在关系,才能正确看待当前的全球风险社会及其公共危机治理机制。

二 核心概念

黑格尔曾言,一个核心概念在各向度的充分展开,就是全部理论。当人们从各个领域、各个角度都在追问上述核心概念是如何产生的时候,关于问题的研究就铺展开了。本书的核心概念有以下四个:公共危机、(现代性）风险、现代文化和治理机制。

1. 公共危机

所谓公共危机，在这里首先要指出的是，它是对人类这一物种在其生存和发展过程中所遭遇灾难进行描述的一种概念。即公共危机是指令相当一部分人类群体的生命财产受到严重威胁和破坏的活动或者过程。公共危机是一个属人的概念，是人类站在自身角度对自身安危和损失的考量和感受。尽管随着社会的发展，人们在对公共危机的损失统计中也会将其他物种的伤亡数计算在内，除了少数环保人士之外，人类更多是从其他物种的损失给人类带来的经济利益耗损这方面来考虑和计量的。

究其原因而言，自古以来人类社会的公共危机就具有两种属性：自然属性和文化属性。诸如自然灾害等危机主要是由自然因素导致的。而流行性疾病、大型交通事故、安全生产事故、核泄漏和核战争环境污染性灾难、地区冲突、战争等公共危机则是随着人类群居文化生活的发展而逐渐形成，多为人为因素引发的事故灾难。在前现代社会，自然属性在公共危机中所占比例较大；但随着现代社会人类活动增多和干预自然能力的不断增强，文化属性，即人为因素在公共危机中所占的比例不断提升。即便是在自然灾害领域，也出现了诸如极端天气事件这种受人为因素干扰而频繁出现的高强度灾难。全球风险社会下的各种公共危机，自然因素的作用依旧存在，但背后的主导力量是人为文化因素。从现代文化这个框架分析全球风险社会下的公共危机，可以发现：全球风险社会下的公共危机，本质上是一种结构性暴力，是一种在现代文化系统基质上形成的结构性暴力。无论是极端灾害气候还是流行性疾病，无论是战争还是恐怖主义，无论是贫困饥荒还是失业，都是现代文化系统基质上形成的结构性暴力。这种结构性暴力是现代文化的系统产物——现代性风险在时间和空间的集结和爆发。

2. 现代性风险

自从德国学者乌尔里希·贝克提出"风险社会"论题后，"风险"概念从一种局部领域的现象，上升为一个用来刻画整个当代社会根本特征的核心术语，在社会学中获得了同"后现代""全球化""共同体""平等"之类概念一样的关键观念（key ideas）地位。就其性质而言，风险可以划分为自然风险和人为风险。所为现代性风险，主要是指在现代化过程中人为制造和释放出来的风险。全球风险社会及其公共危机之间存在一个关键性连接点就是现代性风险。风险社会，顾名思义是一个充满风险的社会。

但风险一直存在，何以今天的风险就能构成一个系统的"风险社会"，而且是全球性的？问题的关键，或者说风险社会的特质就在于其风险的现代性特征。换言之，风险社会概念主要强调的是由现代性风险的扩散所形成的一种危险境遇。全球风险社会下的公共危机，本质上是由现代性风险，或者现代性风险与原有的自然风险结合构成的一种破坏性势态。公共危机的发生过程就是现代性风险的集结、发酵和爆发的过程。现代性风险是全球风险社会下公共危机的重要构成。一种普遍境遇或者普遍问题都是由某种具体形式所构成的，现代性风险就是全球风险社会及其公共危机的主要构成要素。从人为不确定性到现代性风险，再到全球风险社会及其公共危机，这就是现代文化急速扩张，系统释放出来的现代性风险积聚所导致的一种消极现代化后果。现代性风险，是现代文化的系统产物，是现代文化在其社会化大生产过程中系统性地制造和释放出来的客观实在。从形成机制上讲，全球风险社会及其公共危机作为现代文化的产物，是社会化大生产系统性地制造和释放的现代性风险不断集结和扩散的结果。对全球风险社会及其公共危机的思考，对全球风险社会下公共危机形成机制的分析，核心在于现代性风险，在于对现代性风险社会化大生产机制的分析和探索。

3. （现代）文化

所谓文化[①]，指的是人类的生存和发展方式，是人类在其生存和发展过程中所形成的生活方式、生产方式和交往方式，以及在这些生产交互活动中所形成的所有创造性成果。就纵向层面而言，由于人类在不同历史时期生产、生活、交流方式的不同，文化可以划分为原始社会文化、奴隶社会文化、封建时代文化和现代社会文化，也可划分为前现代文化、现代文化和后现代文化。其中前现代文化是对从原始社会到封建时代这一时期文化的统称，现代文化是人类当前的普遍存在方式和发展模式，后现代文化则作为一种思潮或者萌芽存在。现代文化作为人类文化的分水岭，是一个极其重要的发展阶段和模式，是自中世纪后半叶逐渐萌发和发展起来的一种以人类中心主义为命题，追求人类自治和自我管理的人类活动方式。以这种方式生活的人类逐渐创造出现代民族国家、现代法治体系、代议制民主及其政治制度、市场经济制度、现代化武器和军队制度、现代交通体系、

---

① 注：本书所采用的文化概念是指一般意义上的广义文化概念。

现代科技、人工智能和互联网等一系列对人类生活产生变革性影响的新事物、新成果。毫无疑问，在现代文化阶段人类的力量被充分释放和发挥，这其中既包括创造性生产力，也包括掠夺性破坏力。前者造就出当今物质极为丰富和发达的现代社会，后者造就出全球风险社会、现代性公共危机以及各种不可治理性问题。对现代文化的分析可以从三个层面进行：一是作为意识形态的现代文化，二是作为体系结构的现代文化，三是作为实践过程的现代文化。作为意识形态的现代文化是指以人类中心主义为核心的一系列意识形态、观念的全面展开。作为体系结构的现代文化则是由观念、思想和理论、制度、行为方式和器物等层面构成的复杂体系。作为实践过程的现代文化是指由知识、制度和物质商品三个社会化大生产系统组成的社会实践过程。作为意识形态的现代文化，其观念体系蕴含的基本矛盾是全球风险社会及其公共危机产生的内在原因。从体系结构层面来讲，现代文化的观念、知识体系、制度、行为方式等内容与全球风险社会下的公共危机都存在一定的逻辑关系。从实践层面来看，现代文化的社会化大生产是制造出各种现代性风险，并最终形成全球风险社会及其公共危机的系统机制。

4. 治理

何谓治理？是20世纪90年代兴起的一种新的公共管理理念和模式，还是一种历史更悠久、内涵更丰富的制度机制？遵循福柯的分析可以得知，首先，治理是一个有着几百年持续发展历程的实践过程，自16世纪以来治理的主要模式——国家治理先后经历了依国家理性治理、节制性治理和新自由主义治理三个阶段。其次，治理是一种权力运行机制，具有一个由主体、客体、受限原则和技术体系四大要素构成的基本结构，是各种制度连接而成的制度体系。从治理演化的整体进程来看，20世纪90年代兴起的"治理"理念和模式并非是一种全新范式，而仅仅是新自由主义治理模式的延伸。从内容上来看，这一时期的治理理论仅仅是对这一时期治理实践的概括和引申，远远不足以承载和表现出治理的全部内涵、本质、特征和结构。究竟何为治理？从文化的角度来看，治理实际上是人类的一种很古老的管理行为，古代社会就已然存在一定的治理概念和治理行为。现代意义的治理，或者治理的现代范式，作为现代文化的管理方式，是一种以国家治理为核心的社会管理机制。现代意义的国家治理，不同于古代国家治理，是一种基于民族国家基础上的、以现代政府为主体的，具有稳定结构的权力运行机制。除了国家治理，现代治理范式还包括企业治理、公民社会自治等形式，它们与国家治理共同构成了对现代社会的多元管理。总的来讲，治理作为现代文化的管理方式，是人类自治和自我管理的基本方式，是确保现代文化正常运行的一种普遍性、基础性权力运作机制，是现代文化的重要组成部分。对现代治理范式可以从广义和狭义两个层面理解，广义治理是指包括国家治理、企业治理和公民社会自治在内的多元治理机制，狭义治理仅仅指的是国家治理。按照福柯的考证和分析，现代意义的国家治理形成于16世纪后半叶。先后历经了依国家理性治理、节制性治理和新自由主义治理三个阶段，形成了包括治理主体、客体、受限原则和技术体系在内的基本结构体系，并在几百年的国家治理实践中形成了一整套制度系统及运作机制。

三 研究视角

对社会性质的理解和判定取决于我们的视角。美国物理学家弗里肖夫·卡普拉认为，当代的所有难题，无论是经济难题、环境难题、社会难题还是政治和人类难题都是"同一危机的不同方面而已，而且这一危机主要是感性认识的危机"。[①] 这里的"感性认识"是指人们对问题的"看"，即对问题的感知、理解和界定。卡普拉特别强调，"看"这一要素是有效解决问题的先决条件。为什么"看"如此重要？因为人们看世界的方式在很大程度上决定了人们是怎样理解世界和怎样在世界上采取行动的。人们"看"问题的方式直接决定了人们对待万物问题的态度和方式，决定了人们行动的内容和方式。现代社会的肇始，就在于几个世纪前以伽利略、牛顿、伏尔泰等人为代表的人们看待社会的眼光、视角、方式发生了根本性的转变：自然成为人们征服的对象，人类成为万物的主宰。随后，这种以新视角、新思维、新方式"看"社会的方式和现象在社会各个领域不断扩大，新的分工、新的经济体系、新的领域、新的学科不断出现。现代文化正是在人类新视角、新思维以及不断创新的技术方法的推进下逐步形成、巩固和扩张的。在过去几百年的现代化进程中，人们不仅塑造了一个物质极大丰富、生活极为便利的现代社会，还滋生出一个危机四伏的全球风险社会。

---

① 〔加〕D. 保罗·谢弗：《文化引导未来》，许春山、朱邦俊译，社会科学文献出版社，2008，第7页。

对于现代文化消极后果——全球风险社会及其公共危机,今天,人类应对方式的选择依旧取决于人们看待它的视角和方法,取决于人们对当前风险境遇理解的广度和深度。如果我们对它的看法和认识是局部的、支离破碎的、有限性的,如果我们"看"世界的方式、我们的思考方式没有什么根本性变化,依旧延续第一现代性的思路和模式,那么我们的应对方案也将是表层的、局限的和效果有限的。

如果是对单一的环境问题或生态问题提出一个概念性分析框架,人们可以把这些问题当作社会的内界问题或者进行跨界研究。但对于风险社会这个研究对象,就无法将之当作某个或者某几个社会的内界问题来分析,而需要一个更加宽广的、更具整体性的视角和分析框架。全球风险社会背景下,任何一个单一视角、单一国家或社会区域的分析都无法涵盖和揭示导致全球风险社会及其公共危机的基础机制的庐山真面目。马林诺夫斯基认为,文化是"人类行为的最宽广背景",因此,把对全球风险社会下的公共危机及其治理问题的研究,放入"复杂的、多维的文化利益场景(medium of cultural interests)中去一展身手,会十分有用"。[①] 风险社会下的公共危机总是处在各种矛盾冲突之中,各种冲突的缠绕使得单个学科及其单一视角无法彻底揭示风险社会及其公共危机的内在矛盾及深刻根源。因此,从文化这个综合性、整体性视角出发,对全球风险社会及其公共危机治理进行全面考察和深入分析,是最恰当的选择。

1. 从文化视角对公共危机以及公共安全问题进行分析,前人已有成果

从文化视角对现代社会存在的诸多问题、公共危机和公共安全问题进行分析和研究,前人已有成果。首先是弗洛伊德从广义文化,即文明角度对两次世界大战的原因进行了分析和阐释。关于两次世界大战,爱因斯坦致信弗洛伊德询问其深层缘由。弗洛伊德从广义文化,即文明角度予以解释(见弗洛伊德的《文明及其不满》)。德国学者乌尔里希·贝克在其风险社会理论中已然指出全球风险社会,就其轴心原则而言,它挑战的"是无论在时间还是空间上都无法从社会的角度进行界定的现代文明制造的危险"。[②] 德语中的"文明"一词对应的是英语中的"文化"(culture)一词。

[①] 〔英〕马林诺夫斯基:《科学的文化理论》,黄剑波等译,中央民族大学出版社,1999,第30页。
[②] 〔德〕乌尔里希·贝克:《世界风险社会》,吴英姿、孙淑敏译,南京大学出版社,2004,第24页。

因此，贝克这段话可以转义为：风险社会无论在时间上还是在空间上都是无法从社会的角度进行界定的现代文化制造的危险。但最终贝克并没有从整体的文化视阈对风险社会的成因进行分析，而只从现代文化之工业化的进程、科技、决策、知识等方面阐释风险社会的成因。霍克海默在《启蒙辩证法》中以对启蒙运动的批判为基点深度剖析现代文化存在的问题。齐格蒙特·鲍曼认为，作为现代社会自我意识的文化观念内在具有深刻的矛盾性和含混性，文化观念的矛盾性深植于文化观念不可治愈的悖论性，文化内在包含的逻辑矛盾通过创造秩序的实践反映在由这些实践所建构出来的真正的社会矛盾上，在文化的自负达到其顶峰的时候，反攻的时代就开始了，因为在文化概念内被调和的悖论所产生的离心力迟早将引爆这个脆弱的总体。在国际安全研究领域，著名的美国国家关系理论家彼得·卡赞斯坦抛弃传统的保守主义和自由主义视角，从文化视角出发研究国家安全问题。综上所述，从文化视角对全球风险社会及其公共安全问题进行分析和研究，前人已有一定的探索和积淀。

2. 文化是整体、系统地审视全球风险社会下公共危机的最佳视角

文化是人类共同的经历和传统，人们用"文化"这一概念来表达共同经历及共享成果。人类，这一群体的历史及创造在这一概念中得到反映，因此文化是了解人类历史，尤其是人类自17世纪进入现代以来的历史及成就，了解今天这一现代社会体系的最佳工具。从霍尔到格尔茨，众多学者都在寻找文化所具有的持久的基本单位，企图构建一个具有普遍性的统一的文化概念、一个综合性文化框架，以增强文化的阐释性价值和功能。从文化的人类学定义到文化的生态学、生物学定义，人们对文化的理解逐渐呈现出一种更广义和更综合的趋势。文化逐渐被描绘为一个不断扩大、能够包罗更多内容的同心圆。纵观文化研究发展史，几个世纪以来，各个学科的文化研究者都在努力向这个目标靠拢。而最接近这一目标的，当属加拿大当代文化研究学者保罗·谢弗。谢弗提出了文化的整体概念，即文化是"动态的和有机的整体"[①]。文化的整体性概念的提出对于文化的阐释性价值功能的发挥具有重要意义。从人类学和社会学角度来看，作为整体的文化，就是社会成员所创造的一切。从生态学和生物学角度出发，文化这

---

① 〔加〕D. 保罗·谢弗：《文化引导未来》，许春山、朱邦俊译，社会科学文献出版社，2008，第9页。

个整体的范畴已经扩大到包含人在内的其他一切物种所创造的一切。作为整体的文化既有广度，又有深度。在广度方面，文化是所有人和所有物种的文化；在深度方面，文化则涉及每一类和每一个物种生命中有价值的东西。综合各个方面，文化获得了一种整体含义。文化是"与人们看待和解释世界、把自己组织起来、处理自身的事物、提高和丰富生活以及与在世界上定位自身相关的有机的和动态的整体"。[①] 对于谢弗而言，以整体来表达和定义文化的真正起源就在于试图利用文化了解并处理危及人类生命和威胁分裂世界的一大堆概念和实际问题：环境危机、分裂的世界等问题。文化的整体性概念的完成，使得文化顺理成章地成为应对和解决这些问题的一个有价值的工具。

对于全球风险社会及其公共危机治理，首先，文化能够提供现阶段人类所需要的系统分析的整体性视角。其次，文化能够提供理解全球风险社会及其公共危机的分析框架，提供当下以及未来所需的整体性看法。通过把重点不仅放在问题本身上，而且放在问题所在的容器上以及放在它们之间的复杂的相互联系和相互关系上，文化有可能使人们思考到不同行为过程的协调效果和结果。最后，文化还是人们思考全球风险社会及其公共危机治理问题的框架。文化演化过程中系统产生的问题最终还要通过文化的系统改变来解决。全球风险社会下的公共危机治理还需要在文化框架下进行阐释。总的来讲，文化自身所具有的整体性视角使得文化成为系统地观察和透视人类世界整体的最佳方式，是全面理解和阐释全球风险社会及其公共危机的最佳方式。

3. 现代文化是全球风险社会及其公共危机形成的系统基质

从成因上讲，现代文化是全球风险社会及其公共危机形成的系统基质。因此，对全球风险社会及其公共危机的系统分析必须从文化视角进行。风险社会下的公共危机总是处在现代社会的各种矛盾冲突之中，各种现代性问题的缠绕使得任何一个单一视角、单一学科都无法彻底揭示风险社会及其公共危机的内在机理和深刻根源。贝克也指出，风险社会挑战的是无论在时间上还是在空间上都无法从社会的角度进行界定的现代文明（广义现代文化）制造的危险。全球风险社会这个概念框架的中心主题和透视内容

[①] 〔加〕D. 保罗·谢弗:《文化引导未来》，许春山、朱邦俊译，社会科学文献出版社，2008，第51页。

是涉及存在于我们的现代文明（广义现代文化）中的人为的不确定性（fabricated uncertainty）所带来的副作用、风险和危险。① 文明是人类文化运动的最终结果和产物，是静态的表现。相对于作为结果的、静态的文明，文化作为一个过程，一个朝向最终文明结果不断前行的运动过程，更能充分展现各种文明后果的形成机制和作用原理。现代文化就是现代人的生存、生活和发展方式。现代文化的极度扩张、对自然世界的无止境侵蚀、对其他非现代文化形态的毁灭和破坏，最终导致全球风险社会这一危险境遇以及频频发生的各种现代性公共危机。游荡在地球上空的各种现代性风险如同漫天飞舞的蒲公英种子，不知何时落在某处与周围土壤中蕴藏的各种矛盾因子结合在一起生根发芽，成熟之后以突发性事件这一现代性公共危机的典型形式显现。随着危机的爆发，包含着危险、破坏力量和新风险的因子再次运动扩散、落脚、生根发芽，引发下一个公共危机。现代文化首先是现代性风险产生的系统基质，现代性风险经过聚集、裂变，形成公共危机。所以说，现代文化是孕育全球风险社会及其现代性公共危机的系统基质。如前文所讲，文化是人类行为的最宽广背景，对全球风险社会及其公共危机的分析，必须放到文化这个场域中进行。文化是全面理解、观察和分析全球风险社会及其现代性公共危机的整体框架。当前人类仍然在现代文化的序列中前行。只有从文化出发，我们才能清楚地、全面深入地理解我们所生活的这个世界、我们的现状、我们所面临的危险灾难和我们的未来。只有立足于现代文化，全面深刻地反思其现代化轨迹和现代性后果，在客观、审慎的批判基础上重新思考、选择和建构人类新的生产和生活方式，我们才有可能、有希望走出全球风险社会这一危险境遇。

4. 文化是我们应对全球风险社会及其公共危机问题的力量和框架

在保罗·谢弗给文化的整体性定义中，文化是"与人们看待和解释世界、把自己组织起来、处理自身的事物、提高和丰富生活以及与在世界上定位自身相关的有机的和动态的整体"。② 这其中，"看待和揭示世界"揭示的是文化的阐释功能，而"组织""处理""提高""丰富""定位"则体现的是整体性文化概念在解决问题方面的价值和功能。从全球风险社会

---

① 〔德〕乌尔里希·贝克：《世界风险社会》，吴英姿、孙淑敏译，南京大学出版社，2004，第24页。
② 〔加〕D. 保罗·谢弗：《文化引导未来》，许春山、朱邦俊译，社会科学文献出版社，2008，第51页。

及其现代性公共危机的成因来讲，现代文化既是其生长的土壤，也是人们改造的对象。对全球风险社会下公共危机问题的处理必须从对现代文化的改造着手。因此，文化不仅提供了理解问题的视阈、分析问题的框架，还是人们思考对策的着眼点和场域。更进一步讲，文化是当前人类应对全球风险社会下的公共危机所必须倚重的力量。一方面，通过把重点放在问题本身以及问题所在的容器上——全球风险社会下的公共危机与现代文化之间的复杂的相互关系上，文化能够帮助人们思考、解决人类的不同行为过程如何产生出全球风险社会及其现代性公共危机这一统一结果。另一方面，通过对现有文化的反思、批判以及在此基础上实现对新文化力量的思考、挖掘和构建，文化成为人们应对当前普遍的风险境遇和频频发生的公共危机必须倚重的力量。广义的现代文化概念框架超越了社会—自然二元论分界，能够充分透视和揭示存在于现代社会中的"人为的不确定性—现代性风险"及其后果——全球风险社会及其公共危机。自1500年以来的几百年间，现代化始终是世界前行的主流，现代文化是人类的主流文化。在现代文化面前，国家文化、地域文化、民族文化逐渐降格为亚文化，并不同程度受到现代文化的冲击、破坏和改造。所谓文化差异是对亚文化而言，从一般层面来讲，现代文化已然成为一种普遍性现象和活动，不同社会在此层面只存在程度差异，而不存在类别差异。因此，总的来讲，今天的世界各国受地理、历史和宗教等因素的影响，尽管文化差异依旧很大，现代化发展水平也参差不齐，但都共享现代文化这一基础性基质结构。作为人类社会系统基质和主导力量的现代文化无疑是现代社会的主宰力量，也正是基于此，由其所制造的现代性风险最终将人类推向全球风险社会。如何改变人类当前的危险境遇、如何营造一个新的未来，人们必须从对现代文化的反思开始，从对新文化力量的挖掘、构建开始，舍此别无他法。文化作为人类生存和发展的基本方式，依旧是人类解决困难和问题的力量源泉。

四 研究方法和路径

1. 研究方法：多角度、跨学科、综合性研究

贝克指出，风险社会作为现代文明系统的产物，在一种"有组织的不负责任"的机制下被生产出来，风险的制造已然渗透到人们生活的方方面面，每一个人既是受害者又是制造者。然而对此问题的分析，传统社会科学的研究和理论又陷入了"循环争论"①，即通过使用旧有的分类，如阶级、企业、国家—政府、工业、科技等制度性结构——这些制度性结构本身就是现代化风险的始作俑者和推动者——解决风险社会诸问题，通过竭尽全力阐释问题的理所当然性来构建一个"一切照常"的社会。在贝克看来，此路径显然是行不通的。因为激进的现代化进程潜在地以一种人们主观愿意和预期无法预见和控制的方式在削弱以民族—国家社会为基础的第一现代性的根基，改变着它的参照标准，在频频发生的现代性公共危机面前，第一现代性中最基本的关于风险和危机可控制性、确定性或者安全性的想法已然土崩瓦解②。另外，笔者认为，人们用以应对危机的现行手段、工具和制度，如国家—政府、工业化进程、现代科学技术、知识体系等，其本身就是风险的制造者和风险社会的始作俑者；现代性公共危机所表现出来的活跃的性质是由风险社会的制度矛盾所制造的；风险是科学的、政治的、经济的和普遍的，人们不可能通过"其物质化之外"的过程和体系来理解现代性风险及其公共危机，它们也不可能通过一种现代文化体系内部的"特殊的调停"得到妥善、彻底地解决。③ 因此，贝克指出，全球风险社会的应对不能"一切照常"（everything goes），仍旧通过使用企业、国家—政府、工业、科技等制度性结构来解决风险社会诸问题，对此，人们需要"一种新的社会学的想象力"，要打破"保守的和正统的社会科学和政治的铁笼"和"抽象之围墙"④，这才有可能破解"有组织的不负责任"的机制和深入到人们生活方方面面的风险的系统化生产。

当前，风险管理和公共危机管理无疑成为各国政府及学术界关注的热点和焦点之一。自然科学领域和社会科学领域都在对此类问题作相关的深入研究，每个学科的称呼不同，比如国内自然科学称之为公共安全研究，政治学和国际政治学称之为国家安全研究，社会学领域叫作风险社会理论和社会冲突研究、心理学领域称之为人类危机思索、经济学领域的经济危

---

① 〔德〕乌尔里希·贝克：《世界风险社会》，吴英姿、孙淑敏译，南京大学出版社，2004，第173页。
② 〔德〕乌尔里希·贝克：《世界风险社会》，吴英姿、孙淑敏译，南京大学出版社，2004，第2页。
③ 〔德〕乌尔里希·贝克：《世界风险社会》，吴英姿、孙淑敏译，南京大学出版社，2004，第176页。
④ 〔德〕乌尔里希·贝克：《世界风险社会》，吴英姿、孙淑敏译，南京大学出版社，2004，第174页。

机研究、公共管理学的公共危机管理研究或政府应急体制研究，等等，汇总起来，都可以概括为全球风险社会下的公共危机研究。学科不同，各自的研究视角和理论基础不同，对危机类型的侧重也不同，解决问题时所选择的方法和路径当然也各不相同，这种各自为政、多条战线的研究态势为风险社会下的公共危机研究提供了多元视角和路径的同时，也造成一定程度的资源耗费和混乱。今天，全球风险社会下的各种风险和公共危机都呈现出交叉性和复合性，每一种危机的爆发和解决都涉及多个领域、多个国家乃至全球，仅从单一视角出发已然无法对其进行系统分析和有效治理。因此，跨学科、多角度的综合性分析势在必行。多角度分析的难点在于：第一，如何选取一个具有包容性的整体性视角，将各个不同角度有机结合在一起对研究对象进行系统分析；第二，必须对各学科相关知识做深入细致分析，在此基础上结合研究对象和研究目的对分散在各学科的相关知识进行整合、融汇、贯通，在一个统一的路径上对问题展开深入分析。既要做多学科角度的跨学科分析，又要使这种分析统一在一个整体视角和统一路径之上，分与统的有机结合和辩证逻辑是风险社会下公共危机及其治理研究的难点和亮点。

2. 研究路径：宏观路径与微观路径结合

全球风险社会下的公共危机治理研究基本沿着两条路径展开。首要一条是宏观路径的分析：从文化与公共危机之间逻辑关系的梳理开始，在对（全球）风险社会以及公共危机定性的基础上，从现代文化这个分析框架对全球风险社会及其公共危机的深层原因和形成机制进行分析和阐释。另一条重要线路是建立在社会实在基础上的微观路径分析。无论是全球风险社会还是其现代性公共危机，都是现代性风险大量集结的产物。贝克指出，现代性风险的前身是人为不确定性，那么人为不确定性从何而来，即人为不确定性是如何在现代文化的实践过程中，或者在现代化过程中被系统地制造出来的？现代系统学已然指出，人为确定性同样能够产生现代性风险，该现象在缺乏民主的国家尤其明显。那么，现代化过程中的人为确定性又是如何产生的，部分人为确定性又是如何转化为现代性风险的？对这些问题的探讨意味着在现代文化这宏观框架内对现代性风险的一般形成机制进行探索和确定，这是一种宏观视阈下的微观分析，而且这种微观分析是一种对现代文化体系内普遍存在的一般性生产机制的描述和确定。如果说宏观分析旨在阐释现代文化与全球风险社会及其公共危机之间的因果关系，那么，微观路径的分析则旨在揭示和描绘二者之间具体的联动机制和生产过程。而二者的集合点，或者说微观分析的立足点就在于对包括现代性风险在内的社会实在建构过程的分析。社会实在是现代文化的基础因子，现代文化在一定程度上可以被看作是社会实在的社会化大生产过程，因而也是一个由社会实在构成的复杂体系。准确地讲，现代文化正是在社会实在的建构或者社会化大生产过程中系统地制造出来的大量的人为确定性和人为不确定性，这些人为确定性和人为不确定性进而转化为现代性风险，这种新的、长期被人们所忽视的社会实在的并最终演化为全球风险社会及其频频发生的现代性公共危机。

（1）现代文化层面的宏观路径分析

现代文化层面的宏观路径分析主要从三个方面开展，这涉及对现代文化三个不同角度的界定和理解。遵照鲍曼的文化分析逻辑，可以从三个方面对现代文化进行了理解和界定，分别是作为社会自我意识的现代文化、作为实践过程的现代文化和作为结构体系的现代文化。现代文化宏观路径的分析就是分别从作为社会自我意识的现代文化、作为实践过程的现代文化和作为结构体系的现代文化三个层面出发、阐释现代文化与全球风险社会及其公共危机之间的逻辑因果关系。首先，是作为社会自我意识的现代文化层面的分析。作为社会自我意识的现代文化是一种以人类中心主义为核心的集体价值观体系。现代文化的核心价值体系自身存在的一些基本矛盾是全球风险社会及其公共危机形成的内在动因。其次，是作为实践过程的现代文化层面的分析。作为实践过程的现代文化本质上就是一个关于社会实在的社会化大生产体系，社会化大生产是现代文化的基本运作方式。现代文化的社会化大生产包括思想观念、科学技术和知识的社会化大生产、制度的社会化大生产和物质商品的社会化大生产这三种基本形式，总归都是社会实在的社会化大生产。现代文化以其独有的社会化大生产方式创造出前所未有的物质文明，也创造出全球风险社会这一前所未有的危险境遇以及各种现代性公共危机。最后，是作为结构体系的现代文化层面的分析。从结果来看，现代文化是一个包括观念思想、知识理论、制度、行为方式和器物等多层面的复杂系统。时至今日，现代文化体系内的不同内容在"有组织的不负责任"式的风险制造中均扮演着不同角色。尤其是在一个利益和利润决定一切的经济社会中，现代国家、市场经济和资本主义在风险社会及其现代性公共危机中各扮演什么角色，作为制度性事实的国家、政府、市场经济、资本主义与风险社会及其公共危机之间存在怎样的实质性关系，这些都是本书要进一步讨论和分析的。

（2）社会实在层面的微观路径分析

文化视阈下的全球风险社会及其公共危机治理研究不仅要从宏观角度指出现代文化各个部分与全球风险社会及其公共危机之间的因果关系，还要具体指明和阐释现代文化如何系统地生产出一个公共危机频发的全球风险社会。如前文所言，现代文化本质上就是一个关于社会实在的社会化大生产体系，社会实在是现代文化的基本构成因子，是现代文化这个生命复杂体的细胞，而社会化大生产就是现代文化的基本生存方式和基本运作方式。那么，对现代性风险的形成过程这一微观领域的探索可以从社会实在这一现代文化构成细胞的建构过程的分析开始。根据贝克风险社会理论，现代性风险的背后是"人为的不确定性"，而"人为不确定性"是如何被制造出来的，贝克风险社会理论并没有做出系统阐释，从而使风险社会理论留下被后人诟病和质疑的机会。现代系统论已然指出，除了人为不确定性，人为确定性同样能够产生现代性风险，尤其是在缺乏民主的国家，由人为确定性导致的现代性风险和公共危机尤其突出和明显。毋庸置疑的是，以追求人为秩序和人的管理为目标的现代文化中，社会实在的建构过程在很大程度上就是人为确定性的制造过程。由人为确定性导致的现代性风险的形成机制可以从社会实在的建构过程中去寻找。然而事实上，社会实在的建构过程不仅只生产人为确定性，而且通过从哲学本体论的角度对社会实在的建构过程进行分析可以发现，社会实在的建构过程必然还释放出大量的人为不确定性，这些人为不确定性同样转化为现代性风险，存留在社会内部。这样，对现代性风险具体来源和生产过程的分析都可以集中在作为现代文化基本因子的社会实在的建构过程中进行分析，导致全球风险社会及其公共危机的现代性风险的具体形成机制问题得以解决。立足于社会实在的建构过程，人们就可以从具体层面揭示和探索现代性风险的制造、释放、减少和控制问题。总的来讲，微观路径的分析主要是基于哲学本体论研究，从社会实在的建构这个基础关节入手对现代性风险的具体形成机制进行阐释和分析。

在从宏观和微观对现代文化和全球风险社会及其公共危机之间的逻辑关系进行分析、梳理和阐释之后，接下来要谈谈治理。对治理的分析依旧是在现代文化背景下的一种宏观分析，因为作为现代文化基本管理方式的治理本身就是现代文化的一项重要基础性机制。除此之外，现代文化不仅系统地制造出全球风险社会及其公共危机，还形成了一整套风险和公共危机应对机制。这些风险和公共危机应对机制也可以称作全球风险社会下的公共危机治理机制，作为广义治理系统的一个具体内容和分支构成。总的来讲，从文化尤其是从现代文化视阈审视全球风险社会下的公共危机治理可以发现，人们用以创造新事物的手段和方式恰恰就是问题产生的原因，人们用以解决问题的机制其本身也许与问题之间早已存在千丝万缕的因果关系，人们在解决问题的过程中同样有可能在生产和制造新问题、新风险和新危机。人类如果不能跳脱现代文化的独有思维，就很难摆脱全球风险社会这一危险境遇。

第二章　全球风险社会

自现代化进程开启以来，现代性的破坏性力量已然从潘多拉的盒子中被人类释放出来，进入公众生活。在工业化的早期，它体现为"圈地运动"中的"羊吃人"，卓别林喜剧表演中"单向度的人"（弗洛姆语）、"异化"（马克思语）、廉价劳动力、童工、恶劣的作业环境、工业污染以及各种工业作业中的大型事故和灾难，等等。这一时期，殖民扩张和奴隶贸易是"全球化"公共危机的首要表现形式。进入20世纪，两次世界大战及其中间爆发的"大萧条"拉开了全球公共危机的大幕，尽管此后再也没有发生过如此大规模的全球性灾难，但人类在其他领域遭受公共危机侵害的频率和强度在逐步递增。总体上讲，当前不断侵害人类生命和财产安全的公共危机有以下内容：第一，大规模、持续性的暴力进程，其典型代表就是持续至今并且看不到和解希望的巴以冲突；第二，生态危机：温室效应、臭氧层空洞、全球气候变暖及其引发的极端气候事件，水污染、土壤污染、空气污染及其引发的各种危机；市场经济持续性扩张导致的资源稀缺性危机、稀有物种的灭绝、热带雨林的破坏以及资源的过度开采和使用引发的其他各种破坏性危机，由于科技进步、农药、化肥施用导致的动植物物种的变异以及抗病性能力低下、转基因物种、有毒动植物的蔓延等因素交织在一起构成的全球生态危机；第三，市场经济运行引发的公共危机：失业与贫困、贫富两极分化、饥荒、贫民窟、大萧条、金融危机、经济危机以及激进的自由化改革在发展中国家带来的经济动荡和贫富分化；第四，流行性疫病，SARS、口蹄疫、疯牛病、禽流感；第五，大型事故，包括诸如1984年博帕尔毒气泄漏事件这样的工业事故，包括1986年切尔诺贝利核泄漏和2011年日本福岛核泄漏这样的核事故，包括诸如洛克比空难和2003年哥伦比亚航天飞机失事这样的大型交通事故以及火灾、枪击案、石油开采过程中的原油泄漏事故，等等；第六，恐怖主义活动。总的来讲，人类进入 21 世纪以来，环境危机、粮食危机、能源危机、经济危机、政治危机、地区冲突与战争、恐怖主义、大规模暴力活动、大屠杀、流行性疾病、极端灾害性天气事件、贫困、饥荒、自然灾害、大型交通事故、食品安全……游荡在全球各个角落的风险和频繁发生的各种公共危机验证这样一个社会现实：我们生活在一个"危机四伏"的社会和时代——全球风险社会已然来临。

除了上述跃入人们视线的显性危机之外，对人类的生命与生活造成危害的还包括现代化进程中施加于人们身上的隐性风险：基于生存压力和持续性竞争压力、繁重的工作负担、个体化生活方式、升学、就业、结婚、生子、人与人之间关系的隔膜和不信任等内容造成的对人的身心健康的损害。这种潜在的慢性损伤使现代社会的大多数人长期处于一种精神高度紧张的亚健康状态，过劳死和猝死的比例逐年增加，出于生存压力、工作压力和其他各种压力的自杀人数逐年增加。现代化进程中，人类的生命与内心普遍受到来自社会各个角落的风险和危机的威胁和损伤。一切的一切都证明包括人类生物种群在内的地球各个角度的生命体都在经受现代性风险的侵蚀和破坏。毋庸置疑，现代社会是一个风险社会，而且随着风险的全球扩散，人类已经全面进入全球风险社会。

第一节　全球风险社会的开端与发展

频频发生的公共危机时代昭示着人类已经进入全球风险社会。关于风险社会，一个重要的问题是，人类是何时进入风险社会的？尽管风险社会概念是在 20 世纪 90 年代提出的，但贝克的风险社会理论是对此前很长一段时期社会发展特征的描述。由于贝克并没有具体地指明人类进入风险社会的具体时间，只是强调风险社会是工业社会的下一个阶段，即工业社会之后不是后工业社会，而是风险社会。风险社会是工业社会的后果，从工业社会到风险社会在一定意义上标志着一种社会转型。鉴于"后工业社会"概念是丹尼尔·贝尔于 1973 年提出的，贝克的风险社会理论是 1986 年提出的，根据贝克的工业社会后果论和社会转型说，人类社会进入风险社会的时间为 20 世纪八九十年代。随后贝克在 20 世纪 90 年代关于"世界风险社会"的论述中指出，风险社会本质上是全球风险社会。那么，根据贝克的阐释，20 世纪 90 年代人类已然进入全球风险社会。关于风险社会的起始时间，贝克的阐释是否正确呢？是否还有其他解释？对风险社会起始时间的判定，需要建立在对工业社会的分析之上。众所周知，学者丹尼尔·贝尔对把人类历史划分为三个阶段：前工业社会、工业社会和后工业社会。工业社会（industrial society）作为人类历史发展的一个阶段，是继农业社会或传统社会之后出现的以工业生产为经济主导成分的社会，又被称为现代社会。18世纪60年代，以工业革命和工厂代替手工工场为标志，人类进入工业社会。19世纪是资本主义工业化高歌猛进的时代，也是矛盾和问题积蓄的时代。从而导致20世纪伊始，第一次世界大战爆发，这场世界大战将地球上很多国家卷入其中。整个20世纪上半叶，人类先后经历了两次世界大战，并在两次世界大战中间还经历了全球范围的西班牙大流感和30年代席卷全球的经济危机。无论是两次世界大战还是30年代的大萧条，都是工业社会内部风险和矛盾发展到一定阶段的产物。20世纪后半叶，由于环境污染和核辐射问题的凸显，人们开始日益关注工业社会的风险和危机，但20世纪后半叶发生的种种公共危机都无法与两次世界大战和大萧条相比。因此，风险社会的来临可以以第一次世界大战的爆发为标志，即在20世纪初风险社会已然来临，并且从一开始就是以全球风险社会的姿态出现的。

一　风险社会的开端

20世纪上半叶的两次世界大战是现代文明的悲剧。由于在两次世界大战爆发之前，极大地改变人类历史继承的前两次工业革命已经完成，这使得自18世纪以来所取得的工业成就、科技成果，乃至先进的管理经验都被充分运用到两次世界大战中，尤其是科学技术成果在军事领域的运用，使得各国的武器装备越来越先进。两次世界大战都具备了机械化战争和工业化战争的特点：不仅战争力量生成依赖国家强大的工业基础，大工业的强大生产力在战争能量的供给上充分展现；以国家机器为中心的战争动员、征兵和军队组织管理按照社会化大生产所积累的新管理模式有条不紊地进行；新科技在战争中的使用进一步刺激了各国政府努力追求更为先进的科技优势，科技的快速发展使得武器装备变得更具杀伤力，人类制造了用以毁灭自身的一代比一代更为先进和致命的炸药、炸弹、装甲坦克车、飞机、潜艇、核武器等军事力量用于战争，致使更多的人在战争中丧生。第一次世界大战历时4年多，这使得"成千上万的人对这种新的全面战争的体验感到恐惧"①。"一战"后,"人们已经习惯了国家利用特权摆布其生命的做法。他们还习惯了在 1914 年之前还难以想象的大规模屠杀行动"②。在时隔 20 多年后,第二次世界大战爆发。第二次世界大战历时 6 年多,全世界共有 5000 多万人死于战争。在这场战争中,德国纳粹利用国家机器和现代化技术对犹太人实施惨无人道的大屠杀。在短短的两年多时间里,有 400 多万犹太人死于纳粹集中营。美国研制出核武器这种大规模杀伤性武器。1945 年 8 月 6 日,美国向日本小城市广岛投掷一颗原子弹,爆炸后的威力席卷了 10 平方公里范围内所有的地面物体,6.6 万多男人、妇女和儿童在爆炸的瞬间被高温蒸发,随着巨大的冲击波从爆心传来,又有 6.9 万多人身受重伤,70% 的建筑物被摧毁或损坏。8 月 9 日,美国向日本城市长崎再次投掷一颗原子弹,该原子弹的威力比投掷在广岛的原子弹的威力还要大。随着这两颗原子弹的爆炸,世界进入更加危险和恐慌的状态。原子弹像大屠杀的死亡集中营一样成为人们另外一个挥之不去的阴影和痛苦记忆。蘑菇云,成为一种新形式的暴力和大规模破坏的象征,这种在现代高科技手段下出现的、拥有超大规模杀伤性和破坏力的武器对人类的生存构成一种空前的新威胁,新的阴影笼罩在地球之上。两次世界大战及核威慑的出现引起了全世界人民的对未来全球安全问题的广泛关注以及对由人类自身造成的巨大悲剧的深刻反省。从爱因斯坦、弗洛伊德到齐格蒙特·鲍曼、汉娜·阿伦特……不同领域的学者都在对战争、大屠杀和核武器的使用问题进行深刻反思。战后各个国家以及新成立的国际组织——联合国则致力于防止新的世界大战的爆发。从战争中走出的世界各国的人们对于战争的毁灭性以及生命的价值和意义都有了全新的认识,加之战后美苏两国开展的核军备竞赛所生产的核武器足以将地球毁灭若干次,全世界各国人民对于由人类自身制造的武器和战争所具有的毁灭性力量已经有了充分认识。

二 风险社会的凸显

在 20 世纪 60 年代,"环境保护"代替"向大自然宣战""征服大自然"

---

① 〔英〕卡尔·波兰尼:《大转型:我们时代的政治与经济起源》,冯钢、刘阳译,浙江人民出版社,2007,第 56 页。
② 〔英〕特里·布劳斯:《20 世纪看得见的历史》,周光尚等译,中国社会科学出版社,2006,第 75 页。

等口号成为这一时期的一项潮流。这场席卷欧美的环境保护运动的发起者是一位女士蕾切尔·卡逊,她是美国海洋生物学家。1962年,她的著作《寂静的春天》一书出版,书中关于农药对人类环境的危害的分析和描述,给当时的美国政府和广大民众以强烈震撼,并由此引发了人类对环境问题的关注,各种环境保护组织纷纷成立。1970年,美国政府率先成立环境保护署。1972年的联合国斯德哥尔摩"人类环境大会"上,各国签署了《人类环境宣言》。这次会议是世界环境保护运动史上的一个重要里程碑,它是国际社会就环境问题召开的第一次世界性会议,标志着全人类对环境问题的觉醒。会议前期,58个国家的科学界和知识界的知名人士组成了一个大型委员会,由经济学家芭芭拉·沃德和勒内·杜博斯主笔,为大会提供了一份非正式报告《只有一个地球——对一个小小行星的关怀和维护》[①],该报告起到了基调报告的作用,其中的很多观点被会议采纳。1968年,来自10个国家的科学家、教育家、经济学家、人类学家以及来自政府、企业和第三部门的人员聚集在罗马山猫科学院,成立了罗马俱乐部这个非正式组织,专门研究现在和未来的人类发展困境问题。该组织站在全球视角,通过对人口、粮食、工业化、污染、资源、贫困、教育等全球性问题的系统研究,提出相关对策,提高公众的全球意识,改善全球管理,使人类摆脱所面临的困境。罗马俱乐部于1972年发表的第一个研究报告《增长的极限》[②],在系统分析了指数增长的本质和极限之后,预言经济增长不可能无限持续下去,因为石油等自然资源的供给是有限的。《增长的极限》是继《寂静的春天》之后有关环境问题的最畅销的出版物,在全世界挑起了一场持续至今的大辩论,引起了公众的极大关注,其中1973年的石油危机在一定程度上又加强了公众对该书所讨论的增长所带来的环境和资源问题的关注。受联合国第38届大会的委托,成立于1983年的联合国世界环境和发展委员会,重新审视地球上环境与发展的严峻问题,构思可持续发展之道,以确保人类在寻找到新出路之前不至于出现资源枯竭。1987年委员会以书面形式向大会提交了报告《我们共同的未来》[③],旨在通

---

① 参看〔美〕芭芭拉·沃德、〔美〕勒内·杜博斯《只有一个地球——对一个小小行星的关怀和维护》,《国外公害丛书》编译,吉林人民出版社,2005。
② 参看〔美〕丹尼斯·米都斯等《增长的极限——罗马俱乐部关于人类困境的报告》,李宝恒译,吉林人民出版社,2005。
③ 参看联合国世界环境和发展委员会《我们共同的未来》,王之佳、柯金良等译,吉林人民出版社,2005。

过对人类面临的全球危机的深入分析，向全世界声明：进一步发展共同的认识和共同的责任感，对这个分裂的世界十分需要。继罗马俱乐部之后，1987 年成立的布达佩斯俱乐部仍旧将关注的焦点放在全球公共安全问题上，其关注的领域和视野更为宽广，从环境问题到失业，从贫富差距的扩大到核事故，从遗传工程的破坏性到生物、化学武器的强大破坏力，等等①。尽管报告没有提出"全球风险社会"这一概念，但字里行间透露出对人类整体生存状况的担忧。

当环境危机出现在 20 世纪六七十年代的时候，是作为一个新的亟待解决的问题摆在人类面前的。20 世纪 60 年代的环境危机引发了人们对现代化进程所产生的各种危机的思考和关注。人们逐渐认识到，生态危机、环境危机、发展危机、能源危机，这些摆在公众面前的亟待解决的问题，不是孤立的危机，而是相互关联的危机，它们是一个危机——人类文化进程的危机——并且这种危机是全球性质的。两次世界大战引发的人类反思和 20 世纪 60 年代以来全球对环境危机等问题的关注和思考，这些都为"风险社会"理论的提出做了前期铺垫。

三 风险社会概念的提出

20 世纪 80 年代，作为一种对所生活时代社会性质的全新理解、判定和阐释，德国著名社会学家乌尔里希·贝克（Ulrich Beck）在其《风险社会》(Risk Society)（1986）一书中首次系统地提出了风险社会理论。在贝克看来，风险社会是现代化不可避免的产物。在现代化进程中，生产力的指数式增长，使危险和潜在威胁的释放达到了一个我们前所未知的程度。在发达的现代性中，财富的社会生产系统地伴随着风险的社会生产。现代工业化文明在不遗余力地利用各种科技手段创造各种物质财富的同时，也制造了大量的"潜在的副作用"（latent side effects），这些"潜在的副作用"日积月累并形成系统化的交织和联系，最终将人类社会推向一种无法逃避的风险命运和危机情境——风险社会。风险社会的基础就是工业的过度生产，风险社会是工业化的一种大规模产品，而且系统地随着它的全球化而加剧。② 贝克在 1986 年提出"风险社会"理论框架之后，接着又于 1992 年提

---

① 参看〔美〕欧文·拉兹洛《布达佩斯俱乐部全球问题最新报告：第三个 1000 年》，王宏昌、王裕木隶译，吉林人民出版社，2004。
② 〔德〕乌尔里希·贝克：《风险社会》，何博闻译，译林出版社，2004，第 15～19 页。

出"世界风险社会"这一概念。在《世界风险社会》一书中,贝克指出,从总体上考虑,风险社会指的是世界风险社会。① 在风险社会中,"占据舞台中心的是现代化的风险和后果,它们表现为对于植物、动物和人类生命的不可抗拒的威胁。"这些"不可抗拒的威胁"它们不再局限于特定的地域或团体,而是呈现出一种"全球化趋势",它们是"一种新型的社会和政治动力的非阶级化的全球性危险"。② 因此,风险社会从总体上讲是一种世界风险社会,或者全球风险社会③。关于全球风险社会,乌尔里希·贝克在"9·11"恐怖主义袭击事件后于2001年11月在俄罗斯国家杜马的演讲稿中这样表述:全球风险社会的新的含义依存于这样一个事实,那就是运用我们的文明的决策,我们可以导致全球性后果,而这种全球性后果可以触发一系列问题和一连串的风险。④

　　贝克的风险社会理论一经提出就遭到很多人的批判。有些人认为,贝克的观点是一种德国式的对人类文明的夸张性担忧,一种对人类当前及未来安全局势的悲观式的夸大言辞。有些人认为,风险社会仅仅是一种理论、一种预期,而并非社会现实。纵观今天社会,一方面,科技快速发展、产品更新日新月异、全球交通网便捷迅速、互联网高速发展,大都市日益繁华,这一切都显示出这个世界正在趋向一种更加现代化、智能化的新社会。发达国家主导和引领世界前进的步伐,发展中国家正在努力缩小与发达国家的差距,向其靠拢,各国仍然在现代化的道路上争先恐后、你追我赶。而另一方面,全球生态危机和极端气候事件、全球生态危机、全球经济危机及各种极端恐怖主义活动如影随形,笼罩着这个世界的角角落落;频频发生的极端灾害性天气、流行性疾病、食品安全事件、工业污染时时侵害人类的生命;核泄漏与核辐射、石油泄漏、大量无处倾倒的有毒工业垃圾和堆积如山的生活垃圾正在严重破坏着水、大气、土壤等这些人类赖以生存的宝贵环境;干净的空气、淡水以及石油、天然气等可用资源在逐渐减少,森林和土壤在不断遭到破坏,每天都有大量的珍稀动植物灭绝,各种

---

① 〔德〕乌尔里希·贝克:《世界风险社会》,吴英姿、孙淑敏译,南京大学出版社,2004,第24页。
② 〔德〕乌尔里希·贝克:《风险社会》,何博闻译,译林出版社,2004,第7页。
③ 注:关于"世界风险社会"和"全球风险社会"两个概念属于汉语翻译时出现的差异,本书选取"全球风险社会"这一概念。
④ 〔德〕乌尔里希·贝克:《"9·11"事件后的全球风险社会》,王武龙编译,《马克思主义与现实》(双月刊)2004年第2期,第72页。

动植物和鸟类的种类及数量在大幅减少……如贝克所言，人们所拥有的财产（包括自然财产和物质财产）正在贬值，正在经受一种缓慢的生态剥夺。① 人类社会未来究竟是迈向更加现代化的后工业社会，还是已然进入一个危机四伏的风险社会？全球风险社会究竟是一种理论，还是一种社会现实？这个问题值得每一个人深入思考。

四 人口增长与全球风险境遇的加剧

进入21世纪，人口的不断增长进一步加剧全球风险社会的危险态势。人口，这一客观变量在过去几百年中一直隐藏在风险和危机的背后，过去200多年间人口数量的几何级疯狂增长，是引发全球风险社会的另一个潜在因素。

人口的加速增长，始于1750年的工业革命。1804年，全球人口突破10亿。之后又过了123年，全球人口突破20亿。而在过去短短50多年间，全球人口开始急速增长，从30亿人剧增至70亿人，每增长10亿人口所用的时间分别是15年、13年、12年和13年：1959年达到30亿人，1974年达到40亿人，1987年达到50亿人，1999年达到60亿人，2011年达到70亿人。据联合国人口基金会预测，"只需再过14年，全球总人口即可突破80亿，到2100年之前，全球人口将突破100亿"。② 2011年10月31日，随着菲律宾婴儿丹尼卡·卡马乔的一声啼哭，世界人口迈入70亿大关。与全球众多国家和媒体对第"70亿宝宝"的期待所不同的是，联合国秘书长潘基文却表达出一种相反的态度，他公开表示自己不准备抱抱"70亿宝宝"，因为"他（她）出生在一个矛盾的世界里"，一个"食物充足，却有10亿人每天饿肚皮"的世界里。潘基文在一次演讲中说：70亿，"这不是一个数字的故事，这是一个有关人类的故事，70亿人，意味着需要更多食物，更多能源，更多就业和受教育的机遇，更多权利以及更多让他们繁衍和抚育后代的自由。"70亿人口给这个世界带来的是更多的碳排放、更大的生态负担和压力。人口激增首先意味对自然资源需求激增，粮食、水资源、宜居土地的供给将承受更大的压力；其次意味人类对教育、医疗、就业、养老等需求的增加。这些随着人口增加而陡增的压力、需求和负担不仅考验着每一个国家的应对能力，更考验着人类赖以生存的地球的承载力。

---

① 〔德〕乌尔里希·贝克：《风险社会》，何博闻译，译林出版社，2004，第41页。
② 新华网：《地球迎接第70亿位居民》，http://news.xinhuanet.com/2011-10/23/c_122187718_4.htm。

世界自然基金会发布的《地球生命力报告2008》中警告称，如果继续现有的模式，到21世纪30年代初，我们需要两个地球供应的商品和服务。① 目前，粮食危机、水危机、能源危机都显示地球的生态承受已经达到极限。英国《泰晤士报》网站援引这份研究报告在2010年10月13日发表题为《停止劫掠地球吧，否则20年后人类需要两个地球》的文章。文章指出，人类劫掠地球资源的速度是资源置换速度的1.5倍，而挥霍无度的西方生活方式对赤道地区的破坏最为严重。如果全球人口对地球的需求和英国人一样，那么人类需要2.75个地球才能生存。② 2010年3月22日"世界水日"的主题是"应对水短缺"，它集中体现了大力促进国际性和地方性全球水资源保护合作的迫切需要。对此，联合国水资源组织（UN-Water）主席帕斯夸里·斯坦图表示，全世界有11亿人不能获得充足干净的水源而无法满足每天基本的需求，另外还有26亿人不具备基本的卫生饮用水。在近一个世纪里，与世界人口的增长速度相比，水资源需求的增长速度已经是其两倍还多。放眼未来，如何对稀缺的水资源进行可持续的、高效的、平衡的管理已经成为一项极其艰巨的挑战。根据联合国环境规划署的报告，全球有25亿人口无法享有充足的清洁水资源，其中约有70%居住在亚洲，而撒哈拉以南的非洲则是全球清洁水资源储量增长最为缓慢的地区。全球约有12亿人没有条件使用室内厕所，这也导致居民住所周边水域水质受到严重污染，对居民健康造成极大损害。此外，每20秒，世界上就至少有180万名五岁以下的儿童死于与水有关的疾病；每天，上百万吨未经处理的工农业污水汇入世界各大水体；每年，全球的江河溪流以及三角洲汇集了相当于将近70亿人口体重总和的污水，全球死于水污染的人数多于死于战争等各种暴力冲突的人数总和。③ 联合国水资源组织号召所有联合国成员一起，为实现"生命之水国际十年行动（2005～2015）"和"联合国千年发展目标"而加速前进。斯坦图说"全球共同体掌握解决水资源短缺的方法，但是我们必须要采取行动才行。"

---

① 网易：《最新地球生命力报告发布：全球自然资源持续减少》，http://news.163.com/08/1029/12/4PE3Q4NH000120GU.html。
② 新华网：《世界人口已经达70亿 地球之殇：载不动几多愁》，http://news.xinhuanet.com/fortune/2011-11/03/c_122230984.htm。
③ 网易：《联合国环境署：全球25亿人口没有充足的清洁水源》，http://news.163.com/10/0322/10/62CE9943000146BD.html。

五　全球风险社会：人类生存与发展的现实与挑战

全球风险社会、频频发生的各种公共危机、不断增长的巨大的人口压力，这一切都证明人类已经走到历史上一个关键的转折点：一方面，人类的生存状况受到系统的破坏和威胁；另一方面，人类生存状况需要一次全面转变以恢复其健康状态。

是何种力量将人类推向悬崖的边缘导致全球风险社会的形成呢？工业化的过度发展、生产力的指数式增长、科学技术的不断进步（贝克）、人类活动（戈尔）、文明的不断发展（弗洛伊德）、市场经济的不断扩张……社会学家将批评的矛头指向上述种种因素。贝克认为是工业化的过度发展、生产力的指数式增长全面导致风险社会，乃至全球风险社会的形成。美国前总统戈尔认为人类活动是造成全球变暖的主要原因，人类活动向地球环境排放了过多的碳氧化物，以致改变了地球和太阳之间的关系，全球变暖深深根植于人类的活动之中。全球风险社会的形成是各方面因素合力的结果，是一种系统的产物，它的出现如戈尔所言，是因为"人类文明和地球之间的关系完全被一系列因素所共同改变。这些因素包括人口爆炸、科技革命，以及一种忽视今日行为对未来影响的做法。潜在的事实就是我们和地球的生态系统发生了冲突，其中最脆弱的部分崩溃了"。① 因此，人类社会需要一次彻底的变革才能摆脱目前的困境。人类社会当前的情势恰如约翰·麦克黑尔所言："我们可能正处于人最为关键的一个时期。我们正处于世界转型的过程中，这个关键的阶段关系到整个人类生存状况的一次伟大变革。"② 美国黑人运动领袖马丁·路德·金在遇刺前不久的一次演讲中曾经说过这样一段话："朋友们，我们现在要面对的事实是，明天就是现在。我们面对的是猛烈而紧急的现状。在生命与历史的难题揭晓之前，有一样东西叫作'太迟'。拖延等于盗窃时间。赤裸裸的人生让我们总是为丧失机会而灰心沮丧。人类万物之潮水不总是盈满，也有低潮的时候。我们也许会绝望的呐喊，希望时间能停留，但是时间固执不理会恳

---

① 〔美〕阿尔·戈尔：《难以忽视的真相》，环保志愿者译，湖南科学技术出版社，2007，第8页。
② 〔美〕约翰·麦克黑尔：《未来的未来》（John McHale, *The Future of the Future*, New York: George Braziller, 1969, p.15）。转引自〔加〕D. 保罗·谢弗《经济革命还是文化复兴》，高广卿、陈炜译、朱邦俊译，社会科学文献出版社，2006，第1页。

求,继续匆匆前进。累累的白骨以及无数文明的碎片都记载着悲惨的话语'太迟了'。冥冥中,有一份无形的生命之书,忠实地记载着对我们忽略这一切的警示。"① 处于全球风险社会下的人类恰如奥玛·海亚姆（1048～1122伊斯兰诗人）所言:"立即行动,否则太迟。"

全球风险社会,这是一场真正意义上的全球性危机。它不只是一个环境话题、政治话题或者危机管理话题,对它的回应也不只是科学家、知识分子和政府官员的职责范畴,它的灾难性后果所引发的质疑、考问和挑战也不只是针对专家、各国政府机构和政治首脑人物。准确地讲,它指涉的对象是包括整个人类基本生存方式、人类行为意识和思想理论在内的文化体系,它不仅对人类现行生存方式和发展模式的道德性提出质疑,而且对现存知识体系、思想和普遍价值观提出考问。与此同时,它赋予人类的是一副全面挑战、一项时代使命和一种共享且统一的事业。大量的证据显示,除非人类积极行动起来,大胆而迅速地就全球风险社会的基本成因问题进行改造,否则人类社会将会遭受一系列更加严重可怕的灾难。全球风险社会以及频频发生的公共危机迫使人类必须对此做出决策和积极应对。人类需要思考如下问题:我们以何种方式实现这种关乎人类命运和未来的转变?目前人类拥有哪些应对措施和方法,这些方法本质上具有怎样的属性和功能,现存方式体系存在哪些问题?新的方式创新应该基于一种怎样反思性思考才能更具实践意义?超越现有的应对体系及应对方式,即新的方式创新和制度创新是建立在怎样的一种思想基础之上?

总而言之,全球风险社会带给人类的影响是如此的错综复杂,远远不是那种智识上简单且令人舒坦的线性逻辑和方式所能够解释的,更不能轻易用习惯性的普通方式来进行解释。全球风险社会有其独特的演变轨迹和生成逻辑,并由它自己的符码——频频发生的公共危机——表征出来。人类要走出全球风险社会这一危险境遇,要找到摆脱困境的道路和解决问题的方法,一切还要从问题的源头开始,从风险社会的形成开始思考和努力。而如何充分、完整地理解风险社会,一条捷径就是从现有的理论分析开始。

---

① 转引自〔美〕阿尔·戈尔《难以忽视的真相》,环保志愿者译,湖南科学技术出版社,2007,第10页。

第二节　贝克风险社会理论述评

20世纪80年代，斯坦福大学教授威廉·布莱恩·阿瑟面对庞大的常规经济学堡垒，力排众议地提出，市场是不稳定的，这个世界是不稳定的，它充满了进化、动荡和令人吃惊的事情，经济学家应该正视这种经济的不稳定性。与阿瑟的观点相悖的是，像信奉国教一样把亚当·斯密的信条奉为经济学基础理论的常规经济学对经济中的不稳定状况和变化的态度是：感到困扰、排除在外，且避之不及。作为一种经济学研究界的另类举动，阿瑟告诉他的同事们，无论你喜欢也好，不喜欢也罢，经济学必须将这些动荡囊括其内。① 同样是在20世纪80年代，作为一种对社会性质的全新理解、判定和阐释，德国学者乌尔里希·贝克于1986年和1992年先后提出风险社会理论和世界风险社会理论。在争议声中，贝克的风险社会理论逐渐成为显学。因此，理解全球风险社会要先从贝克开始。

一　风险社会理论内涵

1. 从风险社会到全球风险社会

德国社会学家乌尔里希·贝克于1986年提出"风险社会"概念，并明确地指出人类社会已经由工业社会进入风险社会（并非"后工业社会"）。风险社会中，"占据舞台中心的是现代化的风险和后果，它们表现为对于植物、动物和人类生命的不可抗拒的威胁"。这些"不可抗拒的威胁"不再局限于特定的地域或团体，而是呈现出一种"全球化趋势"，是"一种新型的社会和政治动力的非阶级化的全球性危险"。② 因此，风险社会从总体上讲是一种"世界风险社会"和"全球风险社会"。③ 关于全球风险社会的含义，"9·11"恐怖主义袭击事件后，贝克在2001年11月在俄罗斯国家

---

① 〔美〕米歇尔·沃尔德罗普：《复杂：诞生于秩序与混沌边缘的科学》，陈玲译，生活·读书·新知三联书店，1997，第4页。
② 〔德〕乌尔里希·贝克：《风险社会》，何博闻译，译林出版社，2004，第7页。
③ 注："世界风险社会概念"见〔德〕乌尔希里·贝克《世界风险社会》，吴英姿、孙淑敏译，南京大学出版社，2004。"全球风险社会概念"见〔德〕乌尔里希·贝克《"9·11"事件后的全球风险社会》，王武龙编译，《马克思主义与现实》（双月刊）2004年第2期。国内著作因为翻译原因，导致这两个概念在贝克的文中先后出现，但究其含义是一致的，本书通篇均采用"全球风险社会"这一概念。

杜马的演讲中这样界定:"全球风险社会的新含义依存于这样一个事实,那就是运用我们的文明的决策,我们可以导致全球性后果,而这种全球性后果可以触发一系列问题和一连串的风险。"贝克认为,当前至少有三个层面的风险可以在全球风险社会中得以确认,它们分别是:生态危机、全球经济危机和恐怖主义危机。① 根据贝克的风险社会理论,全球风险社会的风险主要是一种"现代化风险""文明的风险"②。现代化风险的产生、扩散、交织与全球化过程、与人类的现代生产生活和发展方式密不可分,它系统地产生于现代化进程的方方面面,从工业化、生产力的指数式增长、科学技术的创新和进步,到人类的知识生产过程和决策行为。总而言之,现代文明的创建过程、现代化和工业化的扩张进程就是现代化风险的形成过程。③ 时至今日,随着风险的系统生产和日积月累,人类已然生活在"文明的火山"之上。正如美国前副总统阿尔·戈尔所言:"人类文明和地球之间的关系完全被一系列因素所共同改变。这些因素包括人口爆炸、科技革命,以及一种忽视今日行为对未来影响的做法。潜在的事实就是我们和地球的生态系统发生了冲突,其中最脆弱的部分崩溃了。"④ 全球风险社会是一种风险共享的社会:一方面,随着现代性风险的全球扩散,施害者和受害者迟早会合二为一。另一方面,非西方社会和西方社会共同分享全球风险的灾难性后果及其带来的各方面挑战。因此,全球风险社会是一种风险共享、责任共担、命运互联的社会。

2. 贝克风险社会的内涵

由于贝克主要是从生态风险角度透视风险社会,因此,他将风险社会的根基界定为工业化、科学技术以及知识的生产。在贝克看来,现代文明制造的危险无法从社会的角度进行界定,因此,只能从现代化,尤其是工业化角度来阐释。在《风险社会》一书中,贝克开宗明义地指出现代化进程,尤其是工业化进程系统地导致了现代化风险以及风险社会的形成,在工业化与风险社会之间存在明显的因果关系,两者之间的内在因果逻辑是:

---

① 〔德〕乌尔里希·贝克:《"9·11"事件后的全球风险社会》,王武龙编译,《马克思主义与现实》(双月刊)2004年第2期,72页。
② 〔德〕乌尔里希·贝克:《风险社会》,何博闻译,译林出版社,2004,第21页。
③ 参见〔德〕乌尔里希·贝克《风险社会》,何博闻译,译林出版社,2004,第一部分"生活在文明的火山上:风险社会概观"。
④ 〔美〕阿尔·戈尔:《难以忽视的真相》,环保志愿者译,湖南科学技术出版社,2007,第8页。

现代化进程/工业化进程释放出越来越多的"人为不确定性"——"人为的不确定性"导致现代化风险——现代化风险的系统产生和累积形成风险社会。工业文明中系统产生的人为不确定性是风险社会的根源。

风险社会的最大特征是外在归因的不可能性。在贝克看来，当风险社会被看作是"工业化的后果"和"一种长期的、系统产生的问题"时，"一种十分不同的原因和罪魁的谱系出现了"。① 作为工业化进程系统的产物，与以往的社会相比，"风险社会的突出特征是一种缺乏：外在危险归因的不可能性。换言之，风险取决于决策；它们以工业方式被生产，并在这个意义上具有政治上的反思性。……风险是人类活动和疏忽的反映，是生产力高度发展的表现。这意味着危险的来源不再是无知而是知识；不再是因为对自然缺乏控制而是控制太完善了；不是那些脱离了人的把握的东西，而是工业时代建立起来的规范和体系。"现代性取代了传统和自然束缚，自身变成一种威胁，以及从它自己造成的威胁当中解放出来的承诺。②

在这里，贝克的风险社会理论呈现出这样几个问题：一是贝克指明了风险社会外在归因的不可能性，但没有完整地划定"内在归因"的范畴和系统；这一问题直接引出第二个问题，即贝克认识到风险社会的现代文明或工业文明归因，但他没有从现代文明这个整体范畴对风险社会的"内在归因"作界定和阐释，而仅仅从现代文明的一个方面，当然是现代文明最显著的方面——工业化来阐释风险社会的起源，这就是贝克风险社会理论在对风险社会做"内在归因"时，对归因范畴选择的不完整性和局限性。在贝克看来，现代文明制造的危险无法从社会的角度进行界定，因此，只能从现代化，尤其是工业化角度来阐释。笔者认为，这凸显了贝克对风险社会成因认识的不深刻。

贝克认为，风险社会存在两种分配逻辑，一种是财富分配逻辑，另一种是风险分配逻辑，两种分配逻辑并存。财富分配逻辑是短缺社会的分配逻辑，这一逻辑长期掩盖着风险的实际生产和扩散。风险的分配逻辑随着"超重"的工业社会的出现逐渐显现，并逐渐取代财富分配逻辑成为风险社会中居于主导地位的分配逻辑。风险社会已经实现从财富分配逻辑向风险分配逻辑的转变。现代化风险的扩散具有一种"飞去来器效应"（boomerang effect），制

---

① 〔德〕乌尔里希·贝克：《风险社会》，何博闻译，译林出版社，2004，第32页。
② 〔德〕乌尔里希·贝克：《风险社会》，何博闻译，译林出版社，2004，第225页。

造风险并从中渔利的人,最终也会受到风险的回击,在风险社会中,施害者和受害者迟早会合二为一。因此,财富的分配逻辑是分阶级的,而风险的分配逻辑最终将是平等的和民主的。贫困是等级制的,而化学烟雾是民主的。风险的分配最终结果的平等性和民主性并不否认风险分配的层级性和阶级性,只不过风险的分配逻辑是以一种颠倒的方式依附在阶级模式之上:财富在上层聚集,而风险在下层聚集。贫穷更容易招致不幸的大量风险。但总体说来,风险社会具有一种内在全球化的倾向,将地球上所有人连接起来。①

二 风险社会理论的价值

1. 风险社会理论提出了一个全球共同面对的新问题

贝克以一种对社会转型模式判断的方式,通过宣告全球风险社会的来临,提出了一个全球公民必须共同面对的新问题、一种严峻的新形势——全球风险社会。并开创了"风险社会"话语模式,从而有效地促进了全球各个国家和地区、全世界公民对全球风险社会这一新形势、新问题的共同关注和思考。贝克的风险社会理论提出后,"风险"一词从一种局部领域的现象,上升为"一个用来刻画整个当代社会根本特征的核心术语"②。在贝克看来,风险当然不会在已经发生的影响和破坏上耗尽自身。风险主要表现了一种未来的内容。换言之,定时炸弹在嘀嗒作响。在这个意义上,风险预示一个需要避免的未来。③ 风险社会理论的核心不在于现在,而在于未来。在一定意义上,风险社会理论打破了现代文化的自我满足和自我中心论,使当下主流公共话语和社会科学面临新挑战,使人们反思并试图远离原先的思考和行动模式。"全球风险社会""责任全球化"和"全球安全共同体"成为一个全世界共同面对的公共问题。

2. 贝克的风险社会理论构建了一个新的公共分析框架

在贝克看来,"自然"与"生态"都是一个相当模糊的概念。就其本身而言,二者不能成为生态危机和工业制度批评的分析参考框架。此外,关于自然的科学实则也不能担当生态危机和工业制度批评的分析参考框架。

---

① 参看〔德〕乌尔里希·贝克《风险社会》,何博闻译,译林出版社,2004,第一章"论财富分配的逻辑和风险分配的逻辑"。
② 成伯清:《"风险社会"视角下的社会问题》,《南京大学学报》(人文社会科学版)2007年第2期,第129页。
③ 〔德〕乌尔里希·贝克:《风险社会》,何博闻译,译林出版社,2004,第34~35页。

而以风险作为"一个公共的参考框架"具有以下几方面理由：一是风险概念刻画的是"在安全与毁坏之间的一种特殊的、中间的状态"，表达的是一种特殊的"可能永不或尚未能够"的现实状况，风险是"一种事实上的现实，真正的事实"。风险概念所表达的内容能够使其成为一个"公共的参考框架"，并建构了一个关于风险议题的公共领域。二是风险是科学的，政治的、经济的或普遍的，利用风险作为生态危机和工业制度批评的公共参考框架，这是弥合结构主义和现实主义的冲突与争端，实现二者互补的一种较好方式。三是风险概念扭转了过去、现在和未来的关系。四是在各种公共危机中辉煌上演的全球化风险已经成为重新打开社会中权力问题的工具。已经确定的风险是一个魔杖，这个魔杖可以激活一个停滞的社会的政治中心，从内部变得政治化。[①] 而风险社会理论将原本界限分明的领域，如自然问题、科学技术问题、工业化进程、民主化以及国家问题等联系起来，要求人们重新审视现有上述机制的运作逻辑和价值取向。面对全球风险社会，风险社会理论则要求国家、私有企业和跨国公司、各门科学开放其决策过程，相互合作，共同促进环境的变化和全球体系的改革，这就构建了一个新的、多元话语的公共领域。风险社会理论内在要求现代社会权力结构进行制度上的变革和重组，在风险这一主题下，人们就相关各种问题进行多层面、全方位的讨论，一个公共的、开放的话语平台出现。

3. 风险社会理论兴起了一种新的社会动力和政治动力

全球风险的各种爆炸行为——频频发生的公共危机引发了一系列的针对现行科层官僚制政府、市场经济、新自由主义以及全球化的质疑和挑战，从20世纪的各种反战运动、环境保护运动到今天的反全球化示威活动、抵抗华尔街运动，等等，全球风险社会下，各种旨在保护环境、抵制全球化的力量逐渐成为一种新的政治和社会动力，改变着原有的权力界域划分和权力结构。风险成为工业社会中的现代性自我政治化的动力。[②] 哪里有风险，哪里就能发展出一种难以置信的政治活力。作为一种社会动力和政治动力，风险以全球亚政治的方式推动着人类社会的良性进步与发展。所以说，风险社会"包含了一种基层的摧毁边界的发展动力"[③]。

[①] 〔德〕乌尔希里·贝克：《世界风险社会》，吴英姿、孙淑敏译，南京大学出版社，2004，第175~178页。
[②] 〔德〕乌尔里希·贝克：《风险社会》，何博闻译，译林出版社，2004，第225页。
[③] 〔德〕乌尔里希·贝克：《风险社会》，何博闻译，译林出版社，2004，第54页。

4. 风险社会理论提供了一种新的市场机遇和社会发展机会

作为一种市场机会，风险具有新的市场开拓价值。作为一种对未来的维系和诊断，风险已然发展并拥有一套与预防性行为相联系的实践系统和制度体系——保险业和保险制度。而且这套实践体系发展到今天，更多的商业目的加入其中，保险业已然成为一个营利性行业。全球风险社会下，对于市场而言新的商机正在浮现。节能产品、环保建材、生物燃料、污水的处理和循环利用、有机农业等新的行业和领域已然显示出一定的商业开发价值。与此同时，全球各个国家和地区的政府面临着新的选择项目，在关乎国家和社会未来发展的路径选择上，是进一步推进扩张式的工业化进程、最新 GDP 的增长还是选择一条可持续、绿色环保发展之路；在公共决策领域，是选择国家和地区保护主义还是进一步推进参与式民主、对现行权力制度结构进行彻底改革。全球各个国家和地区面临着对新的发展机会的判断和选择。总体来讲，风险社会理论"宣告了一个新时代的来临，意味着一种新的社会运作机制、一种新的社会定序原理。"①

三 贝克风险社会理论的缺陷

1. 研究对象和研究视角归于单一和狭隘

在《世界风险社会》一书中，贝克明确指出，"本书的视点主要集中在风险的生态和技术上的问题，及其社会学和政治学的启示"，"我们将为生态问题的社会学分析提出一个概念框架"，从而将这些问题当作"社会的内界问题而不是当作环境或者外界问题来对待"。②③ 由此可以看出，贝克的风险社会理论具有这样几个特征：第一，贝克思考的主要是由工业化进程造成的技术风险所引发的生态危机，他的研究对象主要是生态风险和生态危机问题，缺乏对其他现代性风险—公共危机的深入考察、分析和研究。贝克自己也承认，其理论研究的焦点较为有限，既不包括不确定和风险的全球政治经济，也不包括风险的历史和冷战后国际无政府状态的危险。④ 这

---

① 成伯清：《"风险社会"视角下的社会问题》，《南京大学学报》（人文社会科学版）2007年第2期，第129页。
② 〔德〕乌尔里希·贝克：《世界风险社会》，吴英姿、孙淑敏译，南京大学出版社，2004，第10、24页。
③ 注：广义的"现代文化"，即"现代文明"。
④ 〔德〕乌尔里希·贝克：《世界风险社会》，吴英姿、孙淑敏译，南京大学出版社，2004，第10页。

意味着贝克的整个风险社会理论体系建立在对单一现代性风险的分析之上，而不是基于一种对全球各种风险和危机进行综合审视和分析基础上构建的，这使得其风险社会理论从论证逻辑到内容上显得不够严谨和充分。尽管贝克反复强调"反思现代性"的重要性，但其理论并不是建立在对现代性风险的全景分析和全面反思基础之上，因而也无法做到彻底的、全面的现代性反思。第二，贝克的风险社会理论主要是从社会学角度对工业风险的形成和应对做分析，在对策方面等问题的分析中运用到部分政治学理论。事实是，风险无处不在，现代性风险涉及现代社会的各个领域和各个层面，其根源和影响既包括社会、经济和政治领域，也包括物理、化学、生物、电子计算机技术，乃至心理和哲学等层面，并不仅限于生态领域。仅立足于社会学的分析使得贝克的分析视角过于狭窄。正如贝克本人所言，"风险分析需要一种跨学科的手段"。① 第三，从更深层面上讲，贝克基于社会学角度的风险分析也不够深入和系统。贝克对现代性风险根源的分析主要是以反思性和现代性的方式表现的，而贝克对现代性的反思主要集中于对工业化进程的批判和反思，对现代化的其他内容、现代性的其他重要表现并没有进行系统的反思和批判。工业化进程作为现代性的表征之一，仅仅是现代化过程的一部分；尽管是非常重要的部分，但远非现代化的全部。现代性风险的产生也并非只集中在工业化进程和领域，知识的创造、政府公共决策的制定与执行、医学技术的药物的使用等领域都蕴含着各种现代性风险和危机。如贝克所言，全球风险社会的风险，"是无论在时间上还是在空间上都无法从社会的角度进行界定的现代文明制造的风险"②。因此，从现代文化③角度，而不是社会学角度对现代性风险进行分析要更彻底、更深入、更详尽。贝克尽管认识到了现代性风险的文明根源，指出了"现代文明—风险社会"这个关系链，但却没有从现代文明这一更宽阔、更系统的视角对风险、对全球风险社会进行深入的、系统的、全面的分析。这说明贝克始终没能摆脱其社会学出身的视界限制，仅仅从"工业化—风险社会"

---

① 〔德〕乌尔希里·贝克：《世界风险社会》，吴英姿、孙淑敏译，南京大学出版社，2004，第5页。
② 〔德〕乌尔里希·贝克：《世界风险社会》，吴英姿、孙淑敏译，南京大学出版社，2004，第24页。
③ 〔德〕乌尔里希·贝克：《世界风险社会》，吴英姿、孙淑敏译，南京大学出版社，2004，第24页。

这个关系链对风险社会进行阐释，而放弃了对现代性风险真正土壤之"现代文明"的反思和诊断。

2. 缺乏对核心概念风险的系统分析和逻辑论证

毫无疑问，风险社会研究的核心概念是风险，更准确地说是现代性风险。贝克没有使用"现代性风险"这一概念，而是以"现代化风险"代之。在这里，无论是现代性风险还是现代化风险都指的是现代化过程中是否能够产生的各种风险。贝克对现代化风险的分析是通过另一个概念"人为不确定性"来进行的，贝克的观点是：工业化进程制造了大量现代化风险，而人为不确定性是现代化风险的前身。所以贝克说，风险社会理论的"中心主题和透视的内容涉及存在于我们的现代文明中的人为的不确定性（fabricated uncertainty）：风险、危险、副作用、可保险性、个体化及全球化。"①。纵观贝克的风险社会理论，可以发现其分析逻辑是：工业化进程释放出越来越多的人为不确定性，人为不确定性构成现代化风险，现代化风险的系统产生和累积导致风险社会。由此可以看出，"人为不确定性"概念在贝克的"工业化——风险社会"这个关系链中具有重要地位，是仅次于风险的重要概念，对风险起源的阐释需要通过它来进行，是理解现代性风险形成的关键因子。在理解了贝克的风险研究的逻辑之后，可以分析贝克风险分析存在的问题。首先，贝克对风险的分析，尽管指明了"人为不确定性"是现代化风险的前身或者构成，但对于"人为的不确定性"是如何产生的，没有做进一步的分析和论述。总体而言，贝克对"人为不确定性—风险"关系的阐释过于宽泛，仅仅从表象——把"人为不确定性"当作通向风险的一个前因，而对于"人为不确定性"这个工业化进程与现代化风险之间媒介的来源和形成，以及它与风险、危机之间的逻辑关联缺乏必要的阐述。其次，贝克将视线仅限于人为不确定，忽略了确定性与现代性风险之间的因果关系。事实上，并非只有人为不确定性会导致现代性风险，人为确定性也会导致现代性风险。蕴含不公平和社会等级要素的种族歧视制度就是人为地将不同种族之间的差异固化为一种确定性事实，而种族歧视制度则是引发种族冲突和种族屠杀的重要因素。现代社会，不仅人为不确定性是现代性风险的来源，由制度产生的各种不公平和不公正的确定性事实也是引发现代性风险和危机的

---

① 〔德〕乌尔里希·贝克：《世界风险社会》，吴英姿、孙淑敏译，南京大学出版社，2004，第25页。

重要因素。由于贝克对风险的起因和构成——"人为不确定性"和"人为确定性"缺乏有力的、充足的分析,因此,对核心概念风险的阐述就很单薄,仅仅指出了工业化进程和"人为不确定性"两个要素,对于其他关键性要素以及风险形成的逻辑关系缺乏必要的阐释和论证。因此,贝克只能以大量的关于风险的"特征式描述"来掩盖其在风险的存在及论证方面的缺陷,甚至不能对风险的存在性问题做一个肯定的判断,但这显然于事无补。由此引出贝克风险分析存在的关键性问题,对于核心概念"风险"缺乏必要的本体论分析和逻辑论证。

风险的本体论分析涉及两个问题:一是风险的存在性问题,即风险是否存在,这是一个判断性问题;二是风险的形成机制和构成问题,即如果风险是存在的,那么风险是如何形成和构成的,这是一个解释性问题。第二个问题的解决,能够有力地支撑第一个问题的判断,或者说,对风险存在性问题的判断取决于对第二个问题的解决。贝克在对风险的界定中,一方面,指出"在世界范围内被专家和工业制造出来"、作为"行动的产物"的风险是"一种事实上的现实,真正的事实";[1] 而另一方面,对"风险"给出的却是一个非实质性定义,将风险界定为一种主观存在:风险是"系统地处理现代化自身引致的危险和不安全感的方式"[2],一种"预测无法预见的结果的方法"[3],是"预测和控制人类活动的未来结果,即激进现代化的各种各样、不可预料的后果的现代手段,是一种拓殖未来(制度化)的企图,一种认识的图谱"[4]。进而将世界风险社会界定为一种"真实的虚拟",以及"影响当前行为的一个参数"[5]。在贝克看来,"风险既是现实的又是非现实的",他关于风险定义的模棱两可性恰恰是风险的特征——风险定义的非实质性与风险的实质性并存。而在风险社会中,风险这种"不存在的、想象的和虚拟的东西"成为人们行动的原因。[6] 问题是,人们何以

---

[1] 参看〔德〕乌尔希里·贝克《世界风险社会》,吴英姿、孙淑敏译,南京大学出版社,2004,第5、29、175页。
[2] 〔德〕乌尔里希·贝克:《风险社会》,何博闻译,译林出版社,2004,第19页。
[3] 〔德〕乌尔里希·贝克:《风险社会再思考》,《马克思主义与现实》(双月刊)2002年第4期,第47页。
[4] 〔德〕乌尔里希·贝克:《世界风险社会》,吴英姿、孙淑敏译,南京大学出版社,2004,第4页。
[5] 〔德〕乌尔里希·贝克:《风险社会再思考》,《马克思主义与现实》(双月刊)2002年第4期,第49页。
[6] 〔德〕乌尔里希·贝克:《风险社会》,何博闻译,译林出版社,2004,第35页。

会把一种"不存在的、想象的和虚拟的东西"当成行动的原因呢？如果不能彻底地解决风险的存在性问题和形成机制问题，整个风险社会理论就丧失了逻辑基础和理论支撑。风险的本体论问题是支撑整个风险社会理论的基石，这个问题决定着整个风险社会理论的确凿性和影响力。如果风险是一种客观实在，那么风险社会理论就是一种对客观实在进行研究后得出的一种系统理论，而并非仅仅是一种预言或者一种主观判断（如风险社会理论的批判者们所宣扬的那样）。如果风险是一种非实质性的主观判断，那么风险社会理论也将是一种非实质性的、虚拟的理论建构。贝克对于核心概念风险的模糊性表述大大降低了风险社会理论的影响力和可信度。

3. 未能全面、系统地阐明风险社会的形成机制

总的来讲，无论是从微观角度还是从宏观视野，贝克都未能全面、系统地阐明风险社会的形成机制。首先，从微观视角来看，贝克没有阐明风险社会构成因子风险的形成机制。贝克以及一切关于风险存在性争论的症结在于风险的不可见性，这直接导致人们对风险理解和把握的不确定性。因为风险是潜在的和不可见的，因此，如果不能够明确指出风险的形成机制，那么，就可以判断风险是不存在的。贝克指出"正是文化的认识与定义形成了风险"，即风险的存在性并不依赖于其自身的实在性，而依赖于后天的文化语义上的建构。即"风险是什么"这个问题的解决和判定依赖于作为实质性存在的风险的论证过程，而对于这个过程，贝克只提出"人为不确定性"是现代化风险的前身，而对于"人为不确定性"从何而来，贝克并没有予以解释和说明。另外，贝克还忽视了现代性风险的另一个重要源头——人为确定性。由于贝克没能彻底解决作为实质性存在的风险的来源和论证问题，因此，也就无法对风险完成一种实质性的界定，只能在风险的实质性和非实质性中间模棱两可，并最终无法完成对风险社会形成机制的阐释。

从宏观视野来看，尽管贝克指出"现代文明—风险社会"这个因果关系链，但由于其风险社会理论主要是为生态问题的社会学分析、为生态危机和工业制度批评提供一个分析参考的框架，因此，贝克坚持从工业化角度来阐释"无法从社会的角度进行界定的现代文明制造的危险"。这种视角的偏差使得贝克的风险社会理论不仅不够严谨和充分，而且还无法从根本上全面地阐释风险社会的形成机制。在其风险社会理论中，贝克将风险社会的原因主要归结于现代化进程，其主要是工业化进程。贝克认为，风险社会是现代化进程中释放出来的破坏力量系统组合的结果，其基础是工业的过度生产，并系统地随着全球化的发展而加剧。① 工业化、知识、科学技术是贝克在分析现代化系统生成风险社会时的要素。"危险正在被工业所生产，经济学使它具体化，法制使它个性化，科学使它合理化，政治学又使其表面呈现无害化。"② 并指出："人为的不确定性意味着我们面临的最麻烦的新风险之源泉是绝大多数人毫无疑问地认为对我们受益的东西——我们知识的扩展。"③ 局限于社会学视角的工业制度评判这一预先设定，贝克的风险社会理论看到了工业化大生产进程中所蕴藏的不确定性—风险、科学技术中所蕴藏的不确定性—风险、现代知识体系中所蕴藏的不确定性—风险，但没有看到现代制度体系以及制度建构过程中所蕴含的不确定性—风险，以及由不合理的制度所导致的确定性—风险。尽管贝克论及了风险可以通过某些权威机构或者企业本身宣称风险是可以被控制的或者根本不存在的而得以合法化的存在，即风险的否认机制和合法化机制。

尽管贝克认为现代化进程系统地产生了风险社会，但对于现代化进程的重要因素——民主政治制度和民族国家在风险社会形成中的地位、作用，贝克的论述显得有些混乱。一方面，他指出风险冲突中，官僚政治的假面具被撕下，警觉的民众开始意识到官僚政治的真实面目：有组织的不负责任。另一方面，贝克又为政治作辩护："政治制度没有对技术问题做出注解决定（核武器工厂除外）。但另一方面，如果出现任何差错，政治制度却要对不是他们做出的决策负责，对他们并不了解的结果核威胁负责。"而福利国家则"是对地方性风险和危险的本质的集合的体制上的回应。"④ 尽管贝克认识到"现代化是民族国家在技术上控制的一项社会规划"⑤，但并未将其作为风险社会形成的一个重要原因进行分析。在政治、民族国家与风险社会的关系中，贝克更加强调的是风险社会对政治的影响，即风险问题的

---

① 〔德〕乌尔里希·贝克：《风险社会》，何博闻译，译林出版社，2004，第16~19页。
② 〔德〕乌尔里希·贝克：《风险社会政治学》，《马克思主义与现实》（双月刊）2005年第3期，第45页。
③ 乌尔里希·贝克：《风险社会政治学》，《马克思主义与现实》（双月刊）2005年第3期，第43页。
④ 乌尔里希·贝克：《风险社会政治学》，《马克思主义与现实》（双月刊）2005年第3期，第44~45页。
⑤ 乌尔里希·贝克：《风险社会再思考》，《马克思主义与现实》（双月刊）2002年第4期，第47页。

"政治化",更多地将政治和民族国家看作人类脱离风险社会处境的途径与出路。

风险社会下,风险是无形的,风险的传递和运动是潜在的、内在的,对数量上不断增加的无形风险的传递、运动,系统化过程的认知与分析构成了风险社会存在与否的理论基础。风险社会的存在性依赖于对风险社会形成机制的分析,依赖于系统分析和科学论证。贝克对风险社会成因的分析仅仅是一种从因直接到果的陈述式结论,作为一种理论,缺乏一种必要的、基础性的因果间形成机制的分析。因此,贝克的风险社会仅仅被看作一种假设,从而在一定意义上削弱了其理论力量和实践影响力。贝克的风险社会理论实际上就没有从根本上解决风险社会的形成机制问题,从而使其核心概念和整个理论体系呈现出一种模糊性和不确定性。

第三节 全球风险社会:文化视角的阐释

如前文所言,贝克的风险社会理论没有从根本上解决风险社会的形成机制问题。因此,下文主要来讨论全球风险社会的形成问题。黑格尔曾言,一个核心概念在各向度的充分展开,就是全部理论。对于全球风险社会,如吉登斯所言,风险"这个显然非常简单的概念(最)能说明我们生活其中的这个世界的一些最基本的特征"。[①] 风险作为一种恒长存在,是全球风险社会的核心要素。因此,对全球风险社会形成问题的阐释可以从风险开始。

一 风险的概念阐释

欲了解风险社会应先理解风险。何谓风险?风险不仅是社会学家关注的话题,同样是经济学家关注的内容。关于风险,社会学家和经济学家的阐释是不同的,不同社会学家的界定也不尽相同。在这里选取社会学界和经济学界研究风险的三位代表人物的风险论述来帮助我们理解风险,他们是德国社会学家乌尔里希·贝克、英国社会学家安东尼·吉登斯和美国经济学家弗兰克·奈特。

1. 贝克的阐释

关于什么是风险,贝克前后做了多种界定,可归纳为如下几个方面。

---

① 〔英〕安东尼·吉登斯:《失控的世界》,周红云译,江西人民出版社,2001,第16~17页。

（1）风险不是现代社会的发明，但风险概念却是一个现代的概念，作为概念的风险指的是一种现代化风险或文明的风险。风险是工业化的产物，风险源自决策和人为不确定性。（2）风险是人造的混合物。它们包括和结合了政治学、伦理学、数学、大众媒体、技术、文化定义和认识。风险不仅是一个被完全不同的学科用于重要问题的概念，而且它是"混合社会"观察、描述、评价、批评其自己的混合性的方式。[1]（3）风险是现实与非现实的结合体。风险既不是毁灭也不是信任/安全，而是"真实的虚拟"[2]。当风险指向现在，它是现实的；当风险指向未来，它是非现实的。总体上讲，由于风险不会在已经发生的破坏上耗尽自身，所以风险主要表现为一种未来的内容，是一个关于未来的概念，预示着一个需要避免的未来。在这种意义上，风险与具体可感知的财富相比，具有某种非现实性，是一种猜测、一种关于未来的威胁和诊断。风险社会中，不明的和无法预料的后果成为历史和社会的主宰力量，不存在的、想象的和虚拟的东西成为经验和行动的原因。（4）风险表达的是一种中间状态。与毁灭不同，风险并不是指已引发的危害，风险概念刻画的是安全与毁灭之间一种特有的、中间的状态——"可能永不或尚未能够"（no-longer-but-not-yet）、"不再信任（安全），还未毁坏（灾难）"——这就是风险概念所要表述的。[3]（5）风险是一种方式和方法的。风险是预测和控制人类活动的未来结果，即激进现代化的各种各样、不可预料的后果的现代手段，是一种拓殖未来（制度化）的企图，一种认识的图谱。风险是系统地处理现代化自身引致的危险和不安全感的方式，是一种预测无法预见的结果的方法。（6）风险社会的风险概念指知识和无知的某种特殊结合。[4] 风险概念的意义是指一个世界，在此世界中的大多事物，包括外在的自然和由传统所决定和协调的生活方式，继续被认定是预订的（命运）。[5]

---

[1]〔德〕乌尔里希·贝克：《世界风险社会》，吴英姿、孙淑敏译，南京大学出版社，2004，第188页，黑体乃原文所加。

[2]〔德〕乌尔里希·贝克：《风险社会再思考》，《马克思主义与现实》（双月刊）2002年第4期，第49页。

[3]〔德〕乌尔里希·贝克：《世界风险社会》，吴英姿、孙淑敏译，南京大学出版社，2004，第175页。

[4]〔德〕乌尔里希·贝克：《世界风险社会》，吴英姿、孙淑敏译，南京大学出版社，2004，第181页。

[5]〔德〕乌尔里希·贝克：《世界风险社会》，吴英姿、孙淑敏译，南京大学出版社，2004，第180页，括号乃作者本人所加。

风险具有如下特征：（1）与早期的工业风险相比，新的现代化风险既不能以时间也不能以空间被限制，不能按照因果关系、过失和责任的既存规则来负责，不能被补偿或保险。[①]（2）现代化风险具有潜在性、多样性、不可见性、非现实性、后果的不可逆性、全球性以及分布的不均衡性等特征。（3）风险以及风险社会的一个突出特征就是：外在归因的不可能性。[②]外在归因的不可能性导致现代化风险的不可控性。（4）风险导致控制，风险越大，对控制的需求就越大，社会和国家的控制力度会增强。但事实上，风险已然超出了人类的掌控。风险具有以下几种分类方式：（1）早期的风险与现代化的风险，（2）自然风险与人为风险，（3）可计算的风险和不可计算的风险。

总的来讲，贝克在风险的反思性判断方面做得相当突出，他的风险社会理论反复在强调和说明现代化风险与工业化、现代化、决策，乃至文明之间的因果关联。在风险的确定性判断方面，由于缺乏对风险的本体论思考，贝克的风险社会理论表现出一种模棱两可。在贝克看来，"风险同时是'真实的'并是由社会认知和解释所构成的。其真实性产生于根植于持续的工业和科学生产及研究惯例的'影响'"。[③] 由此可以看出，贝克认为风险是一种非实质性和实质性并存的主观性存在、一种可能性、一种"真实的虚拟"，或"影响当前行为的一个参数"[④]，贝克认识到了风险在认识论方面的主观性，但并不承认风险在本体论方面的客观性。而且，贝克明确指出，"世界风险社会中不可能再使风险客观化"[⑤]尽管贝克发现了，"正是文化的认识与定义形成了风险。'风险'和'对风险的（公共）定义'是同一的。"[⑥] 关于风险存在的确定性及本体性分析，尽管贝克依据经验强烈地意识到了风险以及风险社会存在的真实性，但仍旧缺乏勇气断言风险及

---

① 〔德〕乌尔里希·贝克：《世界风险社会》，吴英姿、孙淑敏译，南京大学出版社，2004，第101页。
② 〔德〕乌尔里希·贝克：《风险社会》，何博闻译，译林出版社，2004，第225页。
③ 〔德〕乌尔里希·贝克：《世界风险社会》，吴英姿、孙淑敏译，南京大学出版社，2004，第184~185页。
④ 〔德〕乌尔里希·贝克：《风险社会再思考》，《马克思主义与现实》（双月刊）2002年第4期，第49页。
⑤ 〔德〕乌尔里希·贝克：《世界风险社会》，吴英姿、孙淑敏译，南京大学出版社，2004，第180页。
⑥ 〔德〕乌尔里希·贝克：《世界风险社会》，吴英姿、孙淑敏译，南京大学出版社，2004，第175页，黑体是原文所加。

风险社会是一种客观实在,总的原因在于贝克没有找到风险的本体论结构和形式,因而无法对其存在性进行确定的判定。关于风险,贝克指明了它们的"社会根源"或"社会出身",它们在决策方面的渊源,它们的"正常出生"、它们的合理内核方面的"和平本原",以及它们在法律和规则的庇护下的"繁荣兴旺"[①]——这些关于风险形成的显著特征,但最终没有指明风险在何处、以怎样的方式被生产出来,而只是借助各种危机事实来表达风险及风险社会的实在性。贝克对基础概念"风险"本体论方面的缺陷、对风险本体存在性问题上的犹豫与骑墙最终造成了其风险社会理论整体上缺乏说服力,一定程度上削减了风险社会理论的影响力与功能。

2. 吉登斯的阐释

在《失控的世界》一书中吉登斯对风险概念进行了历史追述和详细阐述。吉登斯指出,风险概念大约出现在16和17世纪,第一次使用风险概念的人是西方的探险家们,他们用风险这个词来指代航行到未知的海域,这赋予风险一词最早空间方面的含义。不久以后,风险的内容开始转向了时间方面,主要指在经济活动过程中,尤其是金融和银行业方面可能出现的不确定性。再后来,风险这个词就用来指代各种各样的不确定性情况。由于生活中处处存在风险,因此,人们忍不住要去冒险,而活着本身就是一件冒风险的事情。因此,风险在一定意义上成为一个致力于变化的社会的推动力,积极地接受风险是现代经济中创造财富的精神源泉。这样,风险暗示着一个企图主动与它过去亦即现代工业文明的主要特征进行决裂的社会。[②] 人们研究风险是为了对将来更好地进行控制和规范,而通过各种办法控制未来则是为了规避风险。吉登斯认为,解释上述问题的最好方法就是区分两种类型的风险:外部风险(external risk)和被制造出来的风险(manufactured risk)。所谓外部风险就是来自外部的、因为传统或者自然的不变性和固定性所带来的风险。所有传统文化的风险都是外部风险,如糟糕的收成、洪灾、瘟疫或者饥荒等。而被制造出来的风险,则指的是由人们不断发展的知识对这个世界的影响所产生的风险,是指在人们没有多少历史经验的情况下所产生的风险。诸如全球变暖这类大多数环境风险就属于这一类,它们直接受到不断加强的全球化的影响。被制造出来的风险并

[①] 〔德〕乌尔里希·贝克:《世界风险社会》,吴英姿、孙淑敏译,南京大学出版社,2004,第67页。

[②] 〔英〕安东尼·吉登斯:《失控的世界》,周红云译,江西人民出版社,2001,第18~20页。

不只涉及自然——过去所涉及的多数是自然的。它还渗透到生活的其他领域。被制造出来的风险的大小是难以估算的，保险精算对此也难以精确测量。因此当被制造出来的风险扩张的时候，风险也变得危险重重。[①] 在对风险的研究中，吉登斯自创了"风险景象"一词。他将风险分为来自自然界的风险和由于现代性的到来引入的新风险景象（risk profile），新风险景象是指以现代社会生活为特征的威胁和危险，是人造的风险。[②] 关于现代性的风险景象，吉登斯列举了七个主要的风险形式，分别是：1. 高强度意义上的风险的全球化。2. 突发事件不断增长意义上的风险的全球化。3. 来自人化环境或社会化自然的风险：人类的知识进入到物质环境。4. 影响着千百万人生活机会的制度化风险环境的发展，如投资市场。5. 风险意识本身作为风险。6. 分布趋于均匀的风险意识。7. 对专业知识局限性的意识：就采用专家原则的后果来看，没有任何一种专家系统能够称为全能的专家。上述主要的风险形式又可以分为两类，前四种属于客观意义上的风险形式，后三种属于主观意义上的风险形式。[③] 在对风险景象的分析基础之上，吉登斯提出，在现代制度范围内，风险是脱域机制的不良运作所导致的损害[④]。

在风险的反思性判断方面，与贝克的观点不同，吉登斯认为风险是脱域机制的不良运作所导致的损害。与贝克相比，吉登斯在风险的确定性判断上贡献良多。他首先确认风险是客观存在的，然后指出了现代社会的风险是一种现代性风险，并列举了现代性风险的七种主要形式。但与贝克一样，吉登斯同样没有指名风险存在的客观根据，并运用逻辑规律来进行推理。

3. 奈特的阐释

弗兰克·奈特是 20 世纪最具影响力的经济学家之一，也是西方最伟大的思想家之一。1921 年，在《风险、不确定与利润》一书中，奈特开创性地将不确定性概念引入经济学。在对西方主流经济学完全竞争模型下得出的经济理论及经济学僵化且脱离实际的数学模型研究方法的批判和质疑中，奈特指出，完全竞争只是理想状态，在一个处处充满不确定性的世界里不完全竞争才是实然状态，不确定性和风险是经济运行中十分重要的影响因

---

① 〔英〕安东尼·吉登斯：《失控的世界》，周红云译，江西人民出版社，2001，第 22~25 页。
② 〔英〕安东尼·吉登斯：《现代性的后果》，田禾译，译林出版社，2000，第 96~97 页。
③ 〔英〕安东尼·吉登斯：《现代性的后果》，田禾译，译林出版社，2000，第 109~110 页。
④ 〔英〕安东尼·吉登斯：《现代性的后果》，田禾译，译林出版社，2000，第 112 页。

素。因此他将不确定性引入经济学分析,并以此为基础对企业利润和企业的性质作了重新界定。奈特这种开创性的做法对现代经济学理论与方法产生了重要影响,直接导致了 20 世纪五个重要的经济学流派的诞生,它们分别是不确定性经济学、合理预期学派、制度经济学、经济博弈论和信息经济学。受教于他的影响,弗里德曼、詹姆斯·布坎南、乔治·斯蒂格勒和罗纳德·科斯等人分别做出创见性推进。

奈特的代表作《风险、不确定性和利润》是经济学史上伟大的里程碑式著作(乔治·斯蒂格勒誉之为"一战"前写就的今天仍具有重大影响的两本著作之一,另一部是费雪的《利息理论》)。在《风险、不确定性和利润》一书中奈特详细地阐述了他的不确定性研究及其成果。奈特的不确定性研究首先是从讨论经济学的研究方法开始的,奈特认为:"在社会科学中,唯有经济学,或者更确切地说,理论经济学,一心一意地致力于登入精确科学之殿堂。在一定程度上,经济学之为精确科学,自然可分享精确科学的殊荣,却要承受精确科学固有的缺憾。如同物理学和数学,经济学不可避免地具有一定的抽象以及脱离实际的成分。……出于特殊的缘由,经济学获得了适度的精确,然而付出的代价却是更大程度的不真实。"① 在奈特看来,精确科学无非是进行抽象,最理想的方法是解析法。"然而不管什么类型的问题,运用解析方法总是相当的不完全。对于复杂现象之诸因素……如果我们将他们置于正常而现实的情况下,就像我们在现实生活中必须面对的情况,解析法对其中绝大多数都无能为力。"② 在这里,奈特所言的"复杂现象之诸因素"都包含着不同程度的不确定性,即风险。理论经济学研究的是在完全竞争条件下经济系统将会发生什么。然而完全竞争是一种理想状态,是一个"近似假设",完全竞争与现实生活的偏差很大;自由竞争也不是指完全竞争或完美竞争,自由竞争仅是一种无可争议的"基本原则"③,因此,完全竞争条件下的数理模型研究在奈特看来是"不切实际"的,而"不切实际"的原因在于这种研究假设和研究方法对现实

---

① 〔美〕弗兰克·奈特:《风险、不确定性和利润》,郭武军、刘亮译,华夏出版社,2011,第 3 页。
② 〔美〕弗兰克·奈特:《风险、不确定性和利润》,郭武军、刘亮译,华夏出版社,2011,第 4 页。
③ 〔美〕弗兰克·奈特:《风险、不确定性和利润》,郭武军、刘亮译,华夏出版社,2011,第 8 页。

状态和现实问题的"简化"①。理论经济学"不切实际"和"简化"的诸多表现之一就是对重要因素"不确定性"——在现实生活和经济活动中无处不在的因素——的忽视。在发现理论经济学研究方法这一重大缺陷之后,奈特遂将不确定性引入经济学分析,旨在探求经济活动"隐藏在风险或不确定性背后的机理"②,缓解经济学竞争理论与实际竞争之间存在的巨大鸿沟。

奈特首先对不确定性和风险作了严格区分,他用"风险"概念指代可以度量的不确定性,用"不确定性",奈特对此特别加以强调——"真正的"不确定性,指不可度量的不确定性。不确定性"真实存在而且在发挥作用",它们形成了合理的利润理论之基础,也能够阐释实际竞争和理论竞争之间的差异。③ 尽管奈特在开篇就对"风险"和"不确定性"作了区分,然而这种区分本身存在指代上的逻辑混乱:以"不确定性"指代不可度量的不确定性,这种界定本身就存在指代混乱。另外,既然风险是一种可度量的不确定性,那么何来所谓的"真实的不确定性","可度量的不确定性"难道不真实吗?英国学者安东尼·吉登斯后来在研究"风险"问题时就曾指出:"弗兰克·奈特在风险和不确定性间作了区分。他说风险关系到将来能够被计算的或然率,而不确定性则关系到不能被计算或然率。但是那种区分并不合理:中间还有许多模糊区域。在风险和不确定性之间并不存在严格的区分。"④ 另外,从日常经济学用于保险行业来看,人们基本上视不确定性为风险,并且主要使用风险这个词来表述经济领域中的诸多不确定性因子。相比之下,贝克的划分更为科学,贝克以"风险"概念为主,将风险划分为可计算的风险和不可计算的风险。依照贝克的划分,奈特的"风险"概念实则指可计算的风险,而"真实的不确定性"概念则是指不可计算的风险。而无论能否被计算,风险都是不确定性的一种表现。这样,

---

① 〔美〕弗兰克·奈特:《风险、不确定性和利润》,郭武军、刘亮译,华夏出版社,2011,第14页。
② 〔美〕弗兰克·奈特:《风险、不确定性和利润》,郭武军、刘亮译,华夏出版社,2011,第16页。
③ 〔美〕弗兰克·奈特:《风险、不确定性和利润》,郭武军、刘亮译,华夏出版社,2011,第16页。
④ Giddens, A. and Pierson, C. (1998) *Conversation with Anthony Giddens: Making Sense of Modernity*. (Cambridge: Polity) pp. 104–105. 转引自〔德〕乌尔希里·贝克《世界风险社会》,吴英姿、孙淑敏译,南京大学出版社,2004,第146页。

奈特的不确定性研究实则是在研究"真实存在而且在发挥作用"的不可计算的风险在实际竞争中的价值。实际上在具体表述中,奈特自己也在使用"风险"这一概念:"利润显然是风险的结果。这里所指的风险,用其他更好的称呼,仅仅是独一无二的风险,是无法做出度量的风险。"[①] 除了奈特之外,凯恩斯和斯蒂格勒等经济学大师都把不确定性、风险作为其经济学研究的主要变量。

二 何谓风险

1. 风险

结合贝克、吉登斯和奈特的阐释可知,首先,风险是一种人类无法回避和漠视的客观实在,是人类社会及其个体都必须正视、重视和审慎应对的一种客观实在。其次,风险是一种不可见的客观实在,风险的不可见性是导致人们有意或者无意忽视它的一个主要原因。最后,风险是一种危险和机遇并存的境况。不确定性是风险的一个主要构成,风险的大小与不确定性成正比,一种境况的不确定因素越多,其风险指数也就越大,危险系数也就越高。风险同时还是一种机遇,令世人瞩目的成功者总是敢于抓住机遇穿越风险的人。总的来讲,风险是一种包含危险和机遇的客观实在。对于风险,标准不同划分出来的内容也不同。除了上文所讲的可计算风险和不可计算风险等分类,风险的一种重要划分是从成因方面的划分。根据风险形成诱因的不同,可以划分为自然风险和现代性风险。自然风险是自然界客观存在的风险,现代性风险主要是指现代社会下人为因素导致的风险,全球风险社会研究主要聚焦于现代性风险。

2. 现代性风险

现代社会,对于人为因素导致的风险有两种称呼,一种是吉登斯提出的"现代性风险"概念,另一种是贝克提出的"现代化风险"概念。较之于"现代化风险","现代性风险"这一表述更为恰当和准确。为什么采用"现代性风险"而不是"现代化风险"概念呢?这是因为现代化是一个过程,一个包含着诸多内容的复杂进程;而现代性是现代化这个历史过程的总体性特征,是现代化过程的哲学特征。[②] 现代化进程在政治、经济、社

[①] 〔美〕弗兰克·奈特:《风险、不确定性和利润》,郭武军、刘亮译,华夏出版社,2011,第39页。

[②] 周宪、许钧主编《自反性现代化》,商务印书馆,2001,总序第2页。

会、文化四个领域展开：政治领域的现代化包括世俗政治权力的确立和合法化、代议制民主制度的设立、现代民族国家的建立和巩固和国家间政治制度的形成等内容；经济领域的现代化包括工厂制度的确立、现代企业制度的形成、现代金融体系的建立、自由贸易制度的完善和市场经济体系的建立与完成等内容；社会领域的现代化包括传统社会秩序的衰落、社会分工、社会分化、市民社会的形成和公民社会的发展等内容，文化领域的现代化包括宗教权威的衰落和世俗文化的兴起等；这些进程相互交织，共同构成了现代社会的形成历程。而现代性是所有现代化过程和现代化结果所具有的一般性哲学特征。总的来讲，工业化、城市化、科层化、市场化、自由化、世俗化，殖民主义、民族主义、极端现代主义、市场自由主义，民族国家、市场经济、现代企业、现代城市、市民社会，这些现代化过程的种种创造物都是现代性的具体表征。那么在现代化过程中生产出来的风险同样具有现代性，既是现代性的表现，又是现代性的产物。风险社会的风险是整个现代文化体系的产物，伴随整个现代化进程而系统发生，现代性作为现代化过程的总体性特征和哲学特征，最能表明风险社会之风险的根本性特征。此外，作为一个哲学范畴，现代性表征的是现代文化及其现代化进程其本身所固有的一种根本性矛盾和悖论——这种根本矛盾根植于现代化的自我冲突——是现代化的基础与现代化的后果之间的矛盾。而且现代性问题不是一国之问题，而是世界之问题。现代性风险虽然发轫于西方，但随着现代化进程在东西方的铺展，随着全球进程的迈进，已经跨越民族国家的界限成为一种世界现象——全球风险社会——一种各国都必须面对的挑战。因此，用现代性风险这一名称能够更为完整地概括由现代社会人为因素导致的风险的所有特征。全球风险社会主要聚焦于现代性风险，对全球风险社会形成机制的分析，因此也主要集中于对现代性风险形成机制的阐释上。

三 全球风险社会的形成

如前文所述，贝克的风险社会理论中是按照"人为不确定性——现代化风险——（全球）风险社会"这个逻辑解释全球风险社会的形成问题的。其中，人为不确定性是逻辑起点，是一切问题的最初根源，现代化风险是中间环节。现代化风险由人为不确定性转化而来，并最终演变为全球风险社会。总的来讲，全球风险社会是人为不确定因素这个变量不断积聚和扩散的后果。对于全球风险社会的形成，贝克的逻辑可以用图2-1表示。

```
人为不确定性 → 现代化风险 → 全球风险社会
```

图 2-1　全球风险社会：贝克的逻辑

但事实上，全球风险社会及其公共危机的形成并非只遵循"人为不确定性——现代化风险——（全球）风险社会"这一逻辑线索和发展路径。因为，不只是不确定性会导致风险，确定性也是风险的重要来源之一；不只是人为不确定性会导致现代性风险，人为确定性也是现代性风险的来源之一。诸多政治学和经济学理论研究已经表明，在非民主社会，人们通过制度建构手段确定的一些不合理的人为确定性因素是现代性风险，现代社会诸多矛盾、冲突和公共危机的主要根源。因此，全球风险社会的形成过程还存在另一条逻辑线索和发展路径，这就是："人为确定性——现代性风险——全球风险社会。"此外，尽管对全球风险社会的分析主要聚焦于人为因素导致的现代性风险，但全球风险社会之风险还包括自然界本身存在的自然风险。随着人类行为的不断扩张，这些自然风险与现代性风险往往交织在一起发挥作用。这样，全球风险社会的形成路径可以用图 2-2 表示。

```
人为不确定性 ┐
             ├→ 现代性风险 ┐
人为确定性   ┘              ├→ 风险 → 全球风险社会
                自然风险   ┘
```

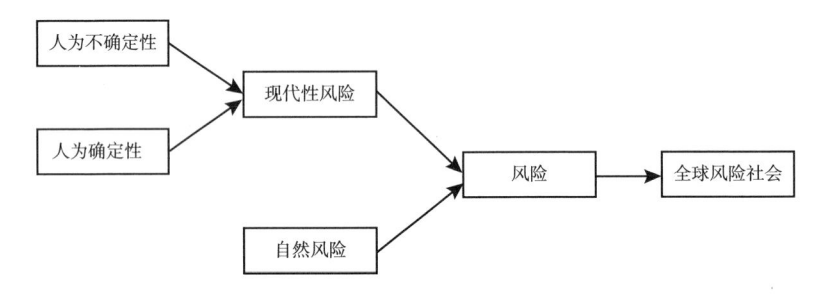

图 2-2　全球风险社会的形成逻辑

四　全球风险社会：暗物质和暗能量[①]

2003 年，科学家们找到了能够证明暗物质和暗能量存在的新证据，从而进一步明确了宇宙的能量分布。这一突破被美国《科学》杂志评为年度

[①] 注：关于"暗物质和暗能量"的论述参看中国科学院网站高能物理研究所 2009 年 7 月 23 日发表的文章《暗物质与暗能量》，http://www.ihep.cas.cn/kxcb/kjqy/200907/t20090723_2160257.html。

十大科学成就之一。美国匹兹堡大学斯克兰顿一个多国科学家小组借助WMAP,发现了暗能量存在的直接证据。WMAP的探测结果包括以下内容:一是宇宙的年龄约为137亿年,二是宇宙由暗物质、暗能量和普通物质三种要素构成,其比例分别为:暗物质占23%,暗能量占73%,普通物质占4%。其中,所占比例最多的恰恰是人类最迟发现的暗物质和暗能量。由于暗物质不与光发生作用,因此利用天文学的光手段是看不到暗物质的,因此长时间以来人们没有发现暗物质的存在。根据科学家的研究,暗物质很可能是由宇宙早期遗留下来的、稳定的、只有弱作用的重粒子(WIMP)构成。与暗物质一样,暗能量是宇宙构成之不可见的另一组成部分。与暗物质不同的是,暗能量更接近能量,而不是一种物质。暗能量在宇宙中起斥力作用,但又不能严格说其是一种斥力,只能称其为能量。具有斥力作用的暗能量的发现使学者们认识到,宇宙不仅是在膨胀,而且是在加速膨胀。暗能量在宇宙中更像是一种背景,让人根本感觉不到它的存在,但它确实存在,且起着非同一般的作用。有人把暗能量称为"真空能"。关于真空能,早在20世纪二三十年代,就有科学家认为真空不空,只是物理的探测仪器探测不到,"真空"中并非真的什么都没有。与暗物质、暗能量和真空能这些物理学概念和存在一样,全球风险社会的提出和存在也是一个极富争议的话题。因为无论是自然风险还是现代性风险都具有不可见性,因而全球风险社会也是不可见性的。这种不可见性不仅使得人们长久以来没有发现现代性风险和风险社会的存在,而且还成为一些人反对其存在的理由。现代性风险和全球风险社会,就如同暗物质和暗能量一样,是一种具有非同一般影响的客观存在,是人类当前生存的主要背景,并且其对人类的未来发展同样具有不可忽视和不可估量的影响。

除了贝克的风险社会理论之外,全球风险社会的现实表征就是频频发生的各种公共危机。然而公共危机是一个很古老的现象,对公共危机的分析需要从前现代社会开始。

第三章　文化视阈下公共危机的发展和演变

　　公共危机作为自然和人类文化行为的双重产物，古已有之。人类所遭遇的最古老的公共危机就是诸如干旱、地震、洪水、泥石流等自然灾害以及由此引发的饥荒。当人类由采集业进入畜牧和农耕生活，人类与动物、土壤以及河水中的微生物的接触增多，人与动物之间的群居、人的定居生活的出现，由动物身上的病菌、土壤和河流中的细菌、真菌等因素引发的疫病开始出现，这些构成了早期的疫病和流行病。随着生产技术的不断进步和社会规模的不断发展，各种武器被发明、应用和广泛传播，战争这种群体性暴力冲突事件开始出现。伴随着早期奴隶制国家的出现，战争的频率、规模、持续时间都不断增长。不管人类历史上引发各种战争的原因为何，但战争的确是人类自己发起、组织的公共危机。各种自然灾害、饥荒和战争是前现代社会的公共危机的主要内容。近现代社会以来，随着现代化进程的不断发展和扩张，工业化进程所导致的环境污染、土壤污染、水污染和大气臭氧层空洞，对自然资源的掠夺式开发所导致的水稀缺、森林植被的大面积破坏、大量珍稀物种的灭绝、温室效应等危机状况使得人类整体陷入全球生态危机境遇。受全球气候变暖而频繁出现的极端灾害性气候事件，由核技术的发明而出现的核战争，核辐射和核泄漏，在铁路、民航等交通领域出现的大型事故，自杀式恐怖主义袭击，各种新的流行性疫病此起彼伏。与此同时，两次世界大战、朝鲜战争、越南战争、海湾战争、阿富汗内战、伊拉克战争，以及持续半个世纪之久的巴以冲突，这些以民族国家为边界的群体性暴力冲突将无数的家庭和生命毁灭其中。"二战"时期德国纳粹的大屠杀行为、日本法西斯实施的南京大屠杀，战后和平时期苏丹达尔富尔大屠杀皆令全世界震惊和发指。1986年原苏联地区发生的切尔诺贝利核泄漏事件至今让人心有余悸，而"二战"后唯一遭受过核打击的工业强国日本先后发生了 1999 年的东海村核辐射事件和 2011 年日本福岛核泄漏事故。从 20 世纪初的北海油田事件到 BP 墨西哥湾漏油事件、康菲漏油事件，跨国公司越来越多地成为公共危机发生的始作俑者。从自然灾害、贫困、饥荒、流行性疾病到极端灾害性天气事件，从粮食危机、环境危机、能源危机、经济危机到地区冲突与战争、大屠杀、恐怖主义……在全球各地频繁发生的各种公共危机向人们揭示这样一个事实：伴随文化的演进，公共危机的数量和种类也不断增加，性质和内容日趋复杂。本章首先对文化和公共危机概念进行界定，在此基础上，力图从文化演化的角度对公共危机的发展和变化进行阐释。

第一节　文化与公共危机

一　文化的概念阐释

1. 文化的词源解释

在古老的迦勒底人对文化的最初定义中，文化是缪斯女神或光——个人体内和整个社会的光。英文中文化一词"culture"源自拉丁语"colo""colui""cultmva""colere"及"culrure"等词。拉丁文中，这些词的意思是"to till the ground, to tend and care for"意指农耕及对动植物的培育和养殖。现代英语中的"culture"继承了大定语的用法，其含义包括栽培、培养、驯养、耕种、照管等，概括起来就是指人们通过劳作，对土地进行耕种，对动植物进行驯养，使之成为能够满足人类需要的物种。由此可以看出，从一开始，"culture"就意指一种人类熟识、驯化、培育客观对象的过程及镜像，是一种人化自然的过程或者自然的人化过程。此后，"culture"一词在西方社会的实际使用中含义不断扩展。自 15 世纪以后，文化逐渐被引申为对人的品德和能力的培养。逐渐的，"culture"的含义不仅包括土地的"cultivation"即耕作、各种植物的栽培、动物的驯化，还包括个人技能的训练、个人品德和修养的"修炼"，人际关系及友谊的培养（low culture）以及艺术、科学和宗教活动（high culture）。可见，早期的"culture"是一个动词，是指一种培育、驯化、学习或者修炼的过程。独立的文化概念出现于 18 世纪后半期。西方自 18 世纪末开始，"culture"一词的词义和用法发生了很大的变化，文化变成自成一义的概念，因此流传至今的比较有影响力的文化概念皆出现在此之后。据雷蒙德·威廉姆斯的研究，在18世纪到19世纪初期，文化变成自成一义的概念。这一时期，文化的第一意思是"心灵的普遍状态或习惯"，第二个意思是"整个社会里知识发展的普遍状态"，第三个意思是"各种艺术的普遍状态"，第四个意思是"文化是一种物质、知识与精神构成的整个生活方式"。① 总的来讲，在18世纪后半叶，文化概念被用于将人类取得的成就与不容改变的自然事实区分开来。"文化"代表人类能做的事，"自然"代表人类必须遵守的方面，此后社会思潮的总趋向是将文化"自然化"。对"culture"一词的梳理可以发现，西方语义的文化一词包含动态和静态两层基本含义：一是作为驯化、教育等动态过程的文化，二是作为知识、艺术、科学及生活方式等普遍状态的文化。

2. 中西方的文化界定

1871年，由英国人类学家爱德华·伯内特·泰勒提出的文化的人类学概念，这是迄今为止影响最大的文化概念。泰勒认为："从广义的人种论的意义上说，文化和文明是一个复杂的整体，它包括知识、信仰、艺术、道德、法律、习俗以及作为社会的成员的人所具有的其他一切能力和习惯。"② 对于泰勒的文化定义，人们给予了很多褒奖，认为泰勒的文化概念是一个分水岭，因为这一次，文化概念的涵盖终于达到了其本身所涵盖的事物的整体。霍尔认为，文化是有生物学基础的生物活动，在人作为产生文化的动物而发生作用的现在，与既无人也无文化的过去之间没有间歇。在远古和现在之间有着不停顿的连续性。③ 如果说泰勒的文化定义涵盖了人类物种的所有文化行为，那么霍尔的界定则进一步将文化的内涵从人类单一物种扩展到所有有生物学基础的生物活动，即扩展到所有有生命物种。在霍尔这里，文化就不再如泰勒所言是一个属人的领域和范畴，而是一个属于众多有生命物种的范畴。美国人类学家克莱德·克拉克洪认为："文化是历史上所创造的生存式样的系统，即包括显性式样又包括隐性式样；它具有为整个群体共享的倾向，或是在一定时期内为群体的特定部分所共享。"④ 换言之，克

---

① 〔英〕雷蒙德·威廉姆斯：《文化与社会》，吴淞江、张文定译，北京大学出版社，1991，第19～20页。
② 〔英〕泰勒：《原始文化》，蔡江浓编译，浙江人民出版社，1988，第1页。
③ 〔美〕爱德华·T. 霍尔：《自然·人·哲学·无声的语言》，刘建荣译，上海人民出版社，1991，第36页。
④ 〔美〕克莱德·克拉克洪等：《文化与个人》，高佳、何红、何维凌译，浙江人民出版社，1986，第6页。

拉克洪把文化定义为一种生存和生活的方式。人类在不同历史时期创造了不同的生存和发展方式，依据不同的生存和发展方式，文化被划分为奴隶社会文化、封建社会文化、资本主义文化和社会主义文化，这些不同样式的文化共同构成了人类的大文化系统。在此基础上，克拉克洪又进一步对文化进行了隐性式样和显性式样的划分。克拉克洪认为，"对文化作分析必然既包括显露方面的分析也包括隐含方面的分析。显性文化寓于文字和事实所构成的规律之中，它可以经过耳濡目染的证实直接总结出来。人们只需在自己的观察中看到或揭示其连贯一致的东西。人类学家不会去解释任意的行为。然而，隐性文化却是一种二级抽象。……只有在文化的最为精深微妙的自我意识之处，人类学家才在文化的承载者那里关注隐性文化。隐性文化由纯粹的形式构成，而显性文化既有内容又有结构。"① 克拉克洪对隐形文化和显性文化的区分有助于人们更近一步理解和分析文化。威廉姆斯对文化进行了三种界定：首先一种价值定义——文化是人类完善的一种状态或过程，即永恒的秩序和价值；其次是文本定义——文化是知性和想象作品的整体，即各种记载人类思想和经验的文本；最后是社会的定义——文化是对一种特殊生活方式的描述，不仅表现为艺术和学问中的某些价值和意义，而且也表现制度和日常行为中的意义和价值。② 但在威廉姆斯眼中，他更强调文化的社会定义，即文化是整个生活方式。马林诺夫斯基认为，"文化是由部分自治（autonomous）和部分协调（coordinated）的制度（institutions）构成的整合体。它根据一系列原则而整合……每个文化的完整性和自足性都归因于一个事实：即满足基本的、实用的及整合化的全部需求。"③ 法国结构人类学家列维-斯特劳斯认为，文化是人类心智积累性创造的一种共享的符号系统。与之观点相似的还有格尔茨，因为在格尔茨看来，文化就是一些由人自己编织的意义之网。④ 如何理解格尔茨的"意义之网"文化概念呢？格尔茨的解释是："作为由可以解释的记号构成的交叉作用的系统制度，文化不是一种引致社会事件、行为、制度或过程

---

① 〔美〕克莱德·克拉克洪等：《文化与个人》，高佳、何红、何维凌译，浙江人民出版社，1986，第8页。
② 〔英〕雷蒙德·威廉姆斯：《文化分析》，赵国新译，选自罗钢、刘象愚主编《文化研究读本》，中国社会科学出版社，2000，第125页。
③ 〔英〕马林诺夫斯基：《科学的文化理论》，黄剑波等译，中央民族大学出版社，1999，第56页。
④ 〔美〕克利福德·格尔茨：《文化的解释》，韩莉译，译林出版社，1999，第5页。

的力量；它是一种风俗的情景，在其中社会事件、行为、制度或者过程可被人理解——也就是说，深的——描述。"①

除了上述西方学界对文化的代表性阐释之外，中国学者梁漱溟、费孝通、张岱年、陈序经、季羡林等也从不同方面对文化做出了深刻解释。梁漱溟先生在《中国文化要义》中指出，文化，就是吾人生活所依靠的一切。文化是极其实在的东西。文化之本意，应在经济、政治，乃至一切无所不包。② 陈序经先生认为，文化是人类适应时境以满足其生活的努力的工具和结果。③ 张岱年先生在《中国文化与文化论争》一书中提出，把文化理解为一个流变的过程要比把文化理解为某种既成的事物的总和更正确。从过程的意义上，文化不仅是一种在人本身自然和身外自然的基础上不断创造的过程，而且是一种对人本身的自然和身外自然不断加以改造，使人不断从动物状态中提升出来的过程。在这个无限的过程中，作为基础的人本身的自然和身外自然也不断地得到改造。从人类社会活动所创造的成果的意义来看，文化是文，还不是文化。只有考虑到这些成果同时还意味对人自身的改造，才是文化。④ 季羡林先生认为，凡人类在历史上所创造的精神、物质两个方面，并对人类有用的东西，就叫"文化"。⑤

二 何谓文化

1. 文化

综合上述中西方最具影响力的文化界定，可以从以下几个方面理解文化。

一是最广义的文化概念是一个包括所有物种的生命活动在内的大范畴和大系统，文化不仅是人类的行为和产物，而且其他物种也有文化。

二是就一般广义层面而言，文化是指人类的一切行为活动及其成果。在这个层面上的文化可以从多个角度进行理解。从内容上讲，文化是一个复杂的整体，一个包含知识、信仰、艺术、道德、法律制度、习俗习惯、

---

① 〔美〕克利福德·格尔茨：《文化的解释》，韩莉译，译林出版社，1999，第17~18页。
② 梁漱溟：《中国文化要义》，上海人民出版社，2007，第6页。
③ 杨深编《走出东方：陈序经文化论著辑要》，中国广播电视出版社，1995，第63页。
④ 张岱年、程宜山：《中国文化与文化论争》，中国人民大学出版社，1990，第3页。
⑤ 季羡林：《文化交流的复杂性和必然性》，载自季羡林、张光璘编选《东西文化议论集》，经济日报出版社，1997，第5页。

生活方式等在内的复杂系统，这个就是泰勒的文化概念。从性质上讲，文化就是人类的生存和发展方式，文化是人类适应时境以满足其生活的努力的工具。从长时段的历史演变来看，如克拉克洪所言，文化就是人类历史上所创造的所有生存式样的系统总和。从动态的角度看，文化是人类自我完善和不断进步的一种状态或过程。在这个自我完善的发展过程中，文化逐步形成了由部分自治（autonomous）和部分协调（coordinated）的制度（institutions）构成的制度体系。因此，制度是文化尤其是现代文化的最重要构成，而制度建构和创新能力是现代文化的独有特征和标志。基于制度和制度创造能力，以及根据一系列原则将不同制度整合的能力，文化尤其是现代文化实现了其基本的、实用的及整合化的全部诉求和需求。从静态表象上来看，文化是人类创造的共享符号系统。最终，文化如梁漱溟所言，成为吾人生活所依靠的一切。

三是中层含义的文化，即人类的价值观体系，包括思想、观念、知识理论内在的一整套价值观理论体系。

四是狭义的文化理解，即文化的文本定义——文化是知性和想象作品的整体，即各种记载人类思想和经验的文本。

本书所论的文化选取的是一般广义层面的文化范畴，即人类的一切行为活动及其成果。从社会学角度来看，这个文化是指包括知识、信仰、艺术、道德、法律制度、习俗习惯、生活方式等在内的复杂系统。从性质上讲，这个文化是人类的生存和发展方式，是人类适应时境、满足自身需要、努力生活的工具。从动态层面来看，文化是人类的自我完善过程以及不同亚文化之间的协调（coordinated）过程。从结果和表象来看，文化是人类创造的共享符号系统。所有这一切汇集在一起，文化就是吾人生活所依靠的一切。

2. 现代文化

文化是一个动态的发展过程。人类文化历经几千年的发展，在不同的时期、不同国家和地区形成了各种不同的文化形态。从文化的纵向发展来看，文化先后经历了原始社会文化、奴隶社会文化、封建社会文化和现代文化几个阶段。其中，原始社会文化、奴隶社会文化和封建社会文化又统称为前现代文化。前现代文化时期人类的生产力相对比较低下，生产方式分别为个体生产、狩猎采集和自给自足的小农经济。直到现代文化阶段，人类才开始以社会化大生产的方式生产和生活。全球风险社会及其现代性公共危机的出现主要是现代文化的产物。因此在文化的各阶段类型中，主要分析现代文化。

何谓现代文化？鲍曼对现代文化的分析是从"现代"这个概念开始的。在鲍曼看来，所谓现代，是一个"疯狂地寻求人类秩序坚固的和不可动摇的基础所控制的"时代。在这个时代，人们普遍"将世界看作是本质上为人类的一种创造物及人类各种能力的试金石"，世界"被理解为人类的追求、选择、成功与失败的舞台"。① 在这个舞台上，所有的人、个体的人都以"人口"这个面目出现，被裹挟到社会化大生产这个"永动机"之中，从事一种名曰"现代化"的事业。人类这样做的目的是什么呢？鲍曼指出，在整个"现代"时段，人类都在"疯狂地寻求人类秩序坚固的和不可动摇的基础"，并且经过 200 多年的努力，最终创造出这种用以维系人类生存的、深厚的"人造基础"——即现代文化。现代文化的建构过程同时也是文化自然化的过程，即被人为建构出来的现代文化不再是以一种有别于自然的人造物的面目出现，而是逐渐以一种自然物的面目出现。而且，这个由人类自身创造的、人工的"厚实层"，已经"深厚到了使人类不再关注所有其他更好的基础的程度"。② 然而，人类为何不遗余力地建构一种"人造基础"，而且必须是深厚的"人造基础"呢？鲍曼认为，究其根本，人类疯狂构建现代文化的目的在于掩盖和弥补人类自身的脆弱性，消除潜在的偶然性。由此可知，所谓现代文化是指在人类中心主义这一新的世界观指导下所形成的以社会化大生产为核心，以不断地创新和进步为目标的现代化过程，以及在这个过程中所制造出的一切社会实在。

三 公共危机的概念阐释

公共危机是一个很古老的现象。对公共危机的理解可以首先从概念分析开始。

1. "crisis" "emergency" 与 "incident"

对公共危机的理解是从对"危机"的理解开始的。"危机"（crisis）一词在古希腊语中是指一种游离于生死之间的状态，在汉语中则指"危险与机遇"。由此可见，"危机"（crisis）一词在中西方的解释中都包含着一种

---

① 〔英〕齐格蒙特·鲍曼：《作为实践的文化》，北京大学出版社，2009，第 6 页。
② 〔英〕齐格蒙特·鲍曼：《作为实践的文化》，北京大学出版社，2009，第 5 页。

哲学辩证色彩。关于危机，在英语体系，有这样几个词都可以表示"危机"，分别是"crisis""emergency"和"incident"。其中，"emergency"翻译成汉语则为"紧急事态"，"incident"则指"突发事件"。学术界倾向于使用"crisis"，而政府政策制定者偏好使用"emergency"和"incident"。比如，公共危机管理在美国、英国和澳大利亚称为"Emergency Management"（紧急事态管理），在新西兰称为"Civil Defense"或"Civil Defense Emergency Management"。中国政府也采用"emergency""突发事件"或"突发公共事件"的概念。

对于"危机"（crisis），西方学者从不同角度进行了界定。巴顿（Barton，1993）认为：危机是"一个会引起负面影响的具有不确定性的大事件，事件及其后果可能对组织及其员工、产品、服务、资产和声誉造成巨大的伤害。"[1] 1975~1976 年在耶路撒冷举行的危机问题研讨会中提出，危机是和平进程的断点。赫尔曼（Hermann）从决策的角度出发把危机界定为一种结构不良的决策情境，他认为："危机就是一种情境状态，其决策主体的根本目标受到威胁，在改变决策之间可获得的反应时间很有限，其发生也出乎决策主体的意料。"[2] 桑得里尔斯（Sundelius）等人认为，一个国家所面临的危机就是指中央决策者面对这样一种场景：重要的价值受到威胁，而且可以采取行动的时间十分有限，同时环境的变化具有高度的不确定性。[3] 作为社会公共危机管理方面的权威，荷兰学者罗森塔尔（Rosenthal）和皮内泊格（Pijinburg）（1991）认为："危机就是对一个社会系统的基本价值和行为准则架构产生严重威胁，并且在时间压力和不确定极高的情况下，必须对其做出关键决策的事件。"[4] 目前，罗森塔尔（Rosenthal）和皮内泊格（Pijinburg）的定义被国内学者广为援引。

对于"emergency"，《现代英汉综合大辞典》解释为"突发事件；紧急情况，紧急需要，非常时期"；《美国传统词典》解释为"要求立即采取对策的意外的紧急情况或事件；特别急需采取行动或帮助的状况"。在各国，

---

[1] 〔美〕罗伯特·希斯：《危机管理》，王成、宋斌辉、金瑛译，中信出版社，2004，第13页。
[2] 〔美〕罗伯特·希斯：《危机管理》，王成、宋斌辉、金瑛译，中信出版社，2004，第25页。
[3] 转引自薛澜、张强、钟开斌《危机管理 转型期中国面临的挑战》，清华大学出版社，2003，第25页。
[4] Rosenthal U., Pijnenburg B., *Crisis Management and Decision Making*: *Simulation Oriented Scenarios* (Boston: Kluwer Academic Publishers, 1991), pp. 19-20. 转引自薛澜等《危机管理》，清华大学出版社，2003，第25页。

对"emergency"一词都有严格的法律界定。美国的《灾难减除法》（即修正的斯塔福法）（2000）将"emergency"紧急事态界定为地方管理层面和需要联邦介入层面两类。地方管理层面的"emergency"是可以在地方层次上得到正常处理的危险事件；需要联邦介入的"emergency"是指那些需要总统决定、联邦政府提供帮助，增强州和地方政府的努力和能力，以拯救生命、保护财产和公共卫生与安全，或者减少或防止在美国任何地方发生大灾难威胁的任何关头或场合。① 新西兰政府对"emergency"的定义是指具有下述特征的一种形势：（1）无论自然还是人为的，不受限制的任何意外事件的结果。（2）引起或者可能引起生命损失、伤害、疾病、忧伤，或者以任何方式危及新西兰或新西兰的任何部分的公共安全或财产。（3）紧急事态服务部门对付不了的，或另外要求依据法案采取重大和协调应对行动的。②

对于"incident"（突发事件或突发公共事件）美国国土安全部的界定是："突发事件"（incident）是指一种自然发生的或人为原因引起的需要按紧急事态应对以保护生命或财产的事或事件。美国的紧急事态管理还把"incident"具体划分为三个等级，分别是一般性突发事件、具有全国影响的突发事件和需要联邦政府出面应对的灾难性突发事件。其中，灾难性突发事件是最高级别的"incident"。灾难性突发事件是指造成对人口、基础设施、环境、经济、道德和政府功能特大程度的伤亡、损失或严重破坏的任何自然的或人为的事件。2003年的"9·11"事件和2005年的"卡特里娜"飓风都属于灾难性突发事件。中国国务院2006年1月颁布的《国家突发公共事件总体应急预案》对"突发公共事件"的界定为："突发公共事件是指突然发生，造成或者可能造成重大人员伤亡、财产损失、生态环境破坏和严重社会危害，危及公共安全的紧急事件。"2007年8月30日颁布的《中华人民共和国突发事件应对法》第三条对"突发事件"的界定为，"本法所称突发事件，是指突然发生，造成或者可能造成严重社会危害，需要采取应急处置措施予以应对的自然灾害、事故灾难、公共卫生事件和社会安全事件。"

---

① Emergency Management Institute, *Principles of Emergency Management* (Independent Study IS230, 2003, March), pp. 2 – 3.
② *Ministry of Civil Defends and Emergency Management Glossary*, p. 7.

2. "public crisis"

与"crisis"危机一词相比,"public crisis"公共危机概念更加强调和侧重危机的公共性特征。就一部分危机、紧急状态和突发事件的危害和影响公共程度而言,使用"公共危机"这一概念,使之与企业危机研究中的"危机"相区分,这种表述更为严谨、更符合事物本身的逻辑和特征。因此,学者在研究中逐渐形成并开始使用公共危机概念。受国外研究的影响,国内一些较早开展公共危机研究的学者与罗森塔尔一样,尽管探讨的主题是公共危机,但却使用"危机"概念。例如薛澜就认为:"危机通常指决策者核心价值观受到了严重威胁或挑战,有关信息很不充分,事态发展具有高度不确定性和需要迅捷决策等不利情景的汇聚。"① 随后,他进一步解释,该定义理论思考的出发点是"认为危机是相对于政府的常规性决策环境的一种非常态的社会情境","把危机界定为一种决策的情势,在此情势中决策者的组织(核心单元为政府)所认定的社会基本价值和行为准则架构面临严重威胁,突发紧急事件以及不确定前景造成了高度的紧张和压力,为使组织在危机中得以生存,并将危机所造成的损害降至最低限度,决策者必须在相当有限的时间约束下做出关键性决策和具体的危机应对措施。"② 张成福则以罗森塔尔的危机界定为蓝本提出:"公共危机则是指对一个社会的基本价值和行为准则架构产生严重威胁,并且要求以政府为主体的公共部门在时间压力和不确定性极高的情况下做出关键性决策的事件。"③ 这两个定义集合了赫尔曼(Hermann)与罗森塔尔(Rosenthal)概念的优点,突出了危机的决策情景和危机对社会基本价值体系的威胁,但并未在此基础上实现突破,进一步弥补二者的不足。张小明认为,"所谓危机,它是这样一种紧急事件或者紧急状态,它的出现和爆发严重影响社会的正常运作,对生命、财产、环境等造成威胁、损害,超出了政府和社会常态的管理能力,要求政府和社会采取特殊的措施加以应对。"④ 这一概念

---

① 薛澜、张强、钟开斌:《危机管理 转型期中国面临的挑战》,清华大学出版社,2003,第25页。
② 薛澜、张强、钟开斌:《危机管理 转型期中国面临的挑战》,清华大学出版社,2003,第26页。
③ 张成福:《公共危机管理:全面整合的模式与中国的战略选择》,《中国行政管理》2003年第7期,第6页。
④ 张小明:《论危机管理研究中的术语规范问题——从SARS危机引发的思考》,《术语标准化与信息技术》2004年第1期,第54页。

将危机定义为一种紧急事件或状态，并涉及政府在应对公共危机中的管理能力问题。张海波从风险社会理论出发提出，公共危机是风险社会的实践性后果[①]，阐明了现代社会公共危机与风险社会之间的关系。还有学者试图从"公共性"的角度来界定公共危机，认为公共危机是指对于公共利益或公共安全造成威胁或损害的突发性事件或状态，突出了公共危机的"公共性"特征。总的来讲，"公共危机"已经成为国内学术界普遍使用的一种概念界定。

3. 公共危机："事件"or"过程"

从目前现有的关于"crisis""emergency""incident"和"public crisis"的界定来看，对公共危机的界定可以从很多角度进行。仅就公共危机的事态特征和影响后果来看，可以这样界定公共危机：即公共危机是一种由人类行为和不可抗力共同作用下所导致的一种在时间和空间分布上具有离散性，对一定范围内社会群体的公共安全和公共利益造成极大危害的状态或过程。

为什么将公共危机界定为一种"过程"而非"事件"呢？

"事件"与"过程"是西方学者进行"危机"界定的两种基本倾向。从时空的角度分析，"事件"与"过程"存在很大区别。"事件"是一个单一的"点"，它发生在特定的时间和地点，持续的时间较短，一般是指该事件从发生到结束这一期间。因此，事件的时间与空间是特定的、相联结的。那么，特定性意味着"事件"具有一定的单一性和偶然性，而偶然性又决定了事件的不可预测性和不可预防性。将公共危机界定为"事件"，这暗示着公共危机只是一个在特定时间和地域内发生的偶然性突发事件，那么对公共危机原因及后果的归纳和分析、对公共危机解决路径的选择都将局限于特定的区域和一定的时间范围内。"事件"界定的视角过于狭窄，使对公共危机的分析和解决仅局限于直接原因和单个事件的处理上，这必然会导致公共危机应对的简单化。从一定意义上讲，针对"事件"的危机处理是一项"治标"不"治本"的行动。此外，"突发的概念强调的是时间发生的不可预测性，紧急事件则强调事件处理的时间迫切性，这两者都不能等同于危机事件。"[②] 各国政府普遍采用突发事件或紧急事件的界定和应急处理模式，意在使政府在公共

---

① 张海波：《风险社会与公共危机》，《江海学刊》2006年第2期，第114页。
② 薛澜、张强、钟开斌：《危机管理 转型期中国面临的挑战》，清华大学出版社，2003，第24页。

危机处理上"速战速决",尽量使危机"事件"尽快淡化出人们的视野,以免引发人们对危机前因后果作长久、深入的追究和跟踪。

"事件"与"状态"有何不同呢?"状态"一词主要突出的是公共危机在时间和空间上的离散性特征。与"事件"不同的是,"状态"不仅仅是由很多的"点"组成的一种"面",一种普遍性存在,更重要的是,同一"状态"的各个"点"在时间和空间上是离散的。一种危机状态可以在同一时间下的不同区域存在,如目前席卷全球的公共危机,也可以在不同时间下的不同区域存在,再如由工业化导致的发生在全球不同时间、不同地点的污染性公共危机。时间—空间的离散性是公共危机"状态"的一个重要特征,不能从"状态"角度把握公共危机,不能充分抓住现代社会公共危机在时间—空间上的离散性特征,就很难全面、深入地理解公共危机及其成因。"状态"意味着公共危机的复杂性和严重性,这决定了对公共危机的解决不能仅限于一个事件、一次追究和一次赔偿,要能看到问题背后隐藏的深层原因和复杂关系,并且寻求一种根本的解决之道,建构能够跨越时空解决同类问题的真正有效机制。"状态"意味着公共危机的普遍性和必然性,从其形成到其积聚爆发必然经过了一个长时间的量变到质变的动态演变过程,这意味着必须把公共危机放在一个更广阔的时间和空间视阈下审视,从多元角度透过时间和空间去探寻公共危机的必然性原因和潜在后果。鲍曼在分析"二战"时期的大屠杀时就指出不能仅仅将大屠杀视为一个事件,一个只属于犹太人的事件。鲍曼认为:

> 大屠杀确实是一场犹太人的悲剧。尽管并不仅仅是犹太人受到了纳粹政权的"特殊处理"(在希特勒的命令下杀害的两千多万人中,有六百万是犹太人),但只有犹太人被标上了全部消灭的记号,并且在希特勒力图建立的新秩序中也没有给犹太人留下任何位置。即使这样,大屠杀并不仅仅是一个犹太人问题,也不仅仅是发生在犹太人历史中的事件。大屠杀在现代理性社会、在人类文明的高度发展阶段和人类文化成就的最高峰中酝酿和执行,从这个意义上来说,大屠杀就是这一社会、文明和文化的一个问题。①

---

① 〔英〕齐格蒙特·鲍曼:《现代性与大屠杀》,杨渝东、史建华译,译林出版社,2002,第5页。

从土耳其对亚美尼亚人大屠杀到"二战"大屠杀,再到20世纪60年代美军在越战中实施的美莱村大屠杀,1994年致使几百万人丧命的卢旺达大屠杀……历史反复证明,大屠杀并非一个单一的历史事件,而是一个会在不同的时间和空间组合下反复出现的事情。对此,鲍曼指出,大屠杀的反复出现说明现代社会的人们并没有真正认清大屠杀的真正属性,只把大屠杀当作现代文明社会下发生的一场悲剧,或仅仅是把大屠杀归为某个国家、某届政府或某个独裁者的行为。如国人仅"关注大屠杀的德国性,把对罪行的说明集中在这个方面,同时也就赦免了其他所有人尤其是其他所有事物。认为大屠杀的刽子手是我们文明的一种损伤或一个痼疾——而不是文明恐怖却合理的产物——不仅导致了自我辩解的道德安慰,而且导致了在道德和政治上失去戒备的可怕危险。"[①] 这提醒人们,如果把公共危机仅仅当作一个事件,忽视同一类型公共危机在时间和空间上的离散性表现和反复出现,这种忘记历史的简化做法很容易使人们忽视该类型公共危机普遍性存在的客观事实,并且疏于对公共危机背后深层原因的思考和审视。这种做法不仅不利于人们解决公共危机,反而会因疏忽和简化导致公共危机的进一步蔓延。

四 何谓公共危机

对于一项研究中的核心概念,随着研究的深入,对核心概念的理解也是不断地深入和递进的。公共危机无疑是本书的关键和核心,对公共危机的不断理解和深度阐释至关重要。

1. 公共危机就是一种对公共利益和公共秩序造成的极大威胁或破坏

从事物的表象和结果层面来看,公共危机就是在一定时间范围内对一定区域内公众的生命财产安全、公共利益、公共秩序和社会发展进程造成极大的威胁、损失以及破坏性影响。从古至今,每一次公共危机总给人类的生活和发展带来极大的破坏。洪水、干旱等自然灾害总是在很长一段时期内将人类拖入饥荒和疫病的深渊。两次世界大战导致全世界几千万人口的伤亡。从现代文化的第一场经济危机开始,人类需要在经济危机的泥潭中挣扎很久才能逐渐恢复气力。经济危机,本质上并非如马克思所言,是资本主义制度不可治愈的顽疾,而是现代文化之制度危机和结构危机。核

[①] 〔英〕齐格蒙特·鲍曼:《现代性与大屠杀》,杨渝东、史建华译,译林出版社,2002,第7页。

技术从其被发明的那一刻起就一直在给人类带来毁灭性灾难，从广岛长崎、切尔诺贝利到日本福岛核泄漏事故，与核能的超强大威力同在的是核辐射对人类的毁灭性和长期性损伤。因此，从结果层面来讲，所谓公共危机就是一种对公共利益和公共秩序造成的极大威胁或破坏。

2. 公共危机就是一种风险制造、扩散、集结和爆发的过程

包括自然灾害在内，每一种公共危机的出现都不是一蹴而就的突发事件。火山爆发、地震、洪水、泥石流等自然灾害，客观上也存在着一个发生、发展的演变过程。如地震是地壳运动的一种表现，火山爆发是地质结构中的岩浆不断运动导致的结果，洪水和泥石流也需要很长时间的水量积攒和山体结构的风化过程。当能够引发危机的风险积累到一定程度，危机就有可能发生。现代社会，除了自然风险，人为制造的各种现代性风险越来越多，导致公共危机的频频出现。因此，从过程的角度来看，公共危机就是一个风险的产生、扩散、集结和爆发的过程。

3. 公共危机本质上是一种制度危机、文化危机

从结果上讲，公共危机是一种威胁和破坏；从过程上讲，公共危机是一种风险的制造、扩散、集结和爆发的过程。再进一步，就需要从根源上理解公共危机。生态论者认为公共危机本质上是一种制度危机，因为市场经济是全球生态危机以及经济危机的始作俑者。从根源上讲，公共危机的确是一种制度危机，但这个"制度"并不仅仅是指市场制度或者资本主义制度，而是指代整个文化尤其是现代文化的制度体系。特别是全球风险社会下的公共危机，作为一种结构性暴力，是现代文化多重制度结合的产物。作为制度危机的公共危机，其"制度"内涵不仅是经济制度，而且还包括民族国家制度、政治制度、社会治理机制等。从制度的建构过程来讲，制度是集体意识的产物。那么，更进一步讲，公共危机是一种意识形态危机、观念危机。无论是观念、意识形态还是制度，都是文化的基本内容。因此，准确地讲，公共危机本质上是一种文化危机。

4. 公共危机是一种困境，更是一种机遇和挑战

综上所述，公共危机是一种破坏性灾难、一种制度危机和文化困境。然而灾难和困境同样孕育着机遇，因为危险与机遇并存。因此，从哲学层面来讲，公共危机是一种包含着辩证内容，危险和机遇并存的境况。危机中，寻找到正确的出路，不仅能谋得一条生路，而且能创造出一片新的领空；缺乏创新的精神勇气和能力，原地踏步则会慢慢走向衰亡。生与死之间，公共危机这种困境，考验和激发的是人类的反思能力、创新思维和行动力。公共危机的出现，始于观念，转变于观念、结束于观念。现代伊始，人们在人类中心主义核心价值观的支配下创造了繁华的现代文化，同时也创造了全球风险社会及其各种频繁发生的现代性公共危机。危机时刻，面对挑战，同样需要观念的力量来发现和创造新机遇、谋求新道路、开辟新世界。

五、文化与公共危机的逻辑关系

1. 公共危机是文化发展的产物和重要构成

在一定程度上，公共危机是人类文化活动的产物。随着人类文化活动的加强和扩展，公共危机的数量和种类都在不断增加。人类文化的实践过程，不仅是人类自身能力逐渐增加和扩大的过程，还是各种新风险和公共危机的制造过程。

如伯纳德·奥斯特利所言，文化是我们所做的每件事物的中心和理由，作为概念的公共危机首先就是一个文化产物。人作为一种生物体，天然具有一定的脆弱性和有限性。自人类出现以来，人们的生存和发展始终面临着外界环境诸多不确定性因素、风险和危机的威胁和侵害。人类把这些外部的、对人类（而非其他物种）的生存和发展产生威胁的事件称为危机或者公共危机。因此，公共危机这个概念本身就是人类站在自身立场创造出来的一个文化概念，因为人们主要是把威胁到人类生存的事件而非影响到其他物种生存与发展的事件称为公共危机。当然，今天人们在计算和衡量一个危机事件的破坏性影响时也会把它对其他物种的破坏包含其中，但这种计算和衡量毫无疑问是以人这一物种为主体的，对其他物种的考量是作为一种附属、一种与人的经济利益或者与人的生存相关的事项来考量的。所以危机和公共危机概念本身就是一个文化产物。

作为社会现象，公共危机是人类文化发展到既定阶段的产物，并随着人类文化实践的扩展而衍生出很多新的类型和内容。由于人们把那些威胁到人类生存和发展的事件称为危机或者公共危机，因此，尽管诸如地震、海啸、洪水等各种自然灾害在人类出现之前就已经存在，但直到人类这一物种出现并意识到这些自然灾害对其生存和发展的影响力之后才将之界定为灾害、危机，或者公共危机。另外，与地震、海啸、洪水这类自然灾害所不同的是，疾病尤其是流行性疾病这一类公共危机是人类文化发展到一定阶段的产物。准确地讲，能够在一定范围内流传的疫病是在人类实现群居之后出现的。首先，群居生活为病菌的传播提供了环境，其次，早期畜牧业的发展为病菌在人畜之间的传播提供了条件，最后，农业的出现使得土壤和河水中的真菌、细菌和病虫得以传播和进入人的体内，形成新的疫病。随着工业化进程的发展，化学和物理技术的使用，越来越多的化学合成剂和有害物质出现在人类的生活中，形成了诸如环境污染、食品安全、药品安全等问题。科学技术在各个领域的广泛应用引发了诸多新的公共危机：汽车、轮船、飞机的发明创造在提供人们便利交通的同时，也是酿成了许多大型交通事故；人类已经发明出足以毁灭人类数次的核武器、生化武器这些暴力工具；各种家用电器、电子产品、网络所具有的辐射在隐蔽处危害着人类的健康；此外还有经济危机、金融危机，等等。公共危机是人类文化发展到一定阶段的产物。人类文化的实践过程，不仅是人类自身能力逐渐增加和扩大的过程，还是各种新风险和公共危机的制造过程，尤其是到了现代文化阶段，各种现代性风险伴随着现代化进程的急速扩张而急剧释放，这些风险犹如宇宙空间中的暗物质，长久以来未被人们发现，直到20世纪，将全人类几近拖入毁灭状态的两次世界大战以及战后的环境污染问题的显现，才有社会学家们最先发现这种"暗物质"——现代性风险的大量存在和汇集，从而提出"全球风险社会"这一人类社会的新境遇。人类与外部环境不断抗争的历史就是人类文化的创造过程，人类正是在文化的实践过程中、在与自然的不断抗争中发展壮大，同时也是在这个不断发展和壮大的过程中发现和创造公共危机。

随着文化的进步和演化，人类适应、改变和征服自然的能力不断增强，在努力消除外部不确定性、风险和危机的过程中，人类又创造出许多新的不确定性、风险和危机，尤其是制造出许多对人类自身的发展造成不同程度影响的公共危机。总的说来，公共危机是文化演进的产物，并在文化的发展中成为文化的重要组成部分。

2. 公共危机对文化的发展具有重要影响

由于人类自出现以来就面临着各种诸如地震、洪水、大型野兽的攻击等公共危机，并在其后的发展中不断创造和演化出许多新的公共危机。公共危机自始至终就是人类生存和发展所必须面对的一个重要境遇和挑战。因此，公共危机成为文化的一个重要组成部分，成为文化思考的一个重要变量和内容。当人类将公共危机纳入其思考和改造范围之内，公共危机就成为人类文化的重要组成部分。无论是客观存在的自然灾害,还是人类自身制造的各种公共危机,都成为文化发展的一项重要内容。因为它们不仅影响着人类的生命财产安全,还影响甚至决定着人类的发展轨迹、生活方式和社会制度的形成。

由于文化是人类生存和发展的方式,包括人类的生存方式、生活方式和发展方式,以及人在其生存和发展过程中所形成的一切文明成果。公共危机本质上就是对一定区域内的人类生存、生活和发展造成极大的破坏,致使正常的生产生活发生中断的这样一个过程。首先,公共危机会对人们的生存方式和生活习惯产生重要影响。当人类的生存和发展受到公共危机的冲击时,其行为方式必然会根据公共危机发生的频率、影响的深度而进行不同层次的调整。这种调整历经岁月的累积和沉淀,从最开始的影响和改变到最终渗透和固化到人们的生存方式、生活方式和发展方式中来,最终构成了一个地方"风俗"的一部分。所谓"三里不同风、五里不同俗"强调的就是包括危机在内的不同的外在环境对人类生活习俗的影响和塑造性。公共危机不仅能够改变人类的生活习惯,而且还能对一个地区的政治制度、管理方式以及其他文化因素的发展产生影响,洪水多发地带的水利设施比较发达。中国古代自然灾害极多,逐渐形成了一整套自上而下的荒政管理体系,埃及尼罗河流域的周期性洪水泛滥,就推动了古埃及人在数学尤其是几何领域获得惊人的成就。1845~1852年爱尔兰大饥荒中大部分死亡或移民离开的爱尔兰人是以盖尔语为母语的贫穷阶层,大饥荒之后,爱尔兰的主导语言由盖尔语变成了英语,导致爱尔兰的文化生态产生永久性的巨大改变,大饥荒成为爱尔兰历史的分界线。最后,公共危机对文化的最深刻影响莫过于一场巨大的公共危机足以导致一种文明或者文化的覆灭。考古学家推测,中美洲的玛雅文明、中亚地区的小河文明的消逝在很大程度上是突如其来的大型公共危机的结果。

3. 文化是公共危机的衍生环境和分析工具

在经过长期的"文化自然化"和"自然文化化"之后,文化逐渐成为一个包含了自然条件和社会环境在内的综合背景。从这个角度理解文化,文化理所当然是公共危机及其管理应对机制形成、发展和运行的环境。文化是公共危机这个事物赖以生存和发展的全部条件的综合表述。作为公共危机衍生环境的文化是一个具有多种层次和结构的复杂系统。按照人类活动范围的大小——宇宙、全球(地球)、区域、国家、城市/农村……可以把作为环境的文化划分为这样几个层面：第一个层次是外太空层面，主要是人类从地球整体安全的战略考虑出发，考察地球与其他星球之间的安全关系，以及可能发生的危及地球安全的公共危机。第二个层面是全球生态层面，其要素包括大气、水、土壤以及不同生物等内容，这是全面理解生态危机尤其是极端气候事件形成、发展的一个重要层面。讨论的焦点在于人类如何重新理解、恢复和重建人类这一生物物种与其他生物物种之间和谐、平衡、持久的共生关系，以及人类如何重新理解、恢复和重建人类与其生存环境、地球生态系统之间的和谐和可持续发展的关系。第三个层面是全球人类共同体层面，这一层面主要体现的是人类这一单一物种演化进程中出现的各种公共危机，以及不同时段、不同国家、地区、民族之间的危机应对方式。第四个层面是单一国家及其地方层面的公共危机分析、研究和应对。

文化是一个包含诸多层次和内容的统一体系，是由诸多要素按照一定结构排序结成的系统基质。过去文化常常被看成是变化的结果，而现在文化越来越被看作是变化的原因。文化，作为一个"动态的和有机的整体"[1]，它有能力以整体视角审视公共危机，有能力以一种整体框架分析公共危机。

第二节　近现代社会之前的公共危机及其演化

众所周知，公共危机并非现代社会的独有现象。当人类祖先摆脱了大型食肉动物的威胁之后，人类发展面临的首要危机就是自然灾害。与现代社会纷繁复杂的公共危机相比，前现代社会的公共危机内容较为简单，主要表现为自然灾害、饥荒、流行性疾病、战争这几项内容。对前现代社会公共危机的分析，主要是从自然灾害、饥荒、流行性疾病、战争这些传统公共危机的演变进行考察，从中不难看出文化的发展对公共危机演化的影响。

一　从自然灾害到极端气候事件

在人类历史相当长一段时期所遭遇的自然灾害多为自然环境下孕育的、自发的不可抗拒的灾害，这些灾害包括地震、洪水、火山喷发、泥石流等。

---

[1] 〔加〕D. 保罗·谢弗：《文化引导未来》，许春山、朱邦俊译，社会科学文献出版社，2008，第9页。

人类各远古文化几乎都有关于洪水的记载，人们最熟悉的一个版本是《旧约·创世记》一书中关于诺亚方舟的故事。人类学的研究发现，在美索不达米亚、希腊、印度、中国、玛雅等这些古文明中，都流传有洪水灭世的传说。这在一定层面上反映了在人类生活的早期阶段洪水对人类生活的巨大影响以及带给人们的巨大恐惧。四大文明的发源地都靠近河流，因此，洪水列为这些地区的人们经常遇到的自然灾害之首，中国文化关于"大禹治水"的记载反映了洪水是一种经常肆虐的自然灾害。古埃及文明是沿尼罗河而生的，因此，希腊历史学家希罗多德才会在公元前5世纪这样评价说"埃及是尼罗河的赠礼"。几千年来，尼罗河在每年的6~10月定期泛滥。古埃及人为了计算尼罗河泛滥的时间，而发明了精确的历法，尼罗河泛滥后，土地需要重新丈量，因而古埃及人的几何和数学很早就得到发明和广泛应用。关于地震，在世界各国中，我国是最早有文字记载的国家，也是地震史料最为丰富的国家。早在公元前19世纪，中国古人就开始了对地震的记载。《竹书纪年》写道："夏帝发七年（公元前1831年）泰山震。"这是世界上最早的地震记载，距今已有3800多年了。《竹书纪年》，又称《汲冢纪年》或《汲冢书》，是战国时期魏国的史书，是目前发现的我国最古老的编年体著作，因写在竹简上而得名。《竹书纪年》一书共记载了四次地震，其中最早的两次发生在公元前17世纪的夏代末期，一次是夏"帝发七年（约公元前1831年），泰山震"。另一次是夏"帝癸（帝癸就是帝发儿子桀）十年（约公元前1809年），五星错行，夜中陨星如雨，地震，伊洛（河南省的伊水和洛水）竭"。

但随着人类活动的增加，人对自然环境的影响逐渐增多，人为原因导致的自然灾害开始增加。由人为原因导致的自然灾害包括两种：一种是缓发性自然灾害，这些自然灾害是在人类活动的长期破坏和影响下，逐渐显现成灾的，例如土地沙漠化、盐碱化和板结，水土流失、地下水质污染等；另一种是受全球气候变暖影响而频频发生的极端天气事件。极端天气事件和极端气候事件统称极端事件，是指由于极端气候导致的灾害或指极端的气候灾害。如台风、龙卷风、雷暴、巨型冰雹、厄尔尼诺现象、拉尼娜现象等都属于极端气候灾害。随着全球气候变暖，极端天气和气候事件的出现频率呈现出逐年增强的趋势。

从成因来看，前现代社会的自然灾害完全是客观的、自然不可抗力导致的，是自然风险的产物。而现代社会的极端天气和气候事件无论是从原因还是结果来看，都与传统的自然灾害表现出极大的不同。在形成原因上包含了更多的人为因素的干预和影响，例如温室气体的排放导致的全球气候变暖，等等，从而使得极端气候事件在发生频率和强度上都比以往有了极大的增强，而且后者的破坏性更大，影响面更广。

二 古代饥荒与现代饥荒

饥荒是人类文化史中最早遇到的公共危机之一。人类社会早期，生产力水平低下，因此，饥荒是自然灾害之后最能威胁人类生存的公共危机。所以，汉代贾谊在其《新书·无蓄》中云："世之有饥荒，天下之常也。"何谓饥荒？《尔雅·释天》云："谷不熟为饥，蔬不熟为馑，果不熟为荒。"在古代社会，由于生产能力的低下，饥荒是一种在世界各地都会普遍发生的公共危机。中国自秦汉至民国时期，饥荒是常有发生的事情，每每发生自然灾害之后，紧随其后的就是饥荒。因此，在中国古代往往把自然灾害和饥荒统称灾荒，把所有的救灾政策统称为荒政。公元5世纪，由于罗马陷落与亚拉里克一世的掠夺导致在西欧发生饥荒。在公元400到800年间，由于饥荒与查士丁尼大瘟疫的关系，罗马城的人口减少了90%。公元639年阿拉伯发生饥荒，公元650年饥荒遍布整个印度。公元800～1000年，严重的干旱及饥荒导致数以百万的玛雅人饿死或渴死，从而摧毁了整个玛雅文明。公元875～884年，饥荒导致了中国的农民起义、暴动，史称黄巢之乱。公元968年埃及发生饥荒，大约50万人死亡。由于人口稀少和生产能力低下，欧洲中世纪几乎是在饥饿和半饥饿状态下度过的，西北欧洲于1044～1053年发生过大饥荒，而最著名的则是1315～1317的大饥荒（Great Famine of 1315–1317）。总的来讲，在前现代社会生产能力和抵御自然灾害能力都比较落后的情况下，饥荒是仅次于自然灾害的、严重威胁人类生存的公共危机。

人类进入近现代社会以来，生产力发展水平获得了极大的提高，但大饥荒仍时有发生，如爱尔兰大饥荒、乌克兰大饥荒、中国1959～1961三年自然灾害时期的大饥荒，以及1973～1975年的埃塞俄比亚饥荒，等等。关于现代社会的饥荒，《剑桥世界人类疾病史》一书将"饥荒"定义为"因食物生产和分配缺乏而导致的积聚增长的人员死亡。"[①] 诺贝尔经济学奖得

---

① 〔美〕肯尼思·F. 基普尔主编《剑桥世界人类疾病史》，张大庆主译，上海科技教育出版社，2007，第139页。

主阿马蒂亚·森则通过对1940年以来发生在印度、孟加拉和非洲撒哈拉等贫穷国家和地区的数起灾荒的实证研究指出，发生于现代社会的这些饥荒并非是食物短缺和自然灾害的结果，饥荒不仅源于食物的缺乏，更源于食物分配机制上的不平等，因此他提出"政策性饥荒"的概念。1845～1852年的爱尔兰大饥荒（Great Irish Famine）是典型的政策性饥荒。这场由马铃薯歉收引发的持续七年的大饥荒，最终导致100多万人丧命，100多万爱尔兰人背井离乡。

关于这场灾难的原因，一种看法是19世纪30年代，欧洲从美洲调运马铃薯时带入的马铃薯晚疫病菌（Phytophthora infestans）引发了爱尔兰大饥荒。但后来的科学研究发现，晚疫病菌（Phytophthora infestans）在16世纪西班牙入侵美洲之后不久便从托卢卡谷扩散至美洲其他地方，并到达了欧洲。晚疫病菌并非是大饥荒的罪魁祸首。因为在当时，并非只有爱尔兰一个地区遭受马铃薯晚疫病菌（Phytophthora infestans）的侵害，其他一些国家特别是低地国家也遭受了马铃薯疫病的灾害，同样也引发了人口数量的削减，但没有一个地方像爱尔兰受灾这样严重。爱尔兰大饥荒的一个重要原因在于，饥荒发生后，当时英国政府采取的是一种不作为姿态，不仅不对爱尔兰饥民进行援助甚至采取抵制政策，从而导致了大饥荒的悲惨结局。英国当局的政策因素是大饥荒的根本原因。一些偏袒英国政府的历史修正主义者认为，大饥荒是爱尔兰经济的结构性缺陷造成的。而一些历史学家和爱尔兰民族主义者认为，由于当时英国政府任由爱尔兰人被饿死的消极不作为行为，这场大饥荒是殖民时代宗主国对殖民地不公平政策下的悲剧，是一场种族屠杀，是英国在有意促使针对爱尔兰人的"种族灭绝"行为。作为宗主国，英国政府当局的不作为行为就是一种暴力、一种政治暴力（Political Violence）。苏联在20世纪共发生过三次大饥荒，数以千万计的人被饿死。这三次饥荒主导因素都是相关政策：1921年饥荒的背后是战时共产主义政策和余粮征集制，1932年饥荒的政策背景是斯大林的强制性农村集体化运动，1946～1947年大饥荒的背景依旧是集体农庄政策。发生于1959～1961年的中国三年饥荒，又称三年困难时期，是指中国大陆地区从1959年至1961年期间由于"大跃进"运动以及牺牲农业发展工业的政策所导致的全国性的粮食短缺和饥荒，中国官方在20世纪80年代以前则多称其为三年自然灾害，后改称为三年困难时期。海外和国内一些学者则称之为三年大饥荒，西方学者也称其为"大跃进"饥荒。三年饥荒的主要原因也在政策方面,1958年开始的"大跃进"与农村人民公社化运动导致各地"浮夸风"盛行,1959年开始的大规模"反右倾"斗争使得"大跃进"和人民公社化运动的错误无人敢于指出。这样,"大跃进"、农村人民公社化运动、"反右倾""浮夸风"等政策因素加之1959~1961年期间自然灾害异常严峻,导致了这一时期中国发生惊人的粮食危机和大面积严重饥荒。对于这场持续三年的大饥荒,时任国家领导人刘少奇也指出,这场灾难是"三分天灾、七分人祸"。

三 疾病的流行和传播

在早期人类生存和发展的相当漫长的一段时间里,人们长途迁徙到另一个居住地的能力还没有发展起来之前,限制人口增长的主要因素是资源的有限性,给人类带来重大创伤的公共危机往往是诸如地震、洪水、火山爆发这一类的自然灾害。随着人类征服自然能力的增强,即农业的兴起,动物的驯化、人口迁徙活动的频繁,另一种现实人类发展的公共危机开始浮现,它就是流行性疾病。

流行性疾病是自古有之的一种公共危机。欧洲医学的鼻祖希波克拉底(Hippocrates)①著述的《希波克拉底全集》中有一部作品是《论流行病》(*Epidemics*)。古伊斯兰文化中的著名医者Rhazes在8世纪晚期和9世纪上半叶担任过阿拔斯王朝四任哈里发宫廷御医,其最广为人知的是对一些诸如天花和麻疹的疾病有着极其精确的描述。在古代社会,黑死病、天花、霍乱和流感都是对人类具有巨大伤害力的灾难性流行病。公元2世纪晚期,中国和罗马险些俯伏在瘟疫面前。在罗马,公元165~180年的"安东尼鼠疫"之后不到一个世纪又爆发了遍及全帝国的一次疾病大流行。中国在这一时期也经历了几次流行病。在中世纪的大部分时间里,麻风对欧洲人而言始终是一个严重的威胁。鼠疫则在欧洲、亚洲均有出现。印度和中国受疟疾之累长达数千年。随着人类文化环境的变化,流行性疾病也在不断变化。今天,在发达国家,慢性病如癌症、心脏病、糖尿病、阿尔茨海默病已经取代感染性疾病,成为对人类主要的杀手;艾滋病已经成为一种与黑死病、天花、霍乱和流感一样对人类造成过灾难性和毁灭性打击的祸害。

---

① 注:希波克拉底,古希腊医学的代表,是一位杰出的医者和教师,西方医生理想的化身,他和他的学生撰写了几十部医学题材的著作,既有临床方面的,也有理论方面的,这些作品构成了一个被称为"希波克拉的医学"的一个全面而理性的质量体系。

文化是导致流行性疾病出现和大面积传播的主要原因。基普尔在其主编的《剑桥世界人类疾病史》中就指出：旧大陆的狩猎—采集者和早期农耕者，虽然不可能没有病，但一般认为没有流行病和现在被看作"文明病"的许多其他疾病。事实上，人们同意许多流行性病毒性疾病（如天花）的摇篮是古南亚地区，那里是文明发展到足以支持这些疾病的最早的区域之一。疾病从那里向东扩展到中国，然后随佛教徒传播到朝鲜和日本。[①] 可见，文化是导致流行病爆发和传播的主要原因。首先是人畜之间的疾病传染和传递。随着人类学会圈养、控制和繁育动物和家畜，人类开始被迫与动物同处在一个环境中，这时的动物身上携带的痘病毒、瘟热、麻疹、流感和其他病害开始向人群传播。随后，这些病毒又随着人群的迁徙传播至其他人群。其次是农业的发展。农业生产中的灌溉活动极大地增加了人们罹患来自水中病原体的感染性疾病的机会，对土地的翻耕增加了人们罹患真菌性疾病的机会，定居生活方式本身就能够引发疾病在固定场所的出现和传播。农业技术的发展导致产品过剩的出现，食物的剩余为社会分工创造了可能，工匠、商人、统治阶层等城市社会的必要组成部分出现了，紧接着，人类文明的一个重要标志——城市开始出现。城市化是促使流行病爆发的另一个文化因子。由于人口向城市中心的聚集，对于聚集了大量人口的城市而言，当旱灾和其他自然灾害导致粮食供应短缺时，城市的居住者往往会面临比农村人口更大的灾难；同时，大量人口聚居在相对狭小的地理区域内，大大增加了各种疾病通过感染从一个人传播到另一个人的机会，从而导致城市在很短的时间内就会出现疾病的爆发流行。尽管各种自然灾害和传染病时时打乱各个早期文明的发展，但由于这些早期文明仍然能够彼此保持足够的距离，并且疏于交往，自然隔离的状态使各种文明得以按照自己的轨迹成长和发展，并形成各自的自组织规律。但这种自组织发展状态很快就被基督纪元初年，随着贸易拓展到中东、亚洲和欧洲各地的横越大陆的商队和外海航行的船只所打破。人群的迁徙、贸易往来的不断扩展是造成疫病传播的另一个主要原因。基督纪元初年所形成的这个新商业网络的外侧远端分别是中国和罗马。公元2世纪晚期，中国和罗马险些俯伏在瘟疫面前。早期的贸易交往对传染病是相当缺乏经验的，因此病

---

① 〔美〕肯尼思·F.基普尔主编《剑桥世界人类疾病史》，张大庆主译，上海科技教育出版社，2007，第3页。

原体很容易通过人口的流动而传播。在中世纪的前几个世纪里，从欧洲向中东的迁徙一直在增长之中，从最初小规模的朝圣开始，随后在十字军的历次东征中趋于鼎盛。人口移动创造出贸易网络，贸易又推动了新的更大的城市中心在欧洲的兴起，这些城市中心繁华的背后是极度的拥挤和公共卫生条件的恶劣，这些都为传染病的广泛和迅速传播创造了条件。地中海地区在第一个公元 1000 年的中期和后期也经历了几次较大的流行病袭击，这些流行病袭击的主要原因是上述地区对人口迁徙和来自海上的传染源不曾设防。随着欧洲文明开始缓慢地向北偏移，到了中世纪早期，北欧成为疾病爆发相对频繁的地区之一。人口迁徙、贸易往来、城市化，种种因素交织在一起，终于，在 1331~1346 年，人类历史上传染病中最坏的一种黑死病从中国南部经克里米亚，通过地中海商路来到欧洲，1346~1350 年在欧洲大陆爆发开来，殃及欧洲全境东南西北。在这次世称黑死病的腹股沟淋巴结鼠疫的一次扫荡之后，欧洲人口至少有 1/3 死亡。随后，黑死病又几次席卷欧洲。总的来讲，人口迁徙、商业贸易往来、移民、城市化、十字军东征这些人类文化活动是导致流行病产生和大面积传播的主要因素。"到 15 世纪末，欧洲人已经'积攒'下来并且彼此'馈送'了偌大一批当时已经演化成慢性传染病的疾病，包括麻疹、腮腺炎、流感、水痘、天花、猩红热、淋病、结核病。"① 随着新航路的开辟和欧洲殖民运动的拓展，欧洲人的文化活动范围有了新的内容：欧洲—非洲，欧洲—美洲新大陆，非洲—欧洲—美洲新大陆。新航路的开辟和此后新型轮船、火车、汽车、飞机等新交通技术的不断出现，整个地球被联结在一起。此后，疾病更是以无法想象的速度在全球范围内传播，"一战"后的西班牙大流感、20 世纪 90 年代席卷欧洲的疯牛病、2003 年肆虐全球的 SARS 以及后来的各种流感，随着全球化时代的到来，疾病全球化已成为一个重要公共危机问题。

四　战争等集体暴力

1. 战争

在人类社会的发展过程中，随着生产力水平的提高，剩余物品的出现，对食物等剩余物品的争夺也随之出现。据考古资料显示，最早的战争出现

---

① 〔美〕肯尼思·F. 基普尔主编《剑桥世界人类疾病史》，张大庆主译，上海科技教育出版社，2007，第 33 页。

在公元前 21 世纪初中石器时代的初期。这说明，人类从原始人群到公元前 21 世纪初，在二三百万年的历史长河中，有战争的历史还不到一万年（另一说法为上万年）。原始社会的战争是由于氏族部落之间或部落联盟之间，为了争夺赖以生存的土地、河流、山林等天然财富，甚至为了抢婚、种族复仇而发生，进而演变成原始状态的战争。这种战争，同阶级社会的战争有着本质的区别。它不具有政治目的和阶级压迫、奴役的性质，战争中的俘虏，不是杀掉，就是吃掉。在人类文化发展的早期阶段，战争是人们用暴力手段抢夺劳动果实、剩余物品、土地、人口、生产资料等一切有价值东西的一种方式，并随着社会的发展，逐渐演化为敌对双方出于一定的政治、经济、领土等目的而进行的一种集体地、有组织地互相使用暴力的武装战斗。随着人类文化的演变，战争先后成为部落之间、国家之间、地区之间、民族之间、种族之间、国家联盟之间、阶级之间、不同政治集团之间解决矛盾斗争的最高表现形式，成为一种集体性暴力。尽管从广义来说，并不是只有人类才有战争，蚂蚁和黑猩猩等生物也有战争行为。动物的战争通常是具有本能色彩，目标和方式也比较单一。而人类的战争，是有意识的，善于发现并总结规律，因此，是不断发展和变化的集体暴力行为。人类进入阶级社会后，战争发生次数和规模进一步增加。中国的春秋战国和魏晋南北朝时期的混战局面、历次农民起义和外族入侵基本上都是以战争形式存在；近现代以来，从改变古老文明命运的鸦片战争、甲午海战到抗日战争、解放战争，中华民族在几千年的文化发展中历经了无数次战争。就世界范围来看，发生在公元前 744～612 年的亚述战争、公元前 492～449 年的希波战争、公元前 431～404 年的伯罗奔尼撒战争、公元前 3～2 世纪的马其顿战争、公元前 49～31 年的罗马内战、公元 6～7 世纪拜占庭与波斯之间的战争、公元 7～11 世纪拜占庭与穆斯林国家之间的战争、公元 1096～1291 年的十字军东征等都是对人类文化的发展进程产生过重要影响的战争。迈入近现代以来，人类战争无论是在规模、性质、目的、技术手段、杀伤力等各方面都在很大程度上有了新的变化。公元 1337～1453 年英法两国之间的百年战争、公元 1618～1648 年的 30 年战争是一场宗教战争；公元 1642～1649 年的英国内战属于英国资产阶级革命的一部分；英荷战争（1652～1654，1665～1667，1672～1674）、俄瑞战争（1656～1658，1741～1743，1788～1790，1808～1809）等都属于帝国主义之间的殖民战争；1914～1918 年的第一次世界大战和 1933～1945 年的第二次世界大战则几乎把全世界各国都卷入其中，对人类造成无法弥补的伤害。"二战"结束之后，地区战争接连发生，20世纪后半叶，尽管世界整体进入和平势态，但基于各种原因的内战和地区冲突不端：50年代的印巴战争和朝鲜战争；六七十年代的越南战争；80年代的英阿马岛战争；阿富汗战争和两伊战争；90年代的海湾战争、车臣战争、波黑战争和科索沃战争；五次中东战争以及持续了半个多世纪的巴以冲突给交战方都带来了大量的人员伤亡、损失惨重。进入21世纪后，2001年阿富汗战争爆发、2003年苏丹达尔富尔爆发全面战争；同年3月美国对伊拉克宣战，长达7年的伊拉克战争开始；2011年，以法国为首的北约部队发动了利比亚战争。根据美国学者查尔斯·蒂利的描述，如果18世纪、19世纪和20世纪世界人口总数分别为8亿、12亿和25亿，那么在这三个世纪中大规模战争导致的每年的死亡率分别为0.09‰、0.15‰和0.4‰。其中20世纪，世界爆发了250场国际和国内战争，大约有1亿人直接死于由政府支持的、由军事单位组织的集体暴力，其中第一次世界大战死亡人数大约在1000万，第二次世界大战接近1500万人。[①]

除了战争这种集体暴力形式之外，伴随人类社会发展出现的其他暴力形式还包括地区冲突、民族冲突、种族冲突、阶级冲突、宗教冲突等大规模暴力流血事件，其中最令人发指的是大屠杀行为。

2. 屠杀

公元1世纪，在罗马攻占巴勒斯坦后的一个多世纪时间里，罗马统治者屠杀了大约150万犹太人，并将余者全部赶出巴勒斯坦土地。公元3世纪，"五胡乱华"过程中几百万中原汉人被屠杀。公元14世纪由成吉思汗后裔建立的帖木儿帝国先后在中亚地区和西亚地区进行战争和屠城，用"战场首级制"洗劫一个个文明古城，屠杀了中亚、西亚地区的富庶城镇中上百万的无辜的城市居民。对中亚、西亚地区人民犯下了不可饶恕的罪行。16世纪法国宗教战争期间爆发圣巴泰勒米大屠杀，有7万~10万人死难。16世纪清军入关时实施了包括扬州十日、"嘉定三屠"在内的几十个屠城行为。19世纪中国清朝大臣曾国藩在镇压太平天国的过程中，率湘军攻入太平天国的"天京"后，杀害无数平民。直接死于屠杀的有1000万~1500万人。直到10多年后的光绪登基时，富庶繁荣曾甲天下的古城南京还不到50万人。

---

① 〔美〕查尔斯·蒂利：《集体暴力的政治》，谢岳译，上海人民出版社，2006，第51页。

人类进入近现代以来，大屠杀行为有增无减。18~19世纪西方殖民者在美洲大陆对印第安人实施种族灭绝政策，导致美洲印第安人的大灭绝，这些行为和政策被统称为印第安人大屠杀。在西方殖民国家没有到达美洲大陆之前，美洲大陆居住了8000万印第安人，美国区域居住1000万以上的印第安人，而如今生活在整个美洲的印第安人不超过400万，在美国的印第安人仅剩290万（不包括混血者）。1900年的"庚子俄难"①，俄国政府对中国黑龙江部分地区民众进行屠杀；1915~1923年的亚美尼亚大屠杀，奥斯曼帝国实施的种族灭绝政策，共导致大约150万亚美尼亚人死亡。"二战"期间，借助战争的硝烟，大屠杀行为更是屡屡发生：1937年日军侵华期间制造了人类历史上罕见的南京大屠杀，被屠杀的中国平民超过30万人。1943年的厂窖大屠杀，灭绝人性的日军在厂窖残酷杀害中国军民3万多人，摧残致伤3000余人，强奸妇女2000多人。整个八年抗日战争期间，中国军民的死亡达到了3500万人。1941年日军撤退过程中对马尼拉进行了疯狂屠杀，大约12.5万菲律宾人民遭到杀戮。"二战"期间，德国纳粹有组织地对德国境内、欧洲、德军占领苏联地区和波兰等地的犹太人实施有计划的大屠杀，大约600万犹太人被杀害。德国纳粹还对国内的共产党人或社会党人、罗马天主教徒、100万~150万政治犯、大约25万德国籍残疾人，以及吉普赛人等其他"劣等民族"进行了屠杀行为。除此之外，德军在苏联占领区对几十万苏联平民进行了屠杀。在波罗的海沿岸地区，一共有60多万苏联平民被纳粹德国折磨致死，其中有许多人被焚尸灭迹。仅在立陶宛的波纳利镇上就有8万名苏联平民被集中屠杀。1940年春苏联红军为报复波兰在苏波战争中对苏军战俘和平民的屠杀，将大约2.2万名波兰军人、知识分子、政界人士和公职人员在卡廷森林杀害，这就是震惊世界的"卡廷惨案"。

两次世界大战结束后，全世界沉浸在对战争的深刻反省之中。战后，人们对和平、对生命愈加珍视。尽管如此，"二战"之后，世界依旧发生了几次令世人痛彻心扉的大屠杀事件。60年代越战期间，美军实施了"美莱村大屠杀"。70年代，红色高棉执政下的大屠杀，致使柬埔寨人口骤减了1/3。1982年9月，黎巴嫩基督教民兵在以色列的支持下

---

① 注："庚子俄难"是指海兰泡惨案和江东六十四屯惨案。是指1900年7月16日（17日）到1900年7月21日俄国政府对中国黑龙江的海兰泡和江东六十四屯的中国居民进行的屠杀事件。

血洗位于贝鲁特的巴勒斯坦难民营,被称作"贝鲁特大屠杀"。1994 年震惊世界的卢旺达大屠杀堪称人类史上速度最快的大屠杀,在大约 100 天内,近 100 万人被屠杀。2004 年的费卢杰大屠杀是驻伊美军对费卢杰发起进攻的过程中,美军用各种残酷手段杀害了超过 5000 名费卢杰平民。

总的来讲,尽管战争和大屠杀并不是现代文化的产物,但现代文化中科学技术的发展、工业化进程和现代管理体系的出现为现代战争和大屠杀增添了更多更具杀伤力的暴力工具,从而使得现代社会的战争、地区冲突和屠杀行为更具现代性和毁灭性。

第三节 近现代社会的公共危机

本节主要讲述现代文化发展过程中出现的公共危机。在人类文化的发展史上,现代文化是一种在本质、内容、范围等各个方面与前面诸多文化都存在很大区别的文化进程和体系。从时间范围来看,现代文化阶段是指公元 1500 年以后至今这段时期,它实际上包含了历史学中的近代和现代两个阶段。

一 近代社会公共危机

现代文化在其形成、发展和扩张过程中制造出很多新的公共危机。其中现代文化的孕育时期是指从 1500 年前后到 1800 年前后的这一段时期,它相当于历史学家所言的"近代早期",因为这一时期已经出现了很多现代性事物或者萌芽,其中包括诸多新的公共危机。

1. 殖民扩张的危害

15 世纪作为现代文化的开端,贡献了地理大发现,贡献了第一所国立航海学校以及天文台和图书馆,贡献了作为一门真正意义上的航海科学,贡献了商业贸易在全球范围的扩张,贡献了殖民地和殖民地贸易。地理大发现将割裂的世界连接在一起,并引发了最初的民族国家之间的竞争——商业争夺和殖民地争夺,拉开了不同的文明间相互联系、相互注视以及相互对抗和争斗。现代文化在其发端时代触碰到的不仅是殖民地、香料贸易和无尽的财富,而且对于新发现地区而言,意味着无尽的灾难的开始。由地理大发现所引发的灾难同样是现代文化的组成部分,现代文化从一开始就不仅包含扩张和进步,而且包含着无数人的生命和尸骨,现代文化恰恰是在血与火的斗争中起步的。与欧洲人的扩张相伴随的,却是美洲两大文明中心的悲歌。到1570年,战争屠杀和欧洲传来的流行病,使墨西哥地区的人口从2500万下降到265万,秘鲁的人口由900万下降到了130万。美洲大陆的原住民印第安人从那以后急剧减少了90%。殖民者的入侵打断了亚、非、拉地区原有的历史进程,殖民主义者对殖民地野蛮的屠杀、掠夺和奴役,给殖民地人民带来巨大的灾难和祸害,造成这些地区的长期落后,并使东西方的历史进程大大拉开了距离。具体地讲,殖民扩张造成的灾难包括以下几个方面。

(1)赤裸裸的掠夺和屠杀

在亚非拉任何一个殖民地,征服者都迫使当地居民处于被奴役地位。印第安人、黑人、亚洲被殖民者被迫从事苦役,在矿山或者农田劳动,大量死于欧洲人带来的传染病,尤其是美洲土著。亚非拉各地区的殖民地的人口总数都因为遭受残酷的剥削持续下降。在美洲,当地人的死亡率很高,特别是美洲新移民带来了欧洲疾病以后,土著人口进一步减少。以加勒比海地区为例,加勒比海地区是世界上殖民统治者最多的区域之一。在这里,土著人口几乎惨遭灭绝。在哥伦布时代,有40万~100万土著人在加勒比海诸岛屿上居住。150年后,他们的人数已减少到只有一两千人。在北美洲以及南美洲的大部分地区,这种人口的下降在80%~90%。澳大利亚和新西兰后来也经历了类似的人口数量下降。严厉的剥削政策给刚果自由邦带来了巨大的损失。根据权威的估计,在1880~1920年间刚果的人口减少了一半,从2000万人下降到1000万人。灭绝性大屠杀是人口下降的显著原因,当地民众的大规模出逃所引发的饥荒造成大量民众死亡,而更多的人则死于天花、昏睡病(也被称为"非洲黑死病")等疾病。①

(2)殖民地的商业活动导致的灾难

欧洲人在殖民地建立了各种种植园,从事经济作物的生产,而大量的非洲人被赶进种植园,沦为奴隶。殖民者在殖民地推行的往往是一种强迫种植制度,用经济作物取代原有的粮食作物。强迫种植制度是一种独特的

---

① 〔荷〕H. L. 韦瑟林:《欧洲殖民帝国1815~1919》,夏岩等译,中国社会科学出版社,2012,第157页。

生产方式，在这种生产方式中，当地人被迫种植诸如糖、咖啡、茶叶、橡胶等供出口的经济作物，用以满足殖民国家自身的需求或者通过贸易充实其国库。在这种强迫种植制度下，本地民众深受其害，一方面，当地人赖以生存的粮食作物耕种被取消，从而造成粮食短缺和饥荒；另一方面，对于由他们生产出来的经济作物，当地民众没有权利对他们的劳动果实进行买卖，因而无法接触到资本市场，无从获利。因此，殖民者在殖民地推行的强迫种植制度是一种普及贫穷的制度。19 世纪初，法国人赫曼·丹德尔斯在爪哇修建邮路时推行的强制劳役使成千上万的印度尼西亚人付出生命。

（3）殖民战争和商业战争

殖民者对亚非拉地区的吞并是以一种残酷的方式进行的，伴随着大量战争和流血冲突。荷属印度的爪哇战争、英属印度的士兵哗变、法军兵败印度支那谅山、在北非对萨摩里杜尔发动的久而未决的战争、1896 年意大利人阿杜瓦战役惨败、1879 年祖鲁人在伊散德尔瓦纳战役获胜、从 1873 年到 1903 年间进行的漫长的亚齐战争，以及其他著名战争和战役都佐证了殖民吞并的过程就是暴力政府的过程。据估计，1750～1913 年间，为了征服 3400 万平方公里的亚、非土地，为了使 5.34 亿亚、非人口向欧洲统治者臣服，欧洲付出了 30 万人生命的代价，被政府一方牺牲的人口在 80 万到 100 万之间。战争之后发生的疾病、饥荒和其他类似灾难造成的受害者人数约为 2500 万。[1] 1905 年，非洲爆发了殖民史上最大的暴动马及马及起义，殖民政府招募了大量军队用以镇压起义，1906 年起义被镇压，非洲方面人员伤亡惨重，大约 15 万人被杀害，非洲南部大片地区几乎被完全摧毁。[2] 在德属西南非洲爆发的赫雷罗战争是殖民史上最为残酷的战争。1897 年爆发的疫情导致西南非洲的土著居民的 2/3 牲畜死亡，土著居民生活境况持续恶化。1904 年 1 月，赫雷罗爆发起义，在起义过程中很多殖民者被杀害，德国人迅速做出反应，派出一支远征部队迅速开赴西南非洲，对赫雷罗人展开进攻。德军的领导者冯·特罗塔将军在其颁布的灭绝令公告中宣布："在德国属殖民地边界内，任何一个赫雷罗人，无论有枪支还是

---

[1] Cf. P. Bairoch, *Victoires et déboires. Histoire économique et sociale du monde du XVIe siècle à nos jours* (3 vols, Paris, vol. Ⅱ, 1997), p.638.
[2] 〔荷〕H. L. 韦瑟林：《欧洲殖民帝国 1815～1919》，夏岩等译，中国社会科学出版社，2012，第 161 页。

没有枪支,无论有家畜还是没有家畜,都不能放过,统统枪毙。女人和孩子也不得放过:我要么把他们送还给他们的人民,要么把他们枪决。"[1] 在德军的残酷杀戮下,在 1904~1906 年间,赫雷罗人的数量从 8 万人下降到 2 万人,毫无疑问,这是一种种族灭绝式的大屠杀。大国之间也频频爆发冲突。1898 年的美西战争和布尔战争,1904~1905 年爆发的日俄战争等,都是帝国主义在扩张过程中引发的大规模战争。

(4) 黑奴贸易

大西洋的奴隶贸易始于 16 世纪,在 17 世纪和 18 世纪达到高潮,直到 19 世纪中叶以后,这种奴隶贸易才彻底结束,即便这样,19 世纪被贩运出非洲的奴隶仍然超过 300 万人。西非最重要的经济活动是奴隶贸易。葡萄牙人是奴隶贸易的始作俑者。1441 年葡萄牙的一位船长抓了两个西非人,把他们送给导航者哈里王子,这一举动影响深远,成为后来欧洲国家奴隶贸易的导火线。1500 年左右,葡萄牙 2%~3% 的人口都是奴隶。大量的奴隶贸易并不是以欧洲为目的,而是以美洲为目的,因为巴西种植园农业和西班牙美洲殖民地矿业的兴起对劳动力有大量需求。17 世纪,在运往西半球的奴隶中有 42% 被运往巴西,22% 则被运送到西班牙美洲殖民地。18 世纪,60% 的奴隶来自西非,40% 的奴隶则来自非洲中部和非洲东南部。[2]

对于西方国家在殖民扩张中的暴行,很多传世的文学作品都进行了描述。如约瑟夫·康拉德的《黑暗之心》记述了欧洲国家在非洲的暴行,福斯特的《印度之行》描述了英国人在印度的所作所为,19 世纪最伟大的荷兰作家穆尔塔图利的《马格斯·哈佛拉尔》,对荷兰殖民政府的极端行径和爪哇人民被剥夺的命运进行了严厉的控诉。总的来讲,西方发达资本主义国家对亚非拉地区的殖民化运动前后持续了近七个世纪,从黄金、财富、自然资源、黑人奴隶的产出地到后来的工业商品的倾销地,殖民地居民在长达几个世纪的过程中以一种灾难性的甚至是毁灭性的方式促成发达资本主义国家的发展。殖民化运动每到一处都将当地居民带入一种长期的灾难性境遇,对土著人的屠杀、灭绝人性的黑人奴隶贸易,这是现代文化在现代化进程初期制造的最具毁灭性、破坏性、最惨无人道的灾难,这是今天

---

[1] Quoted in Gann and Duignan, *Colonialism in Africa*, vol. Ⅰ, p. 388. 转引自〔荷〕H. L. 韦瑟林《欧洲殖民帝国 1815~1919》,夏岩等译,中国社会科学出版社,2012,第 174 页。

[2] 〔荷〕H. L. 韦瑟林:《欧洲殖民帝国 1815~1919》,夏岩等译,中国社会科学出版社,2012,第 87 页。

任何一种公共危机都无法与之比拟的、一种完全由人类自身行为导致的灾难，而且这些灾难都是打着"文明"和"进步"的旗号实施的，是一个地区的、自诩"文明"的人对其他"落后"地区的"野蛮人"实施的最惨无人道的迫害。对现代文化在自身建立和发展过程中所导致的公共危机的分析，不应该忽视这一重大历史事件和长达几个世纪的迫害过程，这是现代文化在其建立初期所导致的现代性公共危机的第一个环节。

（5）殖民扩张带来的流行性疾病传播

根据《剑桥世界人类疾病史》研究，良性间日疟是通过早期西班牙征服者的血液传播到美洲新大陆的，而恶性疟则是随着第一批输入的奴隶的血液到达新大陆。非洲的黄热病是随着17世纪中叶奴隶贸易传到美洲的，18世纪开始侵袭欧洲城市。奴隶贸易的开展加速了非洲病原体向新大陆的流动。直到19世纪末，美洲大陆大部分地区的流行性疾病，都是非洲疾病环境的延伸，而非欧洲疾病环境的延伸。例如，在美洲大陆保存下来的天花是从非洲传来的天花，而不是欧洲的天花。[①] 在新大陆未被发现之前，印第安人过着与世隔绝的生活。根据考古学家墓地发掘显示，外伤是导致印第安人死亡的一种重要原因。然而，欧洲人的入侵改变了这种事态。据Ann Ramenofsky统计，至少有13种疾病是在美洲大陆发现后的200年随着欧洲人和非洲人传到美洲大陆的：病毒性疾病包括流感、麻疹、流行性腮腺炎、风疹、天花和黄热病；细菌性疾病有肺炎、猩红热、百日咳、炭疽、腺鼠疫；斑疹伤寒，其病原微生物介于病毒与细菌之间，疟疾为一种原虫感染疾病。其中，天花是最具破坏性的疾病。在16世纪的欧洲和美洲，天花从一种相对良性的疾病突然变成致死性疾病。流行性疾病的侵袭往往会带来灾难性的影响，其中大批成年人、儿童和老人的死亡会引起社会断层。[②] 所以，部分美洲印第安人把疾病分为 Ká:cim múmkidag 和 óimmeddam，意思就是"停留的病"和"游荡的病"。停留的病是指那些印第安人自身所患有的疾病，它们不是接触传染的。游荡的病与此不同，它们是来自别族的、远方的人，主要是白种人；它们对印第安人而言是比较新的病，具有高度的传染性，可任意袭击印第安人，而无法防御。

---

① 〔美〕肯尼思·F. 基普尔主编《剑桥世界人类疾病史》，张大庆主译，上海科技教育出版社，2007，第4页。
② 〔美〕肯尼思·F. 基普尔主编《剑桥世界人类疾病史》，张大庆主译，上海科技教育出版社，2007，第3页。

2. 宗教改革期间的屠杀、迫害和战争

（1）新旧教派之间的迫害

宗教改革期间，新旧教派之间的相互迫害十分严重。最初，只有罗马天主教是"异端裁判所"，对新教徒进行裁决和迫害。后来，新教内部各派之间互不兼容，彼此迫害与自己意见相左的人。在尼德兰，自1566年8月，爆发了大规模的破坏圣像运动。1567年，西班牙当局派遣约1.8万人的军队去镇压革命，设立"除暴委员会"，用血腥的恐怖手段以叛国罪大肆搜捕残杀革命群众。有一万多人被无辜地烧死、杀戮或处以绞刑。在英国，玛丽女王统治时期曾经公开进行大规模处决，把300多人作为异教徒公开烧死。西班牙和罗马的宗教裁判所都使用酷刑，对异教徒进行严刑拷打和镇压。

（2）宗教战争

历史学家帕尔默明确指出，1560年以后的100年是宗教战争的时代。① 因为这100年中，欧洲改教运动历经许多流血战事，并且这些流血战事直到1648年威斯特伐利亚和约签署才最终告一段落。在此期间，尼德兰、法国、英国和神圣罗马帝国都陷入了各种内部和外部的争端，天主教徒和新教徒之间进行了旷日持久的宗教战争。在法国，1572年的圣巴塞洛缪节大屠杀使数千名胡格诺教徒在午夜从床上被拖起并随意处死。这种暴行毫无悬念地激起胡格诺教徒的强烈愤怒，天主教和胡格诺教之间的冲突和暴行不断升级。各个武装集团互相残杀，并经常实行恐怖统治。1562~1598年，法国爆发宗教战争。1598年，法亨利四世颁南特诏令，实行宗教宽容，法国宗教战争结束。1610年，亨利四世被刺杀，法国再度内战，新教信徒大量逃亡。1685年，法国取消南特诏令，使大批胡格诺派教徒逃往外国。1641年，在英国，一批在北爱尔兰新定居的新教徒惨遭屠杀。1642年，英国爆发清教徒革命。为了报复天主教徒，1650年数以千计的天主教徒被杀死，教士被一个个地用刀砍杀，妇孺也惨遭杀害。② 1618年，在德国，德国路德派因不满奥斯堡和约被毁，由瑞典国王亚道夫领导，与国内罗马天主教徒交战30年。30年战争期间，法国、荷兰、丹麦、瑞典等国都卷入其

---

① 〔美〕R. R. 帕尔默等：《欧洲崛起：现代世界的入口》，苏中友等译，世界图书出版公司，2010，第10、119页。
② 〔美〕R. R. 帕尔默等：《欧洲崛起：现代世界的入口》，苏中友等译，世界图书出版公司，2010，第10、191页。

中，这些国家在德意志境内掠夺、屠杀、焚烧、抢劫，德国境内很多地方遭到不同程度的战争蹂躏。

二　现代社会早期公共危机

圈地运动和工业革命都是人类进入现代社会的标志性事件，长久以来被认为对人类社会的进步做出巨大贡献的圈地运动和工业革命，实际上对当时社会都造成了巨大的破坏性后果。

1. 圈地运动引发的灾难

著名历史学家帕尔默将17、18世纪的圈地运动称为"农业革命"，与随后发生的"工业革命"相呼应。在帕尔默看来，这次农业革命是一次彻底的农业改革，若无此项革命，工业革命是不可能发生的。因为，圈地运动使得英国的劳动力得以解脱出来。英国乡村里的许多人变成雇佣劳动者，英国的劳动人民变得流动不定，哪里有工作或者哪里工资高，他们便往哪里去。一个流动的劳动力大军是工业化大生产的必要条件之一，这样一种条件在英国以外的地方，在欧洲大陆几乎是找不到的。早期的现代化工业生产只在本土进行，因此对劳动力和土地等资源的需求首先取自本国。英国通过圈地运动完成了对土地和自由劳动力的获得。圈地运动在英国持续了几个世纪，从13世纪到18世纪。持续的圈地运动对原有居民的生活方式造成颠覆性破坏，大量居民财产被无情剥夺，其就业机会被剥夺和重新限制。与此同时，由于相关社会制度的不完善，针对这种剥夺过程的补偿性机制并没有建立。因此，圈地运动将大量英国农民和底层手工业者抛向一种没有尽头的深渊。在进一步的发展进程到来之前，英国的农民、新的无产劳动者已被挤到新的废墟——英国的工业城镇，原来的乡下人被非人化地沦落为贫民窟里的居民，对于他们而言，要么陷入工业革命底层的悲惨境地，要么离开工厂去寻找新的工作。大量家庭处在毁灭的边缘，工厂吐出的大量煤渣和废料迅速地吞噬了这个国家的大部分国土。

从长期来看，圈地运动的确是经济进步的一种趋势。但是激进的变迁和进步速度过快会对当时的社会带来毁灭性打击，这会使得变迁过程本身退化为一种非建设性的事件。圈地运动的破坏性主要表现在：一、将可耕地变为牧地，使大量农民丧失土地、流离失所、背井离乡，而当时的羊毛生产方式无法给流离失所的农民提供足够的就业机会，从而导致大量赤贫人口的涌现；二、人口的大幅度减少，"从1490年到1640年，一个半世纪以来他们都在与人口减少做着斗争，几乎没有任何间歇。"① 三、土地的集约化耕作所带来的补偿性后果并没有回馈给农村，对农民赖以生存的生产资料和居住地的掠夺，对农民原有生存方式、生活方式和居住方式的破坏，对市区土地的所谓"自由民"就业方式和就业机会的限制，过度放牧导致的对耕地的破坏，整个圈地运动给乡村社会带来的是普遍性灾难和毁灭性打击。因此，圈地运动对于商业资本、对于地主和贵族而言是一种进步，而对于广大被圈地的农民而言则是一场不折不扣的公共危机、人为的公共危机，是最早发生的、广泛的现代性公共危机。在这场最初的现代性公共危机中，"地主和贵族搅乱了社会原有的秩序，破坏了古老的法律和传统习俗，有时甚至不惜诉诸武力，当然，惯用的还是威胁和压力。他们不折不扣地抢夺了穷人在公共利益中所占的份额，拆毁了穷人们世代居住的房屋，而依据牢不可破的传统习俗，这些房屋应该是属于穷人和他们的后代。社会的组织结构给破坏了，乡村的荒凉、居民住所的破败不堪证明了这场战争的猖獗程度。它破坏了农村的自我防护体系，废弃了城镇建筑，大量削减了人口，将那些过度垦殖的土地变成沙地。它骚扰居民，将他们由淳朴的农民变成一群小偷和乞丐。虽然这仅仅在局部地区发生，但是这些小污点仍有可能集合为一场大灾难"。② 总的来讲，圈地运动这种对土地的改善性利用是建立在对一般民众生存方式、居住环境和乡村社会前所未有的破坏之上的。无论是当时还是现在，对圈地运动简单持肯定态度的人几乎都无视或者忽视那些在圈地运动中遭受厄运的人们，对他们而言"与生产的需要和资本的出息相比，人是最不重要的。"③ 对此，经济学家常常会说，能够以最少费用生产最大数量商品的制度，就是最好的制度。然而，能够以最低成本生产最大数量商品的制度，更多时候，对资本而言，是一种最优制度，但对大多数普通公众而言，尤其是在这个过程中被剥夺了土地和生产资料的公众而言，该项制度最终是不是一种好制度，还取决于该制度产生的最终利益分配，是否让利益因之而受损的公众得到充分、有效和公

---

① 〔英〕卡尔·波兰尼：《大转型：我们时代的政治与经济起源》，冯钢、刘阳译，浙江人民出版社，2007，第31页。
② Tawney, R. H., *The Agrarian Problem in the 16th Century*, 1912. 转引自〔英〕卡尔·波兰尼《大转型：我们时代的政治与经济起源》，冯钢、刘阳译，浙江人民出版社，2007，第31页。
③ 〔法〕保尔·芒图：《十八世纪产业革命》，杨人楩等译，商务印书馆，2012，第153页。

正的补偿。如果该制度最终产生的收益并没有分配到他们身上,他们的所失不能够得到合理公正的补偿,那么,能够以最少费用生产最大数量商品的制度,就会形成一定的利益矛盾和社会问题。从社会长期发展来看,圈地运动是进步的,但圈地运动所获得的进步是以社会紊乱为代价的。富人们以社会进步为借口圈地的结果,是使大量穷人拥挤在城市贫民窟,饥荒、疫病、死亡随时光顾他们。更为重要的是,圈地运动"这场灾难是一场追求经济增长的声势浩大的运动的伴生物。一种全新的制度结构在西方社会开始产生作用,其危险性在其一开始出现时就触及其痛处,可是却从未真正得以克服"。①

2. 工业革命早期阶段的公共危机

卡尔·波兰尼在《大转型》中指出,19世纪工业革命的核心就是关于生产工具的近乎神奇的改善,与之相伴的是普通民众灾难性的流离失所。②机器化大生产实际意味着把社会的自然资源和人都转化为商品,把自然资源的自然属性和人的本性都简化为唯一的商品属性——经济属性,这种新的发明一方面瓦解了人员之间的传统关系,制造出一种新的工业贫民窟和根本性贫困,另一方面毁灭性地威胁到了人类自然的栖息地。

工业革命的一个直接性后果是商业和农业社会转型为工业制造,成为组织经济生活主导模式的社会。工业革命的典型特征是工厂迅速兴起,并成为社会和经济生活的核心。到1850年以后,工厂不仅是英国经济制度的支撑,也促成了英国的政治纲领、社会问题以及日常生活特征。与工厂一起出现的另一个典型社会现象是大量"工业贫民窟"的出现。英国政府委员会1839年提交了一份有关格拉斯哥工人住处的报告,在这份报告中工人的住处被称为"胡同","在这些胡同里……住着大约15000~30000人。该地区有许多狭窄的街道和正方形体验,每个庭院中间是一堆大粪。尽管这些住处外面令人恶心,但对住处里面的污秽和穷苦,我完全没有任何思想准备。晚上我们参观了一些卧室,发现一大队人仰面平躺在地上。他们经常是15~20个男人和女人挤做一团,一些人穿衣服,另一些人则光着身

---

① 〔英〕卡尔·波兰尼:《大转型:我们时代的政治与经济起源》,冯钢、刘阳译,浙江人民出版社,2007,第35页。
② 〔英〕卡尔·波兰尼:《大转型:我们时代的政治与经济起源》,冯钢、刘阳译,浙江人民出版社,2007,第29页。

子。偷盗和卖淫是这些人的主要收入来源。"① 历史学家帕尔默也对格拉斯哥的贫民区进行了描述:"这个城市有成片棚户区,每个住宅区都去挤着上千衣衫褴褛的儿童,他们只有教名,通常是诨名,同牲畜没有什么两样。"② 除了格拉斯哥,英国的其他新兴工业城市曼彻斯特、纽卡斯尔、隆达谷等地,在工厂的附近都有大量贫民窟。

除了贫民窟这种极端低下的生活条件,工业革命带来的还有恶劣的、缺乏相应安全防护的工作条件,劳动时间被无限制延长,女工和童工的使用非常普遍,有的孩子4岁就开始工作,针对工人的各种各样的虐待行为司空见惯,这一切都发生在工业革命时期的英国。在经济史学家眼中,"那是一个残酷的年代。很长的劳动时间,到处布满灰尘的工厂,叮叮当当的噪声,甚至缺乏最基本的安全防范,所有这些结合起来,让早期的工业资本主义臭名昭著,在世界上许多人的脑海中,这种名声一直没有恢复。然而,更糟糕的是大多数工人劳累一天之后回到贫民窟。在曼彻斯特出生的人,平均寿命只有17岁——这说明儿童死亡率超过了50%……"③ 恶劣的工作条件、劳动时间的普遍延长、大量女工和童工的使用、各种公认的虐待行为,这一切都是传统社会所不具有的新型的社会虐待——工业革命的产物。

工业革命的最终影响是,它将人类的生活水平提高到前所未有的程度,但这不是在一夜之间就发生的事情。工业革命首先给劳动者带来的是长期而巨大的苦难,它的长期效在1870年之后才开始逐渐浮现。1870年之后,随着生活必需品价格的上涨,工人的周工资数也逐渐提高,劳动时间有所缩短,但也只降到50多小时,这一切距离富足社会还很遥远,更不用说富裕社会。工业革命时期,工人阶级的根本性贫困是无可争辩的事实。在工业革命的很长一段时期里,工厂里的工作时间一般都很长,一天大约在14小时,有时甚至更长。尽管如此,工厂主给工人支付的工资标准却非常低,

---

① Quoted in Engels, *The Condition of the Working Class in England* (New York: Macmillan, 1958), p. 46. 转引自〔美〕罗伯特·L.海尔布罗纳、威廉·米尔博格:《经济社会的起源》(第12版),李陈华、许敏兰译,格致出版社、上海三联书店、上海人民出版社,2010,第69~70页。

② 〔美〕R. R. 帕尔默等:《工业革命:变革世界的引擎》,苏中友等译,世界图书出版公司,2010,第10页。

③ 〔美〕罗伯特·L.海尔布罗纳、〔美〕威廉·米尔博格:《经济社会的起源》(第12版),李陈华、许敏兰译,格致出版社、上海三联书店、上海人民出版社,2010,第69页。

低到不能养活其妻儿的程度。随着工厂机械化程度的提高，工厂主开始普遍地大量使用童工和女工来代替熟练工人，并以此压低熟练工人的工资，而女工和童工的收入则更加低廉。这种由低廉工资导致的根本性贫困在工业革命的始发点英国普遍如此，在后来推行工业革命的其他国家和地方也是如此。

此外，工业革命还不可避免地带来了社会危机和环境危机。在英国，新兴城市群落的土地由于大量煤烟的熏染而变成黑褐色，工厂和工人的住宅区到处都是工业垃圾沉淀物，工业污染导致英国中部地区很少有晴天，阴暗的天气、潮湿的气候、仓促搭建的居所，加之这一时期的城市并不作为一个法律主体存在，警察保护、饮用水和地下水流通、垃圾处理等事项都无从谈起。工业污染导致生存环境的整体破坏，大量人口聚集对城市的各项基础设施提出严重挑战，随着工厂的建立，一切都成为问题。总的来讲，工业革命对于英国劳动人民来说，是一个极其痛苦和悲惨的、难以忍受的经历。低廉的工资、贫民窟式生存环境、恶劣的工作条件、漫长的劳作时间、女工和童工的大量使用、随时面临的失业痛苦，这一切都存在了好几个世纪。早期工业化时期的恶劣生存条件曾使工人将怒气宣泄在机器上，他们认为是机器带来了整个生存和工作条件的恶化，因此，英国各地都发生有工人砸毁机器的事件和工人的游行示威活动。为压制工人的反工厂暴力，更进一步的暴力和灾难降临在工人身上。现代性暴力一步步展现在人们面前。

工业革命的后果是两面的，尽管现代的人们只强调其进步的一面，即机器化的大生产、工业集中的出现、新兴工业城市的快速兴起、人口增长率的上升、市场经济的建立。但工业革命的破坏性、灾难性后果是无法抹去和忽视的。

3. 经济危机

经济危机是人类文化步入近现代之后才有的产物。第一次经济危机是什么时候发生的，学界并没有明确的定论。有两种较为普遍的说法，第一种说法是1825年英国爆发的经济危机是第一次普遍的经济危机，持这种说法的人是延续马克思的观点，把经济危机看作是资本主义经济发展过程中周期爆发的生产过剩的危机；第二种说法是1637年荷兰"郁金香泡沫"导致的经济大震荡，这是人类历史上第一次有记载的经济危机。虽然1637年的"郁金香泡沫"在荷兰导致了商人破产、经济萧条、社会动荡等结果，但这次危机并不是由企业生产过剩所致,所以在很多专家学者眼里,它还算不上真正意义上的经济危机。早期的周期性经济危机多是围绕着英国爆发,这与英国的工业革命与殖民活动有很大关系。大约到1873年,随着英国经济的衰落、美国经济的崛起,经济危机爆发的核心也从英国转移到了美国。从那以后,美国作为世界经济发展最快的国家,就一直成为经济危机的引爆点和重灾区。1929年那场令所有人谈之色变的大萧条和最近席卷全球的2008年经济危机,同样是以美国为核心爆发,然后通过"蝴蝶效应"传至全球。同样是以金融危机为开端,然后以不可逆转的意志演变为全球性经济危机。从1637年的荷兰"郁金香泡沫"到1720年英国"南海泡沫",从1857年第一次世界性经济危机到1929年席卷全球的大萧条,自人类进入近现代以来,经济危机每隔一段时间后就会出现,从荷兰到英国,从英国到整个欧洲,从欧洲到美国,从美国到全世界。在过往的近400年历史中,经济危机像幽灵一样随时准备侵袭和打乱经济的正常运行和人们的日常生活。毫无疑问,经济危机是现代文化的产物。

三 风险社会下的公共危机

人类进入20世纪,现代化的成果和弊端皆显露无遗。20世纪上半叶的两次世界大战标志着风险社会的全面来临。风险社会下各种公共危机频频发生,从两次世界大战、大萧条、西班牙大流感……各种现代性公共危机将人类一次次拖入深渊(关于20世纪的公共危机,详见附录一)。

风险社会本质上是全球风险社会。全球风险社会下,公共危机的类别和内容都有了更为复杂的变化。对于公共危机,最简明的分类方法就是"天灾"和"人祸"。但全球风险社会下的公共危机,其表现形式是纷繁多样的,其内容是复杂多变的,通过分类来掌握这一重要社会现象是一个较好途径。从不同的角度对全球风险社会下的公共危机进行分类和归纳,可以帮助人们从不同角度来理解全球风险社会下的公共危机。

1. 内容分类

按照内容的不同,全球风险社会下的公共危机可以划分为政治危机、经济危机、社会危机和生态危机。

政治危机主要是指在政治领域发生的、对政治格局造成重要影响的危机事件。政治危机包括政变、战争、民族冲突、种族冲突、政治动乱等政治失序现象。政治危机的典型案例包括两次世界大战、苏联时期的大清洗、

20世纪六七十年代中国的"文化大革命"、巴以冲突，等等。

经济危机是指在一国经济或世界经济范围内出现的持续性的经济衰退或者停滞不前的状态。自17世纪以来，各种经济危机就不断侵扰人们的生活，其中最著名的是1929年的大萧条、1997年亚洲金融危机，以及2008年次贷危机引发的全球经济危机。

社会危机是指由于某种突发事件的出现打乱了正常的社会秩序，对民众的基本生存状态造成或即将造成较为严重的不利影响，从而使得社会的安全运行和健康发展难以为继。社会危机包括群体性暴力冲突事件等。

生态危机是指由于人类盲目的和过度的生产活动所引起的生态环境的严重破坏和生存环境受到严重威胁的境状。生态危机一旦形成，在较长时期内难以恢复。生态危机包括草原退化、水土流失、沙漠扩大、水源枯竭、环境污染、环境质量恶化、气候异常、生态平衡失调等现象。

2. 按照危机发生速度的分类

罗森塔尔按照公共危机发生的速度与终结的速度将危机分为四类。

一是龙卷风型危机是指那种来与去的速度都很快的危机。比较典型的案例包括恐怖主义分子实施的劫机事件、空难、泰坦尼克号沉船事件等。这种来去速度都很快的危机往往不会给社会留下其他长期影响。

二是腹泻型危机是指那种经过长期酝酿发生的，但是在爆发后很快结束的危机。其典型有大卫教派邪教危机，1919年印度发生"阿姆理查"大屠杀，1978年11月发生的美国"人民圣殿"教徒，其中包括276名儿童在圭亚那丛林中的一个村落里集体自杀事件。

三是长投影型危机是指那种突然爆发，但是后续影响深远、长时间不能平息的危机。这类型危机往往有着深刻的历史根源和复杂的社会背景，对这类危机的解决是极其困难的，因此这类危机往往极容易再次发生和反复发生。长投影型危机包括种族骚乱、民族冲突和骚乱等，如1960年南非发生的沙佩维尔大屠杀

四是文火型危机是指那种开始很缓慢，甚至没有爆发的过程，事态在演化中逐渐升级，结束也很缓慢的危机。比较典型的文火型危机就是越南战争。按照罗森塔尔的分析，美国此后发动的很多场战争，比如历时7年的伊拉克战争、2001~2012年的阿富汗战争都属于文火型危机（见表3-1）。

表 3-1　罗森塔尔的危机分类

终结方式	危机快速发展	危机逐渐发展
危机快速终结	龙卷风型危机	腹泻型危机
危机逐渐终结	长投影型危机	文火型危机

资料来源：中国现代国际关系研究所危机管理与对策研究中心编著《国际危机管理概论》，时事出版社，2003，第 12 页。

3. 按照范围/层次分类

全球风险社会下的公共危机按照危机发生的范围所属的层次来划分，可以分为全球性公共危机、区域性公共危机、国家公共危机和地方性公共危机。

全球性公共危机和区域性公共危机是典型的全球化的产物，是由全球性和区域性问题引发的公共危机。全球气候变暖、全球生态危机、全球经济危机等都属于全球性公共危机。区域性公共危机也可以理解为横跨若干国家，但尚未形成全球事态的公共危机。区域性公共危机包括亚洲大陆中部和非洲的水危机，等等。国家公共危机是指发生在国家层面，威胁到某一个国家政权或者社会稳定的公共危机。例如 1998 年的中国大洪水、2008 年的中国汶川大地震，2005 年的美国卡特里娜飓风事件等。地方性公共危机是指在一个国家的某个地方发生的公共危机，例如，2001 年的"9·11"事件，2009 年中国新疆的"7·5"事件等。不管哪一种类型的公共危机都会给一定范围内的居民、社会、经济和政治造成极大的破坏性影响。

总的来讲，全球风险社会下的公共危机可以分为三类：一类是纯自然灾害类公共危机，但由于人为因素的影响越来越大，全球风险社会下的自然灾害类公共危机或多或少都受到了人为因素的影响；第二类是完全由现代性风险导致的公共危机，即现代性公共危机。如环境污染、核泄漏、核辐射、恐怖主义、经济危机等；第三类是自然风险和现代性风险交织形成的公共危机，如极端灾害性天气事件等。从成因上讲，全球风险社会下的公共危机主要表现为完全由现代性风险导致的公共危机以及自然风险和现代性风险交织导致的公共危机。由于现代性风险在全球风险社会及其公共危机的形成中发挥了重要作用，因此把全球风险社会下的公共危机称为现代性公共危机。总的来讲，全球风险社会下的公共危机就是自然风险和现代性风险演化、集结、交织和爆发的产物。

总的来讲，所谓公共危机，简单地讲，就是在一定时间范围内对一定区域的人的生命财产安全和社会发展进程造成极大的破坏性影响的过程或事件。任何事物的发生、存在和发展都要依托一定的环境，公共危机也不例外，对人类的生命和财产造成严重威胁和危害的公共危机，其发生、存在、发展、扩展同样要依托一定的环境。那么，研究公共危机、研究公共危机发生和发展的内在机理、思考应对方式就必须从公共危机的环境开始。自人类产生以来，人类的思想、活动就自成一体地构成了一个领域、一个逐渐丰满、完善和复杂的系统，即文化。文化首先是以实践面目出现的，作为实践的文化指的是人类的一切思想和行为的活动方式。贯穿人类文化实践活动的一个基本特征是人类通过文化创造活动不断地对自然环境进行改造，在此改造过程中创造出一个人为的社会环境，通过"自然的文化化"和"文化的自然化"两个并行过程，自然环境和社会环境紧密地联结在一起，最终形成一个单一的复合环境系统——作为体系的文化。因此，文化就是构成了公共危机的形成、发展和演化的环境。全球风险社会下，即便是由不可抗力主导的自然灾害也都包含了大量的人为文化因素。因此，对公共危机的阐释要从文化视阈进行。

第四章　全球风险社会下的公共危机：
现代文化的阐释

> 文化，无论我们怎样给它下定义，都是我们所做的每件事物的中心。文化是我们所做的事以及我们为什么做这件事的理由，是我们希冀的结果和我们为什么想象它，是我们所感知的东西和我们如何表达它，是我们怎样生活和我们以什么方式面对死亡。文化是我们的环境和我们适应环境的方式，文化是我们已经创造的世界和仍在创造的世界，文化是我们看待世界的方式和促进我们改变世界的动力。文化是我们了解自己和相互了解的方式，文化是我们的个人关系网，文化是使我们能在社会和国家内生活在一起的图像和抽象。文化是我们生活的要素。[①]
>
> ——伯纳德·奥斯特利（Bernard Ostry）《文化联系》

关于公共危机，从结果上讲，它是一种对公众的生命财产、公共利益和公共秩序造成的威胁和破坏。从过程上讲，公共危机是一种风险的产生、形成、制造、扩散、集结和爆发的过程。从根源上讲，公共危机是一种文化的产物，本质上是一种文化危机。人类的文化经过几千年的演化，进入现代文化阶段。现代文化作为一种社会实在的集合体，本质上是一个关于社会实在的社会化大生产的过程，现代文化的所有制度和机制都围绕这个过程运转，以它为核心，为它服务。现代文化所特有的这种激进的、扩张性的社会化生产方式在制造社会存在的同时，不断制造现代性风险。现代化过程同时是现代性风险的系统性生产和全球扩散过程。现代性风险在历经200

[①] 〔加〕D. 保罗·谢弗：《文化引导未来》，许春山、朱邦俊译，社会科学文献出版社，2008，第1页。

多年的释放之后最终形成全球风险社会,并进一步导致公共危机的频频发生。从文化的角度来看,全球风险社会的公共危机,主要是现代文化的产物。本章将从现代文化角度对全球风险社会下的公共危机进行分析和阐释。基于现代文化视角,从属性上讲,全球风险社会下的公共危机首先是一种现代性公共危机。进而,从更深的一个层面上讲,全球风险社会下的公共危机是一种结构性暴力,一种产生于现代文化这个系统基质上的结构性暴力。

第一节 全球风险社会下的公共危机:现代性公共危机

全球风险社会下,各种现代性公共危机此起彼伏,在全球各地肆虐:从古老的自然灾害、地震、洪水、泥石流、台风到现代化风险导致的环境污染、大气臭氧层空洞、土壤污染、水污染以及水稀缺、温室效应、全球气候变暖、全球生态危机、极端灾害性气候事件、核泄漏、大型交通事故、恐怖主义、技术风险、大型公共疫情等。游荡在现代社会各个层面的风险在历经几百年现代文明进程的累积和系统化之后,各种风险交织在一起组成一种合力在历经上百年的累积后将人类社会推向全球风险社会,并从20世纪初开始加速了各种现代性公共危机爆发的频率,逐步将全球推入公共危机频发时代。除了上述跃入人们视线的显性危机之外,对人类的生命与生活造成的危害还包括现代化进程中施加于人们的隐性风险:基于生存压力和持续性竞争压力、繁重的工作负担、个体化生活方式、升学、就业、结婚、生子、人与人之间关系的隔膜、不信任等内容造成的对人的身心健康的损害。这种潜在的慢性损伤使现代社会的大多数人长期处于一种精神高度紧张的亚健康状态,过劳死和猝死的比例逐年增加,出于生存压力、工作压力和其他各种压力的自杀人数逐年增加。现代化进程中,人类的生命与内心普遍受到来自社会各个角落的风险和危机的威胁和损伤。一切都证明包括人类生物种群在内的地球各个角度的生命体都在经受现代性风险的侵蚀和破坏。

一 全球风险社会下的公共危机:现代性公共危机

文化既是秩序的工具也是失序的原因。[①] 现代文化阶段,伴随现代化进

---

① 〔英〕齐格蒙特·鲍曼:《作为实践的文化》,郑莉译,北京大学出版社,2009,第21页。

程的急速扩张,各种现代性风险急剧释放,这些风险犹如宇宙空间中的暗物质,最终汇集为全球风险社会下的各种公共危机。全球风险社会及其公共危机主要是现代文化的产物。作为现代文化的产物,全球风险社会下的公共危机首先是一种现代性公共危机。全球风险社会下的公共危机,是现代文化社会化大生产过程中释放的大量现代性风险的集结和爆发形式,是人类持续的扩张行为所导致的现代性危机。

1. 作为社会实在的现代性风险

现代性风险是什么呢?简单地讲,现代性风险就是在现代文化的社会化大生产过程中被系统地制造出来的风险,是一种人为建构出的社会实在。现代文化本质上是一个关于社会实在的社会化大生产系统,而现代性风险则是在现代文化以社会化大生产方式创造出来的社会实在。所谓社会实在(social reality)就是指一种"以社会方式创造的实在"[①]。与社会实在相对应的是自然实在,自然实在是天然存在的,其存在不依赖于人的创造和制度环境。与自然性事实不同的是,社会实在是人类以社会方式创造出来的实在,是人为建构的产物,其存在依赖于人的创造和相应的制度、背景等条件。与自然实在一样,社会实在也是实在世界的客观事实和客观组成的部分。社会实在结构复杂且不可见。每一个社会实在都包含着复杂的形而上学内容,且具有普遍的、统一的、看不见的本体论结构,但人们无法用物理的或化学的语言来抓住上述行为过程的特征。约翰·塞尔塞将社会实在这种看不见的存在及规则称为"形而上学意旨",并指出"我们能够承担这种形而上学意旨的一个原因就是社会实在的复杂结构是没有重量而且又看不见的。"[②] 现代性风险就是这样不可见的社会实在。这同时也是承认风险存在的人无法具体捕捉和描述它,而不承认其存在的人可以随意地否认它的原因所在。

2. 现代性风险的产生

从哲学本体论的层面上讲,现代文化本质上是一个关于社会实在的大生产系统,准确地讲,是一个关于制度性事实的生产系统。人类构建制度性事实的目的是在于创造一种人为确定性。每一个制度性事实的生产都同时产生出大量的人为不确定性,这种人为不确定性本身就是一种现代性风

---

① 〔美〕约翰·R. 塞尔:《社会实在的建构》,李步楼译,上海人民出版社,2008,第13页。
② 〔美〕约翰·R. 塞尔:《社会实在的建构》,李步楼译,上海人民出版社,2008,第5页。

险。人们构建制度性事实的目的在于创造一定的人为确定性，因此，每一个制度性事实都会形成一定的人为确定性。在一定的条件和背景下，由不合理的制度性事实所释放的人为确定性也会形成现代性风险，导致公共危机。比如非民主国家的各种包含着等级观念和不公平差别待遇的制度，如民族歧视和种族歧视往往是民族冲突和种族冲突的主要原因。新自由主义意识形态支配下的市场经济结构同样也是经济危机、非洲的贫困与饥荒和全球生态危机的主要原因。全球风险社会下的公共危机是现代性风险的产物，现代性风险由人为不确定性和人为确定性共同导致，人为不确定性和人为确定性都是在社会实在的构造过程中释放出来的，是制度性事实的产物。所以，现代文化在制度性事实的生产过程中系统地生产出现代性风险。作为社会实在生产系统的现代文化包括三大社会化大生产子系统，分别是：财富的社会化大生产系统、制度的社会化大生产系统、理论知识—科学技术的社会化大生产系统，这三个系统之间是相互关联的、相互联结的、相互支撑的。现代文化的这三个社会化大生产系统，每一个系统的运转都会释放出大量的现代性风险。这样，通过社会化大生产，现代文化不仅系统地生产和制造各种制度、知识和物质财富，而且还系统地制造、生产和释放现代性风险。在现代文化实践过程中被制造出来的现代性风险很快就能集结和向全球扩散，最终形成一种全球风险社会。从构成上讲，全球风险社会就是有现代性风险的系统生产、聚集和扩散所形成的一种势态。全球风险社会下，自然风险与现代性风险交织在一起，并在现代性风险的引导下积聚，最终以各种公共危机的形式爆发。如果说风险是一种古老现象，那么（全球）风险社会及其公共危机则不是生物世界的古老现象，而是人为制造的产物，是现代文化的发明，是现代社会独有的产物和特征，它随着现代文化的大规模生产而系统产生，并随着现代文化的扩张而全球化。

3. 从人为不确定性到现代性风险

从贝克、吉登斯、奈特等众多人的论述中可以看出，不确定性与风险是一对因果性逻辑关联的概念。弗兰克·奈特将"不确定性"引入经济学分析，并以"不确定性"为中心，通过对两种不同意义之不确定性的区分，划分"风险"和"真实的不确定性"。奈特认为，所谓"风险"是一种"可度量的不确定性"，这种不确定性实际上不能算作不确定性；"真正的不确定性"是指不可度量和不能量化处理的那一类不确定性。这样，奈特将不确定性划分为风险和真正的不确定性两部分。①贝克在其风险社会理论中也将不确定性分为两类：人为不确定性和自然不确定性。贝克关注的是人为不确定性，他认为人为不确定性是形成新风险的原因。关于风险，贝克一方面根据概率论将风险分为"可计算的风险"和"不可计算的风险"，另一方面根据起因将风险划分为"一般意义的风险"和"现代化风险"（或"文明的风险"）。其中，"现代化风险"是对文明固有的对自然的伤害和破坏进行社会性把握的概念安排和范畴设置，是科学化的"次级道德"。②贝克认为，人为不确定性是现代化风险这种"新风险"的前身，现代化风险主要指的是工业化进程中释放出来的风险，是一种不可计算的风险。就不确定与风险的关系而言，吉登斯首先认为二者不存在严格区分，尽管"风险这个概念与可能性和不确定性概念是分不开的"。如果一定要区分的话，那么由于人类知识的增长"制造出来的不确定性"导致了新的风险景象。③在吉登斯看来，"制造出来的不确定性可谓人们今天生活的一大特色，今天人们面临的诸多不确定性正是由人类知识的增长造成的"。④综上所述，可以得知不确定性与风险是一对因果关系。不确定性包含自然不确定性和人为不确定性，自然不确定性导致自然风险，其表现就是自然灾害。人为不确定性导致现代性风险，而非现代化风险。现代性风险是现代文化的系统产物，而非仅仅是工业化的产物。风险是一个古老的现象，但现代性风险是一个新事物，是现代文明的发明，现代文化的系统产物。风险社会的风险是自然风险和现代性风险的结合体，并主要体现为现代性风险。对现代性风险的确定性阐释一是要在现代文化的分析框架下进行，二是要从现代性风险的本体论分析开始，探寻人为不确定性的来源。

4. 从人为确定性到现代性风险

自古以来，人类对生存斗争中的不确定性怀有深深的恐惧感。这使得人们普遍认为，只有不确定性（uncertainty）才是风险和恐惧的根源。因为

---

① 〔美〕弗兰克·奈特：《风险、不确定性与利润》，郭武军、刘亮译，华夏出版社，2011，第16页。
② 〔德〕乌尔里希·贝克：《风险社会》，何博闻译，译林出版社，2004，第98页。
③ 〔英〕安东尼·吉登斯：《失控的世界》，周红云译，江西人民出版社，2001，第17页。
④ 〔德〕乌尔里希·贝克、〔英〕斯科特·拉什、安东尼·吉登斯：《自反性现代化》，赵文书译，商务印书馆，2004，第235页。

是不确定性和偶然性的存在,使人们无法对生活整体中的许多未知事物进行控制,这导致了人类精神世界上的永久性不安。现实世界的不确定性和偶然性越多,人类的不安全感就越加严重。人们为此而痛苦,渴望在意识层面上对可能发生的事物有所认知,渴望能够通过现实行为对不确定性和偶然性进行控制,并由此获得安全感。人类了解自然、认识自然、改造自然的过程同时也是最大限度获取确定性的过程。人们通过经验积累、知识研究和制度建构来获取和巩固人类所能掌握的确定性,以此为手段减少由不确定性导致的风险和不安。但事实上,确定性同样会导致风险。与不确定性一样,确定性也分为自然确定性与人为确定性。自然确定性包括天气的四季变化和节气更替,动植物的成长、繁衍和衰老等内容,是一种由自然规律所决定的、客观的、不以人的意志为转移的确定性。人为确定性是指经过人类长期的经验总结流传下来的常识,通过专门的分析研究所获得的知识以及通过制度构建所获得的某种确定性秩序或分配方案,等等。总之,人为确定性是人类行为的结果,是人类在谋求确定性过程中不断努力的结果。无论是自然确定性还是人为确定性都会导致风险和危机。古代尼罗河流域的定期泛滥给沿岸居民屡屡带来灾难,长江流域和黄河流域在进入汛期后都存在着爆发大规模洪水的可能性和风险,这些都是自然确定性导致的风险和危机。

与自然确定性一样,人为确定性也会导致风险和危机。面对自然界和社会中存在的诸多不确定性,现代文化总是试图通过各种方式对其进行把握和控制,最终将这些不确定性人为地转化为一种确定性。人为确定性在现代社会中有很多种表现,制度、秩序、知识等都是人为确定性的载体和表现形式。然而在非民主社会,由制度等因素形成的等级化秩序、不公平现象和种族歧视等确定性因素同样是社会风险和公共危机的诱导因素。与人为确定性相同的是,不合理的制度等因素造成的人为确定性是现代性风险的另一个根源。贫困、不平等、宗教等由社会制度结构所导致的这些确定性因素是引发冲突的主要原因。

5. 从现代性风险到现代性公共危机

现代文化背景下,各种因素导致了现代性风险的激增,现代性风险在经历一定时期的积聚、交融和发酵之后,在一定的时候以公共危机的形式表现出来。现代性风险是因,全球风险社会下的公共危机是现代性风险的逻辑后果。全球风险社会下的公共危机有三种形成机制,分别是：

（1）人为不确定性→现代性风险→公共危机

（2）人为不确定性+自然确定性→自然风险和现代性风险的混合物→公共危机

（3）人为确定性→现代性风险→公共危机

如图 4-1 所示：

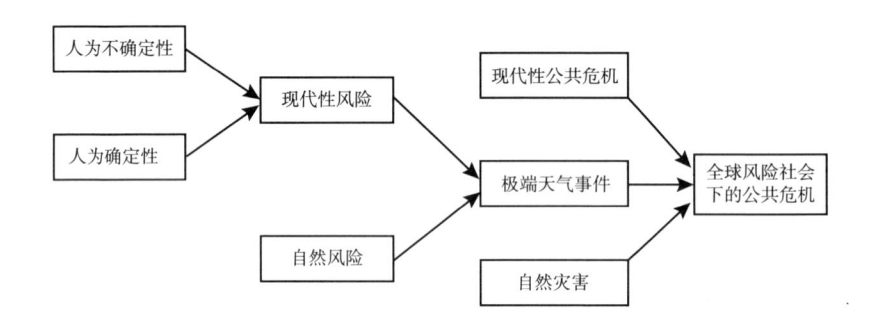

图 4-1　全球风险社会下的公共危机形成机制

总的来讲，全球风险社会下的公共危机，自然风险所占的比例越来越小，人为因素导致的现代性风险占据主导地位。全球风险社会下的公共危机作为一种现代性公共危机，是一种"创造性毁灭"，是"工业社会的自信（众人一心赞同进步或生态影响和危险的抽象化）主导工业社会中的人民和制度的思想和行动"下的产物，是现代社会制度"对其自身的影响和威胁视而不见、充耳不闻"的结果。①

二　全球风险社会下公共危机的特征

作为一种现代性公共危机，全球风险社会下的公共危机具有以下特征。

1. 时间—空间上的离散性

现代性公共危机的时空性特征就是把原本发生在不同历史时间段和不同地理区域的矛盾性事实及其后果，压缩和构置在同一事件中，该事件作为上述分布在时空的不同角落的矛盾性冲突的积聚物而爆发。

---

① 〔德〕乌尔里希·贝克：《再造政治：自反性现代化理论初探》，引自周宪、许钧主编《自反性现代化》，商务印书馆，2001，第 9~10 页。

从时空概念分析现代性公共危机,我们会发现时间—空间的离散性是现代性公共危机的一个重要特征。所谓时间—空间的离散性是指社会实在的存在方式超越具体的"时间"和"地点"的局限而实现广泛的联合,即A地区的某种行为可能是B地区发生事件的起因,C时间段发生行为的结果可能在很久以后的D时间段显现,并且在不同区域显现。时间—空间的离散性是现代性公共危机的首要特征,这一特征使得现代性公共危机的成因与后果表现为互不关联的方面,从而掩盖了现代性公共危机的真实根源及深层背景。今天,工业污染和乱砍乱伐导致的森林消失是全球性的,但在挪威和瑞典这些森林覆盖率很高的国家,自身几乎没有什么重污染工业,但同样会受到森林减少和工业污染所致的生态危机带来的影响。因工业污染使水质变坏而影响人类生存与健康的事件在今天有我国太湖、淮河,在20世纪六七十年代是德国的莱茵河,在19世纪则是英国的泰晤士河。英国的工业革命使泰晤士河在19世纪成为一条充满恶臭的河流,1878年,一艘名为"爱丽丝公子"号的游轮在泰晤士河发生了事故,最终造成了640人死亡。调查结果显示大部分遇难者并不是死于溺水,而是死于有毒的河水。20世纪50年代末,德国的莱茵河水质急剧恶化,70年代河水污染达到顶峰,河水中溶解氧的含量几乎为零,从而导致莱茵河内的鱼类几乎完全消失。究其原因在于德国战后的大规模工业建设使得大批化工、能源、冶金企业向莱茵河内排入大量污水所致。同样的例子还有中国江苏的太湖蓝藻。工业污染是导致这些河流水质变坏的主要因素,而这三种现象背后的真正推手是充满扩张性的市场经济体制。今天,已经跨越工业发展高污染期的少数发达国家矢口否认自由市场经济的种种弊端,将所有责任推到"工业污染",并主张"谁污染谁负责",这一做法本身就是在利用现代性公共危机时空离散性这一特征来推卸责任,尤其是推卸历史责任。时空离散性作为现代性公共危机的重要特征对人们理解和治理现代性公共危机制造了很多障碍,其关键在于它导致了现代性公共危机的真实原因与其后果在表象上的时空分离。这种离散性掩盖了现代性公共危机与其内在根源之间的联系,使人们往往不能抓住造成现代性公共危机的底层根源从而不能有效地解决危机。

对现代性公共危机时空构成的考察是公共危机研究的一个重要方面,应该注重研究现代性公共危机在时空延伸方面的构成方式,这样才能更为全面和正确地把握现代性公共危机的内在结构与本质。对于现代性公共危机而言，时空不是一种自然常态和一种外生变量，而是一种重要的内生变量，它揭示了现代性公共危机的形成是一个连续性的社会创造过程，揭示了现代性公共危机具有不可见的复杂的内在结构和深层的制度根源。从时空的角度对现代性公共危机进行考察，为现代性公共危机研究提供了坚实的基础，同时也为理解和分析现代社会秩序的构成提供了一个颇有价值的视角。因为现代社会本身就是一个跨越时间和空间距离的联合，是一个时空重组的过程，这既体现在现代社会制度的脱域化，也体现在现代社会的全球化。

2. 结构的松散性与隐蔽性

贝克在论述风险特征时就指出，风险的松散结构和威胁的实在性结合在一起构成了风险。风险的松散结构使人们无法轻易地找到风险存在的根源，因而不能有效地躲避风险。风险的这一特征同样体现在现代性公共危机身上，并且这是由其时空离散性所决定的。在分析现代性公共危机结构松散性特征之前，有必要先对"结构"一词作解释，因为不同学科、不同学者对结构的阐释存在很大区别。本书所指的结构是指吉登斯笔下的结构主义的结构概念，即"在场与不在场事物的相互交织；得以从表面的现象中推断出潜在的符码。"① 这一结构既是一个历时性概念，也是一个越空性概念。其历时性体现在现代性公共危机的形成是一个连续性过程，必须放在一个"长时段"（布罗代尔语）内进行考察，才能揭示出现代性公共危机的构成因素，揭示出现代性公共危机所包含的（现在的）在场的与（过去的）不在场的事物之间相互交织的联系；其越空性体现在某一现代性公共危机的形成，是空间上分布不同的多个区域共同作用的结果，是一种跨越空间的集体行为的结果，必须放在具有一定广阔程度的空间范围内考察，才能揭示出某一现代性公共危机的构成因素，揭示出（此处的）在场的与（他处的）不在场的事物之间相互交织的联系。社会存在的历时性和越空性共同决定社会存在结构的松散性和隐蔽性。社会存在结构因子在时间和空间上的散落分布使得其结构表现为松散性，而这种松散性又决定了社会存在结构的隐蔽性。

结构条件的持续存在说明它们通常不会遭到质疑，原因是相关的人

---

① 〔英〕安东尼·吉登斯：《社会的构成》，李康、李猛译，生活·读书·新知三联书店，1998，第79页。

没有足够的证据表明,永远过去的某个阶段曾存在过不同的模式,于是,结构条件也就成为理所当然的世界的一个部分了。布罗代尔的长时段理论对社会学结构分析的重要意义在于此,它揭示了某些社会存在的结构过程持续的时段越长,其结构越难被认知。因此,研究长时段在揭示社会存在的这些没有被认识到的结构条件方面具有重要的方法论价值和优势。现代性公共危机结构松散性特征的一大后果就是导致有组织的不负责。

3. 系统性和全球性

对现代社会的每一种公共危机进行深入地探究,都能够发现现代性公共危机产生的系统性。遍布世界各地的工业污染以及由此带来的公共危机是工业化进程的系统产物,并非单个国家的个案。地方政府在对待污染企业上的暧昧态度,都遵循的是经济效益至上和税收至上的原则,以解决就业和纳税为说辞,地方政府与污染企业一起将居民的公共安全置之脑后。食品安全问题在发达国家和发展中国家的企业中同时出现,其根源都可追溯到制度性缺陷和商业利益的操控性。根据香港绿色和平组织的检测,2003年全球最大食品商之一雀巢公司将含有转基因原料的奶制品和婴儿食品销往亚洲和中国,将中国及亚洲儿童当作其转基因食品的"实验用小白鼠"。2005年中国浙江省工商局查出雀巢奶粉碘含量超标(碘超标会导致甲亢)。雀巢碘含量超标,违反的是GB10767-1997《婴儿配方奶粉及婴幼儿补充谷粉通用技术条件》,该标准是雀巢产品明示参照的标准,但同时雀巢也是该标准的参与制定者。2008年中国奶制品行业爆出令国人震惊的三聚氰胺事件,事实上在事件浮出水面之前,在乳制品中添加包括三聚氰胺在内的各种化学物品已是业内一个长期存在的事实。从奶牛饲养者、牛奶收购者、奶制品加工者到企业、地方政府、行业协会的集体缄默,显示出这一事件不仅仅是由少数缺乏道德良知商人的不法行为造成的,在商业逻辑的支配下,社会道德责任的普遍缺失与制度缺失一起造就了这场悲剧。现代性的公共危机在很大程度上"存在一种总体的共谋,而且这种共谋与责任的缺失相伴。任何人都是原因也是结果,因而是无原因的。原因逐渐变成一种总体的行动者和境况、反应和逆反应的混合物,它把社会的确定性和普及性带进了系统的概念之中"。①现代性公共危机以一种"典型的方

---

① 〔德〕乌尔里希·贝克:《风险社会》,何博闻译,译林出版社,2004,第34页。

式揭示了系统这个概念的伦理意义"。系统意味着，现代性公共危机"在个人之中并通过个人行动"而产生，因果的链条和破坏的循环存在于整个系统之中，公共危机是现代文化系统性的产物。系统性意味着，潜存的现代性风险不会在已经发生的公共危机中耗尽自身，任何一个不起眼的行动刺激物都有可能成为"点燃"一场公共危机的导火索。2009年6月26日，地处中国最南部省份广东的韶关发生职工群体斗殴事件，导致2名新疆籍维吾尔族职工死亡。在劳动力大量流动的中国，外地劳工与本地劳工间的冲突并不是一件罕见的事，但韶关事件直接引发了9天后的乌鲁木齐"7·5"打、砸、抢严重暴力犯罪事件，致使200多人死亡，1700多人受伤。"7·5"事件后，地处中国西北边陲、亚洲地理中心的乌鲁木齐一直处于一种恐慌与不安之中，公共安全成为这个城市乃至整个新疆域内居民共同的期盼。系统性还意味着，在任何一个现代性公共危机面前，无论是官员问责还是追究企业法人或当事人的法律责任，都只是现代社会的支配者在面对危机时以处置危机终端当事人的方式回避政策问题，是制度化缺陷与组织化不负责任的方式，这种方式无益于现代性公共危机的真正解决。三聚氰胺事件中，原三鹿集团董事长田文华被判无期徒刑；2009年新疆"7·5"事件后两个月，乌鲁木齐再次爆发数万人游行，矛头直指当地政府，指责政府在"7·5"事件及其事后处理中的无能。无论是三聚氰胺事件还是"7·5"事件，我们都可以发现社会道德和价值观的失衡和对立、现行政策的失误、相关制度的缺失和责任的缺失共同构成了公共危机发生的系统基质。全球风险社会下，几乎每一个影响深远的公共危机的形成，背后都存在一个复杂的系统基质。

第二节　全球风险社会下的公共危机：结构性暴力

现代文化是一个由社会实在构成的复杂体系。全球风险社会下的公共危机鲜有单一因素导致的事件，政治、经济、文化、资源环境各种矛盾交织在一起，每一个公共危机背后都包含着复杂的社会结构。从根源上讲，全球风险社会下的公共危机是现代文化系统基质下形成的结构性暴力（structural violence）。所谓结构性暴力（structural violence），借用哈维兰德的解释，是指由处境、制度以及社会、政治和经济结构造成的暴力。当今社会，从亚非拉地区普遍出现的人口过剩、食品短缺、饥荒、种族隔离到规模宏大的贫民窟、城市贫困区以及发生在其中的不间断暴力恐怖活动，从世界大战、国家间战争、持续性的地区冲突、民族冲突、种族冲突、大屠杀到恐怖主义，从金融危机、失业、收入分配不公、贫富差距加大、主权债务到全球经济危机，从遍布全球的环境污染和生态恶化、全球气候变暖到极端气候事件，……，上述种种危机都是一种结构性暴力。这种暴力不是由某个特定个体的敌意行动引起的，这种暴力的来源是一个匿名的结构（经济），这就是所谓结构性暴力的全部含义。① 全球风险社会下，结构性暴力的集中体现就是两次世界大战、大屠杀、巴以冲突等公共危机。

一 两次世界大战

比大屠杀更残酷的现代文明悲剧是两次世界大战。1914～1918年的第一次世界大战是现代民族国家之间进行的一场本该避免的战争。世界上既有一种世界性的经济，同时也有一种由相互竞争的主权民族国家组成的无政府体系。从经济上看，现今欧洲每一个民族都需要与整个世界发生经常性接触。在某种程度上，每个民族都是有依赖性的和不安全的。工业国家特别脆弱，因为他们要以原料和食物的进口，而以出口商品、各种公共设施和资本作为交换。无论如何，从来不存在一个世界性的维持世界体系的指南，以保证在各种条件下所有的国家都来参与世界经济活动。每个国家都必须照顾自身的需要。这样，就发生了激烈的帝国主义争斗。每一个大国都企图为本身利益而将世界体系的一部分置于自己的解释之下。于是也就出现了对同盟国和约束性同盟条约的寻求。因此，"从更广泛的意义来说，欧洲未能同化在18世纪后出现的统一的工业化德国，因而德国在较晚的时候企图获得世界强国的席位，这就是战争爆发的长期的和基本的原因"。② 截至1911年，欧洲列强已经有40年没有进行过战争。很多人都渴望有机会展示自己的勇气。各大国均制订了战争计划，迅速动员，大量招募士兵。几乎没有哪次战争像1914年爆发的第一次世界大战那样为人们期盼已久。战争爆发后，欢呼的人群涌入欧洲各国首都的街道，尽情表达期待的战争最终到来时所得到的解脱

---

① 〔美〕威廉·A. 哈维兰：《文化人类学》（第10版），瞿铁鹏、张钰译，上海社会科学院出版社，2006，第514页。
② 〔美〕R. R. 帕尔默等：《两次世界大战：西方的没落？》，陈少衡等译，世界图书出版公司，2010，第13页。

感。人们普遍认为，既然战争不可避免，那么早点爆发比晚点爆发还要好。尽管德国是欧洲最好战的国家，但欧洲各大国均以军人的英勇和为祖国而自我牺牲的精神来教育国民，以民族主义作为号召流血牺牲的旗帜引领民众加入战争，一种好战的爱国主义弥漫在欧洲各国。

第一次世界大战历时4年多时间。战争双方动员的总兵力超过7000万人，直接或间接被卷入战争的国家和地区有33个，人数达15亿，占当时世界人口总数的3/4。战火从欧洲蔓延到亚洲和非洲。双方海军在大西洋、太平洋、印度洋以及地中海还开辟了诸多海战场。这场战争中军人伤亡约3750万人。双方直接用于战争的费用多达1863亿美元。随着两次工业革命的成果投入军事领域，各国的武器装备越来越先进，20世纪取得的工业和科技进步第一次被充分使用，造成敌对国家伤亡数字越来越大。第一次世界大战已具有机械化战争的特点，不仅战争力量的生成与动员依赖国家强大的工业基础，大工业的生产力在战争能量上充分反映出来，而且现代化武器冲突的危险在第一次世界大战中最大限度地表现了出来。新科技在战争中的使用刺激了各国政府，各国都在追求更为先进的科技优势，战争爆发的4年当中，科技的快速发展使得武器装备变得更具杀伤力。人类制造了用以毁灭自身的一代比一代更为先进和致命的炸药、炸弹、装甲坦克车、飞机和潜艇被用于战争，致使1000多万人在战争中丧生。1915年1月，德国军队第一次使用毒气，将化学武器带入战争。此后，所有大国均开始使用毒气。另一种在一战中被使用的化学武器是火焰喷射弹。装甲车是用新发明的内燃机驱动，英国首先制造出这种车辆，并在索姆河战役投入使用。1918年，新研制出的轻型坦克很快投入使用。1914年"一战"爆发前各国都已经有了用于空中侦察的空军，1916年马力更大的新飞机出现，可以通过机关枪和炸弹对敌方发动直接进攻，支持步兵前进。到1918年，所有重大进攻都要在空军的配合下进行。战争促使科技的发展极其迅速，"一战"中，英国皇家空军研发出装有四个发动机的轰炸机，从而具备了轰炸柏林的能力。1918年4月，英国皇家空军成立。德军1915年1月空袭英国，从而揭开了最终造成1000多名英国平民死亡的长达三年之久的空袭序幕，"成千上万的人对这种新的全面战争的体验感到恐惧"[①]。"一战"后，"人们已经习惯了国家利用特权摆布其生

[①] 〔英〕卡尔·波兰尼：《大转型：我们时代的政治与经济起源》，冯钢、刘阳译，浙江人民出版社，2007，第56页。

命的做法。他们还习惯了在1914年之前还难以想象的大规模屠杀行动。如果没有第一次世界大战所导致的大屠杀,那么就不会出现希特勒所操纵的种族灭绝大屠杀和斯大林设立的古拉格集中营"。[1]

第一次世界大战并没有解决处于扩张状态下的欧洲现代民族国家之间的积怨和矛盾。1929年的大萧条加剧了资本主义国家在市场化过程中的固有矛盾和问题。因此,在时隔20多年后第二次世界大战爆发。第二次世界大战历时6年多,全世界共有5000多万人死于战争,直接军费开支11170亿美元,经济损失达4万亿美元。在这场战争中,德国纳粹利用国家机器和现代化技术对犹太人实施惨无人道的大屠杀。在短短的两年多时间里,有400多万犹太人死于纳粹的奥斯维辛、苏比波尔和特雷布林卡集中营。犹太人并不是希特勒种族灭绝政策的唯一受害者。纳粹将所有斯拉夫民族和俄罗斯人也都视为"劣等"人种,强迫他们从事极为艰苦而危险的工作,直到受尽折磨而死去。美国研制并首次使用核武器这种大规模杀伤性武器。1945年8月6日,美国向过去从未接触过战争的日本小城市广岛投掷一颗威力巨大的原子弹,它席卷了10平方公里范围内所有的地面物体,6.6万多男人、妇女和儿童在爆炸的瞬间被高温蒸发,随着巨大的冲击波从爆心传来,又有6.9万多人身受重伤,70%的建筑物被摧毁或损坏。为加速日本的灭亡,遏制苏联向太平洋地区扩张,8月9日美国向日本城市长崎再次投下一颗原子弹,该原子弹威力比投掷到广岛的还要大。8月14日,日本天皇在无线电广播中呼吁停战并要求日本人民接受"无法接受的"事实。随着这两颗原子弹的爆炸,世界进入更加危险和恐慌的状态。原子弹像大屠杀的死亡集中营一样成为人们另外一个挥之不去的阴影和痛苦记忆。就美国和美国人的生命而言,使用原子弹无疑是迅速和胜利地结束对日作战消耗最少的一种方式,但对于日本广岛和长崎两地几十万无辜民众而言,他们无声无息地成为这场世界大战和本国政府穷兵黩武的牺牲品。蘑菇云,成为一种新形式的暴力和大规模破坏的象征,这种拥有巨大破坏力和杀伤力的武器对人类的生存构成空前的、无限的新威胁。核武器——只在现代文化高科技手段下出现的超大规模杀伤性武器将新的阴影笼罩在全世界。人类在第二次世界大战中打败了侵略与极权主义,在取得巨大辉煌胜利的

---

[1] 〔英〕特里·布劳斯:《20世纪看得见的历史》,周光尚等译,中国社会科学出版社,2006,第75页。

同时将自身带入一个新的危机时代。

两次世界大战都是以国家为单位、由国家发起、组织和实施的人类灾难。战争中，人被划分为"英国人""德国人""法国人""意大利人""美国人""波兰人""苏联人"而相互攻击和作战。人们并不明白究竟是哪些原因使他们接连陷入可怕的战争。战争的每一方都粗暴地指控是另一方纯粹恶意地发动了战争。但真实的情况是，长期的消耗、无效的战斗、骇人听闻的人员伤亡，政治危机和经济危机，这一切后果最终都由各国人民来承担。20 世纪的两次世界大战是人类历史上最大的冲突。统计数据无情地显示：第一次世界大战时，死亡人数是 1000 万，第二次世界大战却有约 1500 万军人战死沙场。与第一次世界大战不同的是，第二次世界大战有两倍以上数目的平民丧命。苏联军人的死亡数目，估计超过 600 万人；德国，350 万人；中国，220 万人；日本，130 万人；波兰，70 万人；英国和英联邦，40 多万人；美国，约 30 万人；法国，约 20 万人。美国历史学家帕尔默指出，所有这些军事统计数字都不能说是接近于真实情况，没有谁能估计这次大战中整个死亡人数究竟是多少；有遭同盟国和轴心国轰炸死亡的，有纳粹在大屠杀中集中杀害的犹太人和所有德国占领国家的其他人民，有因纳粹和苏联的驱逐政策而致死的，还有战后因饥饿和瘟疫而死亡的。有的统计包括男人、女人和孩子在内，总数达到 6000 多万人，而对于这种数字，人类的头脑已经不够用了，他们的感情也变得迟钝了。① 诸如"英国人""法国人""巴勒斯坦人""以色列人"这样的称谓方式形成于 18 世纪，人们为什么要用这种方式来称呼那些居住在一定区域内的人？因为这种称谓方式是民族与民族国家的表征，是民族和民族国家在每一个个体的人身上打下的烙印。在这两场战争中，人类被民族国家、民族主义、爱国主义所绑架，被裹挟进这两场原本可以避免的战争。

二　大屠杀

结构性暴力的典型事例就是纳粹大屠杀。鲍曼说，大屠杀是在现代理性社会、在人类文明的高度发展阶段和人类文化成就的最高峰中酝酿和执

---

① 〔美〕R. R. 帕尔默等：《工业革命：变革世界的引擎》，苏中友等译，世界图书出版公司，2010，第 224 页。

行，从这个意义上来说，大屠杀是这一社会、文明和文化的一个问题。① 的确，大屠杀是现代文化体系下的一种有组织的暴力、现代化的暴力。作为现代文化成果的国家机器、企业制度、工业化模式都成为大屠杀的载体和工具。德国纳粹首先是运用国家机器、通过立法行为迫害犹太人的。

从1933年开始，希特勒的纳粹就开始运用国家机器大规模欺侮和迫害德国境内的犹太人。他们禁止犹太人从事社会公职、大学教师和法律工作，纵容甚至鼓励破坏和摧毁犹太人的商店和企业。1933年9月15日，纳粹通过纽伦堡法令（即《德意志公民法》），第一次以法律形式剥夺德国犹太人的公民权，使他们处于受压迫的社会地位。随后纳粹又颁布《德国人血统与荣誉保护法》，禁止犹太人与其他德国人之间发生任何性关系。1933年11月15日，纳粹又颁布了对这些法律的补充条款，规定任何人只要祖父母中有一人是犹太人就不得拥有德国公民权。这些法律是德国社会隔离犹太人迈出的第一步，随着更多法律的出台，德国纳粹对犹太人的欺侮和迫害更加具体和细致，德国纳粹逐渐剥夺犹太人法律权益的过程一直发展到撕去任何法律伪装而将大批犹太人送往位于波兰的集中营处死。随着战争的持续进行，这种非正式的无组织的大规模杀害被系统组织起来的欧洲范围的体系所取代。德国纳粹开始有组织、有计划、系统地在德国境内以及被德国占领的地区聚拢、集中犹太人和其他"低劣"民族，并有计划地将这些人送往死亡集中营。这种有组织、有计划的大规模迫害和人口转移只有以国家为载体、由国家来组织才能得以系统实施。在死亡集中营，德国纳粹分子以现代工业化方式和效率大批处决囚禁在集中营里的犹太人和其他少数民族，这些集中营是由德国最好的建筑师和工程师设计和建造的，处死人的方式是现代科技的产物毒气、现代化武器和工业化批量处理模式。奥斯维辛集中营最多时一天可以将1.2万人送进煤气室处死。共有2000多万人被处死，犹太人有600多万人，占最大的部分，波兰人、俄罗斯人、斯拉夫人、吉普赛人等也有几百万人遭杀害。尽管人类历史上在其他地方和时代也发生过屠杀行为，但德国纳粹实施的大屠杀具有无可比拟的科学组织规模和现代化技术。这一切说明，大屠杀是一个典型的现代事物、现代性公共危机，脱离现代文化的背景、脱离现代文化的制度成就、技术成

---

① 〔英〕齐格蒙特·鲍曼：《现代性与大屠杀》，杨渝东、史建华译，译林出版社，2002，前言第5页。

就和工业成就无法理解和阐释。由于大屠杀行为发生在现代欧洲文明的中心，并且是由官僚体制和普通民众执行和完成的，意大利犹太作家普里莫·莱维指出："我们必须记住，这些忠实的追随者，其中包括一些毫无人性的命令的勤恳执行者，并不是生来就是虐待狂，并不是（除少数例外）穷凶极恶的人，他们是些普通人。穷凶极恶的人是存在的，但他们人数太少而不会成为真正有危险的人。更危险的是那些普通的人们，那些轻易相信并机械执行的人。"① 因此，对于大屠杀，鲍曼的结论是：大屠杀是本身相当普通和普遍的因素独特的相互遭遇的结果；这种遭遇可能在很大程度上会被归咎于垄断了暴力手段和带着肆无忌惮的社会工程雄心的政治国家的解放：从社会控制，一步步地到解除所有非政治力量源泉和社会自治制度。② 大屠杀是在现代理性社会、在人类文明的高度发展阶段和人类文化成就的最高峰中酝酿和执行，从这个意义上来说，大屠杀就是这一社会、文明和文化的一个问题。③

关于大屠杀，是否如鲍曼所言，是现代文明和现代文化的固化产物？历史可以证明鲍曼判断的正确性。1903 年俄国基什尼奥发生针对犹太人的残酷大屠杀。1903 年巴尔干地区先是在 4 月保加利亚人在马其顿的一个村庄屠杀了 165 名穆斯林，然后是 9 月，土耳其军队在马其顿屠杀 5000 多名保加利亚人；并摧毁了卡斯托利亚城，屠杀了城内的 1 万人。1919 年印度发生"阿姆理查"大屠杀。20 世纪，非洲的一些部族在水资源的分配上的争端导致部族仇杀令人发指。1966～1967 年，尼日利亚穆斯林部落与伊博人之间发生部族屠杀，数以千计的无辜伊博人惨遭屠杀，导致比夫拉分裂。此外，卢旺达大屠杀、苏丹达尔富尔地区大屠杀先后发生。"二战"期间，日本侵略者在中国南京发动了惨绝人寰的南京大屠杀，共有 35 万中国人丧命。因此，大屠杀不仅仅是犹太人的问题，也不仅仅是发生在犹太人历史中的事件。关于大屠杀，更重要的一个事实是，犹太人也不仅仅是诸如德国纳粹和日本法西斯这种法西斯国家实施的行为，民主国家也会充当大屠杀的刽子手。越战期间，美军在越南就实施"美莱村大屠杀"。1968 年 3

---

① 〔美〕R. R. 帕尔默等：《两次世界大战：西方的没落？》，陈少衡等译，世界图书出版公司，2010，第 222 页。
② 〔英〕齐格蒙特·鲍曼：《现代性与大屠杀》，杨渝东、史建华译，译林出版社，2002，前言第 9 页。
③ 〔英〕齐格蒙特·鲍曼：《现代性与大屠杀》，杨渝东、史建华译，译林出版社，2002，第 5 页。

月16日，美军第20步兵团1营C连奉命进攻并摧毁美莱村，因为美军经常在那里遭受攻击，并且伤亡惨重。美军用直升机将这个连队送到美莱村附近，美军在进入这个由竹棚草屋构成的村庄后，向敞开的窗户投掷手榴弹，并且向纷纷逃出的人群用机枪进行疯狂扫射，这些人大都是妇女、孩子和老人，没有进行任何反抗。据一个目击者描述，此次突击像"屠杀魔症"一样实行，老人被用刺刀杀死，女性则在遭到强奸后被手榴弹炸死，一些平民被推到水沟里成批枪杀。整个美莱村共有200多个平民被屠杀，也有人估计死者多达700人。

从土耳其对亚美尼亚人大屠杀到"二战"大屠杀，从美莱村大屠杀到卢旺达大屠杀……大屠杀的反复出现说明现代社会的人们并没有真正认清大屠杀的真正属性，只把大屠杀当作现代文明社会下发生的一场悲剧，或仅仅是把大屠杀归为某个国家、某届政府或某个独裁者的行为。如鲍曼所言，仅仅"关注大屠杀的德国性，把对罪行的说明集中在这个方面，同时也就赦免了其他所有人尤其是其他所有事物。认为大屠杀的刽子手是我们文明的一种损伤或一个痼疾——而不是文明恐怖却合理的产物——不仅导致了自我辩解的道德安慰，而且导致了在道德和政治上失去戒备的可怕危险。"①

三　种族隔离

结构性暴力的第二个事例是南非的"种族隔离"。英国殖民统治者1909年通过的《南非法》，给予该地区男性白人投票权，而所有女性，无论黑人白人都没有投票权。1930年，白人女性获得了此项政治权利，但黑人和有色人种的权利仍然受到限制，他们只能对白人候选人进行投票。而此后的若干年里，黑人和有色人种的这些仅有的权利也逐步被剥夺。到1956年，南非所有的有色人种均失去了投票权。自1910年南非联邦诞生，南非政府实施了一系列种族隔离政策，这些政策最终在该国形成了系统的种族隔离制度。种族隔离制度起源于1913年的《国家土地法》，该法律禁止黑人购买或租赁指定保留区以外的土地。1923年通过的《国家城市区域法》又进一步加剧种族歧视，在城镇实施白人与黑人的隔离。这两项法律

---

① 〔英〕齐格蒙特·鲍曼：《现代性与大屠杀》，杨渝东、史建华译，译林出版社，2002，第7页。

结合在一起,形成了南非全面歧视和压迫黑人和有色人种的社会体制,为种族隔离制度奠定了牢固的法律基础。而为了巩固和保护布尔人和其他白人移民的既得利益,南非执政党在1910~1924年通过了在工业和领土范围内划清种族界限的法令。20世纪20年代之前,采矿业主导着南非的经济。1911年的《矿井和工厂法令》第一次以法律的形式规定:布尔人和白人移民从事需要技能的工作,而黑人、有色人种和印第安人则从事无须技能的劳动。该法令画出了一条界线,禁止非白种人从事某些采矿工作。1926年南非政府修改了《矿井和工厂法令》,禁止非白种人从事一切需要技能的和大多数半技能的工作。该法律有效地巩固了白人对南非经济和政治前景的控制,这种控制一直持续到20世纪90年代。

四 巴以冲突

1. 斋月里的"人为飓风"

2014年7月28日凌晨,联合国安理会举行紧急会议,呼吁以色列和哈马斯在加沙战争中"立即且无条件实施人道主义停火"。安理会敦促以色列和哈马斯"在开斋节期间和过后接受并充分实施人道主义停火",并称这将有利于发放急需的援助物资。7月28日是穆斯林传统斋月的最后一天,已持续三周的巴以冲突未见缓和,死伤数字已经超过7000人。巴方统计称,冲突已经导致1049名巴勒斯坦人丧生,另有超过6000多人受伤,其中大部分是平民;以色列方面称有46人死于冲突,其中大部分是以军士兵。联合国秘书长潘基文28日召开记者会再次敦促巴以在开斋节期间"立即无条件"的停火,潘基文同时对安理会当天凌晨通过的敦促巴以开斋节停火的主席声明表示强烈支持。然而人道主义停火未能延续,巴以之间矛盾进一步激化。加沙一座医院28日遭袭,造成至少10人死亡,46人受伤,巴方将此归咎为以军空袭;以军方则称巴武装人员潜入以色列刺杀以军士兵。与此同时,加沙当地人道主义状况因而继续恶化。联合国近东巴勒斯坦难民救济和工程处称,当时已有17.3万巴勒斯坦人到该机构的临时避难所寻求庇护。潘基文形容加沙遭遇的破坏如同遭遇"人为的飓风"。①

---

① 新浪网:《国际社会敦促巴以持久停火奠定谈判基础》,2014年7月29日,http://mil.news.sina.com.cn/2014-07-29/1344792721.html。

发生在斋月里的巴以冲突，酝酿已久。早在2014年4月底巴以和谈中断后，巴以局势就变得高度动荡。4月底之后，巴以双方中断了由美国在2013年牵头发起的新一轮和平谈判，尽管起初双方都展现出了克制，但局势很快变得非常动荡。6月12日，三名以色列学生在希伯伦被绑架，以色列指责哈马斯实施了这次绑架行动。6月30日傍晚以色列国防军在约旦河西岸巴勒斯坦城市希伯伦附近找到了3名失踪犹太青年的尸体。以色列安全内阁30日晚紧急召开会议，商讨对事态发展的应对措施。以3名犹太青年被杀为借口，以色列发动"护刃行动"。7月1日，以色列首都耶路撒冷为3名犹太青年举行葬礼后爆发了大规模反阿拉伯人游行。7月2日，一名住在舒阿法特难民营的巴勒斯坦少年在东耶路撒冷遭杀害，并被残忍焚尸。随即，巴勒斯坦政府谴责杀害巴勒斯坦人的行为，称以色列政府需要对这一恶意攻击无辜巴勒斯坦人的行为负责。绝大多数人将这两起事件联系在一起，人们普遍认为这不仅仅只是一种巧合，而是蓄意报复行动。此前三名犹太青年的死亡，令以色列右翼掀起反阿拉伯浪潮，而此次巴勒斯坦少年被杀害一事显然激怒了巴勒斯坦人。7月2日，在东耶路撒冷，数百名巴勒斯坦人与以军发生大规模冲突。以这两次事件为导火索，新一轮的巴以冲突不断升级。

2. 巴以冲突：现代文明不可治愈的创伤

持续半个世纪之久的巴以冲突是现代文明无法治愈的伤痛。在现代文化体系内酝酿的所有灾难和危机中，巴以冲突是最为复杂和最难解决的。这是因为巴以冲突几乎汇聚了现代文化所具有的所有矛盾性问题：民族问题、种族问题、国家问题、殖民问题、大国支配、恐怖主义极端暴力等一切问题都交织在此，各种因素如一团乱麻一样相互纠结勾连，最终使其成为现代文化的一个不可治愈的创伤。它犹如一个流血不止的疮疤附着在现代文化之内，用一种残酷的、流血的、暴力的方式不停地挣扎，向全世界彰显现代文明体系所包含的种种罪恶。任何一个人如果低下头来探视这个深渊，都能发现现代文化的一切罪恶。巴以冲突的历史不管如何阐述，一个不争的事实是冲突的一方是武装国家，而另一方是没有国家的巴勒斯坦人。巴勒斯坦人，一个被驱散的、背井离乡的、剥夺了祖先遗产的社群，一个在自己的故土被革去国籍的本土社群，地产被非法征用、财产被剥夺、房屋被炸毁、整体性地被放逐驱赶，作为人所拥有的一切基本权利，都被无视、践踏和剥夺，每天都生活在暴力和不公之中。所有人类生活的基本要素——工作、收入、营养、健康、教育、医疗、基础设施、交通运输等，都已经恶化到无法忍受的地步，数百万巴勒斯坦人长期遭受着最严重的集体惩罚。"被围困的巴勒斯坦人"是"一个被放逐的民族"，他们的唯一优势就在于他们"恼人的真实性"：他们就在那儿，不会离去，无法让以色列人忘记他们的存在，也无法让以色列和英美国家忘记曾经对他们的所作所为。① 然而，这个恼人的真实性也是巴勒斯坦人悲剧的根源所在，以色列政府对巴勒斯坦人的封锁隔离、敲骨吸髓、虐待贫民——这些种种在战争年代也被视为犯罪的行为，却是一个处于现代文明之下的民族国家和政府所为，并被现代社会所认可。

3. 巴以冲突的结构性困境

对于巴勒斯坦人民而言，其生存的核心事实是：半个多世纪以来，在各个层面，巴勒斯坦人一直被以色列的封锁、围困、轰炸、导弹袭击、直升机进攻所压迫，被以色列建立定居点的方式所占领，并且这种压迫和占领仍将持续存在；大量被驱逐的难民流离失所，而至今被遣返回国的希望尚不存在。一个历史上具有悲惨命运的民族不会对另一个民族再做出同样悲惨的事，合理的解释是，只有这个民族的统治者以国家之名、以民族之名在长久地实施这种惨无人道的行动。从历史来看，无论如何带给犹太人巨大灾难的从来都不是巴勒斯人，那么究竟是什么原因将这两个国家的人民在长达半个多世纪的时间里以一种极端暴力的方式纠缠在一起？

巴以之间的冲突是从以色列建国开始的，对于饱受纳粹迫害的犹太人而言，建立属于自己的国家本应是一件积极的事。但新的被命名为"以色列"的国家的建立是以对巴勒斯坦人领土的侵占为基础的，将大屠杀记忆占为己有并对它进行无期限利用的方式极大地助长了以色列在对待巴勒斯坦问题上的极右态度，其具体体现就是不顾联合国对其领土的约定，不断侵占巴勒斯坦的生存空间，逐步推行对巴勒斯坦人的驱赶。冲突的另一端，巴勒斯坦人为了维护自己的生存空间在巴解组织的领导下也在进行建国运动。这样，两个"国家"间的纷争将两国人民尤其是巴勒斯坦人拖入持久的战乱和动荡。尽管巴以问题具有复杂的原因和现状，但有一个问题是，

---

① 〔美〕爱德华·W. 萨义德：《从奥斯陆到伊拉克及路线图》，唐建军译，生活·读书·新知三联书店，2009，着重号为作者所加，第 8 页。

如果跳不出"巴勒斯坦人"和"以色列人","巴勒斯坦国"和"以色列国"这个既定的范畴,巴勒斯坦人很难摆脱现存的悲惨状态,而总有一天,以色列人也将殒命于其中。就目前来看,巴以冲突的唯一解决机制是美国—以色列—巴解组织之间的"准国家—政府"谈判机制以及联合国的历次决议构成的外在约束。然而长达数年的谈判并未有效改变巴以冲突格局。也许,如萨义德所言,"唯一的希望,就是要继续努力依靠理性和两国人民在同一方土地上共存的观念。"①,这意味着抛弃民族和国家边界、放弃民族、国家观念。

五 持续存在的极端贫困、饥荒与贫民窟

贫困是体现结构性暴力之持续性特征的最佳例子。尽管现代化生产方式从19世纪开始就已经站稳脚跟并开始向全世界扩展,现代化进程给大多数国家人民的生活带来了极大的改变。但在整个世界经济圈,在世界经济的边缘地带始终存在诸如非洲东南部地区这样的极端贫困地区。在亚非拉的其他发展中国家如巴西、印度还长期存在着规模巨大的贫民窟。联合国作为国际组织,其下设机构联合国开发计划署自1990年开始几乎每年都会出版一本《人类发展报告》。通过联合国每年出版的《人类发展报告》,人们可以清楚地发现,消除贫困尤其是非洲地区的贫困一直是联合国不遗余力倡导的事情。其中联合国2008年发布的《千年发展目标报告》更是将"消除极端贫困和饥饿"作为千年目标中八项目标之首。其中非洲撒哈拉以南地区非洲国家在减少极端贫困方面几乎未取得任何进步,该地区已经成为全球极端贫困人口最多的地区,并且在未来还会新增大约1亿贫困人口。在大家整体朝着现代化生活迈进的今天,撒哈拉以南非洲的极端贫困如同这个看似朝气蓬勃向前奔跑的现代文化身上的一个烂疮,而且怎样也无法治愈。导致撒哈拉以南非洲极端贫困的原因有很多,其中内战、冲突以及由此导致的大量难民是一个主要因素。同南亚、西亚这些经常发生武装暴力冲突的地区一样,撒哈拉以南非洲也是难民数量最多的地区(见图4-2)。

结构性暴力的一个主要表现是饥荒,而今天,导致世界性饥荒的直

---

① 〔美〕爱德华·W. 萨义德:《从奥斯陆到伊拉克及路线图》,唐建军译,生活·读书·新知三联书店,2009,前言第29页。

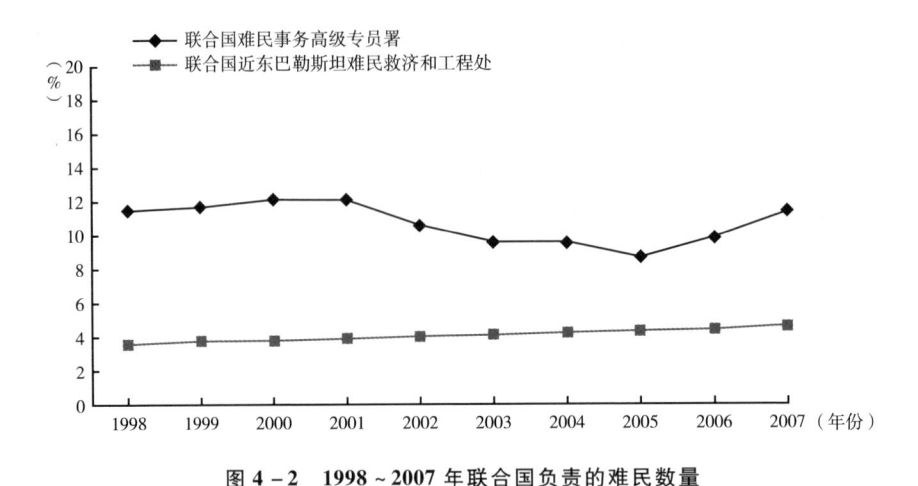

图 4-2 1998~2007 年联合国负责的难民数量

资料来源：联合国《2008 千年发展目标》，联合国经济社会事务部出版，2008，第 7 页。

接原因与粮食生产关系并不大。世界性饥荒的产生主要基于以下几个结构性方面的因素：一是全球范围的人口持续增长；二是在亚非拉地区曾经用来生产粮食作物的土地被用来生产用作出口的经济作物，用以满足世界上发达国家对咖啡、茶叶、巧克力、香蕉和牛肉等食品的需求，这意味着用以生产粮食的耕地在大幅度减少；三是战争以及食品分配问题，撒哈拉以南的几个非洲国家长期受到战争的折磨，这使得这些国家几乎不可能为难民和士兵生产储备粮食；四是过度放牧、过度耕种导致越来越多的水土流失，给游牧民和农民造成灾难性后果；五是大型企业化农业生产对化肥、杀虫剂和除草剂的大量使用，毒化了地表和水表，杀死了鱼、虫、鸟等其他生命形式，在造成严重的食品公共安全问题的同时，破坏了自然生态环境和生物种群的循环，尤其是化肥和农药对土壤结构的破坏，使得大面积土地板结和丧失养殖能力；六是昂贵的种子和化学药剂的投资使得农业生产的成本大大提高，超出了贫穷农民和贫穷国家的承受能力。

从 19 世纪 20 年代首次出现，贫民窟一词一直用来指最恶劣的住房条件、最不卫生的环境。贫民窟是包括犯罪、卖淫和吸毒在内的边际活动的避难所，是有可能造成多种传染病肆虐的城市地区的传染源，是一个和正直、健康毫不相干的地方。在联合国人居署的《贫民窟的挑战——2003 年全球人类住区报告》中，"贫民窟"一词指各种低收入住区和糟糕的人类居住条件。贫民窟的定义简单讲就是"以低于标准的住房和贫穷为特征的人口稠密的城市区域。"① 全世界贫民窟之最当属印度，在印度的大城市孟买附近共有 2000 个大大小小的贫民窟，其中规模最大的哈维贫民窟，是世界第二、亚洲最大的贫民窟。据联合国 2006 年统计数字显示，印度的贫民窟人口达到了 1.7 亿，其中孟买最多，为 1100 万人，占该城市总人口的 2/3。② 印度庞大的贫民窟区域与欧美国家口中的"亚洲最民主国家"的称号是否形成一种悖论？此外，据巴西人口研究部门统计，2006 年约有 650 万巴西人生活在近 4000 个贫民窟中。在现代化如此发达的今天，贫民窟何以如此大量存在？城市化进程、农村人口向城市迅速转移、持续的贫困和不平等、居住权没有保障，全球化是联合国给出的原因。③ 今天，贫民窟的持续存在给原本就不安定的世界带来了更多的不安定因素。贫民窟在第三世界已经成为犯罪的温床，在发达国家则成为动荡的祸根。星罗棋布的贫民窟对印度的稳定和安全构成了威胁，而巴西贫民窟成为黑社会的庇护所，巴西"社会病毒"滋长的最大温床。伦敦东区的贫民区是英国少数族裔的聚居区，居住着很多穆斯林，被政府视为"恐怖主义"的滋生地。而美国大城市的贫民区则是种族矛盾和冲突的孕育场所。

第三节 结构性暴力分析

结构性暴力（structural violence）概念深刻刻画出全球风险社会下公共危机的本质特征。本节系统分析全球风险社会之结构性暴力的内涵与特征。

一　暴力

欲理解结构性暴力，先要了解什么是暴力。对于暴力，存在许多不同的界定。《布莱克威尔政治思想百科全书》认为，关于暴力，"就最基本的含义来说，暴力意味着以杀戮、摧残和伤害而对人们造成威胁"。④ 随着社

---

① 联合国：《什么是贫民窟》：http://www.un.org/zh/development/housing/slum1.shtml。
② 《贫民窟问题困扰世界各国》，《环球时报》2006 年 8 月 17 日：http://news.sina.com.cn/o/2006-08-17/14479776746s.shtml。
③ 联合国：《贫民窟为什么存在》：http://www.un.org/zh/development/housing/slum2.shtml。
④ 〔美〕戴维·米勒、邓正来主编《布莱克维尔政治思想百科全书》，中国政法大学出版社，2010，第 609 页。

会的进步和文化的发展，暴力发生的领域在不断扩展：从传统的政治暴力、家庭暴力扩展到教育暴力、校园暴力、球场暴力、媒介暴力、伴侣间暴力、性暴力、医院等工作场所暴力、集团暴力、经济暴力、社会暴力、生态暴力、网络暴力、语言暴力、光暴力，等等；与传统的军事暴力和肢体性暴力相对应，出现了软暴力和冷暴力；此外还有程序暴力、立法暴力和行政暴力（本雅明语），等等。与此相对应，暴力的含义也在不断扩充，这种由损害造成的威胁，已经由身体的损失延伸到心理方面或更深、更为全面的生理方面的危害，由对个体的财产损害延伸至危害人民生活的各种压迫性政治制度、社会制度和经济制度。简而言之，现代社会，暴力在多个纬度体现出来。

暴力形态的多元化导致学者的研究往往选择其中的一面。乔治·索雷尔的《论暴力》仅仅关注的是总罢工这种暴力形式，他试图从乌托邦与神话这两个概念的区别和对比中界定总罢工的性质和意义，在他看来，总罢工最终不过是一种神话。查尔斯·蒂利关注的是"集体暴力"（collective violence），他认为，作为一种政治形式，集体暴力既来源于人们之间的互动性变化，也是对人们之间互动性变化所组成的、明显的集体暴力边界的激活和加强。[①] 道格拉斯·诺斯关注的是"有组织的暴力"（organized violence），诺斯将之界定为"群体行使的暴力或发出的威胁"。[②] 齐格蒙特·鲍曼关注的是大屠杀这种暴力，爱因斯坦等科学家在核技术转换为核武器之后开始忧心忡忡并四处奔走呼号全社会关注核武器这种对人类具有毁灭性杀伤力的暴力形式。与上述研究所不同的是，也有学者专注于从一般角度对暴力的本质、内涵与相关批判进行研究。本雅明从阐释暴力与法律和正义的关系入手，专注于暴力批判。汉娜·阿伦特对权力和暴力作区分的基础上指出，暴力本质上是工具性的，暴力可以摧毁权力却不能产生权力。在阿伦特看来，权力和暴力的一个最明显的区别是，权力什么时候都处于对人数的需要之上，而达到某一点的暴力没有人数也可以存在下去，因为它赖以为生的是工具。暴力不同于权力，权力是目的本身，而暴力永

---

① 〔美〕查尔斯·蒂利：《集体暴力的政治》，谢岳译，上海世纪出版集团，2006，中文版前言第Ⅲ页。
② 〔美〕道格拉斯·C. 诺斯等：《暴力与社会秩序：诠释有文字记载的人类历史的一个概念性框架》，杭行、王亮译，格致出版社、上海人民出版社，2013，第17页。

远只是工具。①

在所有分析暴力的著述中，对暴力的分析最为深刻的当数齐泽克。在《暴力：六个侧面的反思》等众多著作中，齐泽克对现代文化中的暴力作了深刻剖析。齐泽克认为，所谓暴力指的是系统的先天暴力，这不单是直接的物理暴力，还包括更含蓄的压迫形式，这些压迫维持着统治和剥削关系，当中包括了暴力威胁。②齐泽克分别运用了四个概念来阐释暴力，这三个概念分别是主观暴力、客观暴力、符号暴力和系统暴力。其中主观暴力、客观暴力和符号暴力是三种主要的暴力模式，它们之间存在着复杂互动。在主观暴力、客观暴力和符号暴力中，主观暴力是三种暴力中最显而易见的一种。所谓主观暴力，就是一种由社会组织、邪恶个体、纪律化的压迫性国家及其狂热群众所行使的暴力。③主观暴力是一种将非暴力的零层面当作对立面的纯粹暴力，通常被视为对事物"正常"和平状态的扰乱。客观暴力是内在于事物的"正常"状态里的暴力，就是它支撑着人们用以感知某种与之相对立的主观暴力的那个零层面标准。客观暴力是无形的，肉眼很难识别客观暴力。齐泽克所言的符号暴力主要是指在语言和语言形式中存在的暴力，即语言暴力。齐泽克认为，"语言简化了被指涉之物、将它简化为单一特征。它肢解事物、摧毁它的有机统一、将它的局部和属性视作具有自主性。它将事物塞进一个最终外在于事物自身的意义场域之中。"他分析了语言所具有的先天暴力，指出人类之所以具有远超动物的暴力能力就是因为人类能够说话，语言这种对事物的符号化表示中存在某种暴力的东西，这使得物遭到玷污，而且这种暴力在多重层面上运转。④最后，我们来看看齐泽克的系统暴力概念。其实在所有的暴力分析概念中，系统暴力是齐泽克暴力分析的核心概念。齐泽克的系统暴力，简单地讲，是所有突出可见的主观暴力的对立物，即客观暴力。或者说，客观暴力就是系统暴力。由于客观暴力是无形的、不可见的，因此系统暴力犹如物理

---

① 参看〔美〕汉娜·阿伦特《关于暴力的思考》，出自〔美〕汉娜·阿伦特等著《暴力与文明》，王晓娜译，新世界出版社，2013，第1~30页。
② 〔斯〕斯拉沃热·齐泽克：《暴力：六个侧面的反思》，唐健、张嘉荣译，中国法制出版社，2012，第10页。
③ 〔斯〕斯拉沃热·齐泽克：《暴力：六个侧面的反思》，唐健、张嘉荣译，中国法制出版社，2012，第11页。
④ 〔斯〕斯拉沃热·齐泽克：《暴力：六个侧面的反思》，唐健、张嘉荣译，中国法制出版社，2012，第55页。

学中的"暗物质"①。由于主观暴力是三种暴力中最显而易见的，因此对暴力的分析主要是考察另一种"支撑着我们对暴力的抵抗的暴力、一种支撑着宣扬宽容态度的暴力"，我们的任务则是辨识后一种暴力。这种暴力就是系统暴力。系统暴力是一种更基础的暴力形式，它从属于语言本身、从属于某种意义体系的强制性作用。所谓系统暴力就是指客观存在的某种为了经济及政治体系顺畅运作而通常会导致灾难性后果的东西。② 在分析完系统暴力之后，齐泽克进一步指出，现实生活中存在着内在于资本主义的基础性系统暴力。"资本的自我驱动的形而上的舞蹈"操纵着"社会生活"的整个表演，它是导致真实生活发展和灾难发生的关键所在。③ 在齐泽克看来，这种存在于资本主义内的系统暴力比以往任何一个前资本主义的社会意识形态暴力更为诡异，因为，这种暴力不是来源于某个个人或者他们的邪恶意图的暴力，这种暴力是一种纯粹"客观的"、系统的、匿名的暴力。在这种系统性暴力中，可以看到拉康所提出的现实（reality）和真实界（the Real）之间的裂口：现实，是指彼此交往和生产过程之中的真实的人的社会现实，真实界，是指那个无法改变、决定了社会现实里将发生什么事情的抽象化、幽灵似的资本逻辑。④

二 结构性暴力

所谓结构性暴力（structural violence），是指由相互关联的诸多文化或者制度要素共同造成的暴力，这些要素相互关联，形成一种稳定结构，能够系统地制造和产出现代性风险。结构性暴力的结构要素可以是观念、环境、制度、知识或者技术，也可以是由这些要素组成的社会结构、政治制

---

① 注：暗物质，首先它根本不与光发生作用，更不会发光，因此是用光的手段绝对看不到的物质，所以叫暗物质。"暗物质"是指宇宙中存在的某些物质没有被我们的天文观测所发现的物质。科学家通过测量物体围绕星系转动的速度找到暗物质的存在。计算的结果发现，星系中的暗物质占宇宙物质总量的20%～30%。冷暗物质粒子很可能是宇宙早期遗留下来的稳定、只有弱作用的重粒子（WIMP）。宇宙充满着"冷暗物质"，也就是运动较缓慢的微粒。而"热暗物质"中快速运动的"热"微粒所占的比例极小。
② 〔斯〕斯拉沃热·齐泽克：《暴力：六个侧面的反思》，唐健、张嘉荣译，中国法制出版社，2012，第1~2页。
③ 〔斯〕斯拉沃热·齐泽克：《暴力：六个侧面的反思》，唐健、张嘉荣译，中国法制出版社，2012，第12页。
④ 〔斯〕斯拉沃热·齐泽克：《暴力：六个侧面的反思》，唐健、张嘉荣译，中国法制出版社，2012，第13页。

度和经济体系等。可见,结构性暴力产生的系统基质就是由相互关联的文化要素或制度要素构成的文化结构。因此,文化尤其是现代文化是结构性暴力的系统基质。结构性暴力具有以下特征。

1. 结构性暴力是一种有组织的集体暴力

结构性暴力,它首先是一种集体暴力。结构性暴力不是单个个体所能施与和完成的,也不是一定数量的群体能够施与和完成的,而必须是数目庞大的类似于国家或者国家间的集合体这样的集体通过长时段运作所能完成的。查尔斯·蒂利对集体暴力的含义作了界定,他认为集体暴力包括以下三方面要素:一是对个体造成肉体伤害,这种伤害还包括对个人的反抗和抵制所施加的强制,二是集体暴力至少有两个作恶者,三是集体暴力至少是部分地来源于施暴者的相互协作,或者说集体暴力包含着大量的社会互动。① 然而蒂利的界定仅仅指明了集体暴力的一个方面,如前文所说,集体暴力不仅仅包括对肉体的损伤,还包括对机会、权利、外部生存条件和环境的损害。正如蒂利的批评者所言,极权统治、环境恶化、剥削、不公平都应该被纳入到集体暴力之中。

结构性暴力不仅仅是一种集体暴力,还是一种有组织的集体暴力。集体行为一定是有组织的行为,或者说,只有通过一种组织化管理才能将散落的个体力量凝结为一种集体力量。因此,结构性暴力是一种有组织的集体暴力。贝克在其风险社会理论中反复强调,风险社会的出现是一种"有组织的不负责任"的结果。现代文化如何在一种"有组织的不负责任"状态下系统地生产出现代性风险,或者说这种"有组织的不负责任"具体的载体是什么?在这方面,阿伦特的分析非常具有价值。阿伦特认为,发生这种"有组织的不负责任"暴力的根源在于官僚政治这一最新的也是最可怕的统治形式。"官僚政治是一个复杂的统治系统,没有人承担责任——不管是个人还是精英,也不管是少数还是多数,这样的统治的一个更恰当的叫法是:无人政治。确实,如果我们把暴君统治看成是无法对自己进行正确评价的政府,那么很显然,无人政治就是所有政府形式中最残暴的一种,因为我们连一个能对发生的事情负责的人都找不到。这种状态就是造成当今全世界范围的叛乱事件的最有力原因之一。"②

---

① 〔美〕查尔斯·蒂利:《集体暴力的政治》,谢岳译,上海世纪出版集团,2006,第4页。
② 〔美〕汉娜·阿伦特等:《暴力与文明》,王晓娜译,新世界出版社,2013,第14页。

有组织的集体暴力有很多种体现形式，诸如战争这样的有组织集体暴力一直是社会公共安全的主要威胁，除此之外，近年来有组织的刑事暴力同样威胁着全球和平进程，如图4-3所示。在世界银行看来，目前大约15亿人生活在受反复循环的政治和刑事暴力影响的国家，这些暴力活动给人类带来不幸并且会干扰发展。而且暴力对世界上某一个地方的影响会通过难民流、犯罪网络、毒品走私、流行性疾病以及大宗商品（比如石油）价格的波动扩散到更稳定的地区。①

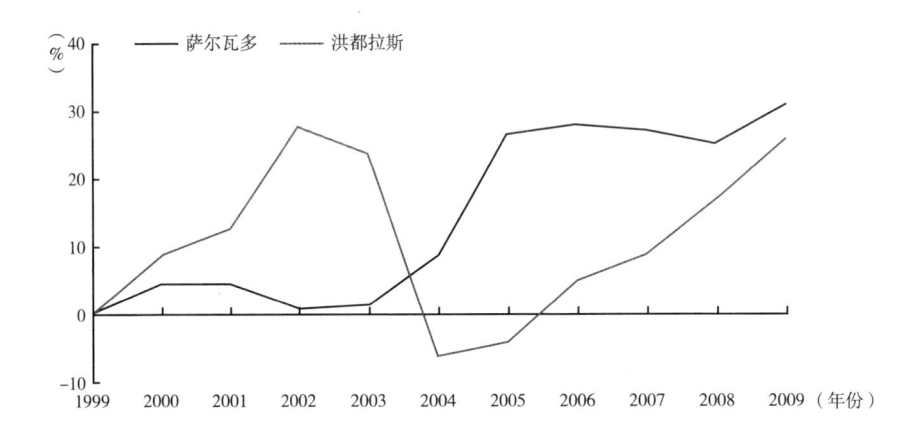

图4-3 有组织的刑事暴力威胁着和平进程

注：凶杀率的统计基年为1999年。
资料来源：由世界发展报告撰写团队根据联合国毒品和犯罪问题办公室（UNODC）的数据，计算得出UNODC和世界银行对拉丁美洲和加勒比地区，以及其他一些国家的统计数据。
参见世界银行《2011年世界发展报告：冲突、安全与发展》，第4页。

2. 结构性暴力是一种循环反复的持续性暴力

持续性和循环反复是结构性暴力的另一个特征。诸如经济危机、失业、暴力性冲突等事隔一段时间后重复出现的公共危机，都是结构性暴力循环反复的典型表现。除此之外，非洲东南部地区的持续性贫困、在部分国家长期存在的贫民窟，以及持续半个世纪之久的巴以冲突则是结构暴力的持续性表现。持续性和循环反复是结构性暴力的显著特征，世界银行对暴力和冲突的循环反复也作了仔细研究，如表4-1所示：

---

① 世界银行：《2011年世界发展报告：冲突、安全与发展》，第3页。

表 4 – 1 暴力的经常反复

年份	未发生过冲突的国家暴力冲突发生的几率(%)	发生过冲突的国家暴力冲突发生的几率(%)	发生的数量(件)
1960~1969	57	43	35
1970~1979	43	57	44
1980~1989	38	62	39
1990~1999	33	67	81
2000~2009	10	90	39

注："发生过冲突"指 1960 年以来发生过的任何大规模冲突。
资料来源：根据 Walter（2010 年）、世界发展报告撰写团队的计算结果。
参见世界银行《2011 年世界发展报告：冲突、安全与发展》，第 3 页。

由表 4 – 1 可以看出，战后半个世纪以来，发生过暴力冲突的国家其暴力冲突循环反复的数量和几率都在逐年递增。反复出现的暴力对一个地区的经济发展、公共安全以及贫困的消除都带来负面影响，如图 4 – 4 所示。

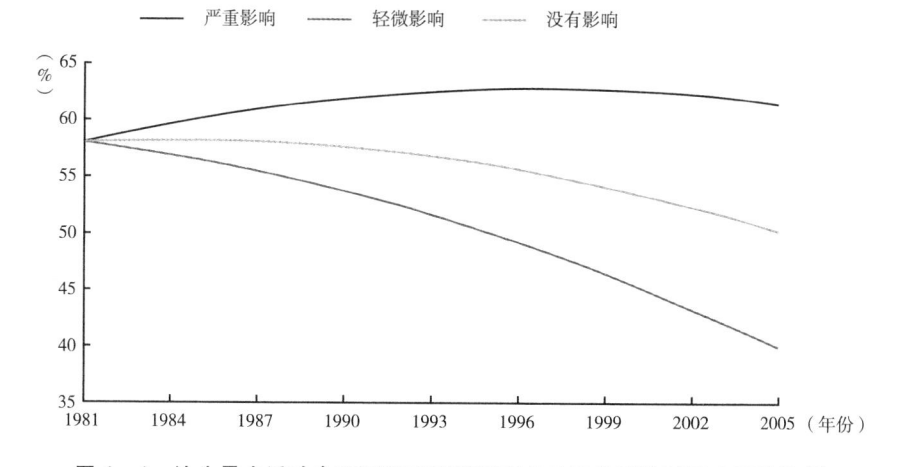

图 4 – 4 认为暴力活动会不同程度影响国家与地区贫困的不同人群的比例

注：贫困人口百分比指每日生活费低于 1.25 美元的人口占总人口的比例。
资料来源：世界发展报告撰写团队根据 Chen、Ravallion 和 Sangraula（2008 年）的贫困数据（详见 PovcalNet，网址 http://iresearch.worldbank.org）计算得出。
参见世界银行《2011 年世界发展报告：冲突、安全与发展》，第 4 页。

总的说来，在一些地区，暴力和贫困反复出现并交织在一起，形成难以攻克的结构性难题。

3. 结构性暴力是一种制度性暴力

现代社会的诸多结构是人们通过制度构建完成的，因此制度是社会结构的基石。而结构性暴力，在很大程度上是由现代文化的诸多制度，尤其是不合理和不公正的制度导致的，因此，结构性暴力本质上是一种制度性暴力。"二战"时期纳粹利用国家合法机器和议会对包括犹太人在内的诸多所谓的"劣等人"进行的惨无人道的大屠杀是制度暴力的体现，红色高棉在柬埔寨推行的"红色恐怖"政策是制度暴力的体现，由于种族歧视政策导致的种族冲突是制度暴力的体现，苏联斯大林时期强制推行农业集体化政策和大清洗是制度暴力的体现，中国十年"文革"期间的动荡和迫害是制度暴力的体现，印度的种姓制度是制度暴力的体现……同样的，由于发达资本主义国家的掠夺性政策和跨国公司的开发所导致亚非拉地区长期的殖民生活、殖民经济、亚马孙河流域热带雨林的锐减、环境资源的破坏、当地居民生活的日趋落后都是制度暴力的体现。

三 对全球风险社会下公共危机的暴力性分析

全球风险社会下的公共危机，作为现代文化体制性和结构性问题的综合产物，本质上是一种结构性暴力。

1. 全球风险社会下的公共危机的暴力本性

在上文，我们对有关暴力的论述进行了介绍和阐释。这里，我们来集中讨论全球风险社会下的公共危机——它的暴力本性。全球风险社会下的公共危机首先是一种暴力。

第一，就暴力相关的双方主体而言，暴力就是一种侵害和掠夺，一种由 A 方施于 B 方的侵害或者掠夺。这其中，暴力相关的双方的内容都是多元的。一方面，暴力的施动者 A 既可以是个体、群体或者集体力量，也可以是一种机制、程序、体系或者由它们共同组合而成的文化制度体系。即暴力的施动者既可以是个体、群体，诸如国家这样的集体力量，也可以是抽象的机制、程序、体系或者更为宽泛的文化。由于机制、程序、体系、文化这些社会实在是抽象的、不可见的，因此由它们实施的暴力往往是不易被人们察觉和发现的。这就是为什么生活在现代社会的普通大众会在就业、社会保障、收入等多方面感到持续的或者强烈的不公平，甚至能够指出这种不公平在于制度的不公平，但由于无法明确、详细和具体地指证相关制度的暴力性质和相关的掠夺机制，因而总是在无力对抗现存制度的情况下采取其他极端暴力手段表达或者寻求解决出路。另一方面，暴力的承受者 B 也是多元的，既可以是个体、群体或者是在一个地区、国家或者文化体系下生活的所有人民，也可以是一个地区、国家乃至全球范围的自然资源。现代文化下，由于大航海引发的殖民扩张过程和现代化进程在全球各个地区的落差，最先掌握现代文化要素、最先进入现代文化进程的西方国家对亚非拉等落后地区和国家的掠夺和侵害是广泛的、长时段的和系统性的，其破坏性后果至今仍然影响着这些国家的发展和人民生活水平的改善。最重要的是，随着现代化进程在全球的铺展，现代文化所固有的扩张性在其对外在世界的征服掠夺过程中，对全球范围的自然资源和人类赖以生存的外在自然条件造成了极大的侵害，这是全球风险社会形成的主要原因。

第二，就暴力侵害和掠夺的内容而言，也是多元和多层次的。总的来讲，施动者 A 对承受者 B 的侵害和掠夺既体现在生理和心理这一身体层面，也包括机会和权利等行为层面，这就是学者们不断强调给予发展中国家人民"实质性自由"的原因。前者的危害是可见的，而后者的掠夺是无形的。对前者造成的损害越来越多地受到法律的保护，而对后者的剥夺在很大程度上则是社会制度和文化的产物。再者，施动者 A 对承受者 B 的侵害和掠夺既包括对承受者 B 有形财产的侵害和掠夺，也包括对其无形财产诸如体能、健康、外在生存环境的安全性的侵害和掠夺。由于现代文化普遍崇尚私有财产神圣不可侵犯，因此，对有形财产的侵害和掠夺已经以法律形式固定为一种非法行为，并受到法律的严惩。但从分配体制上出现的尤其是宏观分配体制上出现的对劳动者个体财产的掠夺则仍以合法的形式继续存在。而且，现代社会下，对个体的无形财产诸如体能、健康、外在生存环境的安全性的侵害和掠夺正在以一种"有组织的不负责任"的形式持续进行。

第三，就暴力的手段而言，具备高科技、制度化、系统化三个特征。全球风险社会下的公共危机，就其暴力手段而言，首先体现在高科技方面，核技术的使用带来的各种灾难就是这方面的典型案例。金融危机的爆发则体现了现代社会公共危机的制度化特征，宽松的金融监管政策与不断建构的人造信用制度所释放出来的大量不确定性和风险，在将资金从实体经济引向金融市场，制造出各种数字累积出来的虚假繁荣现象的同时，也将经济拖向泡沫的深渊。作为制度体系的金融市场，其价值和功能早已不再局限于为实体经济的发展融资和助力,以钱生钱的收益和回报远比投资实业来得更快,因此金融市场已经成为热钱和大额资本圈钱的主要场所。自金融市场诞生以来,各种欺诈性交易和金融危机就不绝于耳。随着金融衍生工具这种制度性事实越来越多地被发明和创造出来,金融危机的规模和灾难性也越来越大。总的来讲,金融危机与其说是个别投资商的不法行为导致,不如说是整个制度体系所鼓励和支撑的投机行为所导致。暴力手段系统化的最明显例证莫过于全球气候变暖和全球生态危机,这不是一个国家或者一个地区,一项工程或者一种开发一朝一夕能够完成的破坏,而是一种系统化的结果和产物。

最后,就暴力的结果而言,全球风险社会及其公共危机无疑是灾难性的、影响深远的,有些破坏例如环境污染、物种的消失以及不可再生资源的消耗甚至是不可逆转和不可修复的。

2. 全球风险社会下的公共危机:一种结构性暴力

道格拉斯·诺斯认为,所有的社会都要面对暴力问题。因为没有一个社会能够以完全消灭暴力的方式来解决暴力问题,至多能够对暴力加以控制和应付。[①] 全球风险社会下频频发生的各种公共危机,本质上是一种现代文化制造的,现代社会各个国家所必须面对的结构性暴力。与前现代社会的暴力相比较,这种结构性暴力具有其独特的内涵和特征。

所谓结构性暴力(structural violence),是指那种来源于无法触摸的文化结构,由处境、制度,以及社会、政治和经济结构造成的暴力。全球风险社会下的现代性公共危机主要体现为一种结构性暴力。"结构"一词是社会学的一个重要概念。功能主义者通常把"结构"理解为一种可以借助可视图像来理解的、社会关系或者社会现象的一种模式化状态。功能主义者眼中的这种形态或者结构类似于有机体的骨骼形态或者某种建筑物的构架。结构是人的行为的外在之物,是能够对主体的行为产生某种制约之物。结构主义和后结构主义则认为,结构并不是某种在场之物的模式化,而是在场之物和不在场之物的相互交织,是一种必须从表面的现象通过推断才能得出的潜在的关系和符码。功能主义和结构主义对"结构"一词的界定已然指明了"结构"一词的一些重要特征,但并不足够全面。对结构性暴力

---

① 〔美〕道格拉斯·C. 诺斯等:《暴力与社会秩序:诠释有文字记载的人类历史的一个概念性框架》,杭行、王亮译,格致出版社、上海人民出版社,2013,第16页。

之结构的理解还可以参考吉登斯和布罗代尔对"结构"的阐释。

安东尼·吉登斯对结构的阐释是包含在他的结构化理论之中的。吉登斯认为，结构指的是使社会系统中的时空"束集"在一起的那些结构化特征，因为正是这些特征，使得千差万别的时空跨度中存在着相当类似的社会实践，并赋予它们以"系统性"的形式。① 吉登斯把社会总体在生产中包含的最根深蒂固的结构性特征称为结构性原则，把在这些总体中时空延伸程度最大的那些实践活动称为制度。在此基础上，吉登斯提出，所谓结构不仅仅是指社会系统生产和再生产中包含的规则，还指其中包含的资源。结构中最重要的特性就是制度中反复采用的规则和资源。② 这样，以社会行动的生产和再生产为根基的规则和资源同时也是系统再生产的媒介，这就是吉登斯的结构二重性理论。吉登斯指出，社会系统的结构兼具使动性和制约性两个特征。与吉登斯的社会学视角不同，布罗代尔从长时段的历史角度来分析和阐释结构。布罗代尔认为，结构就是那些不受疾风暴雨的影响而长期存在的东西。③ 布罗代尔在对文明，即广义文化的论述中大量谈及结构，并通过对斯宾格勒、汤因比、阿尔弗雷德·韦伯、乔治·古尔维奇等人文化观点的分析阐释结构的含义。在布罗代尔看来，斯宾格勒在《西方的没落》中呕心沥血想要表达的东西就是：历史、文化的"命运"像是一根环环相扣的链条，是一种能动的长时段结构。乔治·古尔维奇是通过"整体社会"这一概念对文明进行探讨。乔治·古尔维奇认为，一个整体社会是由政治、社会和经济的结构构成的，这些政治、社会和经济的结构左右着道德生活、精神生活和宗教生活的方向，缺少这样一个强有力的结构，文明是不能存在的。整体结构（文明）始终是不可通约的，不同类型的整体结构之间的连贯性和可比性其实纯属幻觉。而布罗代尔认为，对于现代文明而言，就一般性的整体结构来说，不仅是通约的而且是一致的和共同的。这不仅因为结构是指那些不受疾风暴雨的影响而长期存在的东西，而且还在于文化是一种长时段的实在，文化具有无穷的生命力，它不断适应

---

① 〔英〕安东尼·吉登斯：《社会的构成：结构化理论大纲》，李康、李猛译，生活·读书·新知三联书店，1998，第79页。
② 〔英〕安东尼·吉登斯：《社会的构成：结构化理论大纲》，李康、李猛译，生活·读书·新知三联书店，1998，第87页。
③ 〔法〕费尔南多·布罗代尔：《资本主义论丛》，顾良、张慧君译，中央编译出版社，1997，第161页。

自己的命运，它的寿命远远超过所有其他的集体实在。文化在地域上不受社会疆界的约束，同时并随着时间的流逝不断超越自己，如果没有从长时段去观察，而是满足于在最狭义的"现时"去理解文化，就无法理解文化及其结构。

结合吉登斯和布罗代尔的结构阐释，我们可以从以下三个方面来理解结构性暴力之结构的含义：一是从横向层面来看，结构性暴力的结构就是使社会系统中的现代性风险跨越时空聚积在一起的那些结构化系统，是使现代性风险系统的形成、生产和集聚的基础秩序。这个层面的结构可以现代文化的结构图像来理解。二是从实践层面来看，结构性暴力的结构是指同时作为现代性风险和公共危机系统生产根基和再生产媒介的规则和资源。这个机构可以归纳为现代文化的社会化大生产系统。三是从纵向层面来看，结构性暴力的结构是指系统地导致现代性风险及其公共危机的不受疾风暴雨的影响而长期存在的东西长时段存在——现代文化。总的来讲，结构性暴力之结构不是对全球风险社会下的公共危机的外貌特征的结构分析，而强调的是对其形成原因方面做的结构分析。

第四节 全球风险社会下的公共危机：现代文化的分析框架

全球风险社会下的公共危机是文化尤其是现代文化的产物，现代文化的掠夺式扩张最终导致全球风险社会及其公共危机的出现。文化，尤其是现代文化是全球风险社会下的公共危机的系统基质。全球风险社会下的公共危机是现代文化基质上形成的结构性暴力。对全球风险社会下的公共危机这种结构性暴力的全面分析，有赖于建立一个现代文化分析框架，力图从这个框架出发对全球风险社会下公共危机进行一种持续而全面的阐释。

一 现代文化的三位一体框架

现代文化是指在人类中心主义这一新的世界观指导下所形成的以社会化大生产为核心，以不断地创新和进步为目标的现代化过程，以及在这个过程中所制造出的一切社会实在。毫无疑问，现代文化是一个复杂的庞大体系，如何对这个复杂的庞大体系进行加工，从中抽取一个可以用来进行分析和阐释的基本框架，是本书必须解决的难题。在《作为实践的文化》

中,齐格蒙特·鲍曼从意识、结构和实践三个角度分别对现代文化进行阐释。借用鲍曼的文化阐释方式可以对现代文化进行一种三元一体的结构构建。鲍曼从意识、结构和实践三个角度对文化进行了分解,将文化解构为三种形态:作为现代社会自我意识的文化、作为实践的文化和作为结构的文化。遵照鲍曼的这个逻辑,现代文化也可以分解为三个不同层次,分别是作为现代社会意识形态的文化、作为实践的文化和作为社会实在集合体系的文化。

现代文化,首先一个能够被充分领会、描述和再现的社会实在之集合。作为实践之结果的现代文化最终呈现给世人的是一个由社会实在集合构成的文化体系,这个体系既包括像现代国家、代议制民主、现代教育体系、市场这样的机制,也包括现代学校、医院、监狱、专利、货币、银行这样的制度;既包括琳琅满目的物质商品和日新月异的知识理论和科学技术这些显性成果,也包括制度、结构、体系这些隐性的一般性构成。总的来讲,现代文化是一个集各种观念、制度、器物和行为方式为一体的复杂体系(见图4-5),如泰勒所言,"包括知识、信仰、艺术、道德、法律、习俗以及作为社会的成员的人所具有的其他一切能力和习惯。"[①]

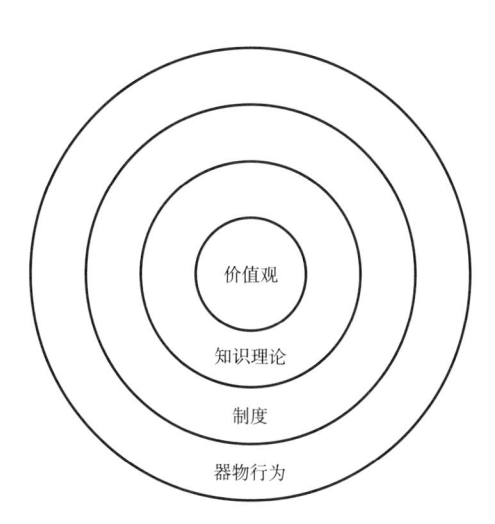

图4-5 现代文化的结构

[①] 〔英〕泰勒:《原始文化》,蔡江浓编译,浙江人民出版社,1988,第1页。

其次，现代文化是一个动态的实践过程，这个实践过程至今尚未停止。作为实践的现代文化。一般认为，现代文化是以人类中心主义为核心的价值观体系，现代文化的实践过程就是现代化过程或者工业化进程。事实上，从生产方式的层面来看，作为实践过程的现代文化实际上是一种持续的社会化大生产过程。从哲学本体论层面来讲，现代文化是一个关于社会实在的社会化大生产过程，并且是一种有组织的、系统的社会化过程。现代文化之社会化大生产包括三个子系统，分别是商品的社会化大生产、知识的社会化大生产和制度的社会化大生产。这三个子系统的产出分别是物质商品、知识理论和制度。由于社会化大生产在系统地生产社会实在的同时还在悄无声息地制造和释放现代性风险，因此，现代文化的产出就是包括物质商品、知识理论、制度以及现代性风险在内的一切社会实在。在现代文化的社会化大生产过程中，核心构成要素有这些：一是社会化大生产的组织者——国家和企业，二是社会化大生产的参与者或者劳动力——人口，三是社会化大生产的组织方式，即现代文化将全社会人口组织起来，源源不断地投入到社会化大生产的手段、方式和机制，这个管理机制就是治理。所有的社会化大生产都要靠人的劳动最终完成，对全社会人口进行管理是现代文化实践要解决的一个重要的根本性问题。因此，治理机制是现代文化的重要组成部分，治理体系是现代文化的基本制度体系。

最后，最深层面的，现代文化是一个观念或者意识形态体系。鲍曼将之称为"作为现代社会自我意识的文化"[①]。"作为现代社会自我意识的文化"是"一个新的画面，一个新哲学的集体产物"，是一个新的世界观体系。[②] 现代文化这个新的世界观体系是以人类中心主义思想为核心的，包含着丰富的意识形态价值观在内的观念体系。

"观念—实践—体系"，这就是现代文化的三位一体分析框架。

观念要进一步转化为实践。现代文化人类中心主义核心价值观的终极目的是要建立一个征服一切的、全面实现人类自治的新世界。在现代文化的征服过程中，人类创造出极其丰富的物质文明、精神文明和制度文明，同时也创造出一个全球风险社会。基于现代文化的三位一体框架，对全球风险社会及其公共危机进行阐释，其结构如图4-6所示。

---

① 〔英〕齐格蒙特·鲍曼：《作为实践的文化》，北京大学出版社，2009，第4页。
② 〔英〕齐格蒙特·鲍曼：《作为实践的文化》，北京大学出版社，2009，第6页。

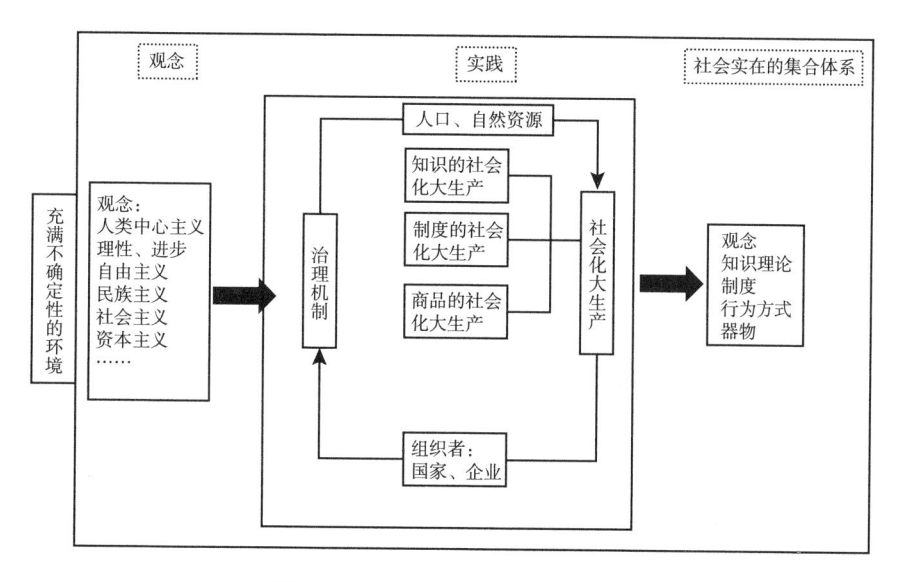

图 4-6　现代文化的三位一体结构

二　分析路径

全球风险社会下公共危机的文化分析所要完成的一个任务，就是从纷繁复杂的文化诸现象中归纳和抽象出一个一般意义上的、普遍性的文化分析框架，从而对研究对象进行分析。在这里，如何构建现代文化的分析框架是一个难题。而克拉克洪关于隐形文化和显性文化的区分则有助于完成这个艰巨的任务。克拉克洪把文化划分为隐形文化和显性文化，并指出显性文化是存在于文字和事实所构成的规律之中，可以通过耳濡目染的证实直接总结出来的东西，显性文化既有内容又有结构。隐性文化是一种抽象思维的产物，隐性文化由纯粹的形式构成。那么对于全球风险社会下的公共危机，现代文化框架下的分析首先可以确定由这样两条分析路径组成：一是基于显性文化的路径分析，这是一种宏观路径分析。显性文化主要表现在现代文化的内容和结构两个方面。关于文化的内容，可以从观念、实践、体系三个方面来理解。关于文化的层级结构，可以从观念、思想和理论、制度、行为方式和器物这四个层面来进行。二是基于隐形文化的路径分析，相较于前者，这是一种微观路径的分析。隐性文化路径的分析主要是从文化的抽象形式着手开展（见图 4-7）。

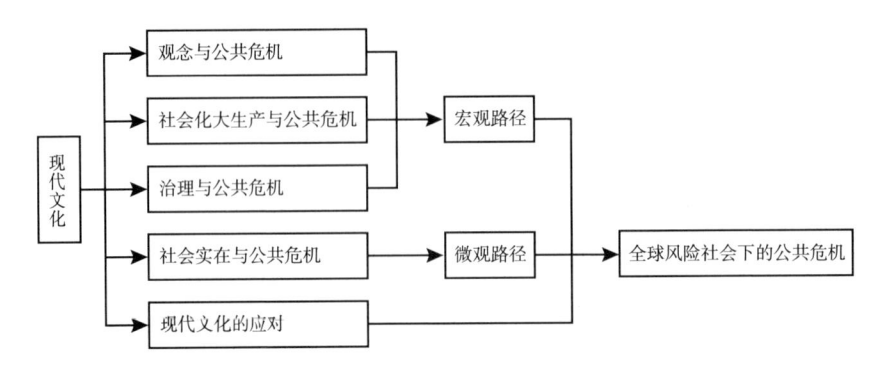

```
          ┌─ 观念与公共危机 ─┐
          ├─ 社会化大生产与公共危机 ─┤→ 宏观路径 ┐
现代文化 ──┼─ 治理与公共危机 ─┘           ├→ 全球风险社会下的公共危机
          ├─ 社会实在与公共危机 ──→ 微观路径 ┘
          └─ 现代文化的应对 ─┘
```

图 4-7　现代文化的分析框架

1. 宏观路径

按照克拉克洪的分析，可以先从显性文化层面来理解文化。显性文化既有内容又有结构，现代文化的内容与结构可以从观念、实践、体系三个方面来理解。首先是作为观念和思想体系的文化。文化本质上是由人的行为及其结果构成的，而人的行为是人的意识和观念的产物，因此，文化首先表现为一种由观念、集体意识和思想构成的集合体。其次是作为实践的文化。人的行为总是受各种观念支配，观念、意识和思想只有转化为行动才具有生命力和价值。在这个层面上，文化是一种持续性的人类行为和活动构成的实践过程，是在人的意识主导下的一种集体的、有意识的、连续性的创造过程。作为实践的文化也可以理解为人类对自然、人类对社会以及人对其自身不断改造的过程，而改造的方式也是多种多样的。现代文化的实践方式主要体现为社会化大生产。最后是作为体系的文化。作为实践过程的文化在经历了几千年的创造过程之后，各种创造成果汇集在一起，逐渐形成一个由观念层、制度层、行为层和器物层组成的文化体系。作为体系的文化是人类创建活动的成果总和，这种总和不是各个创造成果的简单相加和累积，而是不同成果要素之间相互联系、相互作用，所形成的是一个具有一定结构和层级体系的复杂系统。由于现代性风险、全球风险社会、现代性公共危机本身就是现代文化体系的构成要素，而且作为体系的现代文化是以一种整体形成作为全球风险社会下的公共危机这种结构性暴力的系统基质。因此，宏观路径的分析主要从观念和实践两个层面对全球风险社会下的公共危机进行阐释。

2. 微观路径

克拉克洪认为，作为一种抽象思维产物的隐性文化是由一种纯粹形式构成，这个纯粹形式是什么呢？例如，各种生物体都是由细胞构成的，细胞就是地球上大多数物种的基本构成，细胞体的运动就是生命体的纯粹形式。文化的基本构成和纯粹形式是什么呢？对这个问题的解答要从抽象的哲学本体论层面考量。借用现代哲学本体论研究成果，可以把社会实在看作是文化的基本构成。所谓社会实在，是与自然实在相对应，指那些不是天然存在的，是后天经过人为建构，"以社会方式创造的实在"[①]。文化作为人的活动的产物，就是由社会实在组成的集合体，社会实在就是文化的最基本构成，社会实在的建构过程是文化的纯粹形式。这样，从内容上讲，文化就是由社会实在构成的复杂体系，从动态过程来讲，文化的创建过程就是社会实在的生产过程，现代文化是社会实在的社会化大生产过程。现代文化正是在社会实在的社会化大生产过程中制造、释放出的各种现代性风险。因此，对现代性风险、对全球风险社会下的公共危机的分析和阐释，其微观路径的分析就是从现代文化的构成因子——社会实在开始的。

三 综合框架与分析内容

结合文化的三位一体结构和宏观、微观两种分析路径，全球风险社会下的公共危机治理，文化阐释的综合性框架（见图4-8）和分析内容包括如下。

1. 社会实在与公共危机

福柯认为，一种普遍问题是由某种"问题化形式"所确定的，"问题化形式"规定着对象物，规定着行为规则，规定着人们相对自身的关系方式。对问题化形式的研究是一种对于具有普遍意义的问题就其在历史上的奇特形式所进行的分析。[②] 作为一种普遍问题，全球风险社会下的公共危机其根源在于现代性风险。对于现代文化的整个实践过程，对于全球风险社会，现代性风险是一个更具一般性的"普遍问题"。对全球风险社会下公共危机根源的探讨，可以转化为对现代性风险形成机制的探讨。如前文所述，现代性风险是在现代文化的社会化大生产过程中系统地制造出来的。因此，现代性风险的"问题化形式"就是社会化大生产。然而，社会化大生产是如何系统地制造出现代性风险的呢？遵照福柯的逻辑，"对问题化形式的研究是一种对于具有普遍意义的问题就其在历史上的奇特形式所进行的分析"。

---

① 〔美〕约翰·R. 塞尔：《社会实在的建构》，李步楼译，上海人民出版社，2008，第13页。
② 〔法〕米歇尔·福柯：《何谓启蒙》，引自杜小真编选《福柯集》，上海远东出版社，2004，第542页。

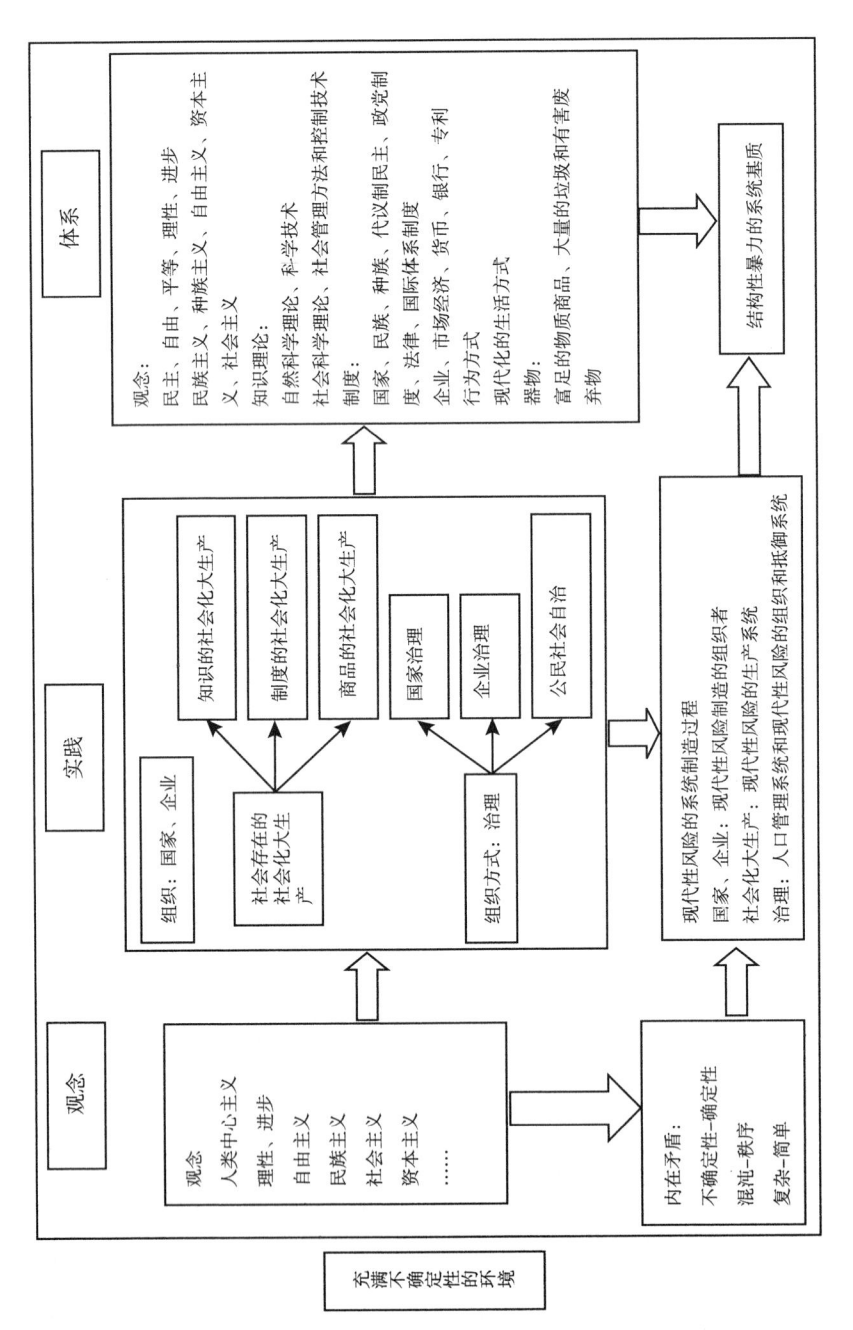

图 4-8 现代文化的风险形成机制

现代性风险是现代文化独有的产物,现代文化之现代性风险本质上是一种社会实在。从实践的层面看,现代文化本质上是一个关于社会实在的社会化大生产过程。由此可知,现代性风险"其在历史上的奇特形式"就是社会实在。这样,对现代性风险"问题化形式"的研究就建立在对社会实在的分析之上。具体地讲,对现代性风险问题化形式的探讨可以从现代文化的基本构成——社会实在开始。现代文化是由社会实在构成的集合体。现代文化的社会化大生产就是关于社会实在的社会化大生产。现代文化在社会实在的社会化大生产中系统地制造出各种现代性风险和公共危机。基于社会实在的分析就是微观路径的分析。

2. 意识形态与公共危机

雷蒙德·威廉斯在其著作《文化与社会》(1963)中总结了文化的四种含义:文化的第一个意思是"心灵的普遍状态或习惯",第二个意思是"整个社会里知识发展的普遍状态",第三个意思是"各种艺术的普遍状态",第四个意思是"文化是一种物质、知识与精神构成的整个生活方式"。[①] 现代文化就是以人类中心主义为核心构建出来的一整套发展机制,鲍曼把它称为作为现代社会自我意识的文化。作为现代社会自我意识的文化所蕴含的内在矛盾是全球风险社会下的公共危机形成的深层原因,这是现代文化宏观视角分析的第一个层面。

3. 社会化大生产与公共危机

现代文化宏观路径之第二个层面的分析是对社会化大生产与公共危机之间关系的分析。陈序经先生认为,文化是人类适应时境以满足其生活的努力的工具和结果。[②] 现代文化如何成为满足自18世纪启蒙运动以来主体意识逐渐苏醒的人类的工具,即现代文化如何创建一种人类生活新方式,满足人类更多的需求和愿望,这一切可以归结为社会化大生产。现代文化通过社会化大生产完成人类适应时境以满足其生活的愿望诉求。社会化大生产的运转系统地产生出大量的现代性风险,对社会化大生产的解析构成了现代文化视角的第二个层面。

现代文化的社会化大生产过程产生了两个重要机制:市场经济和资本主义。市场经济和资本主义是两种完全不同的经济运行机制,但很多人将

---

① 〔英〕雷蒙德·威廉斯:《文化与社会》,吴淞江、张文定译,北京大学出版社,1991,第19~20页。
② 杨深编《走出东方:陈序经文化论著辑要》,中国广播电视出版社,1995,第63页。

二者等同起来，混为一谈。这导致人们将现代文化之社会化大生产所导致的公共危机，归结在市场经济或者资本主义之上。所以，对现代文化之社会化大生产与公共危机关系的阐释，还需要对市场经济和资本主义作进一步的辨析。

4. 治理机制与公共危机

现代文化宏观路径之第三个层面的分析是对治理与公共危机之间关系的分析。约翰·卡莱尔（John Carroll）说，新世界观"试图用人类取代上帝，将人类至于宇宙的中心……它的野心是在地球上发现一种人类的秩序，在这种秩序下，无需任何先验的和超自然的支撑，自由和幸福胜过一切……"在这里，人类试图将自己变为"宇宙的支点"。新的世界观打破和推翻了一切旧的、传统的基础性东西，因此，人类"必须从无中创造事物"，因为新的世界观开辟了一个悬而未决的新领域。① 现代文化的首要任务就是建构一套新秩序以取代被其抛弃和批判的旧秩序，从而开启人类的自治道路。自治和自我管理是人类中心主义核心价值观指导下的现代文化的基本诉求。马林诺夫斯基认为，"文化是由部分自治（autonomous）和部分协调（coordinated）的制度（institutions）构成的整合体。它根据一系列原则而整合，……。每个文化的完整性和自足性都归因于一个事实：即满足基本的、实用的及整合化的全部需求。"② 现代文化的自治、即自我管理是通过治理机制完成的，治理机制本身蕴涵了很多矛盾和诱发暴力冲突的因子，对现代文化管理方式治理的阐释构成了现代文化宏观视角分析的第三个层面。

5. 全球风险社会下的公共危机治理：现代文化的应对方式

现代文化不仅生产出知识、制度、商品、现代性风险等各种社会实在，还生产出用以抵御风险和管理公共危机的一整套制度。现代文化的风险和危机应对机制包含三个层面：一般性安全机制、社会保障体系、公共危机管理机制。三个机制在抵御和化解现代性风险方面发挥了重要的历史作用。当前，对于这三个机制而言，最大的问题不在于三者之间缺乏有效的融合和链接，而在于这三种机制都不是决心从根源上解决现代性风险的管理机制。这三种机制存在的价值都在于对社会风险进行有限控制和对已经发生

---

① John Carroll, Humanism: *The Wreck of Western Culture*, (London, Fontana Press, 1983) p. 2.
② 〔英〕马林诺夫斯基：《科学的文化理论》，黄剑波等译，中央民族大学出版社，1999，第56页。

的公共危机进行事后应急处理，而不在于从根源上解决现代性风险的制造和释放问题。但不管怎样，一般性安全机制、社会保障体系和公共危机管理机制是现代文化用以抵御风险和公共危机的应对机制，是全球风险社会下公共危机治理的重要组成部分，因此，对它们的分析构成了现代文化宏观视角分析的第四个层面。

全球风险社会下，各种公共危机频繁发生。全球风险社会下的公共危机，它的独特之处就在于它是一种现代性公共危机，是一种结构性暴力，并且这种结构性暴力是以现代文化为系统基质的。正如齐泽克所言，现实生活中存在着内在于现代文化的基础性系统暴力，这种暴力比任何直接的、前现代文化的社会意识形态暴力都更加诡异，因为这种暴力不是来源于某个个人或者他们的邪恶意图的暴力，而是一种纯粹"客观的"、系统的、匿名的暴力。在全球风险社会下的公共危机中，人们可以看到拉康所提出的现实（reality）和真实界（the Real）之间的裂口：现实，是指彼此交往和生产过程之中的真实的人的社会现实，真实界，是指那个无法改变、决定了社会现实里将发生什么事情的抽象化、幽灵似的资本逻辑。① 当我们审视持续了半个世纪之久的巴以冲突的时候，就能够切身体验到这种断裂：一方面巴以双方的暴力冲突、战争持续不断，大量无辜平民死于非命，而另一方面整个人类文明在持续进步发展。因此，齐泽克指出，对暴力的分析要在事实性真相和真相性之间做出区分。问题正是解决方案的一部分。② 而我们应该做的事情就是通过"学习、学习、再学习"，了解这种结构性暴力的系统基质。

---

① 〔斯〕斯拉沃热·齐泽克：《暴力：六个侧面的反思》，唐健、张嘉荣译，中国法制出版社，2012，第13页。
② 〔斯〕斯拉沃热·齐泽克：《暴力：六个侧面的反思》，唐健、张嘉荣译，中国法制出版社，2012，第3~4页。

第五章　社会实在与公共危机

在现代文化和全球风险社会中，作为一种普遍问题的现代性风险本质上是一种社会实在。现代性风险的"问题化形式"就是社会实在的社会化大生产过程。然而，从微观层面讲，社会化大生产是如何系统地制造出现代性风险的呢？对这一问题的破解可以从社会实在和对社会实在的建构过程的分析中得到破解。如前文所述，现代文化本质上是一个关于社会实在的社会化大生产过程。社会实在的社会化大生产是建立在社会实在的一般建构机制上的。通过对社会实在一般性建构模式的分析，可以发现现代性风险的具体形成过程。

第一节　作为社会实在集合体的现代文化

"我们完全生活在同一个世界，而不是生活在两个、三个或几十个世界。"[①]

——约翰·塞尔

约翰·塞尔说："我们完全生活在同一个世界，而不是生活在两个、三个或几十个世界。"塞尔的这个论断是从哲学层面做出的。现代人习惯了以现代民族国家为边界，将人们划分到不同的"世界"。从这个角度上讲，每一个国家都是一个"世界"。除此之外，根据意识形态等不同划分标准，还形成了这样一些"世界"：资本主义"世界"、社会主义"世界"、发达国

---

① 〔美〕约翰·R. 塞尔：《社会实在的建构》，李步楼译，上海人民出版社，2008，第1页。

家"世界"、发展中国家"世界"、南方国家"世界"、北方国家"世界"以及"基督教世界"和"伊斯兰世界"等等。上述种种"世界"的划分本质上都是一种世俗划分。透过这些边界性概念的困扰,应从更为深刻的哲学层面思考,塞尔睿智地指出,"我们完全生活在同一个世界"。这个"同一世界"是什么呢?就是现代文化。因为,今天无论是发展中国家还是发达国家,还是所谓的资本主义国家和社会主义国家,都共享现代文化的基本结构。本节主要是从哲学本体论层面对人类的所赖以生活的"同一世界"——现代文化进行分析和阐释。

一 作为社会实在(social reality)集合体的现代文化

1. 作为社会实在集合体的现代文化

根据前文在对文化进行的分析已知,现代文化是指在人类中心主义这一新的世界观指导下所形成的以社会化大生产为核心,以不断地创新和进步为目标的现代化过程,以及在这个过程中所制造出的一切社会实在。对现代文化的理解可以从观念、实践和体系三个角度进行,分别是作为现代社会意识形态的文化、作为实践的文化和作为社会实在集合体系的文化。现代文化,首先是"作为现代社会自我意识的文化"①。"现代社会的自我意识"就是以人类中心主义思想为核心的一个新世界观体系。人类中心主义的基本诉求就是实现人对万事万物的控制,要实现这一目标,人类首先需要解决一个根本性问题,即控制的手段、方法和工具问题。现代文化阶段,人类通过不断地人为创造各种"社会实在"最终实现对外在世界及人本身的控制。人类创造"社会实在"是以一种社会化大生产的方式进行,正是从这个意义上讲,实践层面的现代文化是一个关于社会实在的社会化大生产过程。社会实在在一定意义上,既是现代文化的产物又是现代文化的工具。对社会实在的现代化大生产和广泛使用是现代文化独有的特征。通过对社会实在的社会化大生产,从结果层面来讲,现代文化就最终表现为一个能够被充分领会、描述和再现的社会实在之集合。而现代文化最终呈现给世人的也是这样一个由社会实在构成的文化体系:民族国家、代议制民主、市场机制、学校、医院、监狱、专利、货币、银行、知识理论、科学技术以及极大丰富的物质商品等等。对于现代文化的这些社会实在,

---

① 〔英〕齐格蒙特·鲍曼:《作为实践的文化》,北京大学出版社,2009,第4页。

学界大致将它们归为四种类型,分别是观念、制度、行为方式和器物。站在社会学角度,现代文化就是一个集各种观念、制度、器物和行为方式为一体的复杂体系,如泰勒所言,"包括知识、信仰、艺术、道德、法律、习俗以及作为社会的成员的人所具有的其他一切能力和习惯。"① 从哲学本体论层面考虑,现代文化就是一个由各种简单的和复杂的社会实在构成的体系。借用物理学的描述方式,社会实在就是现代文化的基本构成因子。现代文化是一种有机的生命体,而社会实在就是这个有机生命体的细胞。

2. 社会实在(social reality)

那么,何谓社会实在(social reality)?社会实在是一个哲学概念。存在主义哲学认为,实在世界存在着一些只有我们相信其存在才存在的事物,在一定意义上,它们是"客观"事实,它们的存在需要人们的制度,这些事实就是社会实在。对社会存在的研究有助于理解"这个世界的各个不同部分是怎样直接相联系的——所有这些部分是怎样首尾一致地联系起来的"。② 简单地讲,社会实在,与自然实在相对应,不是天然存在的,而是后天经过人为建构,"以社会方式创造的实在"③,是"部分的由人们的一致同意才存在的客观实在"。④ 诸如货币、财产、婚姻、政府、选举、足球赛、鸡尾酒会、法庭、知识、书本、商品都是社会实在的表现形式。因此,社会实在⑤是"一个由货币、财产、婚姻、政府、选举、足球赛、鸡尾酒和法庭构成的客观世界"。⑥ 根据结构的简单或复杂性,塞尔对社会实在进行了划分。社会实在,根据其结构复杂程度表现为三种形式:结构简单的社会实在形式——一般的社会性事实、结构完整的社会实在形式——制度

---

① 〔英〕泰勒:《原始文化》,蔡江浓编译,浙江人民出版社,1988,第1页。
② 〔美〕约翰·R. 塞尔:《社会实在的建构》,李步楼译,上海人民出版社,2008,第1页。
③ 〔美〕约翰·R. 塞尔:《社会实在的建构》,李步楼译,上海人民出版社,2008,第13页。
④ 〔美〕约翰·R. 塞尔:《社会实在的建构》,李步楼译,上海人民出版社,2008,第4页。
⑤ 注:在塞尔《社会实在的建构》(参看〔美〕约翰·R. 塞尔《社会实在的建构》,李步楼译,上海人民出版社,2008)一书中,社会事实(social facts)与社会实在(social reality)两个概念在交替使用。通观全文,可以发现社会事实(social facts)与社会实在(social reality)两个概念在内容指涉上是一致的;另外,在塞尔的其他著作中,如《心灵、语言和社会》(李步楼译,上海译文出版社,2006)、《心、脑与科学》(杨音莱译,上海译文出版社,2006)、《自由神经学》(刘敏译,中国人民大学出版社,2005)中,由于翻译的缘故,"social reality"一词还被译为"社会存在",本文为避免概念混淆,除引文外,文中一致使用社会实在(social reality)概念。
⑥ 〔美〕约翰·R. 塞尔:《社会实在的建构》,李步楼译,上海人民出版社,2008,第1页。

性事实（institutional facts）、由制度性事实（institutional facts）叠加构成的制度性结构——制度、制度体系。这样，现代文化就是一个由一般的社会性事实、制度性事实和制度性结构共同构成的结构体系。在这三者之间，一般的社会性事实的结构过于简单，制度性结构是在制度性事实基础上形成的。制度性事实作为社会实在的完整形式，同时又是制度性结构的构成"原子"，作为实践的现代文化主要体现为制度性事实的社会化大生产，因此下文中对社会实在的分析主要是以制度性事实为基础。

3. 制度性事实：社会实在的完整形式

制度性事实（institutional facts）是社会实在的完整形式。所谓制度性事实是指依赖于人们一致同意，只在人类制度中才能存在，并且需要语言制度来保证其存在的事实。① 塞尔对"制度性事实"（institutional facts）的分析是从对无情性事实（brute facts）和制度性事实（institutional facts）之间的区分开始的。"无情性事实"（brute facts）一词并不是塞尔首创，而是由 G. E. M. 安斯康姆（G. E. M. Anscombe）提出的②。在安斯康姆看来，无情性事实是指一个完全不依赖于人类而独立存在的实在，不依赖于任何制度而存在的实在，甚至不需要以人类的语言制度来保证其存在的事实。不需要由人类的制度来保证其存在的事实。如草、木、花、山水等。制度性事实的存在需要人类的制度，例如，国家、民主、阶级等。不借助人类语言的描述和建构，制度性事实无法存在。制度性事实是社会实在的完整形式，制度性结构是在制度性事实基础上形成的，制度性事实是制度性结构的构成"原子"。因此，作为实践的现代文化主要体现为制度性事实的社会化大生产，制度性事实的构成规则就是现代文化之社会化大生产的一般结构。制度性事实的建构要素有三个，分别是集体意向性、功能赋予和构成性规则，这三者结合在一起就形成了一个完整的社会实在构成机制。

塞尔指出，"当人类通过集体的意向性赋予某些现象以功能时，这些现象的新功能的实现不能只以物理学和化学为根据，同时还需要持续的人类合作——这种合作的特殊形式即是对被赋予功能的新地位的认可、接受和承认。这就是人类文化的一切制度形式的起点。"③ 由此可以看出，制度性

---

① 〔美〕约翰·R. 塞尔：《社会实在的建构》，李步楼译，上海人民出版社，2008，第25页。
② 参见〔美〕约翰·R. 塞尔《社会实在的建构》，李步楼译，上海人民出版社，2008，第27页注释①。
③ 〔美〕约翰·R. 塞尔：《社会实在的建构》，李步楼译，上海人民出版社，2008，第36页。

事实是现代文化的起点，制度性事实的构成是现代文化形成的基础性结构。现代文化本质上是人为建构的产物，是以人类为中心，各种人类活动的结果。当人们掌握了制度性事实的建构方式和原则，并形成一种社会化大生产格局，现代文化最终得以建构。制度性事实的构成机制是现代文化建构的一种普遍的、抽象的形式。正是在这个意义上，把现代文化定义为制度性事实之集合、社会实在之集合。从建构层面来看，现代文化就是一个大量生产各种制度性事实、社会实在的工厂，并且拥有与之相关的一整套程序和流水线。就人类有史以来的各种文化而言，只有现代文化具有这一特质和功能——即批量生产制度性事实的流水线作业。现代社会人们如何掌控自然、社会，乃至其自身，就是通过若干系统的流水线大生产，其中最显见的生产是工业化生产，而最重要的生产就是制度性事实的批量流水线生产。此外还包括知识的流水线生产、人才培养的流水线作业等。各种工业化流水线生产组成了现代文化，各种工业化流水线生产之结果构成了现代文化掌控万物的方式、方法和手段。制度性事实的生产和构建是现代文化掌控自然、社会的一种重要方式，也是现代文化独有的方式。

二 社会实在的一般建构机制

在理解了社会实在及其完整形成制度性事实之后，进而要思考的一个关键性问题，即人们究竟是通过怎样一种"社会方式"，或者一般方式，普遍地创造社会实在的？下面，以社会实在的完整形式——制度性事实（institutional facts）为基础，分析社会实在的一般构成问题。对社会实在建构过程的分析是建立在集体意向性、功能归属和构成性规则这三个基本构件之上的，三者的有机结合便能够建构出一个完整的社会实在，即制度性事实。此外，语言和背景是这个建构过程中的另外两个重要因素。下面，分别来介绍制度性事实的三个解释性构件：集体意向性、功能的归属和构成性规则。

1. 集体意向性

集体意向性是产生于人的意识活动基础上的一种基本生物现象。只要具有集体意向性就能形成简单的社会实在，即社会性事实，社会性事实是只表明了意向性但没有被赋予新的地位—功能的存在。集体意向性是社会实在建构的第一步。

意识是一种形成于大脑之中的生物学的过程和基本现象。有意识的生物都具有一种属性特征——表现世界上的物体和事态。这种特征就是意向性。意向性是心灵的一种特征，通过这种特征，心理状态指向，或者关于、论及、涉及、针对世界上的情况。[①] 意向性是将人的主观世界与外部的客观世界相联系的一种方式，它表现的是主观世界与客观世界相联系的一种关系。与意识一样，意向性也是一种生物学现象。意向性包括个体意向性和集体意向性，包括人类在内的许多动物物种都具有集体意向性能力，集体意向性与意识、意向性一样，也是一种生物学上的基本现象。所谓集体意向性（collective intentionality）就是"我们—意向性"（We-intentionality），"是一类不可还原的意向性"。[②] 集体意向性（collective intentionality）是一切社会活动的基础，是社会性事实的首要构成因素。[③] 在制度性事实的构成中，集体意向性的功能在于集体地赋予某种现象一种地位性功能，这是构建制度性事实的关键一步。集体意向性的这种功能体现为一种能力，一种集体能力，即意向性创造。意向性创造就是人类所具有的一种明显的赋予客体对象某些功能的能力。当这种意向性创造以一种集体的形式呈现，这个过程就叫做功能赋予或功能归属，经过功能赋予，制度性事实就被创造出来了。所以说，集体意向性是连接物理世界和人类社会的桥梁。

2. 功能赋予

功能赋予或功能归属是一种建立在集体意向性基础上的地位—功能赋予行为，它是建构制度性事实（institutional facts）的"根本运动"和"决定性的运动"[④]。在有意识的行为者创造社会性事实这一过程中，将功能赋予对象或其他现象是社会性事实创建的核心内容，这里的功能绝不是固有的，它们是被赋予的与使用者或观察者兴趣相关的功能。因为，从哲学的角度来看，所有的事物所具有的功能都是被归于的，或者被赋予的。即功能绝不是固有的，而总是与观察者相关的。[⑤] 人类决定赋予某一对象什么样的功能及地位，就被称为"功能归于或赋予"。归于或赋予功能是意向性的主要特征，而功能赋予或功能归属是人类意向性创造能力的行为过程和主

[①] 〔美〕约翰·塞尔：《心灵、语言和社会——实在世界中的哲学》，李步楼译，上海译文出版社，2006，第65页。
[②] 〔美〕约翰·R. 塞尔：《社会实在的建构》，李步楼译，上海人民出版社，2008，第22页。
[③] 〔美〕约翰·R. 塞尔：《心灵、语言和社会——实在世界中的哲学》，李步楼译，上海译文出版社，2006，第117~118页。
[④] 〔美〕约翰·R. 塞尔：《社会实在的建构》，李步楼译，上海人民出版社，2008，第37页。
[⑤] 〔美〕约翰·R. 塞尔：《社会实在的建构》，李步楼译，上海人民出版社，2008，第14页。

要表现形式。功能赋予包含着三个要素特征：一是集体地有意向地赋予存在物或对象以功能，这是功能赋予的行为特征；二是被赋予的功能是一种地位性功能，即赋予对象的是一种附有功能的地位或者具有某种功能所属的特殊地位，这是功能赋予的内容特征；三是通过集体意向性赋予的地位功能还需要集体的认可、接受和承认才能具有合法性，这是功能赋予的形式特征。

3. 构成性规则

集体意向性的创造能力将一种地位功能赋予对象或某种现象，这种地位性功能创造一种新的事实——制度性事实，这个功能赋予过程的一般表达形式就是构成性规则。制度性事实的构成性规则就是"X 在 C 中算作 Y"。

在构成性规则（constitutive rules）"X 在 C 中算作 Y"中：X 项既可以是一个无情性事实，也可以是一个制度性事实；Y 项表示的新结果，即新的、被建构出来的制度性事实；C 是新的制度性事实存在的条件。X 项和 Y 项之间不需要具备任何物理性和因果性特征关系，通过构成性规则，Y 项被赋予并且必须被规定具有一种 X 项所不具备的新功能地位，X 项和 Y 项之间的关系是观察者或使用者通过功能赋予主观或建构的。Y 项被赋予的功能地位只要被集体接受和承认，一个新的制度性事实就出现了。塞尔说，从无情性事实创造出制度性事实，让人似乎有一种变戏法似的不可思议的感觉。[①]

集体意向的功能赋予通过"X 在 C 中算作 Y"这一形式创造出一个新的社会事实 Y，这就是制度性事实的建构机制，这种机制是现代文化形成的一般性手段，并且是一种强有力的手段，因为"人类制度的结构就是构成性规则的结构"[②]。

三　社会实在建构的另外两个条件

1. 语言

日常生活中，人们如果只借助肢体方式来表现其意向性是远远不够的，必须具有把某种东西表示为某物所必要的手段，共同体成员方面的某种态

---

① 〔美〕约翰·R. 塞尔：《社会实在的建构》，李步楼译，上海人民出版社，2008，第 41 页。
② 〔美〕约翰·R. 塞尔：《社会实在的建构》，李步楼译，上海人民出版社，2008，第 108 页。

度、信念等必须有一种共同的、固定的、能够形成证据保存的表达系统。语言就是这样一个符号系统。只有具有语言和差不多类似于语言的表达系统的生物才能造成大多数，乃至全部的制度性事实，这是因为人的意向性及其随后的各种功能性活动都需要表达、沟通、相互理解和交流——在此基础上才能完成制度性事实的建构。而语言恰恰就是人的意向性的表达机制，因此语言是构成制度性事实的第四个重要因素。制度性事实的构成需要符号性手段——词语的存在，其表现形式依赖于语言。语言作为一种符号体系具有三个方面的特征：一是表象符号，二是通过约定进行表象，三是以公共的方式进行这种表象。在"X在C中算作Y"这一公式中，Y项中所包含的新地位只能通过约定才存在，而X项本身不能成为新地位的约定方式，新的地位需要标示手段，必须用语言或其他符号系统来标示从X到Y地位的转换。在这里，集体意向性的表达、地位性功能的转换都需要依赖语言这样的符号表象系统。这样，在X对象上加上Y功能这一变动是一种符号化的变动，从X到Y的转换本质上是语言性转换，仅当集体地把这种转换表征为存在，它才能够存在。因此，语言是制度性事实的一个基础性构成性因素。

关于语言在制度性事实建构中的作用，塞尔做出了较弱形式的论断和较强形式的论断两种。其较弱形式的论断是语言是制度性事实的部分构成因素。语言是基本的社会制度，所有其他制度都必须以语言作为必要前提。其较强形式的论断是语言是制度性事实的根本性构成因素，每一种制度中都需要有该制度中相关的语言因素。[①] 塞尔认为，制度性事实之所以都依赖于语言是因为作为制度性事实构成因素的思想都依赖于语言。[②] 在论述了语言在制度性事实建构中的基础作用之后，塞尔还进一步分析了语言在制度性事实中的其他功能，如语言在认识论上的不可或缺性，社会中所固有的事实必须依赖语言进行交流和描述，等等。总的说来，把一种意义、一种符号性功能加载一个本来并不具有这种意义的对象上的能力不仅是语言的先决条件，而且也是制度性实在的先决条件。语言，这种前制度性的符号化能力是创造一切人类制度的可能性条件。[③]

---

① 〔美〕约翰·R. 塞尔：《社会实在的建构》，李步楼译，上海人民出版社，2008，第52~53页。
② 〔美〕约翰·R. 塞尔：《社会实在的建构》，李步楼译，上海人民出版社，2008，第56页。
③ 〔美〕约翰·R. 塞尔：《社会实在的建构》，李步楼译，上海人民出版社，2008，第66页。

由于语言是制度性事实构建的"前制度"、基础性制度，因而也是现代文化的重要制度。对语言的掌控（其中就包括话语权），在现代文化中意义深远。掌权者通过定制和操控一整套话语机制来实施其管理和控制，并通过构建一种话语机制将真理问题导入治理之中。"从而使得不是真主宰了人类社会，而是某种真理体制在某种话语机制中形成自己最重要的雏形"，正是这种真理机制刻画了现代文化的特征。所谓真理体制，是指"某一类型的话语与一系列的实践活动衔接起来，这类话语一方面把实践活动构建为一个由可知纽带所维系的集合体，另一方面，又从真或假之角度，为并且能够为这些实践活动订立规则。"① 语言，通过一种特定的话语机制进行治理，真理体制是现代文化所拥有的一种重要控制工具，是现代文化所具有的关键性特征和关键性内容。在这个层面上，现代文化可以看作是一种真言化体制。关于真言化体制，福柯的界定最为深刻："真言化体制不是某种真理的立法，而是一种规则，这些规则可以使一个既定的话语确定出哪些陈述在其中可能被刻画为是真或假。"② 这样，在现代文化中，一种"真理—知识—权力"配置的出现，成为现代文化试图统治一切的基础，这种"真理—知识—权力"的基础配置总体上一直延续到今天。知识分子、新自由主义者、企业家、政治家构成了一个扩张性的"话语联盟"，他们是现代文化景观社会的风景建筑师，是他们制造、设计和改变着整个世界的"认识图谱"和"故事路径"。对于作为真言化体制的文化，人们需要做什么？对于现代文化而言，当前最重要的是确定这样一种真言化体制具体是什么，它在某一具体时刻建立起来。只有确定了现代文化的这种真言化体制，"人们才能了解自 18 世纪以来我们说过多少'蠢话'，做过多少'蠢事'。正是在这一点上，这种历史分析才可以具有一种政治作用。这不是关于真实的历史，这不是虚假的历史，这是具有政治重要性的真言化的历史。"③

由于制度性事实要通过语言的表述来建构，那么，语言的表达与否成为一个制度性事实存在与否的关键因素。这就是为什么作为一种社会实在

---

① 〔法〕米歇尔·福柯：《生命政治的诞生》，莫伟民、赵伟译，上海人民出版社，2011，第 15 页。
② 〔法〕米歇尔·福柯：《生命政治的诞生》，莫伟民、赵伟译，上海人民出版社，2011，第 30 页。
③ 〔法〕米歇尔·福柯：《生命政治的诞生》，莫伟民、赵伟译，上海人民出版社，2011，第 31 页。

的风险在贝克看来是一种"被建构"的风险①,因为"正是文化的认识与定义形成了风险","风险"和"对风险的(公共)定义是同一的"。② 作为一种社会实在,风险既是现实的又是非现实的,在风险地位上,意识决定存在。

2. 背景

总的来讲,制度性事实(institutional facts)是一种形而上学的、结构复杂的、不可见的社会实在(social reality)。以一个美国人进入巴黎的一家咖啡厅用餐为例,他走进咖啡厅用法语向服务员要一杯啤酒,喝完后,在桌上留下钱后离开。这样一个平平常常的情景包含着复杂的形而上学的内容。人们无法用物理的或化学的语言来抓住上述行为过程的特征。尽管餐馆、服务员、法语、钱、桌子和椅子都是物理现象,但塞尔认为上述描述的情景还存在一个巨大的、看不见的本体论。餐馆的所有者要经过法国政府的批准才能经营这家餐馆,餐馆的价目单尽管用餐人可能此前从未见过,但也要按照表上的价格付款,服务员给客人的啤酒并不归他自己所有,他只受雇于这家餐厅。这个美国人之所能在这家餐厅用餐,是因为他是一个美国公民,是有效护照的持有者,是合法地进入法国的。因此,这一简单的行为过程则包含了很多看不见的内容,这名顾客实际上遵守了成百上千的规则和规定,而其本人对这些规定和规则毫无所知。这就是最令人困惑的事,即有关的当事人通常完全意识不到这些规则,但在这些规则的影响下生活。塞尔将这种看不见的存在及规则称为"形而上学意旨",并指出"我们能够承担这种形而上学意旨的一个原因就是社会实在的复杂结构可以说是没有重量而且又看不见的。儿童在他(或她)将社会实在视为理所当然的一种文化中长大。我们学会了解和使用汽车、浴盆、房产、货币、餐馆和学校,而不会去思索这些东西特有的本体论特征,也意识不到他们有一种特殊的本体论。"③ 由于制度性事实的结构是不可见的,因此,参与这种制度的人通常并没有意识到这些规则,即使连创造这些制度的人也都可能没有意识到这种制度的结构。这就是为什么在任何现实生活状态下,人

---

① 〔德〕乌尔希里·贝克:《世界风险社会》,吴英姿、孙淑敏译,南京大学出版社,2004,第5页。
② 〔德〕乌尔希里·贝克:《世界风险社会》,吴英姿、孙淑敏译,南京大学出版社,2004,第175页。
③ 〔美〕约翰·R. 塞尔:《社会实在的建构》,李步楼译,上海人民出版社,2008,第5页。

们都会发现自己处于一种复杂的相互联系的制度性实在之中。我们在一个由社会实在构成的文化中长大，在将这种文化视为理所当然的心态中长大，我们学会了解、使用、遵从这个文化体系内的各种社会实在，但并没有意识到这些社会实在具有一种特殊的本体论，并且认真去思索这些社会实在的本体论特征。日复一日，它们对我们来说就像石头、河流和树木一样自然，这就是"文化的自然化"。"文化的自然化"的一个最重要后果是，人们从有意识地构建制度逐渐演化为无意识地遵守由这些制度构成的社会规则，并且人们开始习惯这种无意识的规则，这当然也是"文化自然化"的一个重要表现。塞尔用"背景"这一概念来表示将这些诸如财产、货币、婚姻、工作等规则联结在一起的行为者环境结构和各种社会关系，并把"背景"定义为一套非意向性的或前意向性的能力，这一能力使得功能的意向性状态成为可能。这样，一个制度性事实是不可能孤立存在，而它只能在与其他事实的一套系统性关系中，即"背景"中存在，而人们最终生活在一种复杂的、由制度性事实之相互联结形成的社会背景或社会关系之中。[1] 关于背景在制度性事实建构中的功能，塞尔认为背景为意向性内容发挥作用形成了必要的先决条件。背景的功能类型包括：（1）背景能够使语言的解释得以发生；（2）背景能够使感知性解释得以发生；（3）背景构造意识；（4）背景的另一个表现是延续事件的顺序并把这些顺序构成叙事形式；（5）背景为我们每一个人提供了一套诱导性倾向，这些倾向决定了人们经验的结构；（6）背景促成某种准备状态；（7）背景使人们倾向于某种行动。[2]

在背景中，离开了一些概念，另外一些概念也无从理解。概念之间，实际上制度性事实之间是联结的，这意味着，通过概念之间的相互阐释无法最终理解制度性事实的本质、结构和性能，如人们用经济来定义国家功能，又用国家来定义经济，通过国家定义社会，又通过社会定义国家……这种做法看起来是没有问题的，恰恰能够说明这些事物之间本来就是相互联系的，但这种方法怎样也无法全面阐释经济、国家、社会各自的本原、结构、全部的性能及问题。只有通过制度性事实的本体论分析才能深入理解制度性的本质、结构和性能。即要跳离背景，在背景之外来理解诸如国家、市场经济、社会、教育等制度性事实，通过研究其生发机制、形成过

---

[1] 〔美〕约翰·R.塞尔：《社会实在的建构》，李步楼译，上海人民出版社，2008，第110页。
[2] 〔美〕约翰·R.塞尔：《社会实在的建构》，李步楼译，上海人民出版社，2008，第112～116页。

程来理解制度性事实。按照福柯的论述，就不是从普遍概念出发来研究实践，而是从实践出发来重新理解、阐释诸如国家、市场经济即社会这一类普遍概念。这才是社会科学应有的研究态度和方式，也是全球风险社会下的公共危机及其治理研究应当采取的态度和方式。

四　社会实在的文化功能

从简单社会实在到制度性事实，单个制度性事实通过叠加演变成较为复杂的制度性事实，不同制度性事实之间相互勾连形成一项完整的制度，制度间的联结形成复杂的制度性结构，各种制度性结构相互联系和叠加，最终形成复杂的社会制度系统。这就是从社会实在到现代文化的演变机制。在这个自成一体的演化逻辑中，人们最为熟悉的一个层面就是制度。制度，就其本质而言，就是由制度性事实及制度性事实的叠加形成的复杂体系。不同的制度组合在一起，构成了一定区域内的社会制度系统。现代文化就是通过这种方式构建出来的。现代文化通过构建这种复杂的制度系统，可以达成这样几种目的：一是通过这种人类集体意向性主导下的制度构建和叠加，人们能够自己创造出各种带有各种预期和功能的稳定的制度系统；二是人类不需要依赖无情性物理力量来维持这种安排，从而实现对自然的摆脱；三是人类甚至在原先没有的物理性配置下也可以通过人为创造来实现和维持这种安排，从而实现人类对世界的掌控。总的说来，由于掌握制度性事实的建构方法，现代文化通过大量的生产和制造制度性事实，并通过对其的进一步叠加和复杂化，形成种种制度，各种制度进一步组合，最终形成一整套社会制度系统。现代文化就通过这一整套社会制度系统对自然、对社会实施控制。而且由于现代文化掌控了制定制度的规则，所以它可以随时并不断根据现实情况的变化和具体需要，通过所谓的制度创新——形成新的制度来对其掌控目标实施新的控制。所谓现代化的工业性商品生产其实是社会实在生产系统的一个组成部分。工厂、企业、银行、资本、货币本质上都是一种制度性结构，商品的产出都是建立在这些制度之上，其本身也是一种社会实在。总的来讲，在某种程度上，现代文化通过制度性事实的建构创造了它所适用的现实。

这样，现代文化是一个以制度性事实为原子，以制度性结构为基础的复杂体系。现代社会就是一个以创造制度性事实为任务，以制度机制为基础不断运转的体系。经济比较落后、发展缓慢的社会，其制度结构体系大多是松散和零落的，社会的运作大多依赖制度体系以外的东西。经济越发达、发展越成熟的社会，其制度结构体系越完善，该社会的运作也就越依赖制度体系。如著名经济史学家罗伯特·L.海尔布罗纳所讲："美国能够作为一个富裕的国家而持久存在，依赖于社会组织机制持续有效运行这一默认的前提条件。"以制度性事实为基础的复杂制度结构是现代文化的基本结构和基本框架，现代文化的其他一切社会活动都是建立在制度结构基础之上的。

制度性事实急剧增长，既构成了现代文化的主体支架，也成为现代文化的主要特征。在现代文化体系中，制度性事实的重要性日益增长，离开制度性事实，人们不仅无法创造精神事实和物质事实，而且很多物质事实将失去其原有的价值和意义。在现代文化中，制度性事实的建构权力决定着事物发展的方向。因此，各方争斗的核心是制度性事实的建构权力。无论是政治权力还是资本力量，其主要争夺的是制度性事实的建构权力。即由谁来制定标准，无论是价值标准还是产品标准，无论是民主标准还是市场标准。在文化的运行中，谁能够拥有话语权和决定权以及对整个事物的支配权，谁就能支配文化的运行轨迹。文化具有一个相对自我封闭的运行机制。文化的权力核心支配着：官员、知识精英、企业精英、技术精英等等。

第二节　结构性制度和制度性权力

制度是文化尤其是现代文化的重要构成。从内容和结构上讲，制度有简单和复杂之分，复杂的结构化制度，即制度体系是单一制度组合的产物。从单一制度进化到复杂的结构化制度，可以通过制度性事实的叠加实现。从制度性事实的构成来看，每一种制度性事实都包含一种约定性权力。结构化制度包含着一种权力，这种权力就是制度性权力，制度性权力是一种社会权力。

一　结构化制度

制度性事实的建构是一个持续的过程。由"X在C中算作Y"产生的制度事实只能应付较低层的和简单事务的处理，一些复杂的情况则要求更为复杂的制度性事实或者结构性制度来完成。制度性事实的演化，制度性事实的复杂化和结构化是通过制度性事实的叠加完成的。所谓制度性事实的叠加,即对已经被赋予地位—功能的现象 Y 再次赋予新的地位—功能。通过这种叠加,制度性事实变得更为复杂化,不同的制度性事实通过叠加进而能够形成一种结构化的制度和制度体系。所谓结构化制度,就是指通过制度性事实的不断叠加所形成的结构化组合。结构化制度是单一制度相互组合之后的结构化产物,因此结构性制度的表现形式就是制度体系。诸如国家、代议制民主、市场机制、资本主义制度、社会主义制度等制度体系都是结构化制度的具体表现。

1. 制度性事实的叠加

一种据以创造和构成制度性事实的基本逻辑运算步骤,即制度性事实的基本逻辑结构,其形式为:

我们集体的接受、认可、承认、同意,"S 有权力(S 做 A)"。

这一公式简略为:

我们承认"S 有权力(S 做 A)"

塞尔把这种公式称为"基本结构"[①],这种结构进一步叠加,就构成复杂制度性事实和社会制度系统。

制度性事实之所以可以进一步叠加,形成更为复杂的制度和制度体系,是因为制度性事实的构成规则"X 在 C 中算作 Y"可以被无限叠加,人们可以对已经具有被赋予的地位—功能的存在物之上再赋予新的地位—功能。具体讲,就是新的制度性事实通过将"X 在 C 中算作 Y"结构中的 Y 项变成新结构中的 X 或 C 项来进行制度性事实的叠加。

情况一:早先层次上的 Y 项是更高层次的 X 项,在"X 在 C_1 中算作 Y"基础上做"Y 在 C_2 中算作 Z"。

例1:只有在美国出生(C)的人(X)才是美国公民(Y)。

进一步推导:

只有美国公民(Y)经过选举获胜(C_2)才能成为美国总统(Z)。

情况二:早先层次上的 Y 项是更高层次的 C 项,在"X 在 C_1 中算作 Y"基础上做"W 在 Y 中算作 Z"。例如:

贝壳(X)在最早的市场流通(C_1)中被当作流通手段(Y_1),

盐(X)在最早的市场流通(C_1)中被当作流通手段(Y_2),

[①] 〔美〕约翰·R. 塞尔:《社会实在的建构》,李步楼译,上海人民出版社,2008,第94页。

谷物（X）在最早的市场流通（C_1）中被当作流通手段（Y_3），

铜（X）在最早的市场流通（C_1）中被当作流通手段（Y_4），

……

由此可以推导出：

所有在商品交换过程中（C_1）充当流通手段（Y_1、Y_2、Y_3、Y_4、……）的东西，都可以被称为货币（Y）。

在此基础上可以进一步推导出：

在货币体系（Y）中，具有价值符号、承担流通功能的纸（W）就叫作纸币（Z）。

通过前文的论述已知，"X 在 C 中算作 Y"是现代文化的一般构成形式。"X 在 C 中算作 Y"不仅允许从社会实在和无情性事实中创造制度性事实，而且可以利用制度性事实创造更为复杂的制度性事实。不同的制度性事实通过"X 在 C 中算作 Y"这种一般构成形式相互联结，最终形成结构性制度，即制度体系。总而言之，"X 在 C 中算作 Y"这种结构可以不断向上叠加，这种叠加层次提供了复杂社会的逻辑结构。[①]

由制度性事实的这种叠加形成的制度和制度体系能够长时间存在并持续起作用。它们自身所附带的功能要求它们在很长一段时期内不断地相互作用，最终导致整个社会制度系统长时间存在、运转和发挥功能。

2. 等级结构

由于社会制度体系是通过制度性事实的不断叠加实现的，制度性事实的叠加过程同时也是一种等级的建构过程。所以说，制度性事实的叠加会导致创造大量制度性事实的等级结构。[②] 这些由制度性事实构成的等级结构，其具体表现形式就是基于各种制度的、分布在现代社会各个领域的等级结构。

在塞尔看来，制度性事实本身就具有一定的等级关系。制度性事实的等级关系具有这样八个层级：第一个层次是非精神性的无情性事实和各种精神性事实的区分；第二个层次是在精神性事实这个类别中区分了意向性事实与非意向性事实；第三个层次是在意向性事实这个类别中区分了个体意向性事实和集体意向性事实；第四个层次是在个体的和集体的意向性中

---

① 〔美〕约翰·R. 塞尔：《社会实在的建构》，李步楼译，上海人民出版社，2008，第 69 ~ 70 页。

② 〔美〕约翰·R. 塞尔：《社会实在的建构》，李步楼译，上海人民出版社，2008，第 72 页。

区分赋予了功能的意向性形式和所有其他的意向性形式；第五个层次是在功能性事实类别中区分无行为者功能性事实和有行为者功能性事实；第六个层次是在有行为者功能中区分仅仅依靠现象的因果性特征、其他无情性特征来执行的功能和仅仅通过集体接受而执行的功能；第七个层次是在地位—功能中对制度性事实进行分类；第八个层次是在语言性和非语言性这两种制度性功能之间的区分。制度性事实自身的等级关系在一定程度上会对由其构成的等级结构产生影响。

不仅制度性事实具有等级结构，有制度性事实构成的制度体系也具有等级结构。因为制度体系是由制度性事实的叠加实现的，叠加的过程就是等级的形成过程。原则上，把新地位—功能附加在已经被赋予的地位—功能上的这种叠加是没有上限的。按照叠加的顺序，最后形成的制度性事实往往处于金字塔的顶端。

二 制度性权力

1. 一切制度性事实都包含权力

制度性事实的建构过程同时也是一种权力的形成过程，这种权力被称作制度性权力。由于创造制度性事实就是把一种地位—功能赋予某个并不具有这种地位—功能的存在物，所以一般来说，创造一种地位—功能就是一个授予某种存在物新的权力的过程。如果没有使 X 项具有某种新的权力，那么 Y 项所表示的地位—功能就没有多大意义，创造制度性事实的大多数情况恰恰就是对 X 项授予权力，或者对创造这种权力进行某种真值函数运算如否定和条件约束。对 Y 地位的接受就包含了创造权力的某种形式。因此，塞尔指出，一切制度性事实都包含权力[①]。制度性事实的结构就是一种权力关系的结构，包括否定性的和肯定性的权力、有条件的和无条件的权力、集体的和个人的权力。

制度性事实包含的权力是一种约定性权力，并非是基于天赋人权基础而得来的自然权力。关于约定性权力，需要再次考察制度性事实的意向结构，即在"X 在 C 中算作 Y"这个公式中，从 X 进行到 Y 时，Y 地位—功能的内容的一般形式。由于 Y 内容是通过集体的承认来赋予 X 要素的，因而这里就必须有这些集体认可的内容。对于大多数实例来说，这种内容包

[①] 〔美〕约翰·R. 塞尔：《社会实在的建构》，李步楼译，上海人民出版社，2008，第82页。

含的是某种约定性权力模式,即通过集体意向性和功能赋予这两个要件,大家通过商议—约定赋予 Y 项某种新的地位—功能,从而使 Y 项具有某种新的权力。由此可见,Y 项所具有的权力是通过集体约定而形成的,其本身并不具有这项地位—功能,因而也不可能自然具有这项权力。所以说,制度性事实所包含的权力是一种约定性权力。约定性权力暗含着一个深刻的观点:这些权力只有在某种创造行为和创造过程中才存在。这种约定性权力的合法性基础不在于"自然权利"或"天赋人权",仅仅而且全部基于人们的同意以及持续认可。到此,我们就能够理解作为现代文化主要形式之一的代议制民主的价值和重要性,代议制民主在一定意义上讲是制造制度性事实和约定性权力的一种必需形式。从更深的层面讲,现代文化的大多数重要制度如现代国家、政府、财产、政党制度、议会制度、财政金融制度等其合法性基础都只有一个,那就是人民的普遍、持续的同意和认可。这就是为什么,当人们普遍表示对一个政府的不信任时,我们说这个政府面临着"合法化危机",当议会通过对现任政府的不信任案时,该政府必须解散而后重新组建新政府。制度性事实是一种以社会方式创造的事实,制度性事实所包含的权力是一种约定性权力,无论是制度性事实本身还是其约定性权力,其合法性基础都依赖于人民的持续的同意和合作,这就是现代社会制度结构的基本逻辑,或者说是现代文化下有组织的社会的逻辑结构。

2. 制度性权力

从制度性事实的约定性权力可以推导出复杂制度性事实——制度、社会制度系统所包含的制度性权力。简单地讲,制度性权力就是由若干制度性事实的约定性权力组合而成的权力集合。每一个制度都内含一种制度性权力,一种结构化的制度体系则表现为一种权力系统。制度性权力是大量存在的、普遍的和无形的社会实在,它们渗透到社会生活的各个角落和缝隙中。如塞尔所言,我们所重视的文明中的一切事物都需要通过集体赋予的地位—功能来创造和维持制度性权力关系。这些权力关系需要经常监督和调控以创造和维持公平、效率、灵活性和创造性,更不用说像正义、自由和尊严这样一些传统的价值了。所以说,制度性权力关系是普遍存在的根本关系。[①] 制度性权力既是现代文化的产物和构成,又是其存在的先决条件。

---

① 〔美〕约翰·R. 塞尔:《社会实在的建构》,李步楼译,上海人民出版社,2008,第 80 页。

3. 制度性权力是一种社会性权力

与塞尔的哲学结论一致，关于权力，福柯也认为，权力并不建立在自身之上，也不依靠自身而生成。权力建立在关系、程序之上。这些关系、关系的整体、程序，它们的作用是建立、维持和转换权力的机制。权力机制内在的诸如生产关系、家庭关系、性关系等这些关系之中，它们之间互为循环的因果关系。① 既然这些关系不是自我生成的，也不是自我存在的，不是建立在它们自己身上的。问题是：这些关系、这些关系集合、程序集合是怎么来的？从社会实在本体论角度来看，世间一切事物的关系、无情性事实与制度性事实之间的关系、社会实在之间的关系、制度与制度之间的关系都是通过功能赋予搭建的。从这个意义上讲，福柯说权力是建立在关系和程序之上的，毫无疑问揭示出了权力的来源。就此而言，那么，权力在任何情况下都不能被认为是一种自在原理，也不能被看作一个一开始就起作用的说明性价值。权力这个词本身就是指各种全部要加以分析的关系（领域）。②

制度性权力是一种社会性权力。不同的制度性事实之间的联结构成各种复杂程度不一的结构性制度。结构性制度不仅是制度性事实之间的叠加，还是不同关系的联结，不同的约定性权力的联结。制度性事实所包含的约定性权力是一定范围的集体赋予的，不同的约定性权力形成制度性权力，这使得制度性权力总是具有一定的社会性。制度性事实的集体意向性决定了制度性权力的社会性。制度性权力是一种社会性权力。

4. 制度性权力是现代文化的主要权力构成

"文化是由在一个社会世界中运作的有意义的力量线（lines of force）所形成的。"③ 权力就是文化运转中的"力量线"。现代文化的实践过程就是制度性权力的生成过程，反之，制度性权力又进而支配文化的进一步发展。总而言之，权力文化云状的核心，现代文化阶段，制度性权力是现代文化运转的核心。制度性权力的进一步联结形成权力机制。权力机制内在

---

① 〔法〕米歇尔·福柯：《安全、领土与人口》，钱翰、陈晓径译，上海人民出版社，2010，第1页。
② 〔法〕米歇尔·福柯：《生命政治的诞生》，莫伟民、赵伟译，上海人民出版社，2011，第166页。
③ 〔英〕阿雷恩·鲍尔德温：《文化研究导论》，陶东风等译，高等教育出版社，2004，第18页。

于现代文化的所有关系之中。基于不同关系的权力机制之间,能够发生横向协调、纵向从属、同构联系等连锁效应。权力机制既可以修改、扰乱这些关系,也可以使它们更为一致、连贯和稳定。福柯说,对权力机制的分析的作用就是揭示知识的效果。知识通过在我们的社会中的斗争、对抗和战斗,以及作为斗争要素的权力策略生产出来。①

三 现代文化的权力分配

1. 大众

民主之本意在于人民当家做主的社会。人民大众、群众、普通人,可以用"公众"或者"大众"一词概括。"大众"的概念出现于17世纪,并在启蒙运动中完成其概念上的成熟。福柯指出,公众是18世纪的重要概念。②到18世纪,在文化范畴下,文明人与不文明人,这两个独立的精神群体之间的断裂加剧了。这种断裂在国内体现为精英与大众的分裂,在国外体现为西方文明人与非西方的野蛮人、土著人和有色人种的分裂。总的来讲,这种断裂体现为精英与大众的普遍分化、精英对大众的优越感,以及由此推延的文化教化进程。这一教化进程对内是教育和管制,对外则体现为征服和殖民地建设,这两种教化进程的统一名称是"文明化进程"。

鲍曼指出,肇始于17世纪的"文明化进程"是"一个激进的文化去共识化的过程"。它"以一种真正革命性的方式成为精英从'其余人士'中自我分离出来的最主要的动力"。"其余人士"则无论其内部存在如何多样的差异,都在这一进程中"被强有力的混合为一个同性质的大众"。精英是文明化进程的"发出方",对他们而言,文明化进程意味对"自我形成、自我训练和自我提升的任务"的专注和完成。"其余人士"或"大众"是文明化进程的"接受方",他们是被同质的对象,是统一的对象,是被教化的对象。精英与大众相分离,一方是拥有理性和知识的管理者,另一方则是非理性的被管理者。因此,"文明化进程"一方面是"有学识的或启蒙的精英的自我形成过程",另一方面是"权力援助下的被动的大众的形成过程",后者构成了精英实施监督职能、行动和责任的潜在领域。正是(精英

---

① 〔法〕米歇尔·福柯:《安全、领土与人口》,钱翰、陈晓径译,上海人民出版社,2010,第2页。
② 〔法〕米歇尔·福柯:《安全、领土与人口》,钱翰、陈晓径译,上海人民出版社,2010,第61页。

层自以为是的）责任以及与之相连的行动驱力定义了"大众"。① 那么，究竟何为大众？鲍曼说，大众是"以一种新的超越地方的和同质性的安排消解了众多不同的地方性认同——通过命令、控制、训练、教化深知强制来统一异质性的人类聚合"。② 福柯也指出，所谓公众，"它所指的是人口的如下方面：舆论、行为方式、习惯、恐惧、偏见和要求，要通过教育、运动和法律的判决来加以控制。"公众是一个"延伸广阔的东西"，是一个"包含全新事实的领域"，这个事实相对于权力机制，是作为治理的对象出现的。③

文明化进程实则是精英与大众分离的过程。这样，在现代文化内部出现两个体系：作为治理主体的精英阶层和作为治理对象的大众。隐藏在这种治理与被治理背后的潜台词是现代文化对大众的轻视。大众往往被理解为一种与他们利益相关的肤浅的观念所支配的普通民众。更有甚者认为大多数民众是智障者或无能者，他们没有能力依靠自己的意志和力量从"乌合之众的情形"中解脱出来。他们可能会联合，但这种联合没有任何益处。普通大众的贫困来源于其智识上的狭隘，大众所需要的力量不会独自产生，它必须被创造。因此，对于精英、专家、统治者而言，对大众的教化是首要任务，大众因此成为且始终成为需要悉心照料的对象。精英对大众的教化，其目的在于提升他们的精神品质。所以鲍曼说，"正是大众的存在奠定了精神领袖存在的必要性基础，同时它也提供了精神领袖存在的理由。"大众概念是"关于隔离和重新征服的一种概括。""大众"范畴，与其他一起同现代型出现的各类范畴一样都反映了现代的野心。"大众"范畴"以一种新的超越地方的和同质性的安排消解了众多不同的地方性认同——通过命令、控制、训练、教化甚至强制来统一异质性的人类聚合。"④

2. 代议制民主：少数人的统治

集体意向性的可操控性。集体意向性，根据其存在形式可以分为自发的集体意向性和有组织的集体意向性。自发的集体意向性是一种民意的自

---

① 〔英〕齐格蒙特·鲍曼：《作为实践的文化》，郑莉译，北京大学出版社，2009，第 42～43 页。
② 〔英〕齐格蒙特·鲍曼：《作为实践的文化》，郑莉译，北京大学出版社，2009，第 41 页。
③ 〔法〕米歇尔·福柯：《安全、领土与人口》，钱翰、陈晓径译，上海人民出版社，2010，第 61 页。
④ 〔英〕齐格蒙特·鲍曼：《作为实践的文化》，郑莉译，北京大学出版社，2009，第 40～41 页。

发和真实表达，它表现的是民众的现实利益与真实愿望。有组织的集体意向性往往是权威部门的意见表述，有决策权力的部门拿出制度性事实的设计方案，交由议会、人民代表大会、职工大会等代表性机构表决通过，这是有组织的集体意向性的表现形式，也是现代社会常设的、一般性的集体意向性表现机制。在这种机制中，集体意向性是被组织起来的，"集体通过"逐渐成为一种形式，它的真实性和有效性取决于代表对所提议案的关心程度、熟知程度等条件。从现有的理论原则上讲，组织设计的集体意向性应该是民意的体现或者是以维护公民利益为指向的，但实际情况则不然，它有时候能够表达民意，有时则不然，有时甚至与民意背离。为什么会存在这种情况？由于现代社会，权力机制是与知识联系在一起的。对理性和知识的崇尚将话语权集中于知识分子尤其是知识精英手中。现代国家的政治精英、企业精英首先必须是知识精英。这些知识精英、政治精英、企业精英基本上构成了现代社会的权力掌握群体，他们对自己所提出的制度性事实方案无论在语言上还是内容上都是极其熟稔的。而普通民众、相当一部分民意代表对于上述群体所提出的制度性方案是陌生的、不熟悉的，甚至是看不懂的。这使得，在代议制民主这种"有组织的集体意向性"实施机制下，集体的话语权和决策权被很大程度地置于形式上满足而实质上被剥夺的境况。这一境况导致两个后果：一是代议制民主机制在一定程度上流于形式，如吉登斯所言，西方代议制民主是"不彻底的民主"①。二是话语权的垄断和集体意向性的有组织表示——这为制度性权力的被操纵和窃取创造了制度条件，其最终结果是现代民主制仅实现了形式上的民主，实际上仍然是少数人对多数人的统治，权力依旧掌握在少数人手中。即现代社会民主制的不彻底和权力的集中是具有制度性基础的。很多社会学家和政治学家对于现代社会是由"少数人统治"的这一事实都进行过阐述。以美国为例，托马斯·戴伊在《谁掌管美国》（1976）一书中通过对美国国内各社会机构领导人物的分析指出，在美国，大权集中于极少数人手中。在现代复杂的工业社会中，权力集中在公司、银行、公用事业、保险公司、广播电视网、白宫、国会和华盛顿的官僚机构、军事权势集团、著名的法律事务所、基金会以及大学等大的社会机构中。位于这些机构的最上层人物就是美国社会的少数掌权者。权力并非个人的属物，而是社会组织的属

---

① 〔英〕安东尼·吉登斯：《失控的世界》，周红云译，江西人民出版社，2001，第70页。

物。上述这些社会机构是权力的基础。这些"最上层的人物"就是那些在美国社会体制结构中居最高地位的人。这些人拥有正式权势来指挥、管理、指导全国主要的公司和政府、法律、教育、民间以及文化机构的计划、方针和业务。在企业部门,掌权人物是指那些在操纵全国企业财产总额半数以上的机构中占据正式权势职位的人。在政府部门,掌权人物是指那些在联邦政府主要民政和军事机构中居于正式权势职位的人。在公共事业部门,掌权人物是指那些在新闻界、著名律师事务所、主要慈善基金会、主要大学,以及出名的全国性民间和文化团体中居于正式权势职位的人。[①] 美国加州大学圣克鲁兹分校心理学和社会学教授,精英研究领域的领军人物威廉·多姆霍夫在《谁统治美国》(1967,该书自1967年以来已经出五个版本)一书中主要论述在美国这样一个民主国家,拥有强大权力的公司对国家和社会的极端支配是如何成为可能的。[②] 无论是公共选择理论关于政府是个自利体的表述,还是利益集团的院外游说政治,其根源都在于现存社会体制下,有组织的集体意向性具有可操纵性和被窃取性。换言之,现代社会民主体制,权力的可操纵性和窃取性是具有一定的制度基础。这一点不仅是自发秩序的推崇者哈耶克等人诟病人为制度设计的关键所在——极权的出现——这本身也是制度性权力的一个不可忽视的内在缺陷,即制度性权力天生具有可操纵性和被窃取性。

四 对先验制度的驳斥

1. 自发制度与人为制度的区别

可以把经过集体意向性的非正式形式形成的制度性事实称为自发的制度性事实,而把经过集体意向性的正式形式形成的制度性事实称为人为设计的制度性事实。关于制度的自发性与主观建构性的争论一直是制度主义学派尤其是经济学新制度主义争论的焦点,并形成了自发制度和建构制度两个阵营,两派各执一词,相互攻击对方的缺点。这种争论为人们理解制度和使用制度制造了相当大的困难和障碍。通过上述分析,可以得知,自发制度与人为设计制度之间并不存在不可逾越的鸿沟,二者在构成机制与

---

① 参看〔美〕托马斯·戴伊《谁掌管美国》,梅士、王殿宸译,世界知识出版社,1980,第5~18页。
② 参看〔美〕威廉·多姆霍夫《谁统治美国:权力、政治和社会变迁》,吕鹏、闻翔译,译林出版社,2009。

构成原则上是一致的，因此不存在本质上的差异。无论是自发制度还是人为设计制度，本质上都是一种制度性事实，其形成过程都由集体意向性、功能赋予和构成性规则等要件组成，并共同遵循"X在C中算作Y"这一建构机制，遵循集体意向性及功能赋予这一建构原则。二者的差别只在于集体意向性的表现形式上的差异，一种是集体意向性非正式形式的产物，一种是集体意向性正式形式的产物，这种差异并不能构成二者之间的本质差异。由此，自发制度的先验性就受到驳斥。因为任何一种社会事实，只要是集体意向性的产物，都是人为建构而非先验的和不可更改的事物。即便是自发形成的制度性事实也不具有先验的不证自明性和不可更改性。一切社会事实尤其是制度性事实都具有可更改性和可变动性，不存在不依赖于人的集体意向而存在的社会事实和制度性事实。集体意向性意味着可更改性，任何一种社会事实都具有可更改性。这一论断具有重要的理论价值。它破除了人们对现存的一些制度性事实所谓的"先验"的、不证自明的及不可更改的论断。

2. 被篡改的自发秩序

既然有组织的集体意向性具有可操纵性和被窃取性，从而导致由此产生的制度性权力天生具有可操纵性和被窃取性。那么，今天的人们是否还要苦苦追求自发制序？哈耶克以及新制度主义学派所推崇的自发秩序大多是人们在未发现和掌控制度性事实的构建方式之前形成的，即在人们无意识去建构一项制度的情况下，集体意向性自发地为了某个其他具体目的而派生出一项自发秩序。随着现代文化的发展，人们已经谙熟制度性事实建构的秘密和方法，对如何通过建构一种制度性事实形成一种制度性权力已然驾轻就熟。在制度性事实的建构被熟练操控的背景下，还能大量出现无意识状态下自然萌发的需要长期演化的自发秩序吗？答案显然是否定的，这是因为，就人为建构和自然生发这两种方式而言，前者的速度更快，可操控性更强。因此，现代社会，自发秩序出现的几率变得越来越小。自发秩序只有可能出现在被现有权力忽略的领域，或在现有权力还未来得及涉足的地方。

在现代社会，已经生成的自发秩序有没有被操纵和篡改的可能性？答案是现代社会已经成功对自发秩序实施了操纵、篡改和窃取，因为对事物的阐释权掌握在有权阶层手里，现代文化拥有对自发秩序的操控和阐释能力。现实社会对自发秩序的操纵不同于对人为制度的操纵。对人为制度的操纵是一种程序操纵，其基础是权力的集中，而对自发秩序的操纵是一种阐释性操纵，即通过将自发性集体意向赋予的功能解释为先验性功能而对自发秩序进行操控和改造。现代文化对自发秩序的改造与制度性事实的建构使用的是同一公式，这是由社会实在结构本身所决定的。任何事物的属性、功能、地位都可以通过集体地赋予其新的功能—地位加以更改。现代文化中，对自发秩序进行篡改的最典型事例就是新自由主义关于自由市场的阐释。在新自由主义看来，市场的一切调节机制都是自发的，因此自由市场原则是先验的、不证自明的、不可触碰的。而卡尔·波兰尼则指出，自由市场仅仅是一个神话，从来不存在真正自由、自发调节的市场体系。根本就不存在自发的自由市场经济，一切市场经济都是人为计划的。[①] 人们将自发制度阐释为先验性存在，只是为了维护少数人的利益。现代社会，话语权的集中和权力的集中为集体意向性的可操控及窃取提供了制度条件，并通过这种集体意向性表述将权力、财富、利益集中到少数人手中，集中到有能力掌握、操控或表达集体意向性的人手中。

现代文化通过建构制度性事实来打造人为秩序，而制度性事实的集体意向性则决定了现代社会注定是一个等级社会、一个以资本/权力来划分的等级社会。这个资本是对集体意向性的掌控资本，它包含知识、权力、名誉、地位以及财富。现代社会体制下，谁能操控和影响集体意向性，谁就能为自己获得一定的利益占有的可能性。因此，人们对获得这种对集体意向性操控和影响的权力趋之若鹜，一切与之有关的机构、位置都成为权力的象征和人们奋斗的对象。现代社会的文化机制不仅利用制度性事实建构社会秩序，而且用这些制度性事实维持着社会秩序的运转。而这种结构则决定了现代社会本质上是一个功利的、扩张性社会。随着公民话语权的实质性剥离，人的实质性需求、公民的基本利益被这个社会整体地弃之不顾，取而代之的是冠冕堂皇的组织设计的集体意向性，它们是"经济增长""GDP"和"民主"。至此，人们就可以完全理解为什么在美国这样一个世界经济最发达、市场机制和民主制最完善的国家，惠及全民的基本医疗保障改革方案迟迟无法通过。进而，人们也许应该反思，市场机制、发达的民主制、经济增长对于人们而言到底意味着什么，是否如国家政府及一些人所宣扬的那样是解决这个世界上一切问题的灵丹妙药？现存的诸多不可

---

① 〔英〕卡尔·波兰尼：《大转型：我们时代的政治和经济起源》，冯钢、刘阳译，浙江人民出版社，2007，第121页。

治理性问题究竟应该归于制度方面的不完善，还是制度的建构过程本身就存在问题？对于现代社会的种种灾难，卡尔·波兰尼认为："引起灾变发生的根本性源头在于经济自由主义建立自我调节市场体系的乌托邦式的努力。"[①] 即全球风险社会下的公共危机，是现代文化乌托邦式建构下的一个产物、一个必然产物。

第三节　社会实在与公共危机

现代文化构建的很多制度性事实恰恰是现代性公共危机的起因。本节主要分析制度性事实与现代性公共危机之间的因果关联。

一　社会实在与人为不确定性

社会实在的建构中释放出大量的人为不确定性，这些人为不确定性进一步转化就是现代性风险。社会实在过程中的人为不确定性是这样一步步产生和制造出来的。

如果把制度性事实被赋予的功能，即制度性事实的应然功能用 A1 表示，把制度性事实在运作中实际发挥的功能，即制度性事实的实然功能用 A2 表示，制度性事实的实然功能 A2 和应然功能 A1 之间的关系犹如两个相交的集合（见图 5-1）。

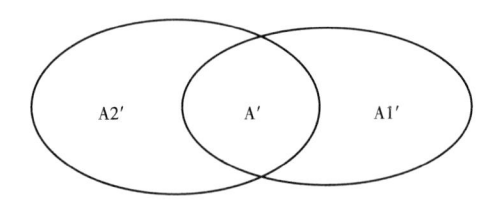

图 5-1　制度性事实的功能

其中，A1 与 A2 重合部分 A′ 表示已实现的应然功能，A1′ 表示未实现的应然功能，A2′ 表示实际运作中产生的超出应然部分的功能，即溢出功能，这样：

---

① 〔英〕卡尔·波兰尼：《大转型：我们时代的政治和经济起源》，冯钢、刘阳译，浙江人民出版社，2007，第 25 页。

$A1 = A1' + A'$

$A2 = A2' + A'$

在这里，只有 A′ 是实际存在并发生效果的、符合人们预先设计的功能赋予，而 A1′、A2′ 都是脱离人们主观掌控的功能，A1′ 表征的是被赋予的功能中未实现和未达到的，A2′ 表征的是完全超出人们主观赋予之外的溢出功能。

这里暂不对 A1′ 与 A2′ 各自所代表功能做价值判断，可知的是，A1′ 与 A2′ 这两个领域是建构一个制度性事实所产生的两个不确定性领域、脱离人们预先设计和掌控的领域。根据前面的分析，我们已经知道，人为不确定性是现代性风险—公共危机的源头，在这里，我们已然可以看到人为不确定性的根源及生成场所。在制度性事实的建构过程中，通过集体意向性赋予某一事物新的地位功能可以创造出大量的人为不确定性，因为这种功能赋予行为正确与否、恰当与否充满着未知数。应然功能与实然功能之间的 A1′ 与 A2′ 这两个领域就是与新功能同时产生的两个脱离人们预先设计和掌控的不确定性领域。

由于 A1′ 与 A2′ 这两个与新功能同时产生的脱离人们预先设计和掌控的不确定性领域为两种制度性事实的出现埋下伏笔。一是这两个领域为制度性事实的进一步完善或者新制度性实事的建构留下空间。在现代社会，人们的习惯做法是通过修改原有的制度或者创建一个新法案、新制度去填补前一个制度留下的漏洞或空白。二是如果这两个领域没有被进一步的正式制度填充，那么这些领域将成为潜规则或者非正式规则生成的空间。无论是对原有制度的修改、创建一个新制度还是形成一种非正式制度，所有这一切都构成制度性事实的叠加、演化和复杂化，最终，在整个社会形成一整套制度系统。

这样，每一个制度性事实的建构都会产生大量的人为不确定性，这种不确定性内在的根植于制度性事实的建构过程中，被建构的制度性事实越多，这种不确定性就会累积得越多。正是这种无法预见的东西——人为不确定性创造了一个人们不可见的、不易察觉的境况——风险社会。决策是一个内在于社会实在建构过程的集体行为，每一个制度性事实的生产都包含决策行为，这就是为什么贝克说，风险以决策为先决条件。[①] 当一个社会

---

① 〔德〕乌尔希里·贝克：《世界风险社会》，吴英姿、孙淑敏译，南京大学出版社，2004，第 4 页。

以大量的社会方式创造这种制度性事实为主要内容和特征时,现代性风险的系统性生产就由此形成。这就是风险社会的起源及形成机制。由此可见,风险社会是现代文化的另一个结果、另一种表现形式。

既然制度性事实所包含的人为不确定性是内在的,那么彻底消除这种不确定性是不可能的,除非人们停止建构制度性事实、停止现代文化的延续和运作。对此,人类当前能够寻求的解决之道就是逐步缩小这种人为不确定性的制造。对于现代性风险—公共危机,人们惯常的做法是通过运用新的科学技术和新的制度性来应对。但实际情况是,这种做法同时会制造出更多的人为不确定性—风险。最终,其结果会如贝克所言,"功能差异的不可预见的后果再也不能被进一步的功能差异所控制","激进的现代化以一种既非人们愿意,亦非人们预期的方式暗中削弱第一现代性的根基","第一现代性中最基本的关于可控制性、确定性或者安全性的想法土崩瓦解"了。① 以新制度和新的科技手段为核心的公共危机应急机制的确能够在一定程度上解决现代性风险—公共危机,但这一手段本身会制造大量新的风险。因此,对这一手段的运用应该注意到这一点并有所取舍。人们应该积极寻求制度性事实之外的应对方法。也许,现代文化产生的问题,依旧要靠文化的力量来解决。

现代文明发展到今天,人类在谋求一个由人主导的世界秩序的过程中已经建构了诸多的制度性事实,这些制度形式层层累迭不仅制造出大量的不确定性——将人类推进风险社会,还为人类摆脱这些累积的不确定性风险及其实践性后果——现代性公共危机制造了深厚的制度性障碍。风险社会下,解决公共危机的根本之道不在于急于构建各种新的制度性事实,其中一条可选择的道路是对既有的制度性事实,尤其是对一些基础的、核心的制度性事实重新进行检视,从内在着手,调整现代社会之结构。

二 身份、边界与公共危机

1. 引子:森的记忆与历史的重复

诺贝尔经济学奖阿马蒂亚·森根据自己幼年所经历的、发生于 20 世纪 40 年代印度的印度教徒和穆斯林教徒之间的骚乱记忆,写下这样一段话:

---

① 〔德〕乌尔希里·贝克:《世界风险社会》,吴英姿、孙淑敏译,南京大学出版社,2004,第 2 页。

"1月份还是宽宏大量的人群很快就转变成7月份那些心狠手辣的印度教徒和残暴无比的穆斯林。数十万人死于非命,杀人者在大屠杀的指挥者的操纵下只是做了为他们'自己的人民'所做的事。无知的民众被套上一个单一好斗的身份,由熟练的刽子手们带领着酝酿了这场暴力事件。"①

历史总是在不断重复上演。熟悉20世纪历史的人们可以发现,印度教徒和穆斯林教徒之间的冲突和骚乱充斥于整个20世纪(详见附录)。在地球的其他地区,从南斯拉夫内战到车臣冲突……基于民族和宗教身份的冲突此起彼伏。2008年,中国西藏发生的"3·14"打砸抢暴力事件。2009年,中国新疆首府乌鲁木齐发生的"7·5"暴力恐怖事件。在这两次暴力事件中,阿马蒂亚·森所描述的情形再一次发生,只不过事件的主角发生了变化。对于这些暴力事件,阿马蒂亚·森将之归纳为基于身份冲突孕育的暴力。问题是,"原本宽宏大量的人群"何以变成"心狠手辣、残暴无比的暴徒"?在阿马蒂亚·森看来,某种基于"身份"的"单一性幻想",这种"野心勃勃的单一性幻想"是暴力冲突的一个重要源泉。② 身份认同,既能够带来良好的社会资本存量,也"可以杀人——甚至是肆无忌惮地杀人"③。

2. 身份

拥有一种身份是人类的一种普遍需求,身份需求的背后是人类的归属欲望。归属欲望是人类的一种原始欲望,建立在这一原始欲望上的身份认同则是为了满足人类的这一基本需求。身份是一种基于民族、国家、宗教等边界性概念上形成的事实。因此,身份本质上是一种文化现象,是一种由文化建构出的制度性事实。制度性事实产生边界,而构建边界的一个直接后果就是身份的形成。现代人一生下来就有很多身份属性:国籍、民族、种族,还有阶级、学生、职业能内容。身份赋予个体一种群体组织的归属感,如"我是英国人""我是蒙古族人""我是白种人",等等。每个个体同时属于多个群体,其中的每一种归属都赋予其一种具体的身份。没有一种身份能够被视为是一个个体的唯一身份,每个个体都具有多种身份。身

---

① 〔印〕阿马蒂亚·森:《身份与暴力——命运的幻想》,李风华等译,中国大学出版社,2009,第2页。
② 〔印〕阿马蒂亚·森:《身份与暴力——命运的幻想》,李风华等译,中国大学出版社,2009,第38页。
③ 〔印〕阿马蒂亚·森:《身份与暴力——命运的幻想》,李风华等译,中国大学出版社,2009,第2页。

份将个体归属到具体的社会关系中去，身份成为个体在现代社会的标签。因此说，身份是一种重要的文化现象。对于民族冲突型暴力，身份并非始作俑者或者问题的根源。因为身份仅仅是一种文化现象，支撑身份的是诸如国家、民族等边界性概念。

3. 边界

每一种制度性事实都有其边界，制度性事实的边界就是其被赋予的功能区域。按照制度性事实的构建机制，在界线之内是制度性事实发挥作用的区域，界限之外是不属于制度性事实的活动范畴。从建构层面来看，制度性事实的建构过程实质上就是边界的制造和界定过程。现代文化创造的制度性边界包括国家、民族、种族、阶级，等等。不同的制度性边界有可能交织在一起，例如国家和民族、民族和种族、国家和种族、民族和阶级等。同一制度性边界之间的交叉和冲突，以及不同的制度性边界的交叉所引发的赋予性功能的碰撞是现代文化暴力冲突的一个主要来源。法国大革命期间兴起的爱国主义使此后的人类发生的现代战争——国家间战争，都以国家的名义、打着爱国主义的旗号，将成千上万的普通民众带入战场。20世纪前50年的两次世界大战共造成几千万人伤亡，在某种意义上，是国家高举爱国主义和保卫祖国的大旗将他们卷入战争，英国人、美国人、意大利人、德国人纷纷走向战场，隶属各自国家的军队，进行着一场毫无意义的战争。现代意义上的民族、民族国家和民族主义都形成于18世纪，诸如"英国人""法国人""巴勒斯坦人""以色列人"这样的身份称谓也形成于18世纪。

当代，一个无可否认的事实是，民族是所有民族问题的起点。大多数人认为，民族和民族国家是一种绝对自然自发过程的产物，是遵循自然法则的产物，尤其是民族，是建立在共享的文化和共同的生活方式基础上自发形成的各种群体。但在几个世纪以前，尼采就以其超凡的洞察力指出："当前在欧洲被称为'民族'的东西更像是'人造物'而非与生俱来物"[①]。厄内斯特·盖尔纳（Ernest Gellner）也指出："作为一种自然的和按上帝赋予的分类方式，作为一种内在和拖延已久的政治命运，民族是一个神话。民族主义有时接受先前的文化并将它们变成民族的文化，有时创造民族文化，并且通常彻底摧毁先在的文化。无论好与坏，那都是一个事实，而且

---

① Friedrich Nietasche, *Beyond Good and Evil*, trans, by Helen Zimmern, 引自 *The Philosophy of Nietasche*, ed. Geoffrey Clive, (New York, Mentor books, 1965), p.211。

总而言之是一个不可避免的事实。"① 而安德森则一针见血地指出，民族是"想象的共同体"，是现代政治与文化建构的产物。②

边界导致了一系列现代性公共危机和暴力活动的出现：种族、民族和宗教差异之间的大屠杀、持续的民族冲突、种族冲突和国家冲突、国家间战争，等等。但同时，风险社会的公共危机也同样"包含了一种基层的摧毁边界的发展动力"。③ 南非的种族和解政策化解了因种族界定而导致的长达几个世纪的暴力，对污染反抗和抵制已经冲破了国家的地域限制，全球经济危机客观上逼迫各国政府联起手来共同应对，全球风险的各种爆炸行为——频频发生的公共危机引发了一系列的针对现行科层官僚制政府、市场经济、新自由主义以及全球化的质疑和挑战，从 20 世纪的各种反战运动、环境保护运动到今天的反全球化示威活动，全球公民社会的运动力量逐渐成为一种新的政治和社会动力，这一切都改变着原有的界域划分和权力结构。

在现代性公共危机面前，国家间边界正在逐步丧失原有的意义。1996 年始于英国的疯牛病危机席卷整个欧洲。2002 年严重急性呼吸系统综合征 SARS（Severe Acute Respiratory Syndromes）在中国广东顺德首发，随后扩散至东南亚乃至全球。2003 年始于东南亚的禽流感在鸟类迁徙中逐步蔓延，2005 年扩散至全球。2006 年春季在美国初露端倪的次贷危机（subprime crisis），于 2007 年 8 月开始席卷美国、欧盟和日本等世界主要金融市场，并在 2008 年最终引发全球经济危机。目前，经济危机仍在全球肆虐，其影响和破坏性堪比 20 世纪 30 年代大萧条。风险的发展打破了地区、特定阶级、国家、政治和科学的控制范围和疆界。借用科菲·安南的话，就是公共危机面前，"要么大家都安全，要么大家都不安全"。

三　认同与公共危机

1. 开斋节的屠杀和集庆之地的刺杀

开斋节是穆斯林一年之中最重要的传统节日之一。2014 年 7 月 29 日，穆斯林传统节日开斋节。7 月 28 日，开斋节前一天，中国新疆莎车县发生一起

---

① Ernest Gellner, *Nations and Nationalism* (Oxford, Blackwell, 1983), pp. 48–49.
② 〔美〕本尼迪克特·安德森：《想象的共同体：民族主义的起源和散布》，吴叡人译，上海世纪出版集团，2008，第 6 页。
③ 〔德〕乌尔里希·贝克：《风险社会》，何博闻译，译林出版社，2004，第 54 页。

严重暴力恐怖袭击案件。一伙暴徒持刀斧袭击艾力西湖镇政府、派出所,并有部分暴徒窜至荒地镇。暴徒还在巴楚至莎车公路上设置多处路障,分别在10个地点拦截打砸焚烧过往车辆,杀害无辜群众,持刀斧威逼群众参加暴恐活动。根据8月2日下午新疆维吾尔自治区召开的党委常委(扩大)会议做了关于莎车县的严重暴力恐怖袭击案件的通报。通报显示,7月28日发生在莎车县的严重暴力恐怖案件造成无辜群众37人死亡,其中汉族35人、维吾尔族2人,13人受伤,31辆车被打砸,其中6辆被烧。7月30日早晨6时58分,距离莎车县190余公里之外的喀什市解放北路艾提尕尔清真寺①外的街道上,主持过晨礼后的居玛·塔伊尔(Jume Tahir)大毛拉②遇刺身亡。位于喀什解放北路的艾提尕尔大清真寺拥有近600年历史。是中亚最有影响力的三大清真寺之一。每逢穆斯林节日,清真寺内外跪拜的信徒高达四五万人之多。"艾提尕尔"为"节日礼拜与集庆之地"的意思,而开斋节第二天主持完晨礼的居玛·塔伊尔大毛拉正是倒在了"节日礼拜与集庆之地"的血泊中。③

开斋节的暴力恐怖活动仅仅是最近几年中国新疆发生的暴力恐怖活动的一个缩影。受"三股势力"影响,自"7·5"事件以来,新疆暴力恐怖事件不断发生。从全球范围来看,自20世纪90年代以来,民族冲突和暴力愈演愈烈。

2. 民族冲突的文化阐释

研究民族问题和民族冲突的理论家们常常遵循这样一种模式,将研究的重心放在对问题和冲突的分析上,把民族问题或民族冲突看作是政治、经济、社会、文化各种因素混合作用下的产物,不同民族问题的区别仅仅在于这些构成性因素在不同问题中的比例和重要性不同。然而问题的根源远远没有这么简单。从文化视角对民族冲突暴力活动进行分析,全球风险社会下的民族冲突型暴力本质上是一种文化的产物(见表5-1)。

---

① 艾提尕尔清真寺,(维吾尔语:جامع هيتگاه مسجد قەشقەر هېيتگاھ مەسچىتى Héytgah Meschit)位于中国新疆喀什,是新疆最大的清真寺,也是中亚最有影响力的三大清真寺之一。
② 大毛拉(Mawla):伊斯兰教职称谓。旧译"满拉""莫洛""毛喇""曼拉"。阿拉伯语音译,原意为"保护者""主人""主子"。志费尼《世界征服者史》载有"主啊!吾人之保护者"一语,其中"保护者"一词的原文即为"毛拉"(Mawla)。随着伊斯兰教的传播和发展,该词成为教职称谓而被广泛使用。
③ 资料来源:《新疆日报》、天山网、央视、央广网、中国伊协官网。

表 5-1　民族冲突的文化阐释

	问题	路径一（积极的、建设性的）	路径二（消极的、破坏性的）
观念层面：意识形态	民族主义、宗教思想	民族主义 宗教思想	民族分离主义 极端宗教思想
实践层面一：社会实在的建构	民族、宗教、国家：制度性事实和边界性概念	从无到有创造一个民族 形成一个民族国家 从无到有创造一个宗教组织	基于民族、宗教、国家这些边界性概念，以民族主义或者极端宗教思想为旗帜，要求从原有的多民族国家中脱离出来，谋求建一个新的民族国家
文化事实1	认同和归属：民族认同 国家认同 宗教认同	民族认同的建立 国家认同的建立、宗教认同的建立	民族认同、宗教认同、国家认同之间发生冲突
文化事实2	共同体：民族共同体 国家共同体 宗教共同体	积极价值和后果： 统一的国家共同体的出现，所有社会成员共同维护民族国家共同体的利益	共同体内部的民族暴力冲突 共同体的瓦解
实践层面二：物质商品的生产和生活	生产与生活	经济社会（以经济发展为核心的社会）	贫富两极分化，贫困，利益冲突和矛盾，等等——引发民族分离主义情绪
实践层面三：治理	国家治理 企业治理 公民社会自治		国家治理中的公共政策偏差或者错误导致民族分离主义，而极端宗教思想则进一步强化民族分离运动和暴力恐怖活动

3. 归属与认同

拥有一种身份是人类的一种普遍需求。归属欲望是人类的一种原始欲望，建立在这一原始欲望上的认同则是人类的基本需求。作为一种重要的人类情感，归属可以简单地划分为两种：一是自然形成的归属，即自然归属，二是基于社会认同的归属，即社会归属。自然归属是在个体的生命过程中自然发生的事实，不需要为之斗争、争取、申明和保卫。自然归属没有竞争对手，因为血缘、性别等条件是先天设定的。与自然归属不同的是，基于社会认同的社会归属是一种人为建构的归属：人们通过构建一种"想象的共同体"，如民族、国家，然后建构基于国家、民族基础上的民族认同和国家认同，进而产生一种民族归属和国家归属情感。由此可见，社会归属感对共同体的存续十分重要。社会归属以社会认同为基础。社会认同是建立在共同体或者组织基础上的。基于不同的共同体，社会认同具体表现有国家认同、民族认同、宗教认同以及企业认同，等等。由于它的建构性，社会认同本质上是一种"文化事实",而且是一种"非常重要的文化事实"①。

认同是一种"潜在重要的启蒙力量",②它可以启发蕴藏在群众当中的巨大潜能。现代国家在一定意义上正是利用了民族主义意识形态和民族认同概念,最终完成了民族国家认同的构建,并在国家认同基础上进一步激发人们的爱国主义情感。路径一所彰显的从民族主义到统一民族国家共同体的发展过程,一反映了民族主义积极性和建设性的一面,二体现了民族认同的巨大潜能。从法国大革命开始,基于民族国家认同的爱国主义观念成为国家动员民众参与战争、保卫国家的主要精神工具。然而,无论是民族的归属还是国家的归属都是人造的归属:"这种归属只存在于一个局部限定的世界中:只有在人们思考或真正尝试前所归属的'总体性'是出于所有实践的目的而由'湿件'的能力所清晰确定的时候才如此。"而且,当归属论及的"总体性超越了'湿件'③*的能力——当它因为上述原因而成为一个抽象的'想象的共同体'时,那么这种归属就不可行。"④ 此外,认同不仅仅是一种"潜在重要的启蒙力量",还是矛盾冲突的根源。当国家认

---

① 〔英〕齐格蒙特·鲍曼:《作为实践的文化》,郑莉译,北京大学出版社,2009,第36页。
② 〔英〕齐格蒙特·鲍曼:《作为实践的文化》,郑莉译,北京大学出版社,2009,第36页。
③ 〔英〕齐格蒙特·鲍曼:《作为实践的文化》,郑莉译,北京大学出版社,2009,第36页。
* 注:"湿件"(wetware)一词的起源尚待考证,在20世纪50年代中期它就被用来指称人的脑力,但直到"赛博朋克"(cyberpunk)流行之后,该词才获得广泛传播。它出现在迈克尔·斯旺维克(Michael Swanwick)、布鲁斯·斯特林(Bruce Sterling)和鲁迪·卢克(Rudy Rucker)的小说中,特别是后者1988年出版题为《湿件》的科幻小说,为其三卷本系列科幻《软件》《湿件》和《自由件》的第二卷。它讲述了一个由人类创造出来的有感觉能力的肉身机器人(meatboppers)如何反过来控制和改变人类的故事,对人类脑力(湿件)与带有编码化知识(软件)的机器人(硬件)的结合最终可能摆脱人类的控制并影响人类进化的前景,做了大胆的想象。卢克把湿件称为"所有的火花、口味和纠结,所有的刺激—反应模式——也就是头脑的生物控制软件。"他没有把这个词简单地等同头脑,也没有说它意味着公司中的人力资源。他用湿件代表在任何生物系统中都可以发现的数据,也许与那种可以在ROM芯片中发现的固件(firmware)类似。以卢克的眼光来看,一粒种子,一条嫁接用的嫩枝,一个胚胎,或是一种生物病毒,统统可以称作湿件。DNA、免疫系统以及大脑的进化神经架构也是湿件。到20世纪90年代,湿件成为一个时髦词。那正是新经济增长理论发轫之期,湿件变成了该理论的知识分类中的一种。新经济增长理论把知识分为"软件"和"湿件"两种,与非知识即非人类要素如物品、自然资源、能源和物质基础设施等"硬件"一起,同为经济增长的投入品。"软件"也称"思想"(ideas),是编码化的、储存在人脑之外(如书籍、磁盘、录音录像带等)的知识;"湿件"也称"技能"(skills)或"只可意会的知识"(tacit knowledge),是储存于人脑之中、无法与拥有它的人分离的知识,包括能力、才干、信念,等等。
④ 〔英〕齐格蒙特·鲍曼:《作为实践的文化》,郑莉译,北京大学出版社,2009,第37页。

同与民族认同、民族认同与宗教认同、宗教认同与国家认同发生冲突时,在一定程度上会引发暴力。

如何建立一种超越国家认同、民族认同、宗教认同,更具融合性的新认同,重新发挥认同的"潜在重要的启蒙力量",把认同从冲突的根源转变为融合的力量,这是人类亟待思考的问题。解决的出路也许在于抛开现有的基于边界性概念的认同,以新文化为引领,构建一种基于人这一基础的具有开放性、包容性的新文化认同。在这种新文化认同中,国家、民族和宗教的边界、不同文化形态之间的障碍都不存在,不再区分民族、国籍、种族、种姓,而是以人为本、以人性为核心,在尊重每一个个体生命和人性基础上建立一种新认同。

四 国家与公共危机

美国学者詹姆斯·C.斯科特(James C. Scott)从国家的视角、从现代国家的发展历程分析了国家与现代性公共危机之间的因果关联。斯科特的分析是从考察国家实施的大型社会项目开始的。通过分析不同国家的政府在各自所实施的大型政府规划中失败的原因,斯科特揭示了20世纪乌托邦式的大型社会工程失败背后所隐含的逻辑,并进一步探寻人类在现代文明阶段所遭遇的种种灾难的共同特征和条件。

在《国家的视角》一书中,斯科特在对科学林业、苏联的集体农庄、美国的工业化农业、坦桑尼亚的"村庄化"(乌贾玛村庄)、巴西利亚的城市规划建设等政府主导的大型社会改造项目的考察中指出了受商业逻辑、官僚逻辑、实用主义支配的工业社会规划的局限性和僵化带给人们各种灾难,而且"这些项目是如此巨大,如此忽视生态和社会生活的基本事实,甚至当其致命的结果已经显现出来以后,仍然被不顾一切地继续推行。"在各项研究基础上,斯科特得出自己的结论:"作为宗教信仰的极端现代主义、独裁的权力以及软弱的市民社会为社会灾难和自然灾难的泛滥提供了条件。"①

在斯科特看来,20世纪无论是苏联的集体化农庄、坦桑尼亚和埃塞俄比亚等国的强制化农庄都是20世纪人类巨大的悲剧。这些处于工业化进程中的由国家发起的社会工程之所以带来巨大的灾难,在于以下这四个因素

---

① 〔美〕詹姆斯·C.斯科特:《国家的视角那些试图改善人类状况的项目是如何失败的》,王晓毅译,胡搏校,社会科学文献出版社,2004,中文版序言第2页。

的致命结合。

第一个因素是对自然和社会的管理制度。斯科特认为，为了便于控制和管理，现代国家和政府对自然和社会进行了"能够重塑社会的国家简单化"管理。科学林业管理和现代农业耕作模式反映的是国家对自然的清晰化、简单化的操控过程，这其中最典型的例证是地图。在这种以简单化、标准化著称的自然管理模式下，除了具有直接经济利益和商业化价值的木材和农作物产品之外，其他一切被忽略，包括具有深厚潜在价值的树木、灌木、农作物和植物。以满足国家财政需要为目的的实用主义逻辑和以市场需要为目的的商业逻辑融合在一起，在忽视物种多元性、资源大量浪费和土壤结构、生态环境严重破坏的沉重代价下，建构国家利益和市场利润。斯科特指出，标准化和简单化是现代国家机器的基本特征，因为，"从国家的角度看……多样性和复杂性所反映的不是国家利益，而是纯粹的地方利益。"对待各种事物，如果不加以转变和简化，它们就不可能被国家的管理机构所吸收。在对自然的管理中，"需要简化背后的原因是统治者急切的物质利益：财政收入、军事力量和国家安全。"① 如果说集约化、标准化、机械化是国家对自然的管理方式，那么国家对社会的标准化、简单化管理则以统一的户籍制度和税收制度、姓氏的标准化、正式语言的标准化、交通模式的集权化、货币统一、法律系统的标准化、通讯系统的统一化等为标志。这些使社会越来越趋向统一化、标准化的制度逐步完善，使得国家对社会的直接统治技术愈加地强有力。"人口和社会空间越静止、越是标准化和统一，那么也就越清晰，也就越容易适应官方的技术。"② 对统一和标准化秩序的追求说明，"现代国家机器也是国家内部殖民项目"，国家将这种系统的分类和简单化赋予社会，以便获得其所设想的理想控制效果，但事实上，这种过于简单化、标准化和统一的社会管理模式忽视了社会文化的多样性和社会需求的多样性，破坏了社会生态的多样性和互补性。

第二个因素是极端的现代主义意识形态。贝克指出新的社会运动是反现代主义的，同时又提醒人们"必须与传统的财富保持良好关系，而不必以一种误解和悲伤的方式转向新现代性。"在这里，贝克是希望人们从积极

---

① 〔美〕詹姆斯·C.斯科特：《国家的视角那些试图改善人类状况的项目是如何失败的》，王晓毅译，胡搏校，社会科学文献出版社，2004，第25页。
② 〔美〕詹姆斯·C.斯科特：《国家的视角那些试图改善人类状况的项目是如何失败的》，王晓毅译，胡搏校，社会科学文献出版社，2004，第105页。

和消极两个方面来看待现代主义,在批判现代主义的同时不应该忘记现代主义的积极作用。但人们对现代主义究竟应该如何批判,对现实主义的哪一部分进行批判?贝克并没有指明。对现代主义的批判问题在斯科特这儿得到了准确的限定。斯科特认为,对现代主义的批判主要是针对现代主义的极端形式,即极端现代主义(High Modernism)的批判,因为是极端现代主义意识形态,而不是现代主义导致了人类的种种灾难。什么是斯科特所讲的极端现代主义意识形态呢?斯科特认为,这种极端的现代主义意识形态是一种"强烈而固执的自信","是对科学和技术进步的强烈(甚至是僵化的)信念。……其中心就是对持续的线性进步、科学技术知识的发展、生产的扩大、社会秩序的理性设计、不断满足人类需要以及与随着对自然规律的科学理解相应产生的不断增长的对控制自然(包括人类本性)的超强自信。"① 在这里,我们可以发现斯科特关于极端现代主义的描述与贝克的工业社会神话的论述实属异曲同工。斯科特进一步指出,作为一种信仰,极端现代主义并非为某种政治倾向所独有,社会主义国家与资本主义国家,发达国家与发展中国家在共同信奉这一信仰。在所有工业化国家中,正是这种极端现代主义意识形态作祟,引导着现代化进程。

第三个因素是独裁主义国家。斯科特认为,只有将这第三个因素放进去,前两个因素的结合才具有现在的危害性。因为,只有独裁国家才有愿望而且有能力使用它所拥有的强制力量促使那些极端现代主义的设计变为现实。诺贝尔经济学奖获得者阿马蒂亚·森关于集权、民主与饥荒关系的论述则进一步佐证了斯科特的观点。在对饥荒防治经验的跨国比较研究中,森得出了这样的结论:在当代世界饥荒防治过程中,民主具有非常的正面保护功能,民主对饥荒的防止具有积极作用。言论自由、出版自由和活跃的政治反对派使得执政者在饥荒防治方面不能无所顾忌,自由的新闻传播体系使得国家和政府必须在意和重视民众的批评和压力,因此,实行民主制的国家和正在向民主过渡的国家发生饥荒的几率都非常小。饥荒大都发生在权威主义国家,这些国家发生饥荒的根源在于权威主义国家的政治领导在政治上无所顾忌。② 20 世纪初苏联境内发生的三次大饥荒以及农民暴

---

① 〔美〕詹姆斯·C. 斯科特:《国家的视角那些试图改善人类状况的项目是如何失败的》,王晓毅译,胡搏校,社会科学文献出版社,2004,第 117~118 页。
② 〔印〕阿马蒂亚·森:《以自由看待发展》,任赜、于真译,中国人民大学出版社,2002,第 176~179 页。

动和骚乱、中国 1959~1961 年大饥荒,以及朝鲜和非洲的许多刚解放的国家一样至今仍在承受饥荒的困扰等实例都有力证明了森的观点。战争、革命、濒临崩溃的社会、贫穷以及民族解放任务的存在往往为独裁主义国家的出现提供了土壤。今天,随着三次民主化浪潮的洗礼,独裁主义国家在世界政治中所占的比例已经微乎其微,但集权政治仍旧大量存在,无论是在以民主自居的西方发达国家,还是正处于民主化进程中的发展中国家,集权政治都以不同程度的形式存在。在西方发达国家,吉登斯将其中蕴含着一定程度集权政治的民主政治称为"不彻底的民主"。无论是在"不彻底的民主"国家,还是正处于民主化进程中的发展中国家,集权政治都在以不同的方式和程度强化极端现代主义的推行,而加强对自然和社会的控制本身就是国家存续的内在目标,三者结合起来,为实现一个"神话"——工业化社会,不惜民力、不顾民生、不顾惜生态环境的破坏和自然资源的滥用,一切围绕经济增长运行的工业化政治逻辑奠定了日后的种种危机。最近几年美国不断遭受着在频率和强度上都大幅增强的飓风的侵扰、疯牛病困扰着英国的农业和畜牧业发展,SARS、禽流感、甲型 H1N1 流感如同金融危机一样席卷全球,恐怖主义袭击时有发生。在中国,改革开放中长期实行的价格"剪刀差"导致"三农问题"积重难返、社会矛盾积聚,社会群体性事件大量迸发。极端现代主义在不同程度集权政治的帮助下如虎添翼,为人类发展埋下一个个深层炸弹。

第四个因素是软弱的市民社会。斯科特认为,一个软弱而顺从的公民社会缺乏抵制这些大型项目计划的能力。因为,在斯科特看来,社会的清晰性提供了大规模开展社会工程的可行性,极端现代主义意识形态提供了愿望,独裁的国家为这一愿望的实施提供了决定的权力和行动的能力,而软弱的公民社会则为等级社会提供现实基础。[①] 在不彻底的民主以及民主化进程中,政治权力或被政党政治所篡夺,或被精英政治所掌握,普通公民的政治权利得不到充分、有效的发挥,公民社会的政治参与处于守弱势态。民主制度较为成熟的西方发达国家与处于民主化进程中的发展中国家的区别不在于公民是否充分实现政治参与,而在于公民有限政治参与程度的多少、参与方式的多寡。在这两类国家中,公民都没有实现有效的、充分的

---

① 〔美〕詹姆斯·C. 斯科特:《国家的视角那些试图改善人类状况的项目是如何失败的》,王晓毅译,胡搏校,社会科学文献出版社,2004,第 6 页。

政治参与，公民社会都没有形成对现存政治和政府全面而有效的约束，公民的权利在不同程度上都未实现充分保障；发达国家与发展中国家的区别仅在于发达国家在公民参与政治的程度上、方式的多样性上比发展中国家更为先进，但这并不意味着发达国家公民政治自身已经不存在问题，或达到了一个可以四处标榜的极致。软弱的公民社会并不仅仅是发展中国家的写照，同时也是发达国家民主政治中存在的主要问题。作为与自然接触最直接的实践者，普通公民对环境破坏、资源滥用和政策制度实施有最直接、最真实的感受和最直接的利害关系；同时，他们也掌握着丰富的实践经验，有着对自然、社会、政策结果最直观、最朴素，同时也是最重要的判断，这些因素共同奠定了他们的利益诉求。然而公民社会的守弱势态使得普通公民的合理合法利益在与国家利益、市场经济利益的对抗中始终处于劣势。斯科特认为，20世纪现代国家主导下的很多大型社会工程都是一种在极端现代主义的乌托邦构想，在这种乌托邦构想中，极端现代主义意识形态提供了欲望，现代国家为欲望的实现提供工具，而无能的市民社会则为建筑乌托邦提供了平整的基础。关于极端现代主义乌托邦，斯科特进一步指出，如奥斯科·王尔德所言："没有乌托邦的世界地图根本不值得一看，因为它缺少人类常驻的国度"。但当乌托邦幻想为统治精英所掌握，而这些精英不承认民主或公民权利，并为了达到目标毫无节制地使用国家权力的时候，乌托邦的幻想就会走向错误。当接受乌托邦试验的社会没有任何抵制能力时，乌托邦的幻想就会走向致命的错误。[①] 一个强有力的公民社会是人类抵制极端现代主义破坏力的最后一道防线，是人们遏制不断扩张的国家权力和行政权力的最后一道防护墙，也是人类维护自身权利和基本利益的最有效的途径。

五 构成性规则的滥用与公共危机

构成性规则（constitutive rules）的形式是"X在C中算作Y"。这种公式是赋予地位性功能的一般策略，因此这种公式就获得了一种规范地位，即构成性规则是建构制度形式的一般规则。塞尔在对构成性规则进行分析时明确指出，"一般性规则造成了滥用规则的可能性……如果没有这种一般

[①]〔美〕詹姆斯·C. 斯科特：《国家的视角那些试图改善人类状况的项目是如何失败的》，王晓毅译，胡搏校，社会科学文献出版社，2004，第116~117页。

性规则，这种滥用就不可能存在。这种滥用形式的可能性是制度性事实的一个特点。"① 一般性规则的滥用不仅是制度性事实的特点，还是现代社会、现代文化体系的特点。对一般性规则的滥用包括以下几个方面。

一是对 X 项的冒充，最典型的实例是假币。假币是一种被设计得看起来像是满足 X 项（正规版印的纸币）的东西，但实际上它们并不满足 X 项的条件，由于极其相似而一般人难以辨认会被误认为是真币。相同的实例还有假货、假药、假奶粉等。现实世界还存在一种更为高级的"假冒"，严格意义上应该称之为"替代"，这种"假冒"不是以假乱真、以次充好，而是通过改变 X 项的内在基因来改变 Y 项。比如转基因大豆也是大豆，但此大豆非彼大豆，其产量、功能和食用后果与传统大豆相比都是极为不同的。再比如服用抗生素、瘦肉精、催熟剂长大的家禽、生猪、鱼虾等食物，肉眼怎么仔细观察，它们都还是家禽、生猪、鱼虾，但其体内含有大量的抗生素以及有毒物质，这是传统饲养和野生放养的家禽、生猪、鱼虾体内所不具有的。是科技的滥用使 Y 项的内在组成发生了变化，在这些物质产量大为提高的同时，其安全性在大大降低。长期服用这些食物的结果就是人类生存的风险大大提高。

二是对一般性规则的滥用。例如，国家或政府因资金缺乏而大量印制货币导致通货膨胀。超限度地印制纸币这一行为就是通过对纸币的构成性规则的滥用以增加财政收入的不良行为，其结果会引发通货膨胀，同时使得满足 X 项的对象不再能够实现 Y 项所表示的功能，即货币贬值。此外，大量金融衍生品的存在导致了大量风险的积蓄，当金融监管过于宽松时，金融危机一触即发，对一般性规则的滥用是金融危机爆发的主要原因。另外，一般性规则还会为一些暴力力量披上合法的外衣。"二战"前夕，德国纳粹先是通过合法程序获取国家权力，然后通过国家机器实施战争计划和种族灭绝政策。一般性规则说到底是一种基本形式，其本身没有什么意义，其价值在于通过固定的程序赋予某一事物一定的地位—功能。当构成性规则的基本条件得到满足，极端暴力势力也能够通过此程序获得合法地位和权力。

三是一般性规则的具体解释权和细则制定权多在于具体的部门或行政

---

① 〔美〕约翰·R. 塞尔：《社会实在的建构》，李步楼译，上海世纪出版集团，2008，第 42 页。

负责人,一般地,这种权力被称为行政自由裁量权。这种对一般性规则的具体阐释导致另一种权力滥用,即行政自由裁量权的滥用。地方本位主义、部门利益、个人谋利行为,这种权力滥用都是一种合法形式下的侵权和牟利,在缺乏有效监督的社会尤其如此,这是制度性事实的一个内在缺陷。制假是显而易见的违法行为,而这种滥用则是披着合法的外衣从事实质性的侵权和掠夺行为。一般性规则为权力部门和权力拥有者滥用职权提供了机会和条件。

贝克认为,全球风险社会及其公共危机"与高度分化的劳动分工相一致,存在一种总体的共谋,而且这种共谋与责任的缺乏相伴。任何人都是原因也是结果,因而是无原因的。原因逐渐变成一种总体的行动者和境况、反应和逆反应的混合物,它把社会的确定性和普及性带进了系统的概念之中。"现代文化"系统"的潜在伦理是:"你可以做某些事情并且一直做下去,不必考虑对此应付的个人责任。这就像一个人在活动却没有亲自在场。一个人进行物理的活动,却没有进行道德和政治的活动。一般化的他人——系统——在个人之中并通过个人行动:这是文明的奴隶道德",在其中人们进行个人和社会的行动,似乎从属于自然的命运,实则是系统的"万有引力定律"。① 这样,在现代文化的引领下,整个社会变成了一个实验室,一种永久的大规模的实验室。②

---

① 〔德〕乌尔里希·贝克:《风险社会》,何博闻译,译林出版社,2004,第34页。
② 〔德〕乌尔里希·贝克:《风险社会》,何博闻译,译林出版社,2004,第82~83页。

第六章　观念与公共危机

> 观念的转变和人类意志的力量使世界形成现在的状况。①
> ——哈耶克《通往奴役之路》

观念是文化分析中的一个重要因素，从宏观的角度讲，观念包括人类社会的意识形态，共享理念，世界观、自然观等基本价值观念及基本的伦理道德观念。从微观的角度讲，观念主要指个人或组织所具有的理念、人生观、世界观、价值观等内容。在现代各种公共危机中，由于观念错误导致的危机占据了绝大多数。

从本章开始，宏观路径的分析拉开序幕。本章主要分析现代文化中的一些主要意识形态与全球风险社会下公共危机之间的因果关系。文化原本就是观念的产物，在文化的机构序列中，意识形态、思想等观念恰恰排在文化层级的最顶层，这表明意识形态等观念因素对文化的发展、人类的生活的演变以及公共危机的发生和演变具有重要影响。现代文化经过几百年的发展，其意识形态的演化不断推陈出新，本章主要分析那些对公共危机的形成和出现具有重大影响力的意识形态，其中包括人类中心主义、民族主义、种族主义、极端宗教主义、恐怖主义，等等。

第一节　人类中心主义与全球生态危机

全球风险社会下的公共危机种类繁多，内容复杂。在各种公共危机中，

---

① 〔英〕弗里德里希·冯·哈耶克：《通往奴役之路》，王明毅、冯兴元等译，中国社会科学出版社，1997，第19页。

对人类的生存和发展影响最为关键的是生态危机。人类每年由于过度使用自然资源造成的生态损失达4万亿~4.5万亿英镑,是全球金融危机造成损失的两倍。① 生态危机与经济增长的矛盾已经成为当前社会发展的最基本矛盾。随着全球生态环境的进一步恶化,生态危机成为全球各国发展所面临的共同挑战,无论是资本主义国家还是社会主义国家,都在关注并想方设法应对。生态危机以及可持续发展,已然成为这个时代的主题。

一 全球生态危机的表现和深远影响

尽管目前人们关于生态危机的论述众说纷纭,但对于什么是生态危机并没有一个准确的界定。所谓生态危机,主要是指由于人类的现代文化活动所导致的地球整个生态系统结构和功能的严重破坏所形成的一种危险势态,这种危险势态的存在和加剧对整个地球生物的生存和发展造成了严重影响和威胁。自人类步入现代文明以来,随着生产力的不断进步,人口的不断增长,现代化进程的不断发展,人类干预自然的规模和强度不断地扩大和深化。伴随此过程,全球范围的森林覆盖面积缩小、草原退化、水土流失、沙漠扩大、水源枯竭、环境污染、环境质量恶化、气候异常、生态平衡失调等问题大量出现。当前,全球生态危机突出表现在以下几个方面:臭氧层破坏、全球变暖及其温室效应、酸雨、赤潮和淡水资源危机、物种加速灭绝、热带雨林消失和森林资源锐减、能源短缺和垃圾成灾、土地荒漠和生态失衡。早在2010年世界自然基金会出台的《地球生命力报告》就已经明确地提出警告,人类目前的生活方式,使世界正在进入"生态信贷紧缩危机"状态。随着人口增多和消费速度加快,这种情况会继续恶化。预计到2030年,如果人类生活方式没有任何变化,人类要想维持生存得需要两个地球供应资源。② 全球生态危机的关键问题是全球气候变暖和生态恶化。关于全球变暖的原因和影响,世界气象组织与联合国环境规划署于1988年建立的政府间气候变化专门委员会(IPCC)自1990年以来发布的若干报告,清晰地反映出科学研究对此项问题的解释及其倾向。关于全球变暖的原因,IPCC 1995年的气候报告中已经指出"可辨别出人类影响",2001年的报告进一步指明其"可能"是人类活动造成的。2007年2月2日

---

① 〔英〕弗里德里希·冯·哈耶克:《通往奴役之路》,王明毅、冯兴元等译,中国社会科学出版社,1997,第19页。
② WWF, ZSL and GFH, 2010: 地球生命力报告2010, IPCC,瑞士,日内瓦,第7页。

发表的第四次气候变化评估报告则用更为坚实的语气称气候变暖"极可能"是人为因素造成。该报告预测，从现在起到 2080 年，全球平均气温将升高 2℃～4℃。所造成的灾害和恶果将触目惊心：饮用水可能遇到问题的人有 11 亿～32 亿，面临饥饿威胁的人有 2 亿～6 亿，每年沿海地区可能遭受洪涝灾害的人有 2 亿～7 亿。全球变暖引起全球气候变化，除了极地冰雪融化，海平面上升等后果外，还包括频繁出现的极端气候事件。全球范围的历史观测数据表明：至少从 20 世纪 50 年代以来，洪涝、干旱、台风等极端气候事件发生的频率呈现显著上升的趋势。温室效应导致地球表面平均温度上升，大气中能量场分布发生变化，降水时空分布发生紊乱，进而出现旱、涝等极端气候事件频发的现象并加剧了其影响；大气能量分布的变化还导致了飓风、台风频发，冰川融化。①

二　全球生态危机的不同阐释

导致生态危机的原因很多，既有制度原因，也有价值原因。从整体上来讲，生态危机本质上是一种文化危机，现代文化的危机。就文化范畴各要素而言，生态危机的根源在于现代文化的价值观问题，因为制度、生产方式、技术等因素最终都是核心价值观念的反映。普遍认为，现代文化之人类中心主义伦理观是生态危机的价值根源。

1. 生态马克思主义的阐释

关于生态危机，生态学马克思主义的观点是，生态危机已经取代经济危机，成为资本主义社会的主要危机。生态危机已经成为当前资本主义世界最突出的问题。资本主义的生产方式和消费模式是导致生态危机的主要因素。在对资本主义批评的基础上，生态学马克思主义提出，资本主义世界摆脱生态危机的根本路径是争取社会主义道路，构建一种均衡、稳态的社会主义经济模式。

生态马克思主义从生产方式角度对生态危机进行分析，这种创见性做法加深了人们对生态危机起因的认识。但深陷"资本主义——社会主义"二元对立方法论囹圄的生态马克思主义，对生态危机的解释尽管深刻但不够准确，因为他选错了批判对象。"资本主义——社会主义"这种二元对立

---

① IPCC，2007：气候变化 2007：综合报告。政府间气候变化专门委员会第四次评估报告第一、第二和第三工作组的报告（核心撰写组、Pachauri，R. K 和 Reisinger，A. 编辑）。IPCC，瑞士，日内瓦。第 5～9 页。

的方法论基础使得生态马克思主义的视野仅在"资本主义"和"社会主义"之间轮回，看不到二者背后更为基础和一般的社会运行机制，即现代文化。无论是资本主义还是社会主义，仅仅是现代文化前行过程中出现的两条大同小异的道路选择。更为重要的是，排开意识形态方面的差异，资本主义和社会主义共享着现代文化的核心价值观、共享着现代化进程、共享着诸如现代国家、政党、代议制、议会制等诸多现代文化的基础制度。对于生态危机，生态马克思主义将批判对象指向资本主义，这使得生态马克思主义犯下两个错误：一是生态马克思主义看不到资本主义背后更为一般和决定性的机制——现代文化对生态危机的肇始作用；二是生态马克思主义无视社会主义国家在生态危机制造方面的贡献，并想当然地将社会主义道路作为摆脱生态危机的出路。

2. 风险社会理论的阐释

贝克的风险社会理论在一定意义上来讲就是针对生态危机建立的理论体系。贝克曾指出，其风险社会理论就是"为生态问题的社会学分析提出一个概念框架"，从而将这些问题当作"社会的内界问题而不是当作环境或者外界问题来对待"。[①] 贝克对生态危机的思考主要是从两个方面进行：一是工业化进程，工业化进程是导致生态危机的主要因素；二是科学技术，工业化进程中的技术风险是引发生态危机的另一个重要因素。对于生态危机，贝克提出的解决办法是生态政治。对于贝克的理论，如前文所言，工业化进程作为现代性的表征之一，仅仅是现代化过程的一部分，尽管是非常重要的部分，但远非现代化的全部。现代性风险的产生也并非只集中在工业化领域，农业生产中农药和化肥的大量使用、政府公共决策的错误和失误、医学技术和药物的不当使用、人口增加导致的自然资源消耗和生活垃圾排放的激增等都是生态危机的肇始因素。如贝克所言，全球风险社会的风险，"是无论在时间上还是在空间上都无法从社会的角度进行界定的现代文明制造的风险"。[②]

对于全球生态危机，除了生态马克思主义和风险社会理论之外，还有其他一些归因论。有的学者将之归因于资本主义，有的将之归因于市场经

---

① 〔德〕乌尔里希·贝克：《世界风险社会》，吴英姿、孙淑敏译，南京大学出版社，2004，第10、24页。
② 〔德〕乌尔里希·贝克：《世界风险社会》，吴英姿、孙淑敏译，南京大学出版社，2004，第24页。

济,还有的将之归因于全球化。

3. 基于文化的解释

从整体角度来看,生态危机不是资本主义的产物,而是现代文化的产物。首先,生态危机不是资本主义而是现代社会、现代文化的主要危机。生态危机作为一种全球性危机,是资本主义国家和社会主义国家共同的境遇。生态危机作为当前社会最突出的问题的困扰,无论是资本主义国家还是社会主义国家在短期内都无法摆脱。其次,从生态危机的肇始来看,不仅是资本主义国家,而且所有从事现代化建设的社会主义国家,即所有现代化进程序列中的国家都是当前全球生态危机的肇事者。因此,生态危机的始作俑者不是什么资本主义,而是以社会化大生产为核心的现代文化,是现代文化在全球范围铺设开的现代化进程。因此,所有参与到现代化进程的国家都或多或少地对生态危机的出现负有不可推卸的责任,这其中并不仅涉及资本主义国家,而且社会主义国家对全球生态危机同样负有责任。二者的一个区别在于,资本主义国家的现代化进程其实开始得比较早,因此对全球生态危机负有更多的责任和义务。最后,对于如何摆脱生态危机,生态马克思主义的构想显然是错误的。因为社会主义国家与资本主义国家同在现代化序列,共享现代文化的核心价值观,诸如人类中心主义、理性、进步等,社会主义国家本身对生态恶化也负有不可推卸的责任。从现代文化层面衡量,以经济增长为目的的现代社会、现代文化是不可能依靠自身克服或者摆脱日趋严重的生态危机的。

三 全球生态危机:文化的阐释

从现代文化视阈对生态危机进行分析,遵照既定的分析框架,可以从以下三个维度进行,分别是要素层面、实践层面和观念层面(见表 6-1)。

1. 纬度一:要素层面的分析

从事态的表象来看,国家、企业、科学技术、公共政策都有可能是生态危机的制造者。由国家组织实施的大型水利工程不乏对周边生态系统造成严重破坏的,如阿斯旺大坝。企业毋庸置疑是环境污染和工业垃圾排放的头号凶手,仅原油泄漏这一项就足以在一个面积相当广泛的地区造成生态灾难。科学和技术的不当使用则起到推波助澜的作用,核技术产生的核

表 6-1　全球生态危机的文化阐释

现代文化的三个纬度	内容	现代文化与生态危机	对策
要素（体系）第一层面	国家、企业 工业产品 工业垃圾 生活垃圾 科技 法律、政策 ……	生产导致污染 难降解的工业产品、工业垃圾和生活垃圾会导致环境污染 科学技术的使用导致的环境破坏 制度法律不健全对环境破坏行为的纵容 政策不当导致的环境破坏	建立和完善环境保护方面的法规政策，减少二氧化碳排放和环境污染，对工业垃圾和生活垃圾进行妥善处理……（基本不触及目前的生产方式和生活方式）
实践第二层面	社会化大生产	社会化大生产：生态危机的具体制造过程。现代社会的经济活动是以社会化大生产方式进行，对自然资源的掠夺式使用、有害物质的排放也都伴随这个过程进行	人类生存方式和生存法则的反思 生产方式的转变 生活方式的转变
观念第三层面	人类中心主义 虚无主义	人类中心主义：生态危机的最深刻根源 控制自然的欲望 人的获利本性 扩张性、掠夺性	核心价值观念的改变： 生态文化 伦理关怀 对现代文化的哲学反思

废料、电子信息技术形成的电子垃圾，对生态环境和生物物种的破坏是巨大的。不合理的公共政策同样会导致生态危机，税收效益和政绩效应推动下的大型污染项目的盲目上马和投产、没有充分考量环评效应的公共政策的出台都会导致一个地方生态环境的急速恶化。针对上述问题，普遍实行的对策是增加环境保护方面的法规政策，减少二氧化碳排放和环境污染，对工业垃圾和生活垃圾进行妥善处理，政府公共政策引入环评机制等。然而这些局部措施都没有改变和触及人类社会当前的生产方式——社会化大生产，与社会化大生产相配套的消费型生活方式也没有发生大的改变。在各国普遍以经济增长为核心目标的情况下，所谓绿色生产方式和生活方式的建立只限于少数群体和政策层面。

2. 纬度二：实践层面的分析

从现代文化的实践层面来看，现代文化的社会化大生产过程同时也是生态危机的制造过程。现代文化的生产方式决定了生态危机的必然性和全球性。很多人将生态危机解释为人类发展过程中的负效应和代价问题，即生态危机是现代社会高速而全面发展所产生的一种负效应，是人们享受现代化成果同时必须承担的代价，以此来论证生态危机出现和存在的合理性，并提出先发展后治理的解决办法。事实上,生态危机不仅是一个现代化过程中的负效应和代价问题,而且是社会化大生产方式本身所固有的问题所导致的一种危及人类生存和发展的严重危机。如果人们认识到社会化大生产这种生产方式所存在的问题,在具体实践过程中审慎应对、加以控制,生态危机是可以避免的。然而,被巨大的物质利益冲昏头脑的人们几乎从不去质疑这种生产方式的劣根性,一味地追寻扩大化和规模效应,急切地将一切地区、一切人力、一切资源都卷入到这种生产游戏中来。在这个不断扩大化的过程中,产出不再受实际的使用需求限定,而受利润增长驱使,没有消费可以去制造消费、引导消费,甚至迫使消费。在今天这个物欲横流的消费社会中,尽管决定权和选择权仍在个体,但商品的内容、种类和价格、消费方式,甚至消费理念是企业和商家共同创制的。今天,对社会化大生产这种生产方式进行反思是容易的,进行改造和重建则是困难重重的,因为这种生产方式的背后是人类所持有的一系列坚定而自负的信念。

3. 纬度三:观念层面的分析

不同时期的人类由不同的内在动机支配,从而使人与自然呈现出特定的整合关系。人与自然的整合方式就是起支配作用的生产方式和生活方式,其中生产方式决定着生活方式。社会化大生产作为人类文化史上最具产出效力的人与自然整合方式,其内在的支配观念是人类中心主义。因此,人类中心主义是生态环境危机产生和恶化的思想根源。以普罗达哥拉斯、阿奎拉和笛卡尔等为代表的人类中心主义已经持续了数千年。1967 年,美国著名历史学家 L·White 在其发表的《我们的生态危机的历史根源》一文中明确指出导致现代环境危机的最深刻的思想根源是基督教思想中根深蒂固的人类中心主义。① 人类中心主义至少在以下三个方面对全球环境危机的产生和恶化有着不可推卸的责任:第一,在对待自然的态度上,人类中心主义过于强调人类对自然的征服和改造。人相对于自然界而言,是高高在上的主体,自然则是供人类认识和改造的客体,因而人类与自然一旦发生冲突,人类就以征服这种非常粗暴的方式来解决二者的矛盾。德国自由主义作家狄特·富尔特说:"在以往数百年中,人类就是这样执著于从自身的思想和文化成就中去探讨自己的本性和生存的意义。人类所在的自然为了体

---

① 杨通进:《寻找人类中心主义与非人类中心主义的重叠共识》,《伦理学》2006 年第 6 期,第 71 页。

谅我们而降格为一种布景,进入此布景的我们便不得不上演特殊的人类历史剧并经受考验"①。久而久之,人类与自然之间慢慢地就形成了一种异化和扭曲的紧张关系。第二,在人类社会内部,资源分配与占有存在很大程度上的不平等,大国沙文主义、文化沙文主义、民族歧视和种族歧视使得发达国家和发展中国家在使用和享有地球资源方面表现出很大程度的不公平。发达国家在资源抢占和经济快速发展的同时,排放了大量的废气、废水和有毒垃圾。"多数的环境破坏,尤其是那些具有全球后果的环境破坏,是由人口已经相当稳定的工业国一手造成的。"即使是那些"确实由第三世界自己造成的多数环境破坏也往往导源于第一世界,因为后者的经济发展项目输出了危害环境的政策。"② 第三,在当代人与后代人的利益之间,存在着过度耗费与破坏性使用,导致可持续发展成为人类发展面临的主要议题。工业化进程的扩张性使得人们在强调和保持经济增长的同时,过度消耗资源,并对自然环境造成极大破坏,置整个人类生态系统的平衡和全人类的延续于不顾。人们肆无忌惮地消费地球上的有限的资源并将地球当作一个巨大的垃圾场,这种行为不仅严重威胁了当代人的生存,同时也在"透支"后代人的资源和损害后代人的利益。

第二节 对意识形态的再审视

一 人类中心主义:新的世界观的确立

启蒙运动确立了"人"在历史发展过程中的核心地位,理性成为改造自然的支配力量。在 18 世纪,人类中心主义,这种新的世界观形成。这种新的世界观首先是一幅关于"人"的画面。1750 年亚历山大·高特列布·鲍姆嘉通出版的《美学》一书扩展了"人性"观念,在此后的时间里所有关于这个世界的想象都围绕着"人"这个中心转动;随后在伏尔泰的《风俗论》以及百科全书派的大量作品中,对人类中心主义和理性颂扬构成了一个统一命题。人类中心主义,这是"一个新的画面,一个新哲学的集体

---

① 〔德〕狄特·富尔特:《哲人小语——人与自然》,生活·读书·新知三联书店,1993,第 8 页。
② 〔美〕丹尼尔·A. 科尔曼:《生态政治建设一个绿色政治》,梅俊杰译,上海世纪出版集团,2006,第 7 页。

产物；它把世界看作是本质上为人类的一种创造物及人类各种能力的试金石。"① 从那时起，世界被理解为人类的追求、选择、成功与失败的舞台，被当作人类实施各种社会试验和社会工程的场所。人不再是习惯的奴隶，也不再依据事物现在和过去的阶段去推断事物未来的状态；人是这个世界的掌控者、规则的制定者；世界不再是永恒的和难以驾驭的，人能够根据自己的意志控制和改变时节；世界不再为上帝所造，而为人类所造，是人的改造对象。

不仅如此，从18世纪的后半叶开始，文化的观念开始被用来表征人类取得的成就，以与"不容改变"的自然事实相区分。"文化"代表人类所能做的事，"自然"代表人类必须遵守的方面。此后，社会思潮的总趋向是将文化"自然化"，人类社会进入一个"由疯狂的寻求人类秩序坚固的和不可动摇的基础所控制的时代"，几乎所有的文化事实，包括各种理念、知识体系、各种制度、生活方式、物质文化成果，等等，都是人类创建的用以控制自然及人本身的产物。

人类开始有意识地摆脱自然束缚，独创自己生活方式之时，就是文化兴起之时。在人类文化发展的长远历史中，人类与自然之间建立了一种不断演变的复杂关系。不管人类与自然的关系怎样演化，一个不变的主题是人类与自然在不断抗争。在人与自然的交互过程中，如果说，在前现代文化阶段起支配作用的是现实原则，那么，现代文化阶段支配人类行为的则是功利原则。现实原则下的人类对自然又爱又怕，一方面对大自然的威力无比恐惧，另一方面又对大自然的赐予心存感恩，这使得前现代社会的人们在一种对自然的敬畏中与自然进行必要的斗争。在前现代社会的现实原则中，对自然的敬畏和遵从是基础、是主旨，而斗争仅是迫于无奈形势下的斗争。近现代以来，人类中心主义观念形成。欧洲人宣称"人的目的是绝对价值""人是自然界的最高立法者"，培根提出"知识就是力量"；洛克提出"对自然的否定就是通往幸福之路"，康德提出"人是目的"，这标志着一种以人类为中心，征服自然、控制自然的"一边倒"形势出现，建立在人类对自然敬畏基础上的传统平衡将彻底被打破。

新世界观弘扬的是一种现代人道主义观念——它将人类置于整个自然乃至宇宙的中心，试图用人类取代上帝和一切神灵，用人类理性取代一切

---

① 〔英〕齐格蒙特·鲍曼：《作为实践的文化》，郑莉译，北京大学出版社，2009，第6页。

先验法则，试图通过建立一种基于人类理性基础之上的，而非任何先验的或超自然法则支撑下的人类秩序，来寻求人的自由与幸福。在这个过程中，人类假设自己是整个宇宙的支点，依托理性，不断地从无中创造各种新的控制机制，从市场经济体制、现代企业管理制度，到现代国家制度、代议制民主制度、现代官僚制，从现代教育体制到科技研发机制、专利保护制度，等等。这一时期，人类将自己的认知能力、逻辑思维能力以及坚定不移的决心扩展到极致。工业社会中，各国的管理者面临的从一而终的历史任务或挑战就是不断创造或寻求一种（新的）人造的、人工的，以立法为基础的人造秩序来代替现代社会之前的、末路的、神的或自然的秩序，或者修补产生于工业社会的问题和漏洞百出的人造秩序。事实上，是不断地创新、超越和扩张，而并非经济增长和发展构成了现代文化的实质性野心，如鲍曼所言，"人类自由的神话以其最激进的表现方式体现在解放和超越的观念中"。①

二 对新世界观的审视

以人类中心主义为核心的现代文化具有内在矛盾性，这些价值观层面的内在矛盾是包括生态危机在内的全球风险社会及其他公共危机的内在根源。现代文化的内在矛盾主要体现在以下几个方面。

1. 创造与规约

鲍曼认为，文化观念具有内在的矛盾性——创造性与规约之间的矛盾性——这是将人类的栖息地想象为文化世界的认知意义所赖以存在的真正基础。文化最主要的矛盾性是创造秩序观念的矛盾性，这种观念是所有现代存在的核心。② 创造性与规约这两种观念是无法进行分离的，这种矛盾性如实地反映了文化观念所力图把握并叙述的历史状况的含混性。创造性的前提是自由和自决。没有人类自由的想象力，就没有超出现实的新选择和新途径，没有人类自由的选择，就没有控制世界的新秩序。创造性的结果是创建一个人为的秩序，其功能在于对包括人类自身在内的整个世界进行控制——规约。新的规约是一种无法抗拒的秩序，这使得自由在规约中终结。用鲍曼的话讲，自由被用于取消对自身的服务中③。从上帝造物，人类

---

① 〔英〕齐格蒙特·鲍曼：《作为实践的文化》，郑莉译，北京大学出版社，2009，第9页。
② 〔英〕齐格蒙特·鲍曼：《作为实践的文化》，郑莉译，北京大学出版社，2009，第11页。
③ 〔英〕齐格蒙特·鲍曼：《作为实践的文化》，郑莉译，北京大学出版社，2009，第12页。

作为神和传统的奴隶到人类自决,这一转变无疑是一种对人类的解放和自由的赋予。然而作为主体的人是自由的,而作为客体的人,作为被约束、被管理、被控制对象的人的自由是有限的。"自由是一种社会关系,为了使某些人享有、实现起码的自由,另一些人必须被剥夺抵抗的自由。"文化同时为自由和不自由奠定基础,这种含混性使得文化的自由想象不可能成功,因此,对大多数人来说,自由只是一个"神话"。① 创造与规约之间的内在逻辑矛盾通过创造秩序实践,建构出真正的社会问题和社会矛盾。

2. 脆弱与自决

在鲍曼看来,文化观念的矛盾性深植于文化观念不可治愈的悖论性,而这种悖论性虽然形成于现代初期,但其投射力贯穿于整个现代社会的人类境况。文化观念的悖论性体现在脆弱性与自治性的共相关系上。鲍曼说,只有将自治和脆弱性之间的密切联系作为一个哲学问题思考时,它才成为一个悖论。自治的人类不能不是脆弱的,没有脆弱性就没有自治——如果没有人类的脆弱性(fragility)和易受伤害性(vulnerability),没有不确定性和偶然性,就没有自治。脆弱性、易受伤害性,不确定性和偶然性构成了自治的坚固基础,没有这个基础也就无所谓自治。因此,"自治"这个词一方面包含着脆弱性和易受伤害性等特征,另一方面蕴含着明晰性、确定性、秩序性、坚固性等诉求。文化自治的最终目的恰恰是要消除自治得以存在的坚固基础——人类的脆弱性、易受伤害性,不确定性和偶然性,即消除人类自身。② 自治/脆弱性问题构成了文化观念不可治愈的悖论性,而文化的目的又在于克服自治与脆弱性之间的对立,自治/脆弱性问题被带入实践中,转化为自我建构的任务与被建构的事实之间的矛盾,自决与规约之间的矛盾,人为秩序与自然秩序之间的矛盾——这些构成了文化的内在矛盾。文化所内在包含的创造秩序的逻辑矛盾通过创造秩序的实践反映在由这些实践所建构出来的真正的社会矛盾上,而这些社会矛盾的积聚和演变则构成了风险社会下公共危机的真正根源。

3. 秩序与实践

由于秩序先于实践,因此与权力共生联系的知识在获得现代文化的基础性地位的同时,也成为一种实践评判标准,用以区分现存实践之优劣。

---

① 〔英〕齐格蒙特·鲍曼:《作为实践的文化》,郑莉译,北京大学出版社,2009,第9页。
② 〔英〕齐格蒙特·鲍曼:《作为实践的文化》,郑莉译,北京大学出版社,2009,第14页。

人们开始运用知识作为评判标准,对实践予以公开的检验、分类和证实。无法被客观检验的实践活动,例如,那些以特定地区和特定时代的习俗或流行观念为基础,使自身合法化的实践成为比较低劣的实践,因为这种实践使知识发生了歪曲,限制了控制的有效性。而那些能够被客观检验的实践活动,以普遍制度的形式为基础的实践则成为高等实践,因为这种实践能够增加知识的界域,提高控制的有效性。实践等级的提高,意味着使实践具有更大的普遍性,更少的地方性、特殊性和局部性。总的来讲,现代文化中的实践等级是由"控制/知识"的共生系统来进行评判的。这种由"控制/知识"的共生系统决定的实践等级,客观上决定了从事不同实践活动的人群的身份等级。马克思就将人的实践活动划分为体力劳动和脑力劳动、简单劳动和复杂劳动,并认为复杂劳动是简单劳动的复加,因而获得更高的劳动报酬。因此,现代社会依旧是一个等级社会。所不同的是,在前现代社会,人与人之间的等级差别是由血统、家族、种姓、财产等因素决定的;而在消除了封建因素的现代文化中,人与人之间的等级主要是由实践等级决定的。当然现代文化并不排除家族因素和财产在身份等级中的影响力,但实践等级决定着现代文化等级划分的主要力量和主导因素。

4. 知识和权力

如鲍曼所言,现代文化的知识与权力之间是一种共生关系,二者相互依赖、相互支持。权力的存在与运行依赖知识,因为权力控制的有限性取决于知识的正确性。尽管权力的运行依赖知识,但权力运行的目的并不限于知识的界定,权力往往追寻的是知识以外的东西,因此权力并非始终受制于知识。无论是在前现代社会还是在现代社会,权力都是一个客观存在的、具有自己的运行逻辑和轨迹的一种力量。权力以关系为基础,在存在关系的地方,就存在权力。在不同的社会和不同的文化体系中,权力以不同的介质为基础。在原始社会是神灵和巫术,在古代社会是神、上帝、血统和财产地位,而在现代社会,权力的主要介质变成知识。对于现代权力体系而言,知识仅仅是权力获得合法性地位的基础,是权力运行所依托的一种手段。知识并非权力的唯一介质,更非权力的目的。这意味着,在对知识和理性推崇备至的现代文化体系内,实际上,知识对权力的约束是有限的。对于被创造出来的知识,更多地被当权者用来约束大众,而非自身。知识仅仅是权力实施统治或控制、管理行为的一种手段,一种能够让大众信服、接受,具有合法性的一种介质,并非其目的。权力系统引导下生产出来的知识更多地是用来武装大众、管理大众、控制大众的，而非用来限制自己。反之，如果一个国家或地区，知识对权力而非大众的约束和限制越多，这个国家就越高效、越民主、越文明。权力运行的目的是什么？福柯讲，权力运行的唯一目的就是扩大其本身，即扩大权力。因此，现代文化的任何一个权力运行体系都具有内在的扩张性，都不可避免地走向扩大和扩张道路，现代国家、政府、企业无不如此。当知识不仅用来约束和管理大众，更能够约束和限制权力系统，限制权力的扩张，规范权力的运作方式时，这才是一个国家和社会的进步标志。只不过，当知识成为普通大众手中持有的，用以审视、批判和限制权力系统运作的工具，而非权力系统管治大众的工具时，知识与国家这两个系统就发生了分离，"知识/权力"的共生系统发生了断裂和背离，从而进入后现代的管理实践模式。

三 民族主义和民族分离主义

在西欧，18世纪不只标志了民族主义的诞生，也见证了宗教思考模式的衰颓。这个启蒙运动和理性世俗主义的世纪同时也带来了属于它们自己特有的、现代的黑暗……这个时代所急需的是，通过世俗的形式，重新将宿命转化为连续，将偶然转化为意义……很少有东西会比民族这个概念更适于完成这个使命……正是民族主义的魔法，将偶然转化为命运。①

——〔美〕本尼迪克特·安德森《想象的共同体》

19世纪，各种新学说和运动如雨后春笋般出现，它们在1848年的欧洲革命中纷纷登场。"自由主义"这个词在英语中第一次出现是在1819年，1820年"激进主义"出现，1832年"社会主义"出现，1835年"保守主义"出现。此外，"个人主义""立宪主义""女权主义""君主主义"这些词都是出现于19世纪30年代。"浪漫主义"出现在19世纪40年代，英语世界的"资本主义"出现在19世纪50年代，"马克思主义"则出现在

---

① 〔美〕本尼迪克特·安德森：《想象的共同体：民族主义的起源和散布》，吴叡人译，上海人民出版社，2005，第10~11页。

19世纪更晚期。① 19世纪,"民族主义"在更多地方出现,在众多新主义中,民族主义传播得最为广泛。

1. 民族主义

现代意义上的民族、民族国家和民族主义都形成于18世纪。"在西欧,18世纪不只标志了民族主义的诞生,也见证了宗教思考模式的衰颓。这个启蒙运动和理性世俗主义的世纪同时也带来了属于它们自己特有的、现代的黑暗……这个时代所急需的是,通过世俗的形式,重新将宿命转化为连续,将偶然转化为意义……很少有东西会比民族这个概念更适于完成这个使命……正是民族主义的魔法,将偶然转化为命运。"② 总的来讲,本尼迪克特·安德森认为,民族、民族属性和民族主义都是一种"特殊的文化的人造物",一种想象的共同体,一种社会心理学上的"社会事实"。"这些人造物之所以在18世纪末被创造出来,其实是从种种各自独立的历史复杂的'交汇'过程中自发地萃取提炼出来的一个结果;然而,一旦被创造出来,它们就变得'模式化',在深浅不一的自觉状态下,它们可以被移植到形形色色的社会领域,可以吸纳同样多形形色色的各种政治和意识形态组合,也可以被这些力量吸收。"③ 海斯也认为,民族主义是一种主义,一种理念,或者是一个学说的集合,作为一种理念的现代民族主义形成于18世纪。"民族主义——人类对相当大的国家的无上忠诚,和一个政治'民族'在语言和文化国家上的有意建造——是在18世纪才普遍地讲说,庄重地施行的。"④ 也就是说,尽管当时的欧洲人民很早就有了一些关于民族的意识,但直至18世纪的晚期,当爱国心与民族意识混合起来,才产生真正的民族主义。海斯指出,现代民族主义"表示一种多少有目的的努力",这种努力的目标是建立自决自主的民族国家,这使得民族主义无论是在当时还是在现在都极具煽动性和凝聚力。而这面极具煽动性和凝聚力、活跃于世界政治舞台的旗帜性理念始终被作为一种工具在使用。自18世纪以来,甚至早至16、17世纪,如英法,欧洲各国先后致力于各种关于

---

① 〔美〕R. R. 帕尔默等:《工业革命:变革世界的引擎》,苏中友等译,世界图书出版公司,2010,第15页。
② 〔美〕本尼迪克特·安德森:《想象的共同体:民族主义的起源和散布》,吴叡人译,上海人民出版社,2005,第10~11页。
③ 〔美〕本尼迪克特·安德森:《想象的共同体:民族主义的起源与散布》,吴叡人译,上海人民出版社,2005,第4页。
④ 〔美〕海斯:《现代民族主义演进史》,帕米尔等译,华东师范大学出版社,2005,第5页。

民族的推究工作，推究的任务是要得出这样一种目的：民族是人类社会的根本单位，民族国家是主持和推行必要的改革工作和增进人类进步的最自然的工具。与部落、帝国相比，民族无论是在人口数量上还是在领土面积上都更适合新兴的资产阶级对国家的要求范畴。部落太小，不利于新兴的商品经济的发展；帝国太大，又会受阻于统一的君主势力或教皇势力的压迫和干涉。以民族范畴为基础，建立一个自决自主、不再受制于君主和教会的世俗民族国家，是新兴资产阶级的理想目标。民族是18世纪已经具有广泛规模的新兴阶级所认为的理想的疆域边界，建立一个由新兴阶级掌控的民族国家是他们的最终目的，而民族主义则是他们达到这一目的的直接工具。因此，自18世纪起始，民族主义就在理论和实践的交互锻造中不断发展。法国大革命期间，"大量的革命戏剧、小说和歌曲传达同样的信息。为促进日常生活各方面的新政治观念和象征，法国革命通过各种文化以使创造了新的国家认同并'民族化'了法国人民，这种做法以后在现代世界的其他民族运动中成为共识。"① 18世纪，民族的构建和民族主义的兴起，为现代民族国家的构建提供了强有力的观念支撑和理论工具。1792~1814年的战争可以看作是由民族国家发动并参与的第一次"世界大战"。紧随其后的是，在民族主义的号召下，德意志的统一开始作为一种民族运动被认同。作为一种工具性理念，民族主义不仅为近现代欧洲民族国家的建立，而且为19~20世纪亚非拉地区民族解放运动的发展发挥了积极的作用。但是在今天，它同时也为民族分离主义运动所用。总的来讲，民族主义是一把双刃剑，作为一种"文化的人为构造物"，存在着"哲学上的贫困与不统一"②。

2. 民族分离主义

第一次世界大战结束后召开的巴黎和会通过的最具有普遍意义的原则就是民族自决原则。所谓民族自决原则，就是按照语言划定的每一个民族和种族，原则上都能够建立拥有自己的主权和独立的民族国家。民族自决原则的通过是民族主义的胜利。受民族主义和民族自决原则的影响，"一战"和"二战"结束后，民族独立运动风起云涌，先后出现了大量独立的

---

① 〔美〕R. R. 帕尔默等：《启蒙到大革命：理性与激情》，陈敦全等译，世界图书出版公司，2010，第177页。
② 〔美〕本尼迪克特·安德森：《想象的共同体：民族主义的起源与散布》，吴叡人译，上海人民出版社，2005，第4~5页。

民族国家。然而很快，事情的发展就朝着另一意想不到的方向演进。20世纪90年代开始，民族分离主义思潮涌动。先是南斯拉夫解体。在整个南斯拉夫解体过程中，几乎每次脱离都引起一场激烈的战争，而科索沃阿族的民族分离运动，在以美国为首的北约组织的干涉下，则演变成一场南联盟战争。与此同时，90年代的苏联解体导致原苏联境内的民族分离主义倾向进一步蔓延，使得车臣分离主义一度猖獗，最终导致车臣战争的爆发。自20世纪末开始，中国新疆和西藏两个地区的民族分离主义倾向也开始抬头，最终引发了2008年的西藏"3·14"事件和2009年的新疆"7·5"事件。90年代以来的民族冲突往往伴随着战争、民族清洗、报复性仇杀和极端恐怖主义行为等暴力活动，这些暴力行为所带来的破坏性结果和影响是长久而深远的。少数民族分离主义极端分子竭力煽动民族狂热和民族沙文主义情绪，以此作为激化民族矛盾情绪和发动本民族群众的手段，为极端暴力行为开辟道路。

关于民族分离主义，可以有两种解释：一是民族分离主义是在民族主义这个母体上生长出来的毒瘤；二是民族分离主义其实就是民族主义本身，都诉求的是民族独立，只不过外部环境对这一诉求的态度发生了变化。

四 恐怖主义与极端宗教思想

1. 恐怖主义活动

恐怖主义概念产生于18世纪末的法国大革命，而作为暴力活动方式的恐怖主义则是随着人类政治生活的产生而出现的。尽管古代社会也有诸如暗杀、绑架之类的恐怖活动，但真正现代意义上的恐怖主义行为产生于18世纪末的法国大革命。所谓恐怖主义，简而言之，就是在双方力量不对称的情况下，一方以威胁制造暴力的方式，有系统、有计划地针对另一方的不设防或难以设防的目标进行摧毁性打击。全球风险社会下，恐怖主义作为一种公共危机，已经严重影响到人类的生存与发展。

20世纪70年代，恐怖主义活动开始猖獗。意大利的"红色旅"恐怖组织、北爱IRA恐怖分子、以色列极端右翼分子、激进的巴勒斯坦解放势力都是这一时期恐怖活动的主要实施主体。20世纪70年代的道森斯菲尔德劫机事件和慕尼黑奥运会恐怖袭击事件是这一时期恐怖主义活动的典型。1985年是恐怖活动猖獗的一年。这一年受错综复杂的中东局势的影响，绑架、劫持和爆炸事件频频发生。在欧洲，北爱尔兰共和军、锡克族极端分子和西班牙巴斯克分离主义者制造的恐怖事件也有增无减，而受害者却是普通百姓。新世纪伊始，震惊世界的"9·11"恐怖袭击事件将人们对恐怖主义的关注推向顶峰，从此恐怖主义成为全球关注的焦点。此后，2001年的印度尼西亚巴厘岛发生的一系列恐怖爆炸事件。2002年，俄罗斯南部达吉斯坦共和国卡斯皮斯克市在举行纪念"二战"胜利游行活动时发生的恐怖袭击爆炸事件，造成20人死亡，100余人受伤。同年10月，50多名车臣恐怖分子持枪潜入俄罗斯首都莫斯科的轴承厂文化宫，劫持了正在听音乐会的700多名观众和100多名演职人员，制造了一起震惊世界的恐怖事件。2004年3月11日，伊斯兰武装分子制造了震惊世界的西班牙马德里通勤铁路爆炸事件，早高峰时西班牙首都马德里3个火车站以及附近地区连续发生10余起爆炸，共造成201人死亡和1000余人受伤。2005年，伊斯兰武装分子在伦敦制造一系列的爆炸事件，造成56人死亡。同年7月，埃及红海旅游胜地沙姆沙伊赫，发生自杀式汽车炸弹连环爆炸，65人死亡，其中包括8名游客，约200人受伤。2006年7月，印度孟买火车站发生炸弹爆炸，造成209人死亡。2008年2月，塔利班在坎大哈制造自杀性爆炸事件，造成80人死亡。2009年，受"三股势力"影响的民族分离分子在中国新疆制造了"7·5"打砸抢烧严重暴力犯罪事件，共造成197人死亡，超过1600人受伤。2010年2月，在巴西北部地区发生一起自杀式爆炸袭击，造成近90人伤亡。同年3月，俄罗斯首都莫斯科市地铁连续发生两起炸弹袭击事件，两名女性自杀炸弹袭击者引爆炸弹，造成重大人员伤亡。2011年7月，挪威遭受两起严重恐怖袭击，共造成76人死亡，80多人受伤。总的来讲，在当今政治、经济和社会发生复杂变迁的背景下，受宗教极端主义、极端民族主义的影响，恐怖主义已经成为导致世界不安全的新因素。与战争等暴力行为一样，恐怖主义也成为全世界谴责和唾弃的对象。

2. 宗教极端主义

当代恐怖主义活动，究其原因，在于意识形态。根据形成原因的不同，张家栋将恐怖主义划分为民族主义型恐怖主义和意识形态型恐怖主义。[①] 实际上，民族主义本身也是意识形态的一种，因此恐怖主义活动的根源还在于意识形态。导致恐怖主义活动的意识形态首推民族主义。以本民族为中心看待整个外部世界是民族主义的基本思维特征。20世纪80年代，民族分

---

① 张家栋：《全球化时代的恐怖主义及其治理》，上海三联书店，2007，第8~13页。

离主义盛行，直接导致民族冲突型暴力恐怖活动激增。除了民族主义，无政府主义、民粹主义、极端左翼思想、宗教极端主义等意识形态都是恐怖主义的思想根源。

极端宗教思想，又被称为宗教极端主义，是一种打着宗教旗号的极端主义思潮。极端宗教主义往往与民族主义一起，主张建立新的政教合一国家。冷战结束以后，宗教极端主义思潮空前活跃。进入21世纪后，极端宗教思想又与恐怖主义和民族分裂主义结合，通过制造暴力恐怖活动，给国际秩序和地区稳定带来巨大安全威胁。宗教极端势力制造的暴力恐怖活动，往往导致大量无辜群众丧生，社会动荡、人心恐慌，严重破坏人民幸福安宁的生活，阻碍经济社会的正常发展。

当前，除了民族分离主义，恐怖主义的另一个主要思想根源就是宗教极端主义。宗教极端主义是20世纪80年代出现的一个新的不稳定因素。宗教极端主义是当今世界暴力恐怖活动的主要思想因素。2001年，震惊世界的"9·11"恐怖袭击事件，很多学者将之解释为两种文明的冲突，即基督教文明与伊斯兰文明之间的冲突。因此，亨廷顿的文明冲突论在沉寂多年之后再次大行其道。人们普遍认为，宗教极端主义分子正是用"9·11"这种极端方式对基督教文明进行摧毁式打击。然而，事实并非如此。吉莱斯皮认为，"9·11"事件，极端分子对世贸大厦的袭击，不是伊斯兰文明对基督教文明的打击与摧毁，而是这个社会中的极端分子以"一种新的令人不安的方式对现代方案提出质疑"。极端分子反对现代性的理由并非是现代性本身的目标没有得以实现，也不是现代性的好处没有得到公平分配，而是因为那些目标、抱负和好处本身就是有缺陷的，甚至是邪恶的。① 也就是说，实施恐怖行为的极端分子所反对的不是基督教文明，而是现代文化，是现代文化的实践后果。如果说现代文化之观念是全球风险社会下公共危机的思想根源，那么现代文化之实践——社会化大生产以及社会化大生产的后果，则是恐怖主义活动反对的真实对象。

第三节　社会化大生产

广义的文化是由人创造的社会存在的集合，这些社会存在包含了我们

---

① 〔美〕米歇尔·艾伦·吉莱斯皮：《现代性的神学起源》，张卜天译，湖南科学技术出版社，2012，序言第1页。

今天赖以生活的各种技术、工具、制度体系、手段及存在方式。因此，从本体论的角度来看，现代文化是一个关于社会实在的社会化生产系统。现代文化通过大量地生产社会实在最终形成自身，社会实在是现代文化构成的基本原子，现代文化是一个由社会实在构成的体系。现代文化的核心任务就是对自然的改造，而对社会实在的建构是现代文化力图征服自然的基本形式、一般形式和普遍形式。人们在各个领域都在进行社会实在的建构，并通过各领域社会实在的建构最终联结成一个统一的现代文化体系。本节主要讨论现代文化的组织方式——社会化大生产。

现代文化之社会化大生产是人类生产方式不断演化的结果。生产活动，作为人类的生存方式，自古以来就有，但不同阶段的社会生产方式的发展程度是各不相同的。前现代文化的生产方式是零落的和局部的，社会化的程度十分有限。原始社会，生产资料公有，劳动产品在部落内部统一平均分配，这是一种最初的、低级的人类合作方式。奴隶社会的生产社会化程度有所提高，小农经济和初级贸易出现，男耕女织、自给自足。封建时期，庄园经济这种较大规模的经济形式是一种有着高度组织性、内部没有多少竞争、统一管理的生产组织形式，因而也是一种较为高级的社会化生产形式。现代社会，在征服自然信念的号召下，受资本力量的支配，在国家和企业的双重推动下，在全社会形成一种社会化大生产，并且突破国家边界的限制，形成全球市场。这种前所未有的高度社会化、规模化和组织化的生产方式被称为社会化大生产。人类的生产方式伴随人类行为和活动能力的增强，在广度和深度两个方面逐渐发展，在经历了简单协作、家庭经济、小农经济、手工工厂之后，最终在机器大工业的带动下进入到全面、系统的社会化大生产阶段。

一　社会化大生产的三大构成

商品作为一种社会存在古已有之，但商品的社会化大生产则是现代文化的重大发明。在现代文化的这三大生产系统中，商品的社会化大生产是最为人们所熟悉的。简单讲，资本主义的发展史，或者工业文明的发展史就是商品的社会化大生产的发展史，因此关于商品的社会化大生产就不做详细说明了。

1. 知识的社会化大生产

"知识"一词以及所指物都是现代文明的产物，知识的出现和系统生产都是人类文化迈入现代阶段之后才出现的社会存在。那么,"什么是知识",或者"知识是什么"。巴里·艾伦告诫人们,对于"知识是什么"这一问题,不应该以天真的方式去思考,因为在形而上学的语言中,追问"某某是什么"就是追问它的本质(essence)或本性(nature)。在艾伦看来,知识不是一个具有本质的实体,因为,它不是任何居于自身,或为了自身的东西。知识是一种人化物,它只有依靠我们的行动才能存在。① 何为"人化物"? 韦氏词典的解释是:"人类行为的特有产物",人化物可以包括概念、语言、工具、建筑、城市以及肥沃的土壤等。从这个意义上讲,文化也可以定义为人化物。因此,艾伦做了进一步的阐释:"人化物是知识的单元,是知识开始成形的源初实例。人化物聚焦知识——它们记录、检测、转译、展示并应用知识。人化物是知识的引力中心;它们把知识集中起来,使它有形有效而有其之用。一部知识的历史将是一部人化物文化的历史,后者将是文化展现其效用的历史。没有人化物,文化就无关紧要了。"② 从这个层面上讲,作为人化物的知识似乎是同样作为人化物的文化的载体;或者,从功能的角度讲,知识就是使文明或者文化成为可能的东西,或者说,是人类征服自然的人化物工具。

知识如何使文明或者文化成为可能呢?通过"教化",知识通过"教化"使人们获得一种创造文明或者文化的能力,而普通人必须接受知识的"教化"从而具备创造一切的能力。这一逻辑构成了现代文化范畴内,知识社会化大生产的基础。众所周知,无论是知识还是文化都是古已有之的存在物。但直到近现代,知识的生产和接受教育这两个过程才以一种普遍的形式拓展开来,即出现了知识的社会化大生产体系。现代文化之知识的社会化大生产,其目的在于培养现代化进程所需要的各种人才和劳动力——因为他们构成了现代社会最基本的生产力。

知识的社会化大生产是通过各种科研机构和整个教育体系来实现的,各种科研机构和教育培训机构是知识社会化大生产的主要场域。在推行现代化的国有国家里,教育都是一个极受重视的领域。由国家出资系统地投资教育事业,这是现代文化的产物,在各个国家,公立教育在普及知识和文化方面都发挥着突出作用。知识的社会化大生产除了依赖科研

---

① 〔加〕巴里·艾伦:《知识与文明》,刘梁剑译,浙江大学出版社,2010,第5页。
② 〔加〕巴里·艾伦:《知识与文明》,刘梁剑译,浙江大学出版社,2010,第81~82页。

教育机构这些制度基础之外，还依赖于一定的技术手段的发展。印刷术的普及、电子信息技术以及互联网的快速发展无疑为知识的社会化大生产提供了强有力的技术支撑。依仗教材、互联网、计算机等技术手段，通过幼儿园教育、小学、中学、大学以及各种职业教育这一整套流水线作业，人被培养为、教化为现代化所需要的人才、劳动力。当知识的生产和普及以一种社会化大生产的方式进行，社会上的全体公民都被要求接受教育时，知识分子——知识社会化大生产的产物——就成为一种普遍现象。而成为一名知识分子、获取各种学历和文凭证书，就成为个体进入现代化进程、谋生、创造文明的先决条件。无怪乎鲍曼将知识分子称为一种"元职业"。[1]

2. 制度的社会化大生产

制度是现代文化中的一个重要构成要素。尽管制度的历史可以追溯到很久以前就存在的习俗和传统，但有意识地制造制度、利用制度，系统性的、广泛地生产制度则是现代文化的独有特征。在现代社会，制度是国家、政府、企业这些组织用以对人口、组织内部成员进行管理的重要工具，制度化已然成为现代文明的重要标示之一。制度的使用如此广泛、地位如此重要，这就使得有意识的制度生产，而且是社会化大生产已成为现代文化的一项重要内容。

制度不仅是现代文化的管理工具，制度还是现代文化之规范化、标准化、统一化进程的载体，所谓制度化就是以制度的形式普遍地实现组织范围内的群体行为的规范化、标准化和统一化。今天，制度已然成为整个人类活动的基础，政治行为和政府管理活动的基础、企业运作的基础、科学研究和知识创新的基础、教育的基础，等等。制度化已经成为现代化的一种重要形式和内在要求。

在现代文化体系内，一方面，知识分子的知识生产为现代文化的展开进行蓝图规划、原则限定、方案设计和技术手段的提供；另一方面，知识的社会化大生产和普及将人口转变为现代化进程所需要的知识分子，从而为现代文化的所有生产提供最重要的也是最为基础的生产力——人力资源。接受了知识普及的人力资源进入各行各业，开始从事各种社会实在的生产

---

[1] 〔英〕齐格蒙特·鲍曼：《立法者与阐释者——论现代性、后现代性与知识分子》，洪涛译，上海人民出版社，2000，第6页。

工作，接受过高等教育的知识分子能够充当知识、技术研发、决策、制度、管理系统的设计者和生产者，接受过专业职业技能教育的人和普通劳动力则组成蓝领工人大军，进入商品生产和销售的具体操作系统。这样，借助于人这个载体，知识、制度、商品的社会化大生产系统联结在一起，共同推进现代文化的发展和扩张。

总的来讲，，现代文化就是一个关于社会实在的庞大的社会生产系统，完全按照工业化模式运行的社会化大生产系统，分工、流水线作业是其特征。部门间的功能分化对应的是分工，部门间合作构成了流水线作业，各部门内部独立地按照现代企业模式运转。现代社会的生活方式、工作方式、生产方式、经济增长方式、人才培养方式、教育方式、知识生产方式、民主政治方式，等等，都是一种依照企业模式运行的流水化作业机制。简单地讲，现代文化关于社会实在的社会化大生产包括三个子系统，分别是：物质财富生产系统、制度生产系统和知识生产系统，这是三个相互联结、相互关联、相互支撑的系统。每一个系统的生产和运转都会释放出大量的人为不确定性—现代性风险。

二 社会化大生产的要素分析

社会化大生产，是指一个社会有意识地调动整个社会的能量，投入到生产过程中所形成的这样一种关于生产的社会化势态或局面。社会化大生产是现代文化的显著标志。对于一个社会有意识地以经济的方式使用和调动整个社会能量，需要先回答两个问题：一是它为什么这样做，二是它需要怎样做才能实现社会化大生产。社会化大生产的推动因素有两个：一是受国民财富创造的影响，当人们有了国民财富这个概念，在思考如何创造国民财富问题时，必然会引发对社会化大生产的要求和创建动力；二是市场经济发展的内在要求。这样在社会化大生产问题上，自12、13世纪兴起的市场力量与16世纪兴起的民族国家一拍即合。前者成为社会化大生产的场域，后者成为社会化大生产的组织者和调控者，二者合力推进社会化大生产的形成。既然社会化大生产是指一个社会有意识地调动整个社会的能量，投入到生产过程中所形成的一种关于生产的社会化势态或局面，那么，社会化大生产的核心问题就是社会化问题。社会化大生产之社会化体现在以下两个方面，主要是生产力的社会化和生产关系的社会化。生产力就是人们利用和改造自然、生产物质资料的能力。生产力由三个要素组成，即劳动力、生产工具和物质生产资料。社会化大生产从劳动力、物质生产资料到生产工具均实现了社会化。物质生产资料的社会化，主要体现在人类在征服自然的过程中逐步将地球上的所有可用资源都纳入社会化大生产体系。时至今日，凡是被人类发现其用途和价值的自然资源都被不同程度地开发和利用，而且是有计划、有组织的开发和利用。劳动力的社会化集中体现在"人口"这个概念上。生产工具的社会化主要体现在科学技术和机器大生产等方式的广泛普及。生产关系的社会化主要体现在生产资料和劳动成果在全社会范围内的分配。

1. 劳动力的社会性

劳动力的社会性体现在人口层面。所谓人口就是一个社会的个体总和，劳动力的社会性即整个社会的个体都以"人口—劳动力"的形式被整合或者裹挟到社会化大生产机器之中。在这种裹挟过程中，个体的生命历程——出生、健康、教育、工作、生活和消费活动，均按照社会化大生产的需要和社会化大生产的节奏进行安排、规划和设计。从生产层面来看，个体出生后遇到的各种公共卫生保健预防措施，作为公共政策，旨在保障和提高个体的身体健康素质，从而确保社会化大生产所需的有效劳动力的数量和体质。随后的教育环节——小学、中学、高等教育和职业技术教育等内容旨在赋予个体社会化大生产所需要的素质和技能，将个体培育为符合社会化大生产需要的人才资源；经过前期的社会化培养过程，个体进入第三个环节——通过职业选择进入各种生产领域，以出售复合劳动力（体力和脑力）换取工资养活自己和家庭，这个过程持续的时间很长，直至个体退休或丧失劳动能力而退出生产过程。就消费层面而言，个体从出生到死亡都不可避免地要进行物质消费，因此也在不间断地参与社会化大生产。因此，劳动力的社会性或者社会化就是整个社会中的个体生命都被裹挟进社会化大生产的过程，由一个统一的、一般性流程来支配。在有些国家，受支配的不仅仅是个体的生命，个体的出生——即人口的出生率也受到社会化大生产的严格控制。孕育生命不是一个个体按照其自由意愿能够决定的事情，不是一项基本的权利，而是受国家宏观政策调控，根据人口出生率、劳动力供给与社会化大生产之间的关系进行调节的一项事务。即个体的生育权利由人口政策决定，根据社会化大生产对劳动力的需求来进行调整。这个裹挟过程，或者说对个体生命的支配过程的具体表现形式就是国家根据统计技术得出的出生率、毕业率、就业率、失业率以及死亡率等所有有关人口的数据所进行的对人口的数量和结构性调整政策。这个裹挟过程，或者说对个体生命的支配过程的理论依据就是人口学和政治经济学。

2. 生产工具的社会性

从广义方面来理解，社会化大生产的生产工具包括两个层面：一是以国家、企业组织、货币、资本、市场为代表的制度性工具；二是新观念、知识理论、科学技术、生产的技术手段和组织管理方式这类要素工具。制度性工具又可以具体划分为三类：一是诸如国家和企业这类工具性组织，按照新制度主义学派的观点，国家和企业这类组织在社会化大生产中的价值在于降低社会成本，提高社会生产的效益，这类工具性组织还包括银行、信托机构、保险公司等组织；二是诸如货币、资本①、市场这类制度性工具，按照新制度主义经济学的观点，货币、资本、市场本质上都是一种制度，货币和资本作为流通手段，其主要价值在于扩大生产规模、提高生产效率，市场的价值则在于对各种资源按照价格机制进行合理分配，市场的规模越大，生产的社会化程度就越高；三是一般意义的规章制度，其价值在于保障所有生产工具的有效运行，对国家、企业、劳动力、资本、市场的运行形成有效约束和规范。要素类生产工具的内涵同样丰富，从新理念促使的新研发，到新的知识理论体系、科学技术、新的生产技术手段或组织管理方式，等等。人们通常也将它们划分为知识理论工具、技术工具等。从整体来看，生产工具的社会性主要体现为：一是制度性工具的普遍存在和运行，尤其是作为社会化大生产组织者的国家和企业的普遍存在使得几乎所有实施现代化的国家都采用的是"国家＋企业"的组织模式——"国家"计划和宏观调控，"企业"负责生产经营，"银行"负责融资、"保险公司"负责风险担保，"市场"负责配置资源，等等，并辅之以各种"制度"保障；二是要素性生产工具的普遍社会化，尤其是通过知识研发机构和各种教育机构实现的知识的社会化大生产，使得新观念、新理论、新的科学技术都有一个系统的社会化生产机制，并通过企业很快转化为商品和通过市场最终实现社会化和全球化。

围绕社会化，社会化大生产还要解决以下这些关键性问题：第一个关

---

① 注：本文的"资本"均取的是其狭义概念，包括货币及其衍生手段在内的资本，不包括人力资本等其他内容。

键性问题是如何设计出一种社会机制从而把整个社会的人力、物力、资源等要素导向生产性用途，尤其是调动足够的人力安置在生产性用途。设计一种有效的社会性的资源调动机制，是社会化生产的首要问题和基础问题。社会化大生产不仅需要一种社会制度确保足够的社会力量进入生产领域，而且还必须确保对导入的社会资源进行有效配置。因此，第二个关键性问题是资源的社会调动和配置机制问题。社会化生产还有第三个关键性问题，就是如何维持整个社会的生产能力，同时保证个体继续工作的意愿，即如何保持社会化大生产的连续性和持续性运转。导入、有效分配、持续运转是社会化大生产所要解决的三大关键问题，这三个问题的解决都需要依靠一种社会机制来完成。对于这三个问题，现代文化分别依靠治理、市场机制、政府宏观调控和教育等公共政策加以解决。由此可见，无论如何，国家都是社会化大生产持续运作的核心要素。社会化大生产都必须依赖国家来实施，因为掌握公共权力的国家—政府是社会机制的主要创建者。企业是社会化大生产的微观层面的参与者和组织者。总的来讲，社会化大生产是现代文化特有的生产方式，具有一般性的和普遍性特征，社会化大生产既存在于社会主义国家，也存在于资本主义国家。

三 社会化大生产存在的问题

1. 工具成为目的

如前文所述，国家、企业、货币、资本、市场等制度性工具，既是现代文化的产物，也是现代文化及其社会化大生产之重要工具。社会化大生产的一个突出问题就是工具、手段取代道德规范，成为人们经济活动的最终目的。这种本末倒置的现象最先表现在国家身上，国家作为一种制度性组织，其本身的价值在于降低社会成本、提高经济效益。但事实上很多国家增强国家力量在很大程度上取代了人民幸福，成为经济活动和社会化大生产的一个重要目标。在这些国家中，尽管经济得到快速增长，但社会财富的分配偏离了应有轨道。原本应该用于社会保障、改善和提高人民生活水平的公共收入被用于扩大生产。长此以往，利益分配和社会保障等社会矛盾和问题逐渐凸显，终以群体性暴力冲突、游行示威等公共危机形式爆发。

以工具为目的的第二个表现在于资本。包括货币在内的资本，本质上就是一种流通工具，一种社会财富的表现手段，一种帮助人们生活幸福的手段和工具。然而，在现代社会，货币取代幸福，成为人们疯狂追逐的目标。现代人盲目地认为拥有货币和资本就拥有了一切，不遗余力地扩大资本累积。最初，人们将货币资本投向实体经济以获取利润。随着金融市场的建立，货币的扩大方式不仅限于投资实业，而且资本在金融市场的获利都远远高于实体经济。这使得从普通百姓到富豪，逐渐将货币资本从实体经济转而投向金融市场。大量热钱进入金融市场是引发金融危机的一个重要原因，与此同时还会带来实体经济的萎缩。然而，任何经济社会都是以实体经济为基础的，金融市场的真实价值在于它是一种融资机制和工具，金融市场本身并不创造财富。一个社会的货币资本从实体经济流向金融市场，一方面，通过各种数值制造出经济繁荣的假象，这种虚假繁荣的背后是人们不劳而获的投机心理；另一方面，造成实体经济——国民经济的真实基础——的低迷和萎缩，长时间持续如此，便会引发全社会的经济危机。金融市场是靠信用维持的体系，一旦经济运转出现问题，人们内心出现恐慌，由金融市场的各种数值所建立的虚假繁荣即刻便会坍塌，并引发全面经济危机。无论是20世纪30年代的"大萧条"还是2007年由美国次贷危机引发的全球经济危机皆如此。

以工具为目的的第三个表现在于市场。在自由主义经济思想中，市场经济是现代社会的核心特征，是现代文化的重要基础性制度机制。而市场一个完善的市场体系则是市场经济的核心和灵魂。简单地将市场和建立市场机制作为国家和经济活动的目标，是后发现代化国家普遍存在的误区。受发达国家影响，发展中国家纷纷将自由市场机制作为国家和社会活动的主要建构目标，认为只要有了市场、有了自由市场机制，就一定会实现经济增长。西方发达资本主义国家也在反复强调自由市场的重要性，并将导致发展中国家社会经济落后的诸多问题都归结为未能建立自由市场机制。问题在这里发生了转变——在一定程度上，市场和自由市场机制，取代了社会经济发展，取代了国民收入增加和国民的幸福，成为发展中国家建设的首要目标。然而自由化的结果并非如新自由主义所宣扬的那样，拉美国家的境况就是最好的例证。市场仅仅是一种手段，一种帮助经济活动有效运行的手段，作为手段的市场机制和市场配置本身是存在问题和内在缺陷的。而市场经济的内在缺陷和问题，凯恩斯等经济学家早已明确论述和指出。对于后发国家来说，市场作为一个有待不断构建和完善的制度体系，其核心价值在于确保竞争在公平、公正的环境下有效进行。对于经济活动的其他重要内容还需要市场以外的更多制度来完成。

一味地追求国家强大、资本扩张以及自由市场机制等目标，人们往往偏离了经济活动的真正价值、目的和意义。以公共财政作为运行基础的国家一旦走上谋求国家强大的经济扩张道路，社会财富向国家的聚拢必然导致公众利益不同程度地受损。就现代文化的基本诉求而言，强调人类中心主义的现代文化应该将人类生活水准的提高、幸福度的提升，将社会发展和人的全面解放作为其实践目标。一个强大的国家有助于这一目标的实现，但其本身绝对不能替代这一目标，使自己成为人类活动的目标。现代社会的一个重要特征就是人们对货币的追求以及由此而来的物化现象，人们对物质财富的追求和积累已经达到人类有史以来登峰造极的地步。物化现象的背后是人们对资本积累的推崇。这一方面，使得越来越多的现代人转化为一种"工作人""机器人"——挣取货币的人，而非完整意义上的人；另一方面，使得资本的逻辑成为整个社会的支配逻辑，凡是与获取巨额资本相关的资源都成为极富争议、你抢我夺的资源，而对这些资源的抢夺往往成为现代文化暴力冲突的根源之一。市场，作为一种制度机制，作为一种能够提供经济活动效率的工具，其本身不能作为经济活动的目的和代言人。就历史发展来看，市场经济仅仅是人类复杂的经济活动的一种形式，而且是一种利弊共存的双刃剑。新自由主义经济对自由市场的过度推崇在拉美以及其他地区所导致的失败和混乱已经生动地证明，市场经济并非一种能够解决所有问题的治病良方，而是产生更多社会问题和矛盾的根源，甚至导致大规模暴力冲突。对于市场，我们需要从更多角度和更深入地理解。

2. 劳动力成为商品

波兰尼认为市场经济对传统社会关系的破坏是经由对土地、劳动力和货币的虚拟商品化而最终确立。经济自由化对原有社会关系造成很大的冲击和破坏，原有的社会体系被瓦解、传统的社会关系崩溃，社会资本被严重破坏，取而代之的将是一个从属于市场机制的社会机制。经济自由主义者想要构建一个完全自发调节的市场经济，借用斯科特的话，这一乌托邦构想的实施是工业革命以来人类社会进行的一场规模宏大的"大型社会项目"，这一项目同时在很多国家开展，并逐步推进至世界的各个角落。波兰尼认为，建构完全自发调节市场经济的图谋必须把人类与自然环境转变为纯粹的商品，因为劳动力和土地是构成社会的人类本身和社会存在于其中的环境。将它们囊括进市场机制就意味着使社会生存本身屈就于市场法则。[①] 波兰尼认为，把自然和人当作商品由市场定价是完全错误的，这种观念不仅违背了传统的道德原则、亵渎了自然与人生命的神圣尊严，而且必然会造成社会和自然环境的毁灭，自发调节市场理论者与其同盟者一起将人类社会推向悬崖边缘。波兰尼的判断根植于他关于真实商品与虚拟商品的分析。波兰尼认为，所谓商品就是那些为了在市场上出卖而生产出来的东西，凡是为了在市场上出卖而生产出来的东西都可成为真实商品。根据这个定义，土地、劳动力和货币就是虚拟商品，其中土地是自然存在的一部分、是自然赋予人类的，并非人类创造出来用以出售的；劳动力仅仅是与生俱来的人类活动的另一个名称而已，就其本身而言，不是为了出售，而是为了人类的生存和繁衍而存在，并且这种活动也不能分离于生活的其他部分而存在；货币是由政府印制的一种交换手段，是经由银行和国家金融机制形成的，是购买力的象征，其存在价值在于促进交换而不是为了出售。土地、劳动力、货币的存在都不是经由生产过程用以出售的，因此三者都不是真实商品，是经济自由主义理论家构造出来的虚拟商品。由于三者的商品形象完全是市场经济虚构出来的，把土地、劳动力、货币作为商品就是一种谎言，而建立在谎言之上用以指导人类经济活动的经济理论在将社会从属于经济机制，将人类目标从属于非人的市场机制的同时使人类社会处于一种危险之中。现代经济将自然、人、货币作为商品必然会导致致命的后果："如果允许市场机制成为人的命运、人的自然环境，乃至他的购买力的数量和用途的唯一主宰，那么它就会导致社会的毁灭。因为'劳动力'（labor power）这种所谓的商品不能被推来搡去，不能被不加区别地使用，甚至不能被弃之不用，否则就会影响到作为这种特殊商品的载体的人类个体生活。市场体系在处置一个人的劳动力时，也同时在处置附在这个标识上的生理层面、心理层面和道德层面的实体'人'。如果被剥夺了文化制度的保护层，人类成员就会在由此而来的社会暴露中消亡：他们将死于邪恶、堕落、犯罪和饥荒所造成的社会混乱。自然界将会被化约为它的基本单元，邻里关系和乡间风景将损毁，河流将被污染，军事安全将会受到威胁，食物和原材料的生产能力也将被破坏殆尽……货币供给的涨落不

---

① 〔英〕卡尔·波兰尼：《大转型：我们时代的政治与经济起源》，冯钢、刘阳译，浙江人民出版社，2007，第62页。

定会产生如同洪水与干旱之于原始社会的巨大灾难。"①

3. 分配错置

在生产力的这三个构成要素之间，劳动力是决定性因素，因为生产工具是人的发展和创造的结果，物质生产资料也只有通过作为劳动力的人的开采、加工和利用才能具有使用价值和经济价值。生产工具和物质生产资料都不是独立的实体，只有通过人这一劳动力介质才能对生产力发挥影响。因此福柯会说，人口是最基本的生产力。如果说生产力是人类社会发展的最终决定力量，那么这个最终决定力量的核心则在于附着在个体人身上的劳动力，而不是所谓的资本。因此，在社会化大生产的分配系统中，在按要素分配这一层面，是人的劳动力而不应该是资本占有绝对优势。现代文化之社会化大生产的分配方式具有两个特征：一是广大劳动者普遍不占有生产资料，以出卖劳动力换取工资生活；二是有产者对生产资料的占有可以统一归结为对资本的占有，包括有形的固定资产、现金以及品牌等无形资本等。对于几乎不占有任何生产资料，仅靠工资生存的普通大众而言，这种状况极大地削弱了他们对各种危机的应对能力。阿马蒂亚·森在对饥荒时期不同职业群体的调查研究显示，没有土地以及任何生产资料的农业工人往往是饥荒时期受灾最严重的群体。同样地，经济危机发生时，失业就成为普通民众最大的威胁，因为其唯一的生活保障——工资失去了来源。

对于大多数不占有生产资料、仅依靠工资生存的普通大众而言，这种命悬一线的状态还使得个体的生命和生存必须依附于工作，依附于社会化大生产，依附于在社会化大生产中占绝对优势的资本及其运转。

---

① 〔英〕卡尔·波兰尼：《大转型：我们时代的政治与经济起源》，冯钢、刘阳译，浙江人民出版社，2007，第63页。

第七章 社会化大生产与公共危机

上章讨论社会化大生产存在的问题，本章继续对社会化大生产两个有争议的内容作进一步的阐释和区分，并对它们与公共危机的因果关系进行阐释。这两个有争议的内容就是市场经济和资本主义。对于全球生态危机以及各种环境污染事件，有人将批判的矛头指向市场经济，认为环境污染、生态危机等种种状况恶果都是市场经济导致的。有人将矛头对准资本主义，认为现代社会的公共危机是资本主义的产物。还有人将批评指向经济全球化，并形成一个持续的反全球化运动。如上章所述，人类中心主义和社会化大生产才是全球生态危机的罪魁祸首。然而，人们何以在市场经济、资本主义、经济全球化之间纠缠不清呢？归根结底在于人们对资本主义和市场经济缺乏正确的认识和分辨。本章力图对资本主义和市场经济进行辨析，并在此基础上分析它们各自与公共危机之间的逻辑因果关系。

第一节 市场经济与公共危机

关于经济结构问题的分析和阐释，尤其是市场经济和资本主义之间关系的区分，史学家布罗代尔的研究具有重要价值。在他的皇皇巨著《15至18世纪的物质文明、经济和资本主义》三卷本中，布罗代尔对前工业化时期经济的全部活动领域进行了深度的分析和探索，从横向和纵向两个角度总结出经济活动的结构。接下来的问题是，布罗代尔的经济结构分析能否适用于今天、适用于当前问题的分析？答案无疑是肯定的。首先，布罗代尔的研究尽管是针对前工业化时期经济活动所做的分析，但在15~18世纪这400年间，恰恰是现代文化的萌发和建立时期，这一时期发生的重要活动实际上奠定了现代文化的基本格局。其次，市场、资本主义和经济全球化这三个机制在这一时期均已出现，并形成了一种稳定的、延绵至今的内在逻辑关系。再次，作为史学家，布罗代尔的视阈是极其宽广的，他的分析实际上将当代资本主义和市场也纳入其中，因为在他看来过去和现在是统一的、而非断裂的。最后，全球风险社会及其公共危机作为文化尤其是现代文化的系统产物，也并非是最近才出现的事物，其发展和演变也可以追溯至15世纪甚至更早。因此，布罗代尔的经济结构分析对于理解现代社会的经济结构、理解现代社会经济结构与全球风险社会及其公共危机之间的关系有着重要价值。

布罗代尔认为，经济实体从不是单一的物体。[①] 对于复杂的经济生活，可以从纵向和横向两个方面来理解其构成。从纵向角度来看，经济活动的层级结构自下而上分别是基础深厚而广泛的物质生活、市场经济和资本主义，资本主义是整个经济体系的塔尖。从横向来看，整个世界经济由各个经济世界组成，每个经济世界由里到外可以划分为腹心区、向心区和边缘区。由发展水平各不相同的经济世界组成的世界经济同样可以划分为腹心区、向心区和边缘区。在整个世界经济体系中，随着经济活动的发展，世界经济的重心是不断变换和移动的。从17世纪开始，世界经济中心的移动大致经历了从阿姆斯特丹到伦敦，再到纽约这样一个变换。无论是纵向层面还是横向结构，经济活动的不同层面和不同区域之间都存在一定的相互关系，布罗代尔对这种相互关系进行了详细的阐释，对市场、资本主义、竞争和垄断等现代经济的核心概念进行了区分和界定。作为法国年鉴派的领军人物和大师，布罗代尔从史学角度对作为整体的复杂经济体系的分析和见解，既不同于经济史角度的分析和观点，更不同于西方主流经济学对经济的认识和阐释。准确地讲，布罗代尔关于复杂经济体系结构的理论和观点，在一定意义上是对当下流行的用"市场经济"或"资本主义"涵盖整个现代社会经济活动的做法以及主流经济学的一些基本原则和理念的批判和否定。布罗代尔的观点和理论，对全面理解我们所处的经济体系和经济生活，对深入理解现代文化都有着重要理论价值。在本节，先从纵向结构来分析现代经济活动，理解市场经济、资本主义以及它们与公共危机之间的各自不同的逻辑关联。

[①] 〔法〕费尔南多·布罗代尔：《资本主义论丛》，顾良、张慧君译，中央编译出版社，1997，第87页。

一 经济的纵向结构

首先，从整体的角度审视经济，布罗代尔认为，经济不是以一种形式，而是以多种形式存在着。[①] 市场仅仅是这些众多经济形式中的一种。但经济学的基本论述无不以市场经济这些"透明的"现实极其容易把握的活动过程为出发点，经济科学从一开始就只看市场这一面，排斥其他面。与经济学以一代十，以市场经济涵盖一切经济活动的做法不同的是，布罗代尔认为，从纵向层面来解剖经济的话，复杂的经济和社会生活包括三个层次：底层是形式多样、自给自足和墨守成规的"物质生活"，中间层是建立在物质生活之上的、轮廓比较分明的经济生活，即市场经济，顶层是资本主义经济。[②] 在底层，有很多自给自足性质的和不列入国家统计范围的生产和服务项目，有很多是手工业作坊；在中层，不同行业在生产和销售方面服从于严酷无情的竞争规律，稍有不慎就会遭到灭顶之灾；在高层，垄断性企业在名义上互相竞争，但实际上不论通过什么途径，只要取得利益，他们就能共享。[③] 位于底层的物质生活构成了初级经济，位于中间的是市场经济，资本主义作为市场经济的上层建筑，位于经济生活的最顶层。为了形象地描述经济生活的纵向结构，布罗代尔用了一个很巧妙的比喻，"市场犹如地球的赤道，位于赤道以南的南半球是初级经济，位于赤道以北的北半球是资本主义。"[④] 其中，物质生活和资本主义均为两个不透明的层次，一个位于市场经济之下，另一个位于市场经济之上。物质生活、市场经济和资本主义构成了人类经济活动的三层分立模式，布罗代尔认为，尽管在实际生活领域每个层次之间的界限是模糊的、难以认定的，但通过这个三层分立模式，可以一眼看清现有各种社会的层次和结构（见图7-1）。

1. 底层和基础层：物质生活

所谓物质生活，是指横亘在市场经济下面的、紧贴地面的、不透明的、

[①] 〔法〕费尔南多·布罗代尔：《15至18世纪的物质文明、经济和资本主义》（第一卷），顾良、施康强译，生活·读书·新知三联书店，1993，第19页。
[②] 〔法〕费尔南多·布罗代尔：《15至18世纪的物质文明、经济和资本主义》（第二卷），顾良、施康强译，生活·读书·新知三联书店，1993，第495页。
[③] 〔法〕费尔南多·布罗代尔：《资本主义论丛》，顾良、张慧君译，中央编译出版社，1997，第117页。
[④] 〔法〕费尔南多·布罗代尔：《资本主义论丛》，顾良、张慧君译，中央编译出版社，1997，第8页。

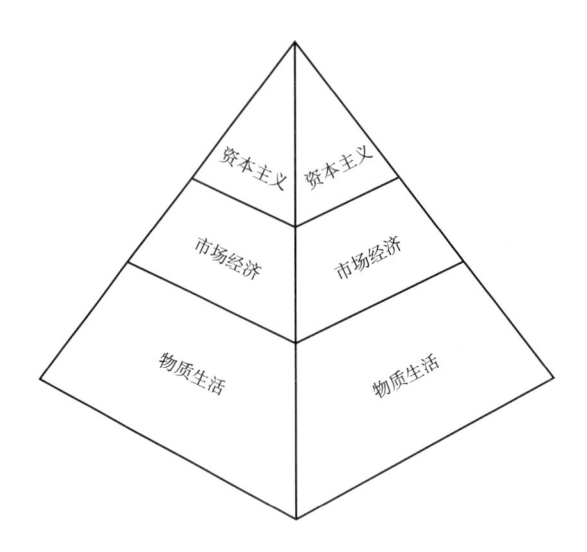

图 7-1　经济活动的纵向结构图

由于缺少历史资料很难观察的、其厚度令人难以想象的层面，是每个人到处都能遇到的、最基本的经济活动，是那种未成形的半经济活动，是自给自足经济以及近距离的物物交换和劳务交换。① 物质生活是布罗代尔经济历史分析的出发点，他用"物质生活"一词概括所有这一切：人们在生活中不知不觉地遵守的习惯或者例行公事，即不下决心、不加思考就到处风行和自动完成的成千个动作。布罗代尔认为，物质生活只占人类生活的一部分，它是那种被动甚于主动、平凡、宽广和通常被忽视的历史。但人类有一半以上的时间都泡在物质生活之中。无数流传至今的和杂乱无章、不断重复的动作帮助、束缚和决定着人们的生活。② 布罗代尔认为，物质生活是"以自给自足形式出现的非经济"，不能构成严格意义上的经济生活，但是一种"起码的经济生活"。③ 在物质生活的上面是一个并不连续的接触面，它由集市、摊户、店铺、交易会、交易所等成千上万个细小的点作物质体现，它们就是市场经济的构成和形式。随处可见的市场经济挡住了经济学

---

① 〔法〕费尔南多·布罗代尔：《15至18世纪的物质文明、经济和资本主义》（第一卷），顾良、施康强译，生活·读书·新知三联书店，1993，第20页。
② 〔法〕费尔南多·布罗代尔：《资本主义论丛》，顾良、张慧君译，中央编译出版社，1997，第66页。
③ 〔法〕费尔南多·布罗代尔：《15至18世纪的物质文明、经济和资本主义》（第二卷），顾良、施康强译，生活·读书·新知三联书店，1993，第1页。

家的目光，使他们看不见下层平凡、独立、厚实的自给自足经济。

2. 中间层：市场经济

从外表看，所谓市场，就是在物质生活的上面由集市、摊户、店铺、交易会、交易所等成千上万个细小的点构成的一个并不连续的平面。① 集市、店铺、交易会、交易所的规模大小、地点分布都会随着交换的变化而不断缩小或扩展。因此，市场是一条可以移动的边界。② 从内容看，市场一词，广义上，是交换、流通和分配的同义词，是指一种相当广泛的交换形式，即市场经济，是一种体系。③ 这样，总的来讲，在布罗代尔这里，市场经济就是一种交换形式和体系，人类的经济活动中存在两种交换形式，市场经济就是其中之一。当某个地区的各个集市的价格趋向一致并且同起同落时，市场经济就出现了。

市场经济，即横在生产和消费两大领域之间的交换，并通过众多的渠道进行。布罗代尔指出，市场经济至少具有两种形式：市场交易和非市场交易。第一种形式是指在集镇上堂堂正正按市场规定进行的交易，这种交易被称作"市场交易"。包括正常的集市贸易和地方性的短途贸易，这种交换公开进行，来龙去脉都很清楚，没有大起大落，有限的利润可以推算出来。第二种交换是指在市场之外进行的、逃避检查的、不公开地交换。即在传统市场的公开交易之外存在的私下交易和黑市交易，布罗代尔称之为"市场外的市场"或"非市场交易"。从15世纪开始，私下交易日趋发展和重要。商人走街串巷来到生产者家里直接购买、预订，然后把产品运往大城市和港口，这显然是一个不同的流通领域。由于私下交易脱离了集体市场的正常活动，因此它摆脱了传统市场的种种规定束缚，这种交换中买卖双方完全根据各自的意愿讨价还价，市场经济的基本法则——竞争——在这里不占主要地位。④ 在18世纪的欧洲，包括"非市场交易"在内的各种经济形式都得到了发展。此外，布罗代尔还把市场经济分成两类：低级

---

① 〔法〕费尔南多·布罗代尔：《15至18世纪的物质文明、经济和资本主义》（第二卷），顾良、施康强译，生活·读书·新知三联书店，1993，第128页。
② 〔法〕费尔南多·布罗代尔：《15至18世纪的物质文明、经济和资本主义》（第二卷），顾良、施康强译，生活·读书·新知三联书店，1993，第35页。
③ 〔法〕费尔南多·布罗代尔：《15至18世纪的物质文明、经济和资本主义》（第二卷），顾良、施康强译，生活·读书·新知三联书店，1993，第226页。
④ 〔法〕费尔南多·布罗代尔：《资本主义论丛》，顾良、张慧君译，中央编译出版社，1997，第87~88页。

的一类初级市场包括集市、店铺和小贩,初级市场是市场经济的基础和门槛;高级的一类有交易会和交易所,交易会和交易所定期举行,历时数天,会址固定,间隔时间较长,受大商人、批发商所控制。①

3. 顶层:资本主义经济

关于资本主义,布罗代尔从多方面进行了阐释。在这里,我们仅就其中重要的两点进行介绍。

首先,资本主义是前工业时代就存在的一种经济活动,而且当时的资本主义活动还不需要工业生产方式的帮忙。只是在19世纪的革命发生后,资本主义才把擢升到巨额利润地位的工业生产据为己有的,在此之前流通领域才是资本主义的活动领域。资本主义并不是对所有的流通领域都感兴趣,它并不控制所有的流通渠道,只力图控制某些渠道,有时也侵入其他领域。② 布罗代尔的这一观点与马克思的解释大相径庭,马克思之后的一种正统观念是,在18世纪末工业生产方式出现之前,不能存在资本主义。

其次,资本主义是整个经济体系中的制高点。资本主义不折不扣的是高层的经济活动或向最高层上升的经济活动的副产品。这种手段高强的资本主义凌驾在物质生活和市场经济这两大基层之上,并体现着高利润区域。③ 真正从事资本主义活动的大资本家人数实在少得可怜,"资本主义是上层建筑的现象,少数人的现象,是高海拔的现象。"④ 与布罗代尔持相同观点的人物是列宁,列宁在1917年写的《帝国主义是资本主义的最高阶段》中也指出:"资本主义是发展到最高阶段的商品生产"。总的来讲,布罗代尔想要强调的是资本主义是一种与市场经济不同的经济活动,资本主义是与它四周的社会和经济不同的、异质的独立世界。⑤ 资本主义是一种上层建筑,它势必要向下延伸,它并不离群索居,故意让自己孤立起来。资

---

① 〔法〕费尔南多·布罗代尔:《资本主义论丛》,顾良、张慧君译,中央编译出版社,1997,第73页。
② 〔法〕费尔南多·布罗代尔:《15至18世纪的物质文明、经济和资本主义》(第二卷),顾良、施康强译,生活·读书·新知三联书店,1993,第234~235页。
③ 〔法〕费尔南多·布罗代尔:《资本主义论丛》,顾良、张慧君译,中央编译出版社,1997,第117页。
④ 〔法〕费尔南多·布罗代尔:《资本主义论丛》,顾良、张慧君译,中央编译出版社,1997,第7页。
⑤ 〔法〕费尔南多·布罗代尔:《15至18世纪的物质文明、经济和资本主义》(第二卷),顾良、施康强译,生活·读书·新知三联书店,1993,第244页。

本主义有时候扩张起来,就会侵占市场经济的领地。①

总的来讲,15 至 18 世纪存在一种与交换没有任何关系的、广阔的自给自足的经济,即使在最发达的欧洲。直到 18 世纪,市场经济和资本主义这两类活动尚属少数,人类的多数活动仍停留在和淹没在物质生活的汪洋大海中。市场经济正在发展,正在覆盖广大的地域,并取得可观的成功,但它往往还缺乏深度。所谓的资本主义,这种高级经济形式虽然新奇和引人注目,但它的规模还小,控制不了整个经济生活;除个别例外,它不构成独特的"生产方式",而只是自发地普及和推广而已。这种资本主义通常被称作商业资本主义,它远不能操纵和控制整个市场经济,虽然市场经济是它不可或缺的前提条件。然而,资本主义已明显地起着全国性、国际性和世界性的作用。②

今天,无论是在资本主义世界还是在社会主义世界,人们都不愿意把资本主义和市场经济区分开来。然而,事情完全不是如此。布罗代尔把复杂的经济和社会现实分成三个层面的做法对于现代社会经济结构而言要略作修改,但这并不妨碍我们借助这一理论从整体上和总体上去理解经济世界。

二 经济体系中的决定性因素

1. 资本主义与市场经济的关系和区别

今天的人们经常将资本主义和市场经济、工业体系混为一谈。通常人们把市场经济和资本主义视为两个相同的东西,即市场经济就是资本主义,资本主义就是市场经济。相应地,竞争和垄断也是这样一种关系,竞争即垄断,垄断即竞争。人们对资本主义和市场经济不加区分,是因为这二者自中世纪以来始终齐步前进。在布罗代尔看来,资本主义应该是与市场经济严格区分的一种上层建筑,因为资本主义和市场经济是存在明显区别的两种经济活动。

首先,市场经济和资本主义是两种不同的交换形式。经济体系存在两种交换形式:一种是带有竞争性和公开性的普通交换,另一种是带有欺骗

---

① 〔法〕费尔南多·布罗代尔:《资本主义论丛》,顾良、张慧君译,中央编译出版社,1997,第 49 页。
② 〔法〕费尔南多·布罗代尔:《资本主义论丛》,顾良、张慧君译,中央编译出版社,1997,第 81 页。

性和独占性的高级交换。这两种交换活动的方式和经纪人各不相同。资本主义属于第二种交换形式。① 市场经济作为联系生产和消费的纽带,是透明的、正规的,而资本主义是一个不透明的领域。

其次,市场经济的核心是竞争,资本主义的核心是垄断。市场经济处在竞争的影响之下,而资本主义则由于拥有积累起来的巨额资本,而从事"赌博、冒险和作弊"。资本主义和市场经济所玩的并不是同一种游戏。在市场经济中,任何人都不占优势,完全凭运气和能力决定输赢,这是一场公平的游戏。资本主义的游戏是不公平的,只有极少数玩家才有取胜的把握,而其他人则是完全听天由命。

最后,市场经济通过促进分工而增进经济进步,对于生产者来说,在市场经济条件下他必须考虑产品的使用价值。而资本主义则不然,它只关心交换价值。经济进步就是交换不断带动生产的增长,经济进步是劳动分工促进劳动专业化和企业多样化的结果(见表7-1)。

表7-1 市场经济和资本主义的区别

	核心机制	运行特征	位置	活动主体
市场经济	竞争	透明性 正当性 公平性	中间层	中小企业
资本主义	垄断	半透明 赌博性	顶层	大企业、跨国公司

注:参看〔法〕费尔南多·布罗代尔:《15至18世纪的物质文明、经济和资本主义》(第三卷),顾良、施康强译,生活·读书·新知三联书店,1993;〔法〕费尔南多·布罗代尔:《资本主义论丛》,顾良、张慧君译,中央编译出版社,1997。

总的来讲,在布罗代尔看来,市场经济和资本主义是两个完全不同的制度现象,竞争和垄断是势不两立的两种结构,唯其垄断才称得上是资本主义。资本主义的核心要素不是市场而是垄断,资本主义的基本特征在于对市场的垄断。布罗代尔在资本主义和市场经济之间做出的区分是无可厚非的。因为就连经济学家自己也对完全竞争和不完全竞争,即所谓"自由贸易"和"垄断性竞争"做出了区分。市场经济以竞争为主宰,市场经济

---

① 〔法〕费尔南多·布罗代尔:《资本主义论丛》,顾良、张慧君译,中央编译出版社,1997,第93页。

条件下的交换是平等的；资本主义则制造和利用垄断地位，从而造成交换的不平等。因此，在沃勒斯坦看来，布罗代尔的这个见解堪称是一场革命，可惜至今没有受到足够的重视。①

2. 谁在经济体系中起决定性作用

人们往往把资本主义当作推动经济进步的动力或经济进步的结果。但布罗代尔认为，事实上，"物质生活是一切的基础：一切进步取决于物质生活的膨胀，市场经济本身也依赖物质生活而迅速膨胀，并扩展与外界的联系。"② 也就是说，在经济体系中起决定作用的，在经济进步中起决定性作用的不是资本主义，而是处于基础地位的物质生活。资本主已作为市场经济的上层建筑，当然也要依靠物质生活，市场经济以及上层建筑资本主义都是建立在物质生活基础上的，因此，是物质生活、物质生活的膨胀，而非市场经济或者资本主义，是一切进步的最根本因素。"整体运动起着决定作用，任何资本主义首先是以其经济基础为尺度的。"③ 由此可见，布罗代尔的逻辑是：物质生活的膨胀推进市场经济的扩展，而市场经济的扩展推进资本主义的发展，因此，物质生活是经济体系和经济进步的决定性因素。但物质生活在经济体系和经济进步中占据决定性地位，并不意味着现实的分配机制是倾向于位于底层的物质生活的。布罗代尔同时指出，在此经济活动的扩展过程中，收益的并非处于基础性重要地位的物质生活，得益的始终是资本主义，因为它位于经济体系的最上层。何以在经济体系的扩展中，得益的始终是资本主义？首先，布罗代尔指出，如果没有社会的积极配合，少数资本家要独占利益，那将是不可思议的事。资本主义势必是一种现实的社会制度，甚至是一种现实的政治制度和文明，因为整个社会必须在一定程度上认识和接受资本主义的价值。④ 其次，市场经济落入了资本主义的罗网。资本家在宽广辽阔的领土国家中编织起一本万利的交易网，这就是人们所说的"经济世界"，经济世界的总和构成世界经济。严格意

---

① 〔法〕费尔南多·布罗代尔：《资本主义论丛》，顾良、张慧君译，中央编译出版社，1997，第34页。
② 〔法〕费尔南多·布罗代尔：《资本主义论丛》，顾良、张慧君译，中央编译出版社，1997，第93页。
③ 〔法〕费尔南多·布罗代尔：《资本主义论丛》，顾良、张慧君译，中央编译出版社，1997，第93页。
④ 〔法〕费尔南多·布罗代尔：《资本主义论丛》，顾良、张慧君译，中央编译出版社，1997，第93~94页。

上的"市场经济"就是这样落入了资本主义的罗网,迅速处于资本主义自上而下的操纵之下。作为市场经济的原始范本,众多小制造商和小手工业者正是在交易会上交换各自提供的产品和服务。① 市场经济何以会落入资本主义的罗网,资本主义又如何篡取了本不该属于它的巨额收益?对这些问题的解答需要从全面理解市场经济和资本主义开始。

三 市场经济再审视

1. 市场经济:经济学家的阐释

以亚当·斯密为代表的经济学家们认为,市场经济是现代经济的全部、标志和特征。首先,市场是劳动分工的调解者,市场的容量决定着分工所能达到的水平,而分工则是加速生产的手段,因此市场是促进现代经济发展的动力装置。其次,市场是"看不见的手"的活动场域,供给和需求在市场中通过价格调整自动趋向平衡,市场是一个自生自长的现象,市场是不受任何人指挥的,自发的市场经济具有其客观的自然法则和机制。最后,国家的发展乃至整个世界的发展,无非是市场经济的发展,市场经济不断地扩大其领域,把越来越多的人和物,越来越多的远近贸易和生产活动纳入其理性秩序和自然法则之中,趋向创造一个整体性的世界、全球化的经济体系。因此,市场经济所有经济活动的总和,经济的发展就是市场经济的发展,市场经济通过自然法则和自动调节机制,征服整个经济领域,并使之合理化和理性化。总的来讲,经济学家认为一切经济活动都是市场经济,强调市场经济的自发性、动力性、基础性、决定性和支配性,总的来讲是一种市场至上、市场决定一切的价值观。

2. 市场经济:布罗代尔的阐释

在布罗代尔的体系中,市场经济显然是一个古老的现象,至少在工业革命发生之前就已经有上百年的历史。通过上文的介绍和表述已经可知,市场经济首先是一种与资本主义相区别的经济活动或交换形式。市场经济是在生产和消费之间的交换和流通,是一种与资本主义不同的经济交换形式。从纵向来看,市场经济包括初级经济和交易会和交易所两种形式,初级市场是市场经济的基础和门槛,交易会和交易所是市场经济的高级形式。

---

① 〔法〕费尔南多·布罗代尔:《资本主义论丛》,顾良、张慧君译,中央编译出版社,1997,第3页。

从横向来看,市场经济可以划分为市场交易和非市场交易(又称作"私人交易"或"黑市交易")两种。市场经济以竞争为核心要素,是透明的、正规的经济活动领域。除此之外,布罗代尔对市场经济①还有其他定性描述。首先,市场经济是一种带有强制性的秩序。② 市场经济的强制性在于其要维护市场竞争的公平性和正当性。因此,市场经济是一种复杂的体系。③ 其次,市场是变化和革新层出不穷的领域,是一个十分活跃的、随处可见的活动领域。"在生产和消费两个世界之间起着联系和推动作用的市场经济,在它那狭窄而又活跃的区域里造就出种种动力和活力,种种新事物、新觉醒和新主意,进而加速经济的增长和进步。"④ 这意味着,市场是一种解放、一种开放,进入市场就是进入另一个世界。⑤ 最后,市场是一条可移动的边界。⑥ 无论是市场的具体形式集市、商铺、交易会和交易所的大小,还是与物质生活和资本主义相联结的市场本身的边界都是变化的,会随着物质生活的丰富或缩小而变化。总的说来,在布罗代尔看来,市场经济本质上就是一种交换形式、一种制度体系。作为交换形式,市场经济的特征是透明性、规范性和竞争性,竞争是市场经济的核心要素。由于透明和规范,在市场这个敏感的狭小区域内,经济政策才合理和有可能发挥作用。市场经济的真实作用就是通过规范的制度体系促进真实有效的竞争交易,从而激发普通人的活力,激发各种新事物、新观点和新认识。

当然,市场经济也具有局限性。市场经济的局限性首先体现在它的不完备性方面,市场经济至今也还不能把全部生产和全部消费连接起来,相当一部分产品由生产者及其家庭和农村人直接消费,不进入市场流通。在物质生活这个非经济的底层,市场经济扎根其中但又不能实现对其的全部

---

① 注:如前文所述,在布罗代尔语中,"市场"和"市场经济"是等同的,"市场"就是"市场经济"。
② 〔法〕费尔南多·布罗代尔:《15至18世纪的物质文明、经济和资本主义》(第一卷),顾良、施康强译,生活·读书·新知三联书店,1993,第21页。
③ 〔法〕费尔南多·布罗代尔:《15至18世纪的物质文明、经济和资本主义》(第二卷),顾良、施康强译,生活·读书·新知三联书店,1993,第226页。
④ 〔法〕费尔南多·布罗代尔:《资本主义论丛》,顾良、张慧君译,中央编译出版社,1997年,第71页。
⑤ 〔法〕费尔南多·布罗代尔:《15至18世纪的物质文明、经济和资本主义》(第一卷),顾良、施康强译,生活·读书·新知三联书店,1993,第2页。
⑥ 〔法〕费尔南多·布罗代尔:《15至18世纪的物质文明、经济和资本主义》(第一卷),顾良、施康强译,生活·读书·新知三联书店,1993,第34页。

控制，在资本主义这个市场经济的上层建筑体系内，市场经济不仅不能大范围涉足，反而陷入资本主义的罗网之中。这些都是市场经济的不完备的表现、市场经济局限性的表现。市场经济只是整个经济的一部分，旨在生产和消费之间起着联络作用，这是由其本质所决定。因此，作为市场经济独特标志的竞争远不能够主宰整个经济活动领域。趋向竞争的市场经济不能覆盖全部经济，这在昨天做不到，今天也做不到。① 其次，借用马克思的观点，建立在平等关系基础上的竞争最终导致不平等和垄断。最后，市场经济是逐步形成的。② 这不仅体现在市场经济是不完备的，还体现在市场经济正在发展，这种发展体现在市场经济的建立、领域扩展、制度完善等方面。事情需要几百年才能做成。这意味着，市场经济不是一个自发存在的事物，而是一个需要构建的场域和制度体系，而且市场经济体系的形成是一个漫长的过程。

3. 市场经济：奥地利经济学派的阐释

新古典经济学认为，市场就是买者和卖者相互作用并共同决定商品和劳务的价格和交易数量的机制。市场经济是一个复杂的机器，它通过价格和市场体系对个人和企业的各种经济活动进行协调。因此市场不是混乱的，而是一种经济秩序，这种经济秩序就是市场均衡。在市场中，价格在协调生产者和消费者的决策，当市场通过价格平衡了所有影响经济的力量时，市场就达到了供给和需求的市场均衡。市场均衡代表了所有不同的买者和卖者之间的一种平衡。③ 在对市场的阐释方面，与新古典经济学的观点不同的还有奥地利经济学派。柯兹纳在《市场过程的含义》中对奥地利经济学派的米塞斯、哈耶克等人的观点进行总结和进一步阐释。在柯兹纳的市场过程理论里，市场是一种没有终结的对来自交换的共同收益机会的个体的发现过程。市场过程是由一系列发现而造就的变化构成，这些发现是因为由构成最初不均衡状态的无知的存在。市场是在所有时间都表现出激励真正的、有价值的发现的巨大力量。企业家的警觉在其发现过程中发挥重要

---

① 〔法〕费尔南多·布罗代尔：《15至18世纪的物质文明、经济和资本主义》（第二卷），顾良、施康强译，生活·读书·新知三联书店，1993，第231页。
② 〔法〕费尔南多·布罗代尔：《15至18世纪的物质文明、经济和资本主义》（第二卷），顾良、施康强译，生活·读书·新知三联书店，1993，第232页。
③ 〔美〕保罗·萨缪尔森、〔美〕威廉·诺德豪斯：《经济学》（第17版），萧琛主译，人民邮电出版社，2008，第21~22页。

作用。市场过程能够提供一种系统性的力量,这种力量通过个体的警觉而被启动,倾向于降低相互性无知的程度。在市场过程中,"均衡"从来都没有被实现,市场所体现出的是一种"朝向均衡趋近"的倾向性。①

柯兹纳把市场理解为一种过程,市场过程具有以下特点:一是市场过程具有可均衡性,但并不意味着均衡事实已经达到。二是市场首先是一种混乱状态,个体在市场中的发现行为就是纠正无知和混乱的一系列步骤,市场的有序正是存在于市场事件的明显混乱之中。在市场中,并不是每一次"发现"都能够带来矫正,有些"发现"最后也会被证实是错误的。是持续的"发现"活动逐渐将市场从混乱带向有序。三是由于发现的存在,市场成为一种在所有时间都能够表现出强大的、激励的、真正的力量。四是在市场中,个体自由就体现在个体能够自由地发现那些他能够努力抓住的机会。在这里,市场过程观念指向一个愿为基础性的自由的特征,这个特征就是,自由的个体有自由地决定他看到的是什么。他可以自由地做出他自己的发现。一个自由市场要做的就是给他的参与者提供发现利润机会的激励。这样,自由市场就是能够将个体自由导向作为市场的协调性特征的基础的系统性的发现过程。自由市场通过为警觉的市场参与者提供利润机会,从而为个体自由提供出口,通过这样的出口,个体自由可以得到较为充分的表达和实施②

四 市场经济与公共危机

1. 何谓市场经济

就个体自由的表达和实施而言,柯兹纳的市场过程界定与布罗代尔的市场经济界定是一脉相承的。在布罗代尔看来,市场的核心是竞争,这种竞争是真正的、透明的竞争。而自由个体在能够得到充分保护和体现的情况下,人们在市场中的发现机会是平等、自由的情况下,才能实现真正的、透明的竞争。另外,柯兹纳所界定的市场过程的个体自由与阿马蒂亚·森的"实质性自由"概念有异曲同工之处。在阿马蒂亚·森看来,自由是发展的首要目的。现代社会是一个追求自由的社会,但是在自由的过程层面

---

① 〔美〕伊斯雷尔·柯兹纳:《市场过程的含义》,冯兴元等译,中国社会科学出版社,2012,第5页。
② 〔美〕伊斯雷尔·柯兹纳:《市场过程的含义》,冯兴元等译,中国社会科学出版社,2012,第48~56页。

和机会层面之间存在着非常明显的差异,即在自由的制度设计和保障方面和实际形成的自由机会方面存在明显的差异。这种差异可以理解为应然和使然之间的反差,也可以理解为形式自由和实质自由之间的反差。森认为,过程和机会各具重要性,在整个社会过分偏重过程自由的情形下,应该更多地从机会层面体察自由。森的"实质性自由",即享受人们有理由珍视的那种生活的可行能力,是人们能够过自己愿意的那种生活的可行能力。实质性自由包括免受诸如营养不良、疾病、过早死亡之类困扰的基本的可行能力。[1] 一个人的"可行能力"就是对于此人是可行的、列入清单的所有活动的各种组合。在这个意义上,"可行能力"就是一种机会、一种可能性、一种自由。实质性自由意味着个体自由地享有各种机会,并在发现和参与中享受人们有理由珍视的那种生活,体面地、有尊严地、幸福地生活。森认为,竞争市场的重要价值在于其在信息利用机制和动力机制的相容性,绝非仅仅在于以更高效率产生最终成果的能力。市场机制的重要性在于为实质性自由提供活动的场域和保护,因此,市场可以实现个体无阻碍地进行交换和交易的自由,因而是拥有强大力量和动力的机制和场域。因为,个人自由就其实质而言是一种社会产品[2],因此森强调要以公共行动来创造条件,使个人自由和市场得以良好地发挥作用,这些条件就是所提供的机会可以被合理地分享,而这些公共行动包括透明政治自由、创造经济条件和社会机会、透明性担保、防护性保障等。

总的来讲,市场经济是一个位于经济生活中间层面的、以自由和竞争为核心的、拥有强大动力的机制。市场的自由和竞争都需要相应的制度进行规约和保障,因此,以自由和竞争为核心的市场经济是一个需要不断完善和建构的制度机制。市场的动力性不在于市场本身所蕴含着什么独特性自然功能,而在于市场机制所保障的个体自由所实施的发现力量,以及基于这种发现过程的透明性竞争所激发的能量。

2. 市场经济与公共危机

市场经济与公共危机之间的逻辑关系可以从两个方面阐述:一是由于对市场机制的错误理解和强行推广所导致的问题。即以市场经济涵盖一切

---

[1] 〔印〕阿马蒂亚·森:《以自由看待发展》,任赜、于真译,中国人民大学出版社,2002,第30页。
[2] 〔印〕阿马蒂亚·森:《以自由看待发展》,任赜、于真译,中国人民大学出版社,2002,第23页。

经济活动，对市场自发调控机制过分宣扬以及欧美发达资本主义国家将所谓自由市场机制强行向欠发达地区推广所导致的恶果。这是导致阿根廷等拉美国家问题的根源。关于这个问题，将放在第四节谈论。二是由于市场经济本身存在的问题和推行市场经济的国家由于制度建构的不完备和缺陷所导致的公共危机问题。这个问题又可以区分为市场自身缺陷引发的公共危机和针对市场缺陷的制度建构所引发的公共危机。

先来看市场自身缺陷引发的公共危机。首先，在市场经济中，商品生产者和经营者在价格调节下追求自身的利益。这样，市场上就有可能产生一些不正当的经济行为。比如，生产和销售伪劣产品、恶性竞争、欺行霸市，扰乱市场秩序等事情。三聚氰胺事件、各种假药、假商品所形成的公共危机就是这种情况。其次，单纯的市场调节会引起社会各阶层收入差距的扩大，甚至造成贫富两极分化，并由此引起的其他社会矛盾的激化和群体性暴力事件的发生。再次，市场调节具有盲目性。在市场经济条件下，经济活动的参加者都是分散在各自的领域从事经营，单个的商品生产者和经营者不可能掌握社会各个方面的信息，也无法控制经济变化的趋势，因此，他们做出的经营决策会带有一定的盲目性。这种盲目性会造成价格波动和资源浪费。分散在各地的、生产同一产品的、重复性企业的出现和存在，这一现象持续性的结果就是整体自然资源的浪费、过度消耗和生态环境的整体破坏，同时还伴随着各种地方性污染危机事件的发生。最后，市场价格调节具有滞后性。在市场经济中，市场调节是一种事后调节，即经济活动参加者是在某种商品供求不平衡导致价格上涨或下跌之后，再做出扩大或减少这种商品供应的决定的。这种时间上的滞后性在农业、林业及大型项目的建设上导致资源大量浪费的同时给生产者，尤其是农民利益带来极大的破坏。

针对市场缺陷的制度建构所引发的公共危机。首先，是针对市场的制度建构不足导致的公共危机。例如各种商品和药品的标准和监管体系不完善、不科学会导致假冒伪劣商品冲击市场后引发一定的公共危机，危害食品安全和药品安全状况。其次，针对市场调节的贫富差距拉大，宏观调控政策如果不能够有效妥善解决这个问题，就会造成社会整体的贫富两极分化。大量贫困问题长期存在，这本身就是一种公共危机。大面积的、持续贫困在其他灾害发生时很快会转化为大面积的饥荒，这是另一种公共危机。事实上，阿马蒂亚·森就把饥荒分为灾害性饥荒和政策性饥荒①，后者完全是人为因素导致的。同时，长期的社会整体的贫富两极分化就构成了暴力产生的温床。长期的社会分配不均和两极分化是转型期中国群体性事件接连发生的主要原因。最后，很多人认为，以弥补市场不足出现的凯恩斯主义，即由政府事实的宏观经济调控政策，在很多国家已经成为政府权力个性膨胀、侵犯私人产权的工具。新古典经济学中的宏观经济政策与现代民主政体的多数表决制一拍即合，构成"多数暴政"，不仅没有从根本上解决市场机制的内在缺陷，反而引发诸如腐败等更多的问题。这些问题与原先存在的问题汇合在一起，共同形成一个充满矛盾、不满、冲突和暴力的风险社会。在这种充满各种风险的社会中，一个毫不引人注目的事件都可能成为引爆一场大的公共危机的星星之火。

第二节 资本主义与公共危机

与在市场经济上所犯的错误一样，有些人习惯用"资本主义"这个词指代当下由西方欧美国家建立起来的现代整个经济体系，从而将批评的矛头指向资本主义。在沃勒斯坦的语境中，"资本主义"一次就涵盖了整个现代经济体系。②《科林斯经济学词典》甚至将"资本主义""市场经济"和"私营企业经济"三个概念等同，统一界定为"A method of organizing the economy to produce *Goods* and *Services*.（组织经济生产物品和服务的一种办法。）"③ 在布罗代尔的分析框架中，"资本主义"是一个与市场经济相区别的经济活动，是位于现代经济体系的顶端，并非经济体系的全部。总的来讲，布罗代尔的区分更有助于我们更好地理解市场经济和资本主义，同时有助于更清晰地分析公共危机的根源。

在西方理论界，"资本主义"一词和"封建社会"一词一样，是充满争议的概念。这使得布罗代尔在使用"资本主义"概念时始终秉承审慎和尽可能少使用的态度，但最终不得不选择"资本主义"一词。关于使用"资本主义"一词的原因，布罗代尔的解释是：在15至18世纪期间，某些过程需要有个特殊的名称，简单地把它们归入市场经济是荒唐的，需要用

---

① 参见〔印〕阿马蒂亚·森《贫困与饥荒》，王宇、王文玉译，商务印书馆，2004。
② 参见〔美〕伊曼纽尔·沃勒斯坦《沃勒斯坦精粹》，黄光耀、洪霞译，南京大学出版社，2004。
③ 〔美〕克里斯托夫·帕斯、〔美〕布赖恩·洛斯、〔美〕莱斯利·戴维斯：《科林斯经济学词典》（第三版），罗汉译，上海财经大学出版社，2008，第575页。

另一个词来确指不同于市场经济的一些活动，因此本能地想到"资本主义"一词。① 布罗代尔的这一处境和纠结与法国的另一位史学家马克·布洛赫给《封建社会》一书命名时十分相似。当一个概念充满争议，必定是因为人们对它的认识缺乏一个深入的分析和阐释，导致该词的使用和含义混乱、漏洞百出，因此使得严谨的学术研究者在使用它们时内心充满矛盾和纠结。也许恰恰是这种争议和混乱的状况，这种矛盾和纠结的心情促成了上述两位史学巨擘分别给予了"资本主义"和"封建社会"一个系统的分析和严谨的阐释。

一 资本主义的形态与概念

如果说资本主义不是整个现代经济体系，那么资本主义是什么？它的栖息地在哪儿？它什么时候出现的？它有哪些形态？关于资本主义的活动领域，布罗代尔指出，关于资本主义，就全世界范围而言，在日常物质生活的广阔基地之上，市场经济铺开了和保持了形形色色的交换网，资本主义则在市场经济之上繁荣起来。②

1. 资本主义的出现

相当一部分学者受马克思理论的影响认为工业革命之前有资本但没有资本主义，资本主义是工业革命之后出现的，资本主义是工业领域社会化大生产的产物，是工业体系的独有现象。但布罗代尔指出，资本主义在工业革命之前就已经存在，而且是存在于流通领域。关于工业革命之前就存在资本主义，这一观点在西方经济学和经济史学领域已然是一个获得普遍认同的观点，大家普遍把工业革命之前的资本主义定义为商业资本主义。布罗代尔的视野更为宏大，他认为，在过去和现在之间绝没有完全的断裂、绝对的不连续和互不干扰。过去和现在，现在和过去——很可能就是历史本身的核心和存在理由。因此，在资本主义的起源问题上，我们面临的直接危险就是犯下颠倒时序关系这个弥天大罪。③

---

① 〔法〕费尔南多·布罗代尔：《资本主义论丛》，顾良、张慧君译，中央编译出版社，1997，第84页。
② 〔法〕费尔南多·布罗代尔：《资本主义论丛》，顾良、张慧君译，中央编译出版社，1997，第79~80页。
③ 〔法〕费尔南多·布罗代尔：《资本主义论丛》，顾良、张慧君译，中央编译出版社，1997，第85页。

布罗代尔通过分析大量史料后指出，商业资本主义的萌发地就是商品流通领域的远程贸易。12～13世纪最初的资本家就是能够从事远程贸易的大批发商人。在世界各地，一些大批发商从普通商人中脱颖而出，并且这一现象并非是稀少的偶然现象。在12世纪或者更早的意大利各城市，在13世纪的巴黎，在14世纪的德意志、笛福时代的英国都已经出现资本主义的身影。而在阿拉伯地区，当地的"塔伊尔"（大批发商、富商巨贾）出现得更早。另一位史学家亨利·皮朗在《中世纪欧洲经济社会史》一书中也对远程贸易和商业领域资本主义的发展进行了描述。首先，在亨利·皮朗看来，中世纪的商业，一开始就不是在地方贸易的影响之下，而是在输出贸易的影响之下发展起来的。远程贸易是推动的力量，香料是这种贸易的首要商品。① 其次，中世纪的资料无疑地能证明在12世纪资本主义就已存在。亨利·皮朗指出，从经济复兴时起就存在的商业资本主义，在文艺复兴之前就已经存在，并对中世纪欧洲经济的复兴发挥着重要影响和作用。当然，"资本主义和作为资本主义因果的大规模的商业，并不是在所有国家同时发生的，他们在各处发展的强度也有所不同。在这方面，莱茵河以东的德意志无疑地落后于西欧、更落后于意大利。"② 总的来讲，资本主义在12世纪前后就已经在伊斯兰地区和欧洲部分地区出现，这一时期，资本主义主要在商品流通领域活动，所以这一时期的资本主义被称为商业资本主义。

2. 资本主义的形态

毫无疑问，商业资本主义是资本主义最早的形态，工业资本主义要等到19世纪工业生产成为能够获取巨额利润的领域之后才出现，而金融资本则要等到19世纪30～60年代之后，当银行把工业和商品全都抓到手上，在金融领域能够取得稳定的、巨额的利润之后才出现。金融资本主义出现得最晚，是因为资本必须等到整个经济活动发展到具备足够的力量来支持金融业和金融资本主义的运行时才能从工业领域转移到金融领域。从商业资本主义、工业资本主义到金融资本主义，资本主义具有众多形态。关于资本主义诸形态之间的关系，马克思认为，资本主义是一个不断发展和演化的过程，资本主义的发展历程就是先从工业资本主义到金融资本主义，

---

① 〔比〕亨利·皮朗：《中世纪欧洲经济社会史》，乐文译，上海人民出版社，1986，第127页。
② 〔比〕亨利·皮朗：《中世纪欧洲经济社会史》，乐文译，上海人民出版社，1986，第145页。

再到垄断资本主义的演变过程。垄断资本主义是资本主义发展的最高阶段和最后阶段。布罗代尔认为，不存在所谓的资本主义演化过程，资本主义就是一种恒常结构。商业资本主义、工业资本主义、金融资本主义仅仅是资本在不同领域的活动所结成的具体形态，这些形态之间并不存在一个相互交替的演化进程。事实上，从今天来看，各种资本主义形态可以并存并相互交织，这是因为资本在不同领域自由移动的结果。各个资本主义形态之间尽管出现的时间不同，但拥有相同的本质。因此，布罗代尔指出，就其形态而言，资本主义像是变色龙；变色龙改变了颜色，但还是原来的变色龙。① 但不管资本主义怎样变换其外形，资本主义只有一个基本模式。就其本质而言，资本主义是人类生活的一个恒在结构，一个过去从未能摆脱了的和今后将永远摆脱不了的结构。②

3. 资本主义是什么

如果说资本主义是人类生活的一个恒在结构，那么这个恒在结构是什么？布罗代尔认为，如果说资本是可以捉摸的实体，是不断运动着的和容易辨认的手段；资本家是把资本投入到生产过程中去的主持人；资本主义就是通常为着利己目的把资本投入到生产过程中去的方式。③ 资本主义这个恒在结构的存在必须以下列条件为基础：（1）它是一种上层建筑；（2）它是由少数资本家所组成；（3）这些资本家拥有选择的可能，就是说，他们可以放弃某个行业，转身去搞另一个行业。④ 今天，资本主义的规模和运作方式与往昔相比已经发生绝大变化。但从大处着眼，资本主义的本质并没有发生彻底的改变。基于以下三个理由：一是资本主义始终建立在开发国际资源和潜力的基础之上，即它的存在具有世界规模，它的势力向全世界伸展，它当前的大事就是重建这种一统天下的局面。二是资本主义始终拼命依赖对法律的和事实的垄断，垄断性组织继续绕开市场。这并不是新事。三是资本主义并不如人们通常所说统辖整个经济和全部社会劳动，它从未

---

① 〔法〕费尔南多·布罗代尔：《资本主义论丛》，顾良、张慧君译，中央编译出版社，1997，第49页。
② 〔法〕费尔南多·布罗代尔：《资本主义论丛》，顾良、张慧君译，中央编译出版社，1997，第15页。
③ 〔法〕费尔南多·布罗代尔：《资本主义论丛》，顾良、张慧君译，中央编译出版社，1997，第86页。
④ 〔法〕费尔南多·布罗代尔：《资本主义论丛》，顾良、张慧君译，中央编译出版社，1997，第48页。

完整地把前者和后者纳入资本主义体系。①

总的来讲，如布罗代尔所言，尽管工业革命标志着人类进入了一个新的时代，但这绝不等于说，资本主义从此改变了性质。资本主义拥有各种形态，但是资本主义没有阶段可言，不同资本主义形态之间的基本结构始终是相同的。每个经济世界都各有自己的资本主义，经济世界和资本主义都早已存在。在经济体系内部，资本主义始终是等级制的反应，而等级制又并不局限于经济方面。

二 对资本主义的进一步分析

在现代经济体系中，人们可以清楚地发现，随着市场经济的发展，专业化和劳动分工也在不断发展。但这种日益细密的分工仅仅表现在经济活动的中下层，高居经济社会之顶的资本家却是例外。一方面，在经济体系的中下层，行业、企业、商家、店铺以及劳动者的职业正在分门别类，日趋细化。而与此同时，位于经济体系金字塔顶端的情况却并非如此：资本越来越集中到少数人手中，实际上从19世纪开始，大资本家就不再局限于一种活动，他们多领域投资、兼营多行，一个人往往身兼实业家、金融家、银行家甚至造船主、农场主等多种身份。

1. 资本主义的特征

除了垄断这个家喻户晓的特征之外，资本主义还拥有其他重要特质。

首先，资本的垄断和投资的多元化并存。布罗代尔指出，过去"人们往往认为过去的资本主义由于资本不足而规模很小，必须经过长期积累才能广为发展。可是，商业通信和社会记录告诉我们，有的资本竟然找不到可以投资的地方。资本家于是就用来购买土地，保住资本的社会价值，有时也经营土地，获得丰厚的收入，这种情形在英国、威尼斯和其他地方都可以见到。资本家还用资本从事城市地产投机，或者多次谨慎地侵入工业领域，例如15至16世纪期间的矿产投机。"② 大资本家不专营一行，这是因为任何一行都不足以容纳他的全部资本和资本活动。专业化和分工对于大批发商资本家是不适用的，对于大资本家而言，存在的是资本的垄断和

---

① 〔法〕费尔南多·布罗代尔：《资本主义论丛》，顾良、张慧君译，中央编译出版社，1997，第117页。
② 〔法〕费尔南多·布罗代尔：《资本主义论丛》，顾良、张慧君译，中央编译出版社，1997，第92页。

投资的多元化，而投资的多元化是为了进一步巩固资本的垄断。

其次，资本家并不关心大生产系统，资本的核心是盈利。由于"资本家满足于通过家庭劳动系统控制手工业生产，以便更好地保证生产的商业化。由于手工业方式的家庭劳动的存在，制造厂直到19世纪还只占生产中的很小部分。"① 这表明，资本家的目的仅仅是实现和确保资本增值，为此资本家会维持一种低级的生产状态，只要这种生产是其可以掌控、能够给他带来利润和收益的。因此，资本家的关注点不在于生产方式的变更和革新，而在于建立和维护一种对生产的垄断和控制体系，以便其从中获巨额收益。这样，金融资本主义的出现就成为导致现代社会金融体系动荡和金融危机发展的一个重要因素。大的金融资本家在金融领域的投机行为足以导致一个地区发生大的经济危机，1997年的亚洲金融危机就是典型。在1997年的亚洲金融危机中，尽管东南亚地区国家自身的金融体制不健全是一个原因，但金融大鳄索罗斯的投机行为无疑是引发这场灾难的重要因素。

最后，资本具有强大的适应性、可变性和灵活性，这一特点是继垄断之后，构成资本主义巨大力量的另一个源泉。随着大的利润不断从一个行业向另一个行业转移，资本家也敏锐地审度经济形式、变换经营领域，以便谋取巨额利润。资本主义这种强大的适应性、可变性和灵活性是一般中小企业所不具有的，从而使得资本主义始终居于经济体系的顶端，主导和控制整个经济体系的发展。这也足以解释，以营利为目的的、具有强大流动性能力的跨国公司何以不会考虑具体的开发和生产活动，对一个又一个地区的自然资源、生态环境所造成的破坏以及这种破坏给当地居民乃至整个地球生态造成的灾难性影响而肆意扩张。人们会问，对资本主义的"创造性破坏"行为，现代文明体系难道没有约束吗？这种约束当然有，各种反垄断法案以及环保法案都对包括跨国公司在内的企业行为进行着约束和规范，但这种约束还存在很多漏洞和薄弱环节。对于法律制度对资本主义跨国公司约束的理解还需要在资本主义与国家、资本主义与等级制之间关系的层面上做进一步的分析和考察。

2. 资本主义与国家

资本主义与国家之间是一种亦敌亦友的关系，二者时而合作、时而对

---

① 〔法〕费尔南多·布罗代尔：《资本主义论丛》，顾良、张慧君译，中央编译出版社，1997，第92页。

立,这种关系的转换在很大程度上取决于国家对资本主义态度的变化。例如,叶利钦时代的俄罗斯是垄断寡头的幸福家园,依靠垄断寡头上台的叶利钦执政后极力扶持垄断寡头的发展。但随着垄断资本对国家利益的侵蚀,对国家发展的不利影响越来越大,其继任者普京上台后,不再容忍垄断资本的肆意妄为,转而对垄断寡头给以颜色和限制。但普京对尤先科等人的发难更多的是一种杀鸡骇猴的举动。对于整个垄断资本,普京的意图在于警告,希望他们收敛自己的行为,不要再侵蚀国家利益和危害国家发展,但并没有完全禁止他们的活动,并且对他们侵蚀普通民众利益的做法置若罔闻。在布罗代尔看来,现代国家并没有创立资本主义,而是继承了这一遗产,国家有时给它提供方便,有时给它制造困难,有时任其发展,有时挫伤它的活力。资本主义的胜利取决于它是否由国家所体现。[①] 因为无论是在伊斯兰地区还是在基督教地区,大多数资本家都是国王的好朋友,与国家结盟或参与国事。资本的活动范围很早就超出了本民族的界限。不同国家的资本家联手操纵信贷和货币交换,用各种手段在经济活动中谋得有利地位和巨额利润。他们拥有信息、智慧、文化等优越条件,对周围的土地、能源等凡是能够获得巨额利润的均涉足其中。他们掌握的雄厚实力和垄断手段足以使竞争不起作用,他们在能源开发和生产中所造成的巨大污染和大面积生态破坏引发了当地居民的强烈反抗和抵制。但对此种行径,国家在大多数时候是持一种视而不见、坐视不管的包庇纵容态度。即便有因污染而声讨破坏环境导致的争端诉诸法律,但由于跨国公司作为实力雄厚的法人主体拥有专业的律师队伍,并且很多行业标准恰恰是由跨国公司自己制定的,因此在整个利益博弈过程中,权力和利益严重受损的普通大众往往处于劣势。

3. 资本主义与等级制

处于经济体系顶端的资本主义与等级制是什么关系?资本主义是创造了等级制还是利用了等级制?在布罗代尔看来,任何文明社会都存在社会等级。资本主义只是利用了等级制,资本主义并没有发明等级制。在历史的远景中,资本主义犹如晚到的来客,当他到达时,一切都已安排就绪。换句话说,对资本主义来说,等级制是个不依它意志为转移、事先规定它必须接受的自在现实,因为非资本主义社会并没有取消等级制。而且,资

[①] 〔法〕费尔南多·布罗代尔:《资本主义论丛》,顾良、张慧君译,中央编译出版社,1997,第94页。

本主义需要等级制。① 首先，处于孕育萌生阶段的资本主义利用了当时坚固的等级制。欧洲从封建制向资本主义的过渡并不难理解，封建制本身就是一种具有固定结构的等级制。在几百年内，资产阶级一直寄生于封建贵族这个特权阶级，留在它的身旁，危害它，利用它的错误、奢侈、闲散和缺乏远见，往往通过高利贷攫取它的财产，最后挤进它的行列，并跟着它没落。资本主义与等级制是一种长时期的寄生关系。资本主义的这种寄生行为的后果有二：一是作为寄生物的资本主义的壮大，二是寄生物对寄生体利益的不断损害。这就是布罗代尔讲的，"资产阶级不断为自身的利益而损害统治阶级的利益。……在一种相对平静的局面中，资本主义破坏着上层社会的某些堡垒，建立起有利于自己的、同样牢固的其他堡垒。"② 依靠等级制发展的资本主义对上层社会的某些堡垒的破坏是持续的，在过去是封建贵族，在今天是国家，这也是现代国家一方面允许其存在和发展，另一方面不遗余力地对其进行限制的原因。但在此需要强调的是，由国家做出的对资本主义垄断的限制主要是针对和防范其对国家利益的侵蚀和危害而做的，并非是以维护社会和普通民众利益为主要目的。

三 跨国公司与现代性公共危机

1. 垄断资本的投机行为与金融危机

资本的投机行为导致金融危机，并进一步引发经济危机，这一现象在经济领域已经是常事。从18世纪的南海泡沫、密西西比泡沫及"郁金香泡沫"事件这些欧洲早期的三大金融危机到1929年大萧条，到1997年的亚洲金融危机，再到2008年美国次贷危机均是由投机行为引发的金融危机，其中一些金融危机进一步演化为经济危机。其中1929年大萧条和2008年美国次贷危机后来均转变为全球性经济危机。除了在金融领域进行投机之外，垄断资本还在其他多个行业进行投机。2013年1月21日，英国的反贫穷组织"世界发展运动"（WDM）在对高盛集团的财务报表研究之后得出结论：仅2012年，高盛把客户资金投资于小麦、玉米、咖啡和糖等一系列"软大宗商品"，并从中获利约4亿美元，助推高盛全年利润增长68%，员

---

① 〔法〕费尔南多·布罗代尔：《资本主义论丛》，顾良、张慧君译，中央编译出版社，1997，第99页。
② 〔法〕费尔南多·布罗代尔：《资本主义论丛》，顾良、张慧君译，中央编译出版社，1997，第97页。

工平均年薪酬增至近 40 万美元。高盛 1 月 16 日公布的财报显示，公司 2012 年第四季度实现盈利 28.9 亿美元，调整后每股盈利达到 5.6 美元，较 2012 年同期增长近两倍。因此，WDM 表示，"金融投机推高了全球粮食价格，高盛是粮食危机的头号罪魁祸首。"① 上述指控引发市场的强烈关注，人们开始重新关注到，国际金融巨头操控国际粮价，是如何给全球贫困人口带来威胁的。而当前粮食市场上公认最大的大炒家除了高盛之外，还包括摩根士丹利和巴克莱两家跨国公司。高盛与摩根士丹利和巴克莱同为当下国际领先的投资银行和证券公司，其中高盛与摩根士丹利是 2008 年美国次贷危机中相继离去的贝尔斯登、雷曼、美林之后世界五大投行中硕果仅存的两个。同 1929 年的大萧条一样，2008 年的美国经济危机与金融垄断资本在证券业的过度投机有关。在这次次贷危机初期，由于过度投机贝尔斯登、雷曼、美林三家投资银行先后倒闭。为了防止次贷危机的波及，美国联邦储备委员会（Fed）批准摩根士丹利和高盛集团从投行转型为传统的银行控股公司，这是自 1933 年大萧条以来华尔街最巨大的制度转变。② 一向以高杠杆、高盈利被神话的投资银行，在 2008 年次贷危机的浪潮下先后有三个倒闭，两个被迫转型。然而这一切并不重要，重要的是由投机行为导致的经济危机在全球的蔓延，给全世界民众带来的危害和影响短期内难以有效消除。

2. 跨国公司与现代性公共危机

在布罗代尔看来，跨国公司是真正的资本主义。③ 首先，它始终是跨国的，这符合资本的运作逻辑和扩张性质。其次，它与过去存在的各种印度公司（英国的东印度公司、西印度公司、荷兰东印度公司等）、各种大小的垄断组织有着千丝万缕的亲缘关系。最后，它与现有的垄断资本主义一脉相承，尽管现有的垄断资本主义具有多种形态，但它们大多采用跨国公司这种组织形式。由此可见，在现代社会，跨国公司可以看作是资本主义的浓缩和表现形式。

近些年由跨国公司引发的现代性公共危机频频发生。以原油泄漏为例，

---

① 新浪网：《高盛被指粮食危机罪魁祸首 大饥荒成金融彩票》，http://finance.sina.com.cn/money/future/fmnews/20130124/095214388868.shtml。
② 辽宁新闻：《华尔街五大投行覆灭》，http://news.lnd.com.cn/xwzx/htm/2008-12/23/content_465310.htm。
③ 〔法〕费尔南多·布罗代尔：《资本主义论丛》，顾良、张慧君译，中央编译出版社，1997，第 21 页。

2010 年英国石油公司①（BP）在墨西哥湾延续了长达 87 天的原油泄漏事件给墨西哥湾沿岸三个州造成重大损失（见图 7-2）。尽管美国此前发生过两次特大原油污染海洋事件。1969 年，加利福尼亚州南部海岸发生 10 万余桶原油泄漏事故，导致沿岸 60 余平方公里遭到严重污染。1989 年"埃克森·瓦尔迪兹"号漏油事故影响阿拉斯加州海域生态长达 20 年，部分海洋生物至今仍未重新发现。墨西哥湾漏油事故的严重性远超上述两次，已成为美国历史上最严重的原油污染海洋灾难。环保人士指出，这次油污冲向路易斯安那州海岸，预计全美逾 40% 湿地将需数十年才能恢复。

图 7-2 墨西哥湾原油泄漏卫星图

注：这是事故发生后，美国在《空间和重大灾害国际宪章》的框架下向欧航局申请获得"ENVISAT"卫星获取的图像，以帮助清污。该宪章是欧航局等发起建立的减灾合作机制，目前有 10 个成员。宪章规定在遇到重大灾害时，所有成员都必须免费和无限制地提供其掌握的相关数据和资料。

资料来源：新浪网《卫星图显示墨西哥湾油污带进入海洋环流》，http://news.sina.com.cn/w/p/2010-05-20/100220310935.shtml。

对于由跨国公司主导的原油泄漏事件，2011 年的墨西哥湾漏油事件绝不是最后一次。2011 年在中国的渤海，再一次发生康菲漏油事件，整个事

---

① 〔法〕费尔南多·布罗代尔：《资本主义论丛》，顾良、张慧君译，中央编译出版社，1997，第 21 页。

件同样给周边地区居民和生态环境带来巨大破坏。然而原油泄漏所导致的生态灾难和生存危机仅仅是跨国公司制造的公共危机的一种。在亚马孙热带雨林，跨国公司和当地政府对热带雨林的开采被环保人士称为"环境大屠杀"。纵观现代化进程，由跨国公司开发和生产导致的公共危机比比皆是。

第三节 经济全球化与公共危机

一 经济全球化

1. 经济全球化和反全球化运动

国际货币基金组织（IMF）在1997年5月发表的一份报告中指出，"经济全球化是指跨国商品与服务贸易及资本流动规模和形式的增加，以及技术的广泛迅速传播使世界各国经济的相互依赖性增强"。而经济合作与发展组织（OECD）认为，"经济全球化可以被看作一种过程，在这个过程中，经济、市场、技术与通讯形式都越来越具有全球特征，民族性和地方性在减少"。与经济全球化迅猛发展一同兴起的还有反全球化运动。国际社会有一个引人注目的现象，那就是反对经济"全球化"的群众性示威浪潮一浪高过一浪，几成燎原之势。自1999年西雅图世贸组织会议遭到来自世界各地的数万抗议者围困、堵截而发生大规模骚乱以来，凡是全球性或区域性的重大国际会议，都成为反全球化示威的目标，而且每一次几乎都会演变成严重的暴力冲突。2000年3月，国际货币基金组织在捷克首都布拉格召开年会，数万名来自欧美各地的抗议者，包围了会议，阻断了交通，强烈反对国际金融资本推行全球化的计划，并与警方发生了激烈的冲突，街道商店受到严重破坏。2001年7月20日，八国首脑会议在意大利的热那亚举行，抗议群众展开声势浩大的反全球化行动。峰会期间，警方一直无法完全控制当时持续了数天的骚乱，事件最后导致一名示威者被警员在近距离枪杀，有超过200多人受伤，近300人被捕，引起国内外许多强烈不满，批评声浪四起。这种现象在2002年也时有发生。2002年6月26日，G8峰会的东道主加拿大总理克雷蒂安为避免大规模的反全球化示威抗议，把会议地点选在了偏远的落基山脉度假小镇卡纳纳斯基斯。2003年6月2~3日，八国峰会在法国小城埃维昂召开。此次高峰会议除了正式参加会议的八国首脑外，还邀请了包括亚洲、非洲在内的多国元首参加南北领导人非正式对话会议。反全球化运动的10余万抗议者从全球各地汇集到日内瓦、洛桑和距离埃维昂很近的法国边境小镇安娜马斯，展开和平抗议活动，试图阻止八国集团会议的召开。其中有数百人使用暴力与军警对峙。他们连续几天在上述城市的政府机关大楼、会场外举行示威，向标志性建筑物乱掷石块、硬木、啤酒瓶，军警不得不用催泪气体和高压水枪驱散示威者。抗议者星期天晚上纵火焚烧建筑物和车辆的暴力抗议活动造成了数百万美元的损失。2013年6月，八国集团峰会召开前夕，英国伦敦大批群众举行示威游行，反对全球化以及跨国公司和银行巨头的贪婪。

2. 经济全球化运动和公共危机

人们究竟为什么要反全球化运动？全球化运动的反对者认为，首先，正是经济全球化这种运动将给世界、给他们的生活带来了灾难性后果，现实社会的一些公共危机是经济全球化的结果。其次，经济全球化使贫富差距进一步拉大。资本主导的全球化使国家之间、人与人之间、地区与地区之间的不平等、不公正进一步加剧。再次，发达国家普遍把"旧经济"部门转移到发展中国家，污染了不发达国家，造成大多数人类生存环境全面恶化。经济全球化使发达国家将越来越多的劳动密集和资源密集型产业以及对生态环境破坏严重的产业向发展中国家转移。虽然从某种意义上讲，可以使发展中国家的劳动和资源密集型产业得到较大发展，加快其工业化进程，但发展中国家却因此而使其良好的自然环境受到污染，平衡的生态系统遭到破坏，资源浪费现象相当严重，社会负担成本日益加重，更重要的是这一过程无助于发展中国家的社会整体发展。最后，经济全球化下的金融全球化在推动发展中国家经济增长的同时，带来了不容忽视的金融风险和经济冲击。

3. 经济全球化的另一种阐释：布罗代尔的世界经济体系

布罗代尔认为，世界经济是由经济世界组成的，不同的经济世界联合在一起就构成了世界经济，即经济全球化。任何经济世界都分成由腹心区、向心区和边缘地区构成的结构。距离经济中心越远的地区，条件越差，越落后。腹心区是经济世界的中心，那里是财富之中心，汇集着大量的银行业和大工业，那里有遥遥领先的现代化经济。向心区是与腹心区相邻的中间地区，那里的整体经济发展水平和生活水平要比腹心区略低一级。边缘地区是比较落后的偏远地区，那里的经济极为不发达。在中心和在中心附近生活的人总是对其他人拥有种种权利。① 由发展水平各不相同的经济世界组成的世界经济同样可以划分为腹心区、向心区和边缘区。在整个世界经济体系中，随着经济活动的发展，世界经济的重心是不断变换和移动的。从 17 世纪开始，世界经济中心的移动大致经历了从阿姆斯特丹到伦敦，再到纽约这样一个变换。位于腹心区的国家主导着整个世界经济体系运行的发展方向和轨迹。

二　世界经济体系与公共危机

1. 拉美危机

当自由市场经济在欧美广泛确立之后，对自由市场制度推崇备至的西方社会开始将其作为一种普遍模式向世界其他地区和国家推广。"二战"后，在西方国家的帮助下，日本、韩国以及拉美地区普遍开始实施自由市场经济制度，朝着私有化、自由贸易、开放市场和全球化迈进，国家逐步放松对经济的严格控制。但在绝大多数拉美国家，市场化过程并没有带来普遍的繁荣和更加均衡的财富分配，并于 1994 年和 1998 年先后遭受了严重的金融危机。沉重的债务、通货膨胀、货币危机、人口增长、贫富两极分化使得本地区的贫困下层阶级生活困难重重。经济学家约瑟夫·斯蒂格利茨指出：已有充分证据表明，这样的自由化可能给一个国家带来巨大的风险，而且这些风险将会不成比例地落在穷人身上，而支持这样的自由化会促进增长的证据却是明显不足的。②

2. 20 世纪 90 年代俄罗斯的"私有化"改革

在 20 世纪行将结束之时，另一场激进的自由化改革在苏联得以实施，这是一场非常富有戏剧性的试验，在冷战思维下，这一激进式改革普遍被看作是资本主义对社会主义的胜利。因为，与从殖民统治中独立出来的拉美国家不同的是，这次更为大胆改革的试验场是一个社会主义国家、一个在冷战时期与美国并肩的超级大国。戈尔巴乔夫的改革原本是要帮助苏联摆脱困境，但却成为压垮这个大国的最后一根稻草。对于这场改革，这个国家的人民得到的承诺是，过去那种资源配置被严重扭曲、社会机制导致

---

① 〔法〕费尔南多·布罗代尔：《资本主义论丛》，顾良、张慧君译，中央编译出版社，1997，第 106~107 页。
② 〔英〕卡尔·波兰尼：《大转型：我们时代的政治与经济起源》，冯钢、刘阳译，浙江人民出版社，2007，前言第 3 页。

激励严重不足、低效率的中央计划体制将被分权化、私有化和自由化所取代，一旦市场力量被释放出来，资源将得到最优化配置、经济将会欣欣向荣、人民生活将普遍得到提高。对于改革的结果，就意识形态斗争而言，对于西方资本主义阵营，这场改革无疑是一种资本主义的胜利；但就改革本身的初始目的而言，在苏联实施的私有化进程无疑是失败的，因为它既没有解决这个国家所存在的问题，也并没有将这个国家带入新的境域，相反，它促成了这个国家的瓦解。苏联解体之后，私有化进程在俄罗斯依然持续，但先前承诺的普遍繁荣依旧没有出现，俄罗斯的贫困比例从2%上升到接近50%。私有化过程仅仅使少数的寡头变成亿万富翁，与此同时，政府却没有钱给穷人支付年金。由于该私有化进程缺少合法性，私有财产权的背后缺乏社会共识的支撑，握有大量资本的寡头由于担心他们的非法所得会在一夜之间重新变得一无所有，结果，资本成群结队地从俄罗斯逃脱。事实表明，市场自由化对于苏联加盟共和国的各国人民而言，并非一个解决问题的好办法，而只是"一个只能进不能出的无底洞"①。

应该如何看待苏联的激进式改革呢？这究竟是自由市场信念的胜利，还是失败？又应该如何看待苏联解体？这是社会主义的失败、资本主义的胜利，还是另有缘故？笔者认为，一个更具说服力的解释是，将苏联和东欧国家引入困境和变裂的不是社会主义，而是现代化进程本身。苏联在1917~1991年这70多年时间里，通过快速的社会转型和激进的手段完成资本的原始积累和工业的快速增长，整个现代化进程给这个巨大的国家带来了无法磨灭的伤害和无法承担的风险。尽管苏联的工业化进程曾经给这个国家带来快速的经济增长和无与伦比的世界经济强国地位，但经济增长并不代表一切社会转型的顺利完成，经济增长所带来的收益也没有很好地用于解决现代化进程出现的其他问题。到20世纪末，这个国家已经无法承受激进的和快速的社会转型所带来的种种问题和社会矛盾。对于前70年激进现代化进程带来的众多问题和深层次矛盾，自由派给戈尔巴乔夫开出的是另一个激进式救治处方——在一个社会主义制度和理念运行了70多年的国家，在政府还没有来得及让相关法律和制度框架就位的情况下，就开始把自发调节的市场经济理念付诸实施，新自由主义者的自由化改革方案带来

---

① 〔英〕卡尔·波兰尼：《大转型：我们时代的政治与经济起源》，冯钢、刘阳译，浙江人民出版社，2007，前言第6页。

的是另外一场灾难。只不过这场灾难，在苏联体现为苏联的解体，在后续的俄罗斯等国则体现为严重的社会贫富两极分化、长期的经济低迷、物价的飞涨、民众生活的极端贫苦。推进改革的戈尔巴乔夫政府向人民做出这样虚幻的承诺：一旦市场的力量释放出来，经济就会欣欣向荣；过去那种资源配置被扭曲、低效率的中央计划体制将被分权化、自由化和私有化所取代，随后人民将迎来一个普遍和广泛的繁荣昌盛。然而繁荣昌盛并没有发生。

在冷战格局下，当苏联解体和共产主义阵营瓦解之后，苏联加盟共和国和东欧国家在冷战格局下没有选择余地。过去，它们一直受到西方和东方两大阵营和冷战文化的支配，共产主义阵营的瓦解代表着原有的文化归属出现真空，这些国家就再也没有别的地方可以去了，它们没有选择余地，只能面对站到另一个阵营中去的危险。事实上，冷战格局给这些国家铺设的选择其实是一种虚幻的选择，因为在所谓的冷战格局中，无论是东、西文化，还是资本主义和社会主义体制，都推行的是同一种模式——从传统文化向现代文化的转型，都完成的是同一个进程——现代化进程，基本格局和模式是一致的，区别仅仅在于所采取的具体方式不同，是中央计划多一点，还是市场手段多一点。因此，本质上，处在现代化进程中的这些苏联、东欧国家实际上没有选择，除了继续现代化进程，别无他法。处于现代化进程中的国家所遭遇的一切问题和风险都是现代化进程所产生的问题和风险，与作为意识形态的社会主义和资本主义没有太大关联。因为在这些国家后来所进行的自由化改革中，市场化进程所固有的巨大风险的主义仍然是毫无顾忌地强加在他们身上。

3. 国际恐怖主义的滋生

波兰尼认为除了市场失灵之外，市场经济还具有另一种缺陷，即市场经济对原有社会关系的破坏性以及由此引发的暴力现象的激增，其中一个重要表现就是恐怖主义的滋生。经济自由化改革会对原有社会关系造成很大的冲击和破坏，原有的社会体系被瓦解、传统的社会关系崩溃，社会资本被严重破坏，取而代之的是一个从属于市场机制的社会机制。受利润最大化逻辑支配的新社会机制内部矛盾丛生、问题林立，社会关系商业化导致社会整合难以开启，社会矛盾积聚则使得暴力冲突和恐怖主义活动萌生。在拉美的经济自由化打破了传统的道德约束和社会生态，随之而来的长期失业、持续的严重不平等、贫困对社会的重新整合设置重重障碍，一个支离破碎的社会很快成为暴力活动的温床，而不断加剧的贫富分化和不断积聚的社会矛盾则成为暴力现象的助推剂。自 20 世纪 90 年代以来，受地区经济发展不平衡的影响，国际社会范围内的恐怖主义活动激增，这些恐怖主义活动的一个普遍特征是对发达国家主导的市场经济模式给本国经济带来的贫困和混乱，或者由于对本国经济的市场化行为所导致的贫困极为不满，因此形成的一种专门针对发达国家的中心城市实施的极端恐怖暴力活动。2001 年的"9·11"事件就是宗教极端主义对美国四处传播其意识形态和社会制度极度不满，从而对美国经济中心予以毁灭性打击事件的典型代表。

三　对自由市场机制的批判

1. 布罗代尔关于市场经济自发性和自然机制的批驳

在过去的 200 多年时间里，在经济学家的鼎力宣扬和描述下，市场经济似乎是无孔不入、无处不在的，它始终占领着经济舞台。布罗代尔指出，经济学家所犯的错误和危险就在于仅仅看到市场经济和过细地去描绘它。只有少数历史学家清楚地意识到市场经济的本质、局限性和真实作用。不被市场的价格运动牵着鼻子走，不过分看重价格的起伏、危机、相互联系和协调趋势，不拘泥于促使成交额正常增长的因素。市场的价格虽然影响物质生活，但并不始终参与和推动物质生活。关键是要始终看到井底，看到水下的物质生活。因此，经济史如果不计井底和井口这两笔账，就可能很不全面。[①]

布罗代尔认为，经济学家极力宣扬的、所谓的"自发调节的市场"概念，有一种"神学里下定义的味道"。所谓在市场中没有任何"外来成分"，唯有需求、成本和价格在起作用，这样的市场纯粹是由精神所虚构的。[②] 首先，市场中怎么可能没有任何"外来成分"呢？来自政府的限价行为在过去存在，在当前也存在。人们不能忘记市场被绕开和被改变性质，价格被事实上的和法律上的垄断机构所任意确定这些经常发生的事。而且实践表明，市场对由政府实施的经济措施具有反作用。按照"听之任之"

---

① 〔法〕费尔南多·布罗代尔：《资本主义论丛》，顾良、张慧君译，中央编译出版社，1997，第 82 页。
② 〔法〕费尔南多·布罗代尔：《15~18 世纪的物质文明、经济和资本主义》（第二卷），顾良、施康强译，生活·读书·新知三联书店，1993，第 230 页。

的经济学说，19世纪自动调节的市场已使经济发展到了顶点，但事实上，今天经济仍处在发展的进程中，而且市场经济仍旧存在很多自身难以克服的问题。因此，人们不能盲目地相信：交换本身起着决定性的平衡作用；交换通过竞争平抑物价，调整供求关系；市场是隐身行善的上帝，是亚当·斯密所说的"看不见的手"。布罗代尔认为，"在这里，真理、误会和幻想的成分兼而有之。"最近50年来，虽然经济学家在经验的教育下不再坚持"听之任之"、市场自动调节这一主张，但在公众舆论和政治辩论中，神话仍然没有完全破灭。总的来讲，以竞争为核心的市场经济具有重大效能，但它既不是自发的、自然的，也不是真正万能的。① 同样地，哈耶克也认为，"在自由主义的基本原则中没有什么东西能使它成为一个静止的教条，也不存在一成不变的一劳永逸的规则。"②

2. 基于熊彼特考证的分析

另外，关于市场经济自发性和自然机制的考证还有另一个途径。从经济史的角度来看，关于市场经济自发性和自然机制的观点是重农主义首先提出，经由亚当·斯密的传递最终在古典经济学确立下来的。约瑟夫·熊彼特在《经济分析史》一书中对古典经济学之前的文献进行了仔细的分析和梳理，并专设一章来描述一种自16世纪开始大量出现和流行的重要文献（详见《经济分析史》第一卷，第三章"顾问行政官和小册子作家"）。熊彼特认为，作为经济学诞生标志的《国富论》一书，在一定程度上从这些重要文献中吸收了大量营养。"该时期去粗取精、汇总协调的著作"《国富论》，"不仅加宽加深了经院学者和自然法哲学家的研究成果汇集的小溪，而且还容纳了另一条较为湍急的小河的水流，这条小河发源于实干家、小册子作家以及后来教师对当时各种政策的辩论。"③ 熊彼特将对"实干家、小册子作家以及后来教师"进一步细分为两类：一类是顾问行政官，另一类是小册子作家。而重农主义的主要代表大多数为第一类顾问行政官。魁奈是学医的，以医生身份进入法国宫廷，因为法国国王和王太子治病有功

---

① 〔法〕费尔南多·布罗代尔：《资本主义论丛》，顾良、张慧君译，中央编译出版社，1997，第84页。
② 〔英〕弗里德里希·冯·哈耶克：《通往奴役之路》，王明毅、冯兴元等译，中国社会科学出版社，1997，第24页。
③ 〔美〕约瑟夫·熊彼特：《经济分析史》（第一卷），朱泱等译，商务印书馆，2005，第227页。

被封为贵族后开始向法王进言献策。杜尔哥是财政大臣。熊彼特在分析中指出，这一类实干家、小册子作家与此前的经院学者和自然法哲学家不同，他们没有形成一个集团，但他们关注的焦点和讨论的问题是统一的，即新兴民族国家所面临的与经济政策直接相关的各种实际问题。熊彼特指出了这类由"实干家、小册子作家以及后来教师"写出文献出现的一个重要背景环境就是民族国家的出现，"当时的全部经济学，"除了经济学在荷兰的分支外，"都是在那时候很穷的国家写出来的，或者是为那时很穷的国家而写的"。[1] 因为"穷"，所以民族国家要把自己建构成为一个富有的国家，那么在寻求国家富有的过程中，民族国家首先要把自己构建成一个垄断组织、维持一种垄断局面，继而在国家范畴内重新建立能够满足其国家赋予和强大目的的经济形式。这样，重新建立经济就成为民族国家的首要目的。那么，在这种要求国家富强的大思维下，直接参与国家行政管理的行政官员以及教师等其他群体，普遍地对国家经济问题进行思考就不足为怪了。由此可见，被古典经济学奉为真理的自由市场机制和原则实际上就是一群政府官员和顾问从如何增强国家利益的角度出发提出的没有经过任何考证的观点。

3. 波兰尼对自由市场神话的批判

在《大转型》一书中，波兰尼揭穿了自由市场的神话，他毫不吝啬地指出，首先，从来就没有存在过真正自由和自发调节的市场体系。劳动力和货物的自由市场从来就没有存在过。一方面，发达国家教导发展中国家不要推行政府补贴和贸易保护主义政策，而另一方面，当发展中国家具有比较优势的商品（包括廉价劳动力）冲击其国内同类商品时，发达国家总是不愿全部开放其市场，利用各种冠冕堂皇的借口实行贸易保护主义。市场经济自身存在着严重缺陷，这不仅仅就它的内在运转而言，还包括其后果。市场本身是有效率的，但其本身也具有相当的局限性。从其自身运转过程来讲，存在着市场失灵，自发调节带有很大的盲目性；从市场的结果来看，市场会导向分配的不公平。极端顽固的"自由市场分子"会将市场经济的运转不良归罪为政府干预，但斯蒂格利茨认为，不管这种归罪是否合理，有一点是不可否认的，那就是"自发调节经济的神话在今天实际上

---

[1] 〔美〕约瑟夫·熊彼特：《经济分析史》（第一卷），朱泱等译，商务印书馆，2005，第235页。

已经寿终正寝了"。① 1997年的东南亚金融危机正是自发调节的市场失败的最戏剧性例证：正是短期资本流的释放，在全世界晃荡着想寻找最高回报的大量美元——他们只受情绪化的快速理性和非理性变化的支配——成为这场危机的根源。② 其次，自由化改革并不一定会带来新自由主义者所鼓吹的经济繁荣。新自由主义者往往宣称，市场的力量一旦释放出来，经济就会很快欣欣向荣，人们生活会普遍得以提高。一般的，人们知道，市场经济的确能够为社会发展带来巨大好处，正如当前一些发达资本主义国家所显现的那样；但自现代以来，有很多的证据表明：市场经济和自由化改革并不会导致经济繁荣，相反，私有化带来的是贫富差距拉大和贫困的进一步增加。美国对其"后院"拉美地区推行的自由化改革致使拉美大部分地区经济严重下滑、失业率长期高居不下、社会不平等加剧和贫富两极分化进一步加剧、经济、社会、政治动荡不安。与拉美相似的还有90年代俄罗斯的私有化激进式改革给俄罗斯带来的灾难性后果——普遍的贫困和寡头垄断并存——至今仍是困扰俄罗斯的头号经济难题。正如斯蒂格利茨所讲，少数极端顽固的"自由市场分子"，他们"装扮成经济科学和良善政策的意识形态和特殊利益"，对发展中国家的金融和资本市场推行自由化改革（由国际货币基金组织和美国财政部发动），给听从他们建议的国家带来了灾难性后果。归根结底，自由市场无论就其自发性还是其繁荣后果都不是先验的和不证自明的，今天大多数的人们已经认识到市场的力量及其局限性。无论是1997年的亚洲金融危机还是当前的全球金融危机，都在充分证明，"这样的自由化可能给一个国家带来巨大风险，而且这些风险将会不成比例地落在穷人身上，而支持这样的自由化会促进增长的证据——往好里说——却是明显不足的。"③ 波兰尼认为，自由市场的意识形态是新工业利益的婢女④，自由市场的神话与工业社会的神话如出一辙，新工业利益通过对自由市场意识形态的宣扬和利用，操控全球经济和全球政治。

---

① 〔英〕卡尔·波兰尼：《大转型：我们时代的政治与经济起源》，冯钢、刘阳译，浙江人民出版社，2007，前言第4页。
② 〔英〕卡尔·波兰尼：《大转型：我们时代的政治与经济起源》，冯钢、刘阳译，浙江人民出版社，2007，前言第7页。
③ 〔英〕卡尔·波兰尼：《大转型：我们时代的政治与经济起源》，冯钢、刘阳译，浙江人民出版社，2007，前言第3页。
④ 〔英〕卡尔·波兰尼：《大转型：我们时代的政治与经济起源》，冯钢、刘阳译，浙江人民出版社，2007，前言第2页。

四 自由市场机制存在的问题

布罗代尔指出,事实上,问题不在于自由市场法则在现代已遭到人们的驳斥,而是人们对这一法则在指导国家经济事务中产生的严重后果视而不见。问题在于人们把市场经济当作人类经济活动的全部内容,把自由市场法则当作整个人类经济生活的唯一指导法则,而对市场经济之外的经济活动视而不见,对这一法则在指导国家经济事务中产生的严重后果视而不见。[①]

对于自由市场机制存在的问题,波兰尼指出市场自由主义最深刻的缺陷在于,它将人类目标从属于非人的市场机制的逻辑。极端自由主义这种理念的核心是,市场具有自发调节性,自由、自发的市场经济必定带来经济增长和社会繁荣;鉴于市场的自由性和自发性,不仅使政府和整个人类社会都应该从属于自发调节的市场。极端自由主义的这一信念既是对早期工业化进程中所出现的困扰做出的反应,也是新工业利益用以支配世界经济的组织原则。

波兰尼用"嵌入"这一概念来表达经济对社会、政治、宗教的从属关系,因为在他看来,一种脱嵌的、完全自发调节的市场经济只是一种不可能存在的乌托邦构想。波兰尼认为,19世纪之前,人类经济一直是嵌于社会之中的,而市场不过是经济生活的附属品,经济体系嵌入在社会体系之中。但自工业革命后,经济自由主义发动和推广的市场经济运动力图将经济脱嵌于社会,这使得社会逐渐从属于市场经济机制。当劳动力成为商品,人们被剥夺了文化制度的保护层,社会成员就会在由此而来的社会暴露中消亡:"他们将死于邪恶、堕落、犯罪和饥荒所造成的社会混乱。自然界将会被化约为它的基本单元,邻里关系和乡间风景将被损毁,河流将被污染,军事安全将会受到威胁,食物和原材料的生产能力也将被破坏殆尽。……货币供给的涨落不定会产生如同洪水与干旱之于原始社会的巨大灾难。"[②] 如斯蒂格利茨所言,波兰尼的论述似乎是直接针对当下问题所言,因为预言已经得以验证,全球气候变暖、广泛

[①] 〔法〕费尔南多·布罗代尔:《资本主义论丛》,顾良、张慧君译,中央编译出版社,1997,第4页。

[②] 〔英〕卡尔·波兰尼:《大转型:我们时代的政治与经济起源》,冯钢、刘阳译,浙江人民出版社,2007,第63页。

的生态环境破坏和自然资源的滥用和过度开采正是市场经济把自然当作商品的结果；全球金融危机的爆发则是人们将货币作为商品试图通过金融市场的短期买卖牟取高额利润的结果；人的商品化则体现在社会更为广泛和深层及细微之处，在资本主导的大多数社会里越来越多的人需要依靠出卖劳动力为生，而他们为社会发展所做的贡献则被完全忽视，基本的社会保障也与工资收入相挂钩……问题的关键在于，波兰尼所反复强调的："引起灾变发生的根本性源头在于经济自由主义建立自我调节市场体系的乌托邦式努力。"①

第四节　技术与公共危机

> 技术是双刃剑、浮士德的交易，利弊皆有，毁誉参半，既是普罗米修斯盗取的火种，也是潘多拉打开的盒子，既给我们馈赠，又让我们付出沉重的代价。
>
> ——何道宽

一　技术的分类及相关公共危机

科学技术的迅猛发展是现代文化的一个显著成果。科学技术的发明与传播一直是促成社会进步的基本力量。技术的进步给人类的生活带来了极大的改变，使人们的生活更加便利、社会的发展更加迅速，使人们在征服自然和抵御各种自然灾害和流行疾病时拥有了更多选择和更好、更强大的武器。毫无疑问，技术的发展极大地改变我们的生活，这其中不仅包括积极的方面，也包括消极的和灾害性的一面。

由技术导致的公共危机有很多，在当代社会比较典型的是物理化学技术在工业中的运用导致的环境污染、核技术产生的灾害、大型交通事故以及恶性枪击事件（见表7-2）。

---

① 〔英〕卡尔·波兰尼：《大转型：我们时代的政治与经济起源》，冯钢、刘阳译，浙江人民出版社，2007，第25页。

表7-2 技艺的分类和与之相关的公共危机

技术的分类	内容	会引发的公共危机
具有广泛用途的普通技艺	物理—化学的 机械的：工具、器具、机械	环境污染 大规模杀伤性武器和战争
具有广泛用途的特殊技艺 具有特定用途的普通工业	编制技术 陶艺技术 人工绳织品和草编制品 胶和树脂	
具有特定用途的特殊化工业	耗费（烹饪、饮水） 简单采集（采摘、狩猎、渔猎） 生产：畜牧、农业、矿产业 防护及提供舒适：居住、穿衣 交通和航行 纯技术；科学（医药）	核技术导致的核辐射和核污染 空难等大型交通事故 医疗事故、药品安全事故

1. 物理化学技术的使用导致的环境污染

物理化学技术的应用在推动工业化发展的同时也给环境带来了极大的污染，同时给人类的健康造成极大的影响。图7-3显示的是现代过程中由于工业污染导致的遍布中国的癌症村。

2. 核技术

核技术给人类带来的灾难从未停止，以"二战"时期美国在日本广岛和长崎投掷的两颗原子弹给这两座城市带来的毁灭性破坏为起点，先是苏联乌克兰地区发生的切尔诺贝利核泄漏事故，然后是2000年8月"库尔斯克"号核潜艇由于易燃物质引发鱼雷装置发生爆炸。最近的一起核泄漏事故是2011年日本福岛核电站因遭遇地震、海啸所引发的核泄漏。

3. 大型交通事故

随着飞机、火车、轮船等大型交通技术的发明，与之相伴而生的大型交通事故也不绝于耳。1912年4月14日发生的泰坦尼克号灾难，就是由于"永不沉没"的"泰坦尼克"号豪华游轮在撞击冰山后沉没所形成的，共导致1523名船运和乘客丧生，这一事件成为人类骄傲与自满引发灾难的证明。随着飞机和航空航天技术的发展，空难成为威胁人类的另一种灾难。2000年7月，法国航空公司一架"协和"式超音速客机从巴黎戴高乐机场起飞后发动机起火，升空后两分钟坠毁在机场附近的高乃斯镇，机上109人无一生还。8月海湾航空公司一架空中客车A320客机在从开罗飞往巴林

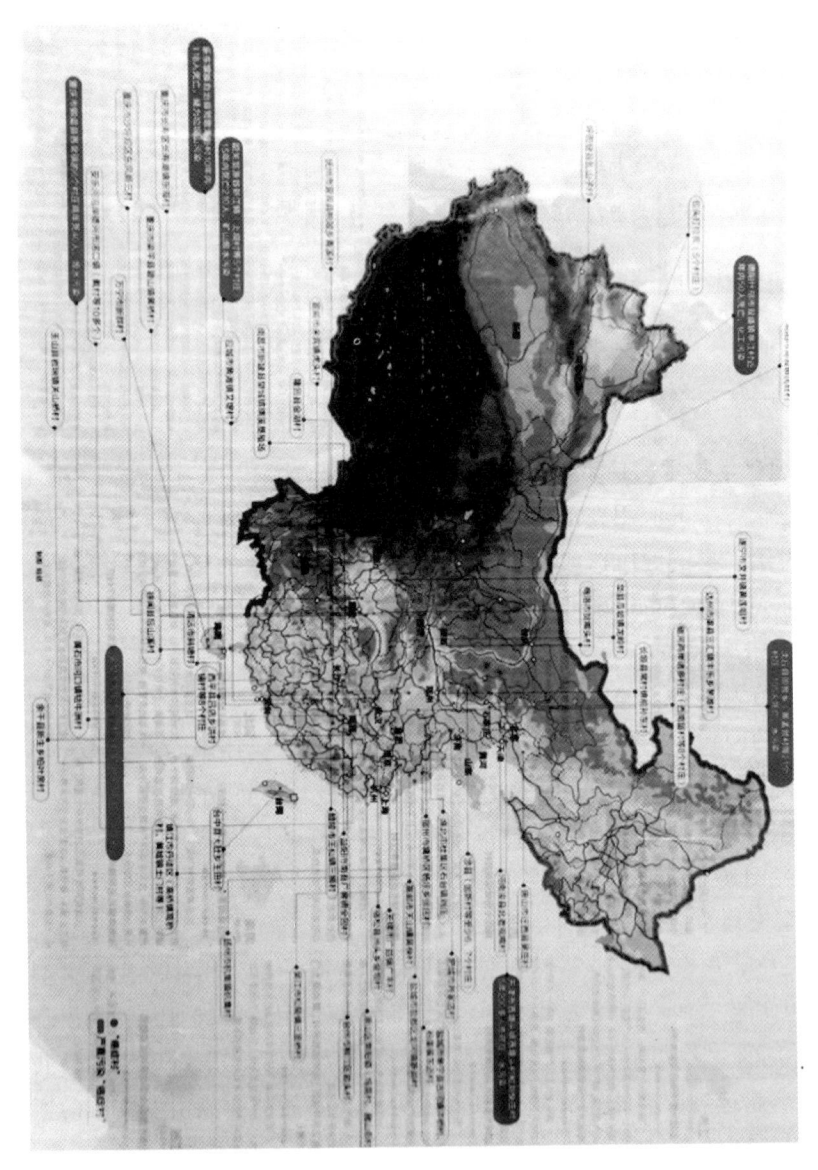

图 7-3 中国"癌症村地图"

资料来源：邓飞《内地近百"癌症村"或被牺牲》，《凤凰周刊》2009 年第 11 期，第 26~27 页。

首都麦纳麦时坠入巴林机场附近的海湾，机上135名乘客和8名机组人员全部遇难。2001年7月，俄罗斯"符拉迪沃斯托克（海参崴）航空公司"所属的一架图154客机在伊尔库茨克市附近坠毁，机上133名乘客和10名机组成员全部遇难。2002年2月，伊朗航空公司一架民航客机图154客机在由首都德黑兰飞往西部洛雷斯坦省的途中坠毁，机上105名乘客和12名机组人员全部遇难。2003年2月，美国哥伦比亚号航天飞机在降落途中解体，七名宇航员遇难。这是继1986年挑战者号航天飞机坠毁后，美国以及世界上最重大的航天灾难。2007年9月16日下午，泰国一架载有130名乘客和机组人员的客机在旅游胜地普吉岛降落时坠毁，造成89人死亡，41人受伤。2008年1月19日安哥拉一架小型客机当天上午在飞抵安哥拉第二大城市万博市前撞山，机上12人全部遇难。2010年4月10日，波兰总统卡钦斯基乘坐的飞机在俄罗斯西部斯摩棱斯克州坠毁，卡钦斯基夫妇及该国多名高官在空难中丧生。

4. 频频发生的枪击案

由枪支使用导致的恶性枪击事件大多发生在美国。2007年发生在美国弗吉尼亚理工大学的校园枪击案共造成27名学生、5名教授死亡。以2012年为例，在2012年4月2日至17日的半个月内，美国就接连发生5起恶性枪击事件：4月2日发生导致7人死亡的奥克兰校园枪击案；8日纽约市布鲁克林发生激烈枪战；9日美国明尼苏达州托儿所发生枪杀案；3名成年人死亡；11日美国南加州大学发生枪杀案，两名中国留学生遭枪杀；17日美国得克萨斯州爆发枪击案，一名妇女遭枪击死亡，其3岁的儿子被抢走。2012年5月30日，一名男子在美国西雅图地区一家咖啡馆开枪袭击多人，造成3人死亡，2人严重受伤，随后，被认为是同一嫌疑人的男子在靠近市区的地方又枪杀一名女子并开走了她的车。在警方抓捕过程中，枪手弃车后自杀。2012年7月20日，美国科罗拉多州丹佛市《蝙蝠侠前传3：黑暗骑士崛起》首映式现场发生了一场5年来美国最严重的枪击事件。荧屏上蝙蝠侠正与恶势力作战，渐入佳境；而荧屏下催泪瓦斯、连环射击让观众猝不及防，电影院内近80名观众逾八成伤亡，其中年龄最小的只有6岁，共造成15人死亡，50多人受伤。2012年8月5日，威斯康星州奥克里克一座锡克教寺庙内，发生枪击事件，造成7人死亡，多人受伤，包括与警方交火中丧生的一名犯罪嫌疑人。2012年8月24日上午9点左右，美国纽约市的地标性建筑帝国大厦外再次发生一起枪击案，警方称造成2人死亡，至少 8 人受伤，死者中包括枪手本人。2012 年 12 月 14 日，美国康涅狄格小学发生校园枪击惨案，造成 28 人死亡，其中包括 20 名儿童。这是 2012 年美国发生的最血腥、死亡人数最多的枪击事件，这也是继 2007 年导致 33 人死亡的美国弗吉尼亚理工大学枪击案后的另一起最严重的校园枪击案。

二 技术的本质

马丁·海德格尔（Martin Heidegger, 1889 – 1976）是 20 世纪最有影响的西方哲学家之一。从 20 世纪 30 年代开始，海德格尔一直深思科学技术并深切地关注着科技对人类生活的深刻影响，海德格尔对现代技术及新科技革命的评价极富启发意义。在海德格尔之前，社会上普遍流行的关于技术的见解是把技术看成是达到目的的手段和人的活动，即工具性的和人类学的技术定义。技术被当作中性的，即其所带来的好处或危害均系使用技术的人造成的。海德格尔认为，技术的工具性界定和人类学定义虽然正确，但不足以揭示技术的本质。技术的中性表述也无助于人们增进对技术本质的认识。他认为技术本质上是一种展现方式，他在《技术的追问》一文中说："技术不仅是手段，技术是一种展现方式。如果我们注意到这一点，那么，技术本质的另一完整的领域就会显现在我们面前。这正是展现或真理的领域。"海德格尔认为："展现贯通并统治着现代技术。"在海德格尔看来，"把事物加以物质化、功能化和齐一化的展现剥夺了事物的自己的东西、真正的东西和实体性的东西，通过这种剥夺使事物成为单纯的影子和格式，因而使事物不再能够成为汇集人性和沉思的容器。"在这里，海德格尔用"展现"这一概念把对技术的认识深入到一个更为基本的层次，沿着海德格尔的思路，作为一种展现方式的技术，究竟展现成为何物呢？海德格尔对此做了进一步的解释。海德格尔认为，现代技术作为一种挑战性的展现，其前提与基础就是"限定"，作为一种挑战性的展现，现代技术限定自然，挑战自然，从而导致了各种新事物的非自然状态的展现。海德格尔把这种人类赋予技术的这种挑战性要求称为"座架"，并把它与技术本质相关联。他认为，现代技术之本质居于座架之中，座架构成了技术的本质。作为座架，这种挑战性的要求将技术、人与自然都纳入了一个刻板性的结构之中。座架支配着现代技术的本质，由座架决定的技术本质本身不是技术的。从而，海德格尔对技术与技术本质作了区分。

如果将技术分为有害的和无害的两种，那么在公共危机治理中需要考虑的是何种因素导致各种有害的技术在人们的生活中泛滥成灾并继续存在？即支配现代技术不断侵害人类生存环境并不断制造各种公共危机的"座驾"为何物？科尔曼对这个问题做出了一个具有重要的启发意义的回答。科尔曼认为："技术如同人口稳态，发育于一定的社会和政治结构之中。……技术的选择不是在孤立状态中进行的，它们受制于形成主导世界观的文化和社会制度。""哪里若有了现代技术破坏地球，此技术必定是受功利性世界观和资本主义经济的物欲至上的价值观所驾驭。"科尔曼，进一步指出，价值观、世界观的确会对技术的使用和发展产生一定的制约和影响，但真正驾驭技术发展和使用的是工业化进程中的社会结构、政治结构，尤其是经济结构。关于支配技术本质的座驾，海德格尔则进一步指出，"说到底，座架占统治地位之处，便有最高意义上的危险"。

对技术本质的揭示有利于正确地对待技术，技术既不是万能的，也不是一无是处，技术就是技术，它不会由人任意左右。而且，技术不会简单地被人类克服，因为技术时代，人已被物化。克服技术和由技术所招致的危险，要比通过单纯地否定技术达到克服技术复杂得多。人们在发明和使用技术中需要始终秉承一种审慎的态度。公共危机治理中，对技术使用的担心和审慎，必须最终落到左右技术本质的现存社会结构尤其是占主导地位的经济结构上来。在海德格尔看来，技术作为人类主体本性的"展现"，其实就是人对对象世界的"限定"与"强求"："完全支配现代技术的这种展现，具有在强求意义上的限定的性质。这意味着，公共危机治理中，必须对支配和强求技术乃至支配人们生产生活方式的现行社会结构、社会制度作进一步的反思性探索。"

"哪里有危险，哪里就有拯救的力量。"当海德格尔借用诗人荷尔德林的诗句时，他需要指明的是，陷入危险之中的现代科技同时也是一种拯救的力量。但科学技术本身并不具备这种拯救性，只有将支配现代技术本质的座架落足于维护人之为人的最本质的生存之道时，技术才能具有拯救性，譬如医术，由于它在维护人类生命方面的巨大作用，从而使其具有这种拯救性。公共危机治理中，技术究竟应该扮演何种角色、承担何种功能与作用，这取决于人们在使用技术时对技术"座驾"的预先设定。海德格尔由此主张，把自我澄明作为从最危险的技术中获救的转折，重新回归被遗忘的"存在"本身。海德格尔的技术观点并不是要简单否定或排斥技术，而是告诫人们在对技术的使用过程中，把对技术的支配欲望和强求限定收回，使之回归到得以可能的状态和世界真理的基础之上。因此，公共危机治理，并不是要求人类简单地抛弃现代科技文明而回到原始洪荒时代，而是要求人们加强对技术的人性化开发和使用，确保发展的可持续性。

三 现代技术：公共危机的始作俑者还是拯救之道？

美国学者及自由撰稿人约翰·M.巴里在其著作《大流感——历史上最致命瘟疫的史诗》一书中对1918~1919年横扫世界的大流感流行从多方面展开论述，以对20世纪科学与医学发展的历史回顾为基础，作者对大流感中科学、政治与疾病传播互动过程进行了细致入微的描述。作者依据大量的历史资料和数据对大流感中医疗技术的发展及在流感控制中的关键性作用，以及对当年科学家、医学工作者等在巨大压力下所显示出的勇气或怯懦，信仰、价值观、研究态度和方法的描绘使每一位读者无不对先进技术在攻克危机方面的作用推崇备至。无论是1918~1919年横扫世界的大流感、2003年的SARS危机，还是甲型H1N1型流感，人们无不翘首期待新型的科学技术、新型的流感疫苗在引擎控制中发挥关键性作用，以便帮助人类尽早摆脱疫病的侵扰。这一切都向人们展示并反复证明，技术是拯救人类免于危机的有效工具。

在以美国环保主义者巴里·康芒纳为代表的相当一部分人眼中，技术发展是公共危机尤其是环境危机的始作俑者。康芒纳认为，第二次世界大战以来的技术变迁是现代环境灾祸的罪魁祸首，占到全部污染物产出的80%以上。生态危机是现代技术之本质的必然结果，除非改变目前的生产体制，否则将无法改变和扭转人类对环境的进一步破坏。受技术影响的除了人们的生产体制，还包括人们的消费体制。2007年英国"最佳人口"调查机构的一份报告指出，英国也应该实行计划生育政策，因为每一个英国新生儿，（由于其婴幼儿用品的消费）都不可避免地造成能源消耗和环境污染。在英国这样一个发达国家，养育一个孩子所带来的环境成本要比发展中国家高很多——它是孟加拉一名新生儿的35倍，是埃塞俄比亚一名新生儿的160倍。除此之外，以石化为主的农业生产模式的大面积扩散和有机农业的日益萎缩给环境带来了诸多破坏性影响，工业生产过程中大量污染物和有毒废料的排放，都向人们展示着技术在环境破坏和公共危机制造过程中的作用。除了技术对环境的危害之外，由技术本身所导致的公共危机至今让人们难以忘怀。1986年4月26日苏联境内的切尔诺贝利核电站发生的世界上最严重的核事故,发生爆炸的 4 号反应堆被钢筋水泥封为一座"石棺",至今屹立在该地区令人触目惊心。原苏联专家在总结这起核电站事故的教训时指出:有关人员玩忽职守、粗暴违反工艺规程是造成事故的主要原因。这种解释向外界传达着一种错误的信息,任何由技术造成的问题都可由进一步的技术改进而得以解决。但事实上,关于如何对 30 年工作周期结束之后、本身已经受到重度污染的笨重的核反应堆、对核能使用过程中大量的放射性废料进行彻底有效的安全处理,以及如何安全地储存钚这种已知毒性最大的致命性核燃料等问题仍是人类技术目前尚无法确切地予以解决的问题。这意味着,无论技术多么先进,核辐射对人类生命及生存环境的毁灭性威胁仍潜伏在我们周围。

技术,本质上是人类在生产和生活过程中发明创造出的一种用以提高生产效率和改变生活方式的一种工具。毫无疑问,自人类进入现代社会以来,技术的进步给人类生活的便利带来极大的改善和不断地更新,但同时也给人类带来了极大的灾难。技术究竟是公共危机的始作俑者还是拯救之道,即技术在人类生活中究竟是发挥其建设性功能还是破坏性作用,这取决于技术的发明和掌握者——人。技术,说到底是一种工具,对它的使用取决于掌握技术的人的意图。对人的意图和技术使用目的的规约取决于人类对技术所拥有的能量——破坏性和建设性——的全面认识,取决于制度的约束,取决于约束性制度建构过程中相关利益群体的表达机制。有些技术,对于经济增长和跨国公司的发展也许是一种强大的推动力,但对于普通民众或许是蕴藏风险的利剑。如何通过制度限制技术的破坏性,均衡企业、大公司,乃至国家与公民之间的利益差,关键在于制度构建过程中不同利益群体表达机制和决策机制的通畅和完善,在于制度的公共性的维护和体现。

第八章　治理与公共危机

治理是一种古老的政治活动。本章不是从概念去考察治理，而是在现代文化的实践过程中考察治理、理解治理。在现代文化的实践过程中考察治理，治理就是现代文化的管理方式。每一种文化都会形成一套独有的社会管理机制，现代文化的管理方式主要表现为一种人类自治和自我管理。现代文化的这种人类自治和自我管理是通过对治理实践的探索完成的。作为现代文化管理方式的治理，本质上是由一系列的治理实践和治理技艺及其演进过程中形成的制度体系共同构成的一种复杂机制。

福柯对现代文化的治理机制作了广义和狭义的区分。广义的治理，是指存在着的指导人类、引导其行为举止、约束其活动及反应等的各种方式、模式和可能性，是包括治理子女、治理家庭、治理家务、治理灵魂、治理社群等内容在内的一般性治理。狭义治理是指作为政治主权之运转的治理实践，即对人的治理。① 广义治理是包含了多元治理形态在内的多主体、多形态治理。而狭义治理仅仅是指对国家治理这一形态。本章主要研究的是狭义治理的演进过程。根据福柯的研究，作为政治主权运转方式和权力机制体系的治理从16世纪开始先后经历了依国家理性的治理、节制性治理、新自由主义治理三个阶段。从20世纪70年代开始，企业治理兴起，为治理的横向发展增添了一种新的形态。90年代治理理念在公共管理学等领域的兴起推进了公民社会治理的发展步伐。总的来讲，现代社会的广义治理是由国家—政府治理、企业治理和公民社会自治构成的一种多元治理形态。治理作为现代文化的管理方式与公共危机有着千丝万缕的关系。治理既是公共危机产生的主要原因，又是公共危机的解决方法。

---

① 〔法〕米歇尔·福柯：《生命政治的诞生》，莫伟民、赵伟译，上海人民出版社，2011，第1页。

第一节 作为政治主权运转的治理

"治理"一词在西方社会的大量出现是13世纪以后的事情。欧洲在中世纪的漫漫征途中蛰伏数个世纪之后从11世纪开始,人口开始增长,经济尤其是商业贸易开始复苏,这两者都带来了大量的问题需要人们去思考如何"治理"。13~14世纪流行于欧洲的黑死病给欧洲人带来了沉重的打击,面对瘟疫人们更多时候需要依靠自己治疗身体和精神上的伤口。这一切都导致了13~15世纪"治理"一词的广泛使用。根据福柯文献研究结果,13~15世纪,治理"gouverner"一词就有很多不同的意义,含义覆盖非常之广:(1)纯粹物质的、物理的和空间的意义,比如训导、前行以及走上某条道路,比如支持、提供生存手段,比如谋生的手段;(2)道德意义:比如在精神上训导某人,比如将养生法施予病人,比如某种有具体道德意义的行为(好的或坏的品行等),比如不同个体之间多种形式的关系(跟某人交谈,和某人发生性关系等)。① 13~15世纪"治理"一词的语义客观上是现代文化前奏和萌芽的外在表现。但由于这一时期,民族国家乃至更早的王朝国家还尚未出现,现代国家理念尚未成型,所以这一时期人们从来不用"治理"来表达治理一个国家、一块领土、一个政治结构。治理尚未获取管理国家、领土或者政治结构的意义。

一 16世纪政治含义治理的出现

16世纪,治理作为一个普遍性问题爆发出来。② 这一时期,人们在探讨许多不同性质的问题时都会提到治理问题。治理何以在16世纪作为一个普遍问题出现?这是因为16世纪正处于一个中世纪向近现代社会过渡的时期,对于现代文化的起步而言是一个具有重要意义的转变端口。16世纪国家的集权化使得政治领域的治理问题成为诸治理问题中最为尖锐的问题,政治含义之治理开始出现。

---

① 〔法〕米歇尔·福柯:《安全、领土与人口》,钱翰、陈晓径译,上海人民出版社,2010,第105~106页。
② 〔法〕米歇尔·福柯:《安全、领土与人口》,钱翰、陈晓径译,上海人民出版社,2010,第75页。

1. 16 世纪"治理"问题的涌现

福柯说，16 世纪，治理作为一个普遍性问题爆发出来。① 这一时期，人们在探讨许多不同性质的问题时都会提到治理问题：这其中包括自我治理的问题——它涉及个人行为举止的仪式化、个人对其身体和灵魂的治理，等——这是个体对其生命的治理；对他人的治理和对儿童的治理——这是一个更为庞大的问题域；对物的治理以及最后一个出现的——君主对国家的治理。如何治理自我、如何治理他人、如何接受治理、人民会接受谁的治理、如何成为最好的治理者……这些纷繁的治理问题都在 16 世纪涌现。福柯引用了拉佩里埃的《政治之镜》这一颇具代表性的文献来显现当时治理的庞杂与普遍。在《政治之镜》中，拉佩里埃对"治理"做了大量描述：治理者可以指元首、皇帝、国王、君主、贵族、长官、教士、法官及类似的人；治理的内容包括"治理"家务（household）、"治理"灵魂、"治理"儿童、"治理"地方、"治理"修道院、"治理"宗教秩序、"治理"家庭（family）等。② 由此，福柯指出，一个一般意义上的治理的问题域出现了，这就是治理问题在 16 世纪的主要特征。③ 从拉佩里埃的文本中可以发现，16 世纪，治理的实践形式多种多样，治理的主体包括各种各样的人，从家长、修道院院长，到教师、监护人和君主。治理问题为何在 16 世纪作为一个普遍问题出现？这是因为 16 世纪正处于中世纪向近现代社会过渡时期，正处在两个对于现代文化的起步具有重要意义的转变端口：一个是打碎封建制的结构，从而建立巨大的领土意义上、管理意义上、殖民意义上的国家；而另一个过程则是随着宗教改革和反宗教改革掀起的完全不同的运动，这一运动提出的问题是一个人要获得永恒的拯救，如何必须在此世（this earth）得到精神上的统治和引导。这就存在了一个双重运动——两个反方向运动，一面是国家的集权化，一面是分散（dispersion）和宗教的异议运动。尽管国家一直作为政治主体存在，但一个要掌握真正权力和发挥实际效用的国家、专制君主式集权国家的出现引发了新的国家治

---

① 〔法〕米歇尔·福柯：《安全、领土与人口》，钱翰、陈晓径译，上海人民出版社，2010，第 75 页。
② 〔法〕米歇尔·福柯：《安全、领土与人口》，钱翰、陈晓径译，上海人民出版社，2010，第 78 页。
③ 〔法〕米歇尔·福柯：《安全、领土与人口》，钱翰、陈晓径译，上海人民出版社，2010，第 75 页。

理问题。宗教改革对传统教义的否定和修改，新教教义的凸起在一定程度上造成人们精神领域的混乱。在 16 世纪整个欧洲世界的大转型时期，各种管理问题都凸现出来，尤其是政治统治问题：如何接受统治，严格到什么程度，被谁统治，为了什么目的，用什么方法，等等。这就使得在 16 世纪，一方面，一个一般意义上的治理的问题域出现，另一方面，政治领域的治理问题成为诸治理问题中最为尖锐的问题。

2. 治理政治内涵的出现

福柯引用拉佩里埃的《政治之镜》一文是深有含义的。因为从 16 世纪中期到 18 世纪末，大量以"给君主（prince）的忠告"为名的著述涌现出来，这些著作几乎都有两个引人注目的特征：一是这些著作大多以马基雅维里的《君主论》为批判对象，阐述新的政治观点；二是这些著述顶着"对君主的忠告"的帽子，不再行"对君主的忠告"之实，反而是讲述一种关于"治理的艺术"（art of government）。这些反马基雅维里的文献力图利用一种新的东西，即治理的艺术代替君主一个人的统治。在这里马基雅维里式的君主统治与治理完全是两种国家管理模式，马基雅维里的论述焦点是如何保持君主的权力和能力，实施一个人的统治，而反马基雅维里派并不认为保持君主的权能就是治理，掌握了前者就是掌握了治理技艺，政治领域的治理不再是一个人的事、一个人的技能的培养，而是一个更为多元和复杂的过程和技艺。按照福柯的统计，关于这类治理题目的文献从 16 世纪中叶开始爆炸式地涌现，一直延续到 18 世纪末。对于这一时期的治理，法国人拉莫特勒瓦耶在给法国王太子写的用于教育王子的一篇文章中，将这一时期的治理问题归纳为三种基本形态：（1）自我治理的艺术，和道德有关；（2）恰当地治理家庭的艺术，属于经济范畴；（3）统治国家的科学，与政治学有关。在福柯看来，重要的不是分类，而是第二类和第三类之间实质的连续性构成了治理技艺的特征：这一时期出现的治理技艺不再是想方设法在君主权力和其他权力之间划定界线，并阐释这些不同权力之间的实质性断裂，其任务是同时在向上和向下两个方向标明其连续性——向上的连续性是指想把国家治理好的人，首先要学会治理自己和自己的家庭，成为一个合格的、优秀的治理者；向下的连续性就是必须恰当地将家政学的治理方式引入到国家治理中来。[①] 这样，一

[①] 〔法〕米歇尔·福柯：《安全、领土与人口》，钱翰、陈晓径译，上海人民出版社，2010，第 79~80 页。

方面，一个新的关于国家治理的问题凸显出来；另一方面，人们遵照两条路径来思考这一新治理问题：一是如何成为或者塑造一个合格或者优秀的治理者，这实际上奠定了现代公共管理对管理者素质的要求，二是如何模仿家政管理模式管理国家，家政学的引入为经济学考量的引入开辟了道路。

二 对16世纪治理的分析和考量

16世纪中期开始出现的作为政治主权运转方式的治理具有以下内涵。

1. 治理就是经济的治理

16世纪乃至以后很长时期，国家治理是一个新凸显的问题和领域，如何对国家进行治理一直困扰着人们。人们对国家治理探索的第一步是从家政学开始的，即把家政学的治理原则和技术引入到国家治理层面。把家政学原理照搬到国家，治理国家就意味着施行家政，在整个国家的层面上建立"家政"就意味着对国家的居民，对每个人和所有人的财产和行为实施一种像家长对他的家务和财产一样专注的监视和控制。家政学是政治经济学的前身。卢梭为《百科全书》编撰的"政治经济学"词条显示，"经济"这个词最初的含义就是"贤明合理地管理家政，为全家谋幸福"。把家政学引入国家治理，实际上就是把经济引入到国家治理，从而建立了经济和国家治理之间的关系。因此，发展到18世纪魁奈直接把好的治理就叫作"经济的治理"。

2. 治理就是治理事：一种新型的目的论出现

如果说，治理的方式是经济，那么治理的目的是什么呢？这一时期人们认为，治理就是为了便利的目的而安排的对事情的正确处理，治理就是对事情的正确处理。由此可以发现，治理的目的不涉及领土和居民——这些曾是马基雅维里式君主权力的总体对象。治理就是治理事，治理有了新目的，这个新目就是事情。这个事情并非简单的事，而是一种由人和事构成的复合体。"这个人是与财富、资源、谋生手段、领土（具有特定特点、气候、灌溉条件、肥沃程度的领土）这些事关联、交织的人；是与习俗、习惯、行为方式和思维方式这些事关联的人；最后，是与饥荒、流行病、死亡等事故和不幸这些事关联的人。"① 所以福柯说，治理的实际相关

---

① 〔法〕米歇尔·福柯：《安全、领土与人口》，钱翰、陈晓径译，上海人民出版社，2010，第82页。

项是人，治理所处理的实际东西是人，这是一种新型的目的论（finality）。[①]

16世纪政治含义的治理出现了，由此开始，政治含义的治理逐渐取代其他治理问题和领域，成为治理的主要内容，治理逐步朝向它的现代意义迈进。

三 16～18世纪治理的发展

16世纪，国家治理作为一个新的问题领域出现。此后，在人口、统计学和政治经济学等因素的帮助下，治理获得进一步的发展。到18世纪，治理最终获取了它的现代意义和发展途径。纵观16世纪到18世纪这一时期，国家、经济、人口、统计学、政治经济学等因子先后介入到治理，在完成治理结构的基本架构的同时，作为治理构成的元因子始终在治理的日后的发展中发挥作用。治理的发展至今摆脱不了国家、经济活动、人口、经济学的影响。

一是国家的引入打破了治理的多元生态。今天人们提倡的治理主体的多元化和治理领域的多元化，在13～16世纪治理萌发的最初阶段便已经存在。治理的原生态面貌就是多元形态治理并存。是国家的引入，国家治理的出现打破了这种多元势态，国家治理逐渐成为治理的唯一形式和主导形态。并且，今天现代社会治理的基础和核心仍然是国家治理，在国家治理范畴内向下划分出经济治理、人口治理、社会治理等内容，在国家治理基础上向上延伸出国家间治理抑或全球治理。但不管怎样，国家治理是现代文化治理的核心和基础。实际上，治理应该是一种多层面、多主体、多领域的多元生态结构，而非国家治理独大的这种事态，因为这种国家治理独大的局面不利于其他治理形式的发展和人们对其他治理形式价值的考量。在福柯看来，"国家的治理化是一个非同寻常的扭曲现象"[②]。20世纪70年代的公司治理作为治理领域新突起的力量很快就显示了其生命力和价值，这启发世人，对治理的思考尤其是对治理新模式的思考应该突破国家治理的视阈，从更广阔、多元的层面来考量，积极开拓新的治理领域和治理模式，尤其是对于全球风险社会及其公共危机的治理更是如此。

[①] 〔法〕米歇尔·福柯：《安全、领土与人口》，钱翰、陈晓径译，上海人民出版社，2010，第83页。

[②] 〔法〕米歇尔·福柯：《安全、领土与人口》，钱翰、陈晓径译，上海人民出版社，2010，第92页。

二是 18 世纪新的人口因素的引入使得现代文化的自治和自我管理得以全面建立。尽管启蒙者们口口声声宣扬民主、自由、平等，宣扬人的主体地位以及人对自然的征服，但人类对自然的征服总是要借助一定的群体来完成，在人尚未实现借助其他物种完成征服大计的情况下，人只能通过自身来完成对自然的征服。这样，现代文化对自然的征服在一定意义上就转化为对人的征服和控制，因为对自然的征服需要人来完成。人口概念取代百姓和公众概念，进入治理的视野，作为治理的对象和目标出现，实际上宣告了一种新的权力和新的奴役和控制的开始，这种新的权力在福柯看来就叫作"生命权力"[①]，而治理本质上就是对人的生命进行规划和控制的权力机制和体系。现代文化及其治理的这种对个体生命的规划和控制，是导致现代社会矛盾丛生、暴力冲突不断的一个根本原因。

三是现代治理的启动与知识建构活动紧密连接在一起。统计学不仅是一种技术手段，而且是一门知识。在统计学的帮助下形成了关于人口的各种知识，人口学只是其中一种。政治经济学是关于国民经济发展的知识，接下来还有专门研究政府行为的行政管理学知识，等等。治理实践的发展从一开始就与知识的建构紧密连接在一起，在一定意义上讲，没有知识和知识的建构，就没有治理的突围，亦不可能有现代意义上的治理的存在。知识和治理同属于现代文化的范畴，对于治理而言，知识并非是对治理实践的指导，知识建构在一定意义上是治理自我批判和自我反思的一种方式，是治理完成其合法性和合理性建构的一种方式。对于国家治理而言，它更需要的是知识在其合理性和合法性阐释和建构方面的作用，而非日常所讲的知识的指导作用。但不管怎样，知识与治理是两个紧密相连的相关项。

四是政治经济学的介入。承接上文的分析，政治经济学的这种不从法理上追问治理实践的合法性和合理性，仅从结果层面思考治理实践、判定其行为的正当性的做法，存在着两个不容忽视的问题：一是政治经济学对治理实践合理性和合法性不证自明的态度，在一定程度上表明，政治经济学在回避、置换治理实践的元问题，这使得人们从一开始且至今就没有讨论治理实践本身的合法性和合理性问题，没有讨论治理实践应该存在与否这一重要问题，这使得日后人们对治理的批评始终围绕在治理的外围进行，

[①] 参看〔法〕米歇尔·福柯《生命政治的诞生》，莫伟民、赵伟译，上海人民出版社，2011，第一讲。

没有人从源问题上考量治理实践的合法性问题,没有人从根本上思考和否定这一做法的存在价值和意义。二是以结果定方案、以结果定手段、以结果论成败,导致整个治理机制的目标导向和功利取向,这为日后治理机制的发展越来越偏离公共性埋下了祸根。

第二节 治理模式的演变

根据福柯的研究,16世纪出现的作为政治主权运转机制的治理,先后经历了三种演变模式,这三种模式分别是依国家理性的治理、节制性治理和新自由主义治理。对这三种治理模式的理解,首先可以从受限原则、技术体系等方面来进行衡量和对比,如表8-1所示。

表8-1 治理三种模式的对比

模式	时间范围	受限原则	技术体系	特征
依国家理性的治理	16世纪中晚期至18世纪初	1. 国家理性 2. 法律 (核心原则是国家理性)	1. 重商主义政策 2. 管治国家 police Ⅰ 3. 外交技术 4. 军事技术	1. 治理的过程就是国家的形塑过程 2. 在治理目标上,外在目标的有限化和内在目标的无限化相结合 3. 治理是一个比国家更大的问题域
节制性治理	18世纪中期至"二战"	1. 国家理性 2. 法律 3. 传统自由主义 (核心原则是以节制为特征的自我限制)	1. 通过市场进行治理 2. 安全治理,即治安管理 police Ⅱ 3. 外交技术 4. 军事技术	1. 一种内在于治理过程的受限原则建立起来,即治理的自我限制。新治理理性的表现形式是古典政治经济学,新治理理性是以全球为视阈考量治理 2. 节制性治理是"最少治理理由"的治理,它的核心问题是如何在技术性层面解决治理的权力机制问题,它的本质是扩张
新自由主义治理	"二战"后至今	1. 国家理性 2. 法律 3. 新自由主义经济学	1. 市场经济 2. 社会治理 3. 法治国家 4. 外交技术 5. 军事技术	1. 新自由主义取代传统自由主义成为治理的受限原则 2. 市场经济不再是一个不受干预的对象,而成为一个有待积极构建和保护的对象 3. 通过社会治理和法治国家两种手段构建市场经济所需的条件 4. 更具扩张性

资料来源:参看〔法〕米歇尔·福柯《安全、领土与人口》,钱翰、陈晓径译,上海人民出版社,2010;〔法〕米歇尔·福柯:《生命政治的诞生》,莫伟民、赵伟译,上海人民出版社,2011。

一　依国家理性的治理

16、17世纪是欧洲绝对主义国家体系巩固和发展的时期。尽管欧洲在绝对主义发展之前已经出现了国家体系，但是在16世纪，伴随绝对主义国家这种新型国家体系的出现，在绝对主义国家内部出现了许多的现代性因子，比如这一时期国家开始具有"金字塔"式结构特征，现代意义上的国家边界出现，国家间外交活动大量涌现，现代政治制度之核心的议会出现，国家主权理论出现，军事力量和军事技术的发展和常备军的出现，在军事力量发展带动下迅速发展的行政管理活动，罗马法的复兴和法律的发展以及一个新型的能反思地进行监控的国家体系的出现，等等。此外，一个最重要的现象就是治理实践的第一个模式——依国家理性治理的出现。依国家理性的治理自16世纪中晚期出现，一直存续到18世纪初，自此现代文化的管理方式正式登上历史舞台。

依国家理性的治理是在绝对主义国家的巩固和发展这个大背景下出现的一种以国家为目标的治理实践，这种实践的目的在于进一步地确立、充实、完善和发展国家力量，因此依国家理性治理的首要原则是国家理性。这一时期的法律对于智利而言是一种外在限制。依国家理性治理的技术手段包括绝对主义国家普遍推行的重商主义经济政策、管治国家以及新兴的外交技术和军事技术。吉登斯在对绝对主义国家的分析中指出，正是在绝对主义时期欧洲国家的边界才开始发生变化，新型的国家体系刚刚开始形成，因此绝大多数外交是在16世纪以后发展起来。[①] 除了外交技术之外，这一时期极大地推动了国家治理发展的另一个重要因素是军事技术。如吉登斯所言，军事技术和组织的发展在欧洲这一时期历史发展中的作用是根本性的。[②] 一种根本性的新元素常备军出现带动了整个行政领域的变化和发展。

由于这一时期的国家"是一个既特殊又自主或至少相对自主的实在"，"是一种特殊的和不连贯的实在"，因此治理的过程就是国家形塑的过程。依国家理性的治理，就是把国家从"应然"存在过渡到"实然"存在作为目标，来使其行为方式合理化的实践。在这里，"治理的应做必须和国家的

[①]〔英〕安东尼·吉登斯：《民族—国家与暴力》，胡宗泽、赵力涛译，生活·读书·新知三联书店，1998，第107页。

[②]〔英〕安东尼·吉登斯：《民族—国家与暴力》，胡宗泽、赵力涛译，生活·读书·新知三联书店，1998，第128页。

应在相同"。① 在国际层面，依国家理性治理给自己设定了一个有限目标——保证自身的独立、确保自己能够在国家力量对比中从不处于下风。而在国家内部管理层面，处于初级发展阶段的国家给自己设定的是一个无限目标，即国家实力的无上限增长。国家间的竞争正是这些有限目标和无限目标之间的结合点。此时，法律理由是对国家理性和管治国家唯一的外在的限制。但这种限制的功能是有限的，仅仅是在危急时刻才使用的。这一时期的欧洲各国无论是统一还是分裂，每一种权力的状态都基于三个重要的参考点——商业、税收和军事力量②，因此，治理是一个比国家范围更大、更为基本的领域。"国家仅仅是某种治理方式的相关项"③。

二 节制性治理

节制性治理是在 18 世纪中期开始出现的一种新的治理模式，节制性治理遵循的是传统自由主义的理念，因此又被称为传统自由主义治理。在受限原则上，节制性治理基本上延续了依国家理性治理的国家理性原则和法律原则，并在此基础上增添了一种新的治理理性，即治理的自我限制。所谓治理的自我限制，即权力以自我限制的方式行使权力，体现在治理技艺上的变化体现就是"小政府"取代"管治国家"。内在于治理过程的受限原则的建立是 18 世纪中期治理领域出现的一个重大转变，新的治理理性是一种事实调整，一种事实限制，而不是法律限制。即使治理置事实限制于不顾，越过为它设置的界限，治理也并不会因此就是非法的，不会丧失自己的本质，更不会丧失其基本权利。不接受事实限制的治理还是一种治理，并不是一种非法治理，而是一种笨拙的治理，不合适的治理，不恰当的治理。新的治理理性按照"应该做的"和"最好不要做的"来标记治理活动的界限，介于"可行操作"和"不可行操作"之间分割和确立治理实践。这种分割是建立在治理的实践领域之中，介于"要做之事"和"不要做之事"这两个系列的事物之间。因此，治理的根本问题不在于谁有权利做什么和谁无权做什么，而在于你要做什么和不要做什么。总的来说，新的治

---

① 〔法〕米歇尔·福柯：《生命政治的诞生》，莫伟民、赵伟译，上海人民出版社，2011，第 3~4 页。
② G. N. Clark, *The Seventeenth Century* (Oxford: Clarendon Press, 1947), p. 135.
③ 〔法〕米歇尔·福柯：《生命政治的诞生》，莫伟民、赵伟译，上海人民出版社，2011，第 5 页。

理模式是围绕"怎样不过度治理"展开，从而将人们推入一个批判的治理理由的时代。①

节制性治理是一种以全球为视阈的治理。节制性治理的全球视阈是建立在欧洲进步的新欧洲观念之上的。18世纪的欧洲既不是中世纪的帝国欧洲，也不是16世纪由复数国家组成的均势欧洲，而是共同富裕的欧洲；即欧洲作为一个集体经济主体，是始终前进在无穷尽的经济发展之路上的欧洲。欧洲的富裕是集体的富裕，是无限制、无穷尽的进步。强调富足和进步，视欧洲为欧洲进步，这是传统自由主义的一个基本论题。问题是，欧洲如何实现"无限富足"？节制性治理的解决方案是在欧洲的经济游戏中，在这场事先已经预设为"共赢"的游戏中，通过不断加入新要素、新成员来确保欧洲的无限富足——即通过市场经济的全球化过程来构建欧洲的无限富足。人们需要围绕欧洲去拓殖一个越来越广阔的市场，最终将世界上其他地区都纳入市场经济中来，这样，一种全球化市场被建立起来。对此，福柯指出，这是欧洲第一次自我意识到应该把世界作为无限制的市场而拥有它。欧洲凭借竞争长期处于无限制的集体富足状态的条件就是整个世界都成为它的市场。这是治理实践中的一种新的全球考量的开始，一种治理的全球合理性新形式的出现，一个世界纬度的新考量的出现。② 由此也可以看出，节制性治理，这种所谓的"最弱国家理由"或者"最少治理理由"的治理，其本质是对国家理性的增强和精炼，是节制外表下的扩张。节制是为了国家内部力量的统一，而扩张才是其真正目的。因此，节制性治理实则是一种比其前身更具扩张性的治理模式。

三 新自由主义治理

新自由主义治理是"二战"后出现的一种新的治理模式。新自由主义治理术在受限原则方面，体现为新自由主义经济学思想取代了传统自由主义观点，在技术手段方面形成了包括市场经济、社会治理、法治国家等内容在内的更为完善的体系。总的来说，新自由主义治理以市场经济为核心，借助社会治理为市场运行奠定基础和创造条件，并运用法治国家为市场运

---

① 〔法〕米歇尔·福柯：《生命政治的诞生》，莫伟民、赵伟译，上海人民出版社，2011，第8~10页。
② 〔法〕米歇尔·福柯：《生命政治的诞生》，莫伟民、赵伟译，上海人民出版社，2011，第46~47页。

行提供制度、解决纠纷。市场经济、社会治理、法治国家，这三者相辅相成，共同构成新自由主义治理实践。对比节制性治理，新自由主义治理受限原则主要体现在传统自由主义向新自由主义的转化，这是一种绝对重要的转变，它对传统自由主义的基本假设和核心观点都进行了颠覆和重设。

传统自由主义认为，市场的范式和原则是交换，市场的根本是交换，要使市场变得有效，等价必须是真正的等价，因此就需要市场自由以及第三方不干预，即政府要给市场充分自由，管得越少的政府是越好的政府。新自由主义认为，市场的根本在于竞争、在于不平等而非对等，竞争与垄断问题而非价值与等价问题，构成了市场理论的本质基础。因此只有竞争才能确保经济合理运转。市场的核心在于竞争。竞争不是一种自然现象，不是一种自然地呈现，竞争是市场的组织结构形式；竞争本质上是一种形式化原则，竞争的有益效果应该归功于一种形式上的优先。竞争具有内在的逻辑和结构，只有在这种逻辑得到尊重时，竞争的效果才能产生。竞争的出现和发挥作用，其条件都需要人为地仔细布置。纯粹竞争、完全竞争并不是一种原初背景，而是长期努力的结果。由此，新自由主义提出，作为市场本质的纯粹竞争只能在被生产出来时才可出现，并且只能由一种积极的治理产生出来。即作为市场本质的纯粹竞争只能在被生产出来时才可出现，并且只能由一种积极的治理产生出来。因此，新自由主义治理的逻辑就是，为了市场去治理，而不是因为市场去治理。① 这样，由18世纪自由主义者所定义的那种关系完全被倒转了。新自由主义治理术的核心目标和总原则就是必须成功地在治理中产生出市场。为了成功地生产出市场，治理可以利用各种手段和工具，对经济活动积极地干预和调控。

新自由主义治理生产市场或者竞争所需条件的方法就涉及新自由主义治理的技术路径问题。首先，需要对社会进行治理，其目的在于产生和形成适合市场经济存在和运行的社会条件，这个任务是由社会治理完成。社会成为新自由主义治理干预的目标和场域，新自由主义在此推行自己的一套社会政策和社会规划，使市场成为可能。总的来讲，新自由主义"治理干预的密度、次数、积极程度和连续性都不比在其他体系中来得少"。② 社

---

① 〔法〕米歇尔·福柯：《生命政治的诞生》，莫伟民、赵伟译，上海人民出版社，2011，第103~104页。
② 〔法〕米歇尔·福柯：《生命政治的诞生》，莫伟民、赵伟译，上海人民出版社，2011，第128页。

会治理为市场经济的运行奠定社会基础，构建和提供必要的社会条件，然而市场经济的运行还需要另一样重要保障，那就是由法律保障的运行规则，即制度。只有在一种制度框架和有效规则已经给出其可能性条件的情况下，市场经济活动才能在历史和现实中真实地出现。市场经济的运行规则、制度框架必须通过法律构建。而通过法律构建起来的市场经济运行规则，又必须通过国家确保其正常实施，这两者连接在一起就是法治国家。法治国家就是新自由主义之市场经济运行的第二个支撑体系。新自由主义认为，市场经济制度不是自发的自然秩序之结果，而是一种以国家的司法干预为前提的法律秩序的结果。"法律塑造经济，没有法律，经济就不可能成为其所是的那样。"[①] 法律秩序不是服务于、从属于经济，法律是经济的塑造者。而国家的任务则首先是构建一种经济—法律秩序，然后是确保这种经济—法律秩序的顺利、有效运行。

传统自由主义治理的问题是，区分应该做的和不应该做的，区分人们能够干预的领域和不能干预的领域。与之相比，新自由主义治理的干预和活动范围是没有边界限定的，在这个体系中，人们的行为既可以没有上限也可以没有下限，更不存在横向的外围边界。新自由主义认为，市场及其竞争必须始终处于警惕性、能动性和永久干预的影响之下，因此，一种积极的和警觉性的政策是一种必然，一个积极的政府、警觉的政府和进行干预的政府也是必需的。国家对市场经济的态度不再是放任其自由发展，而是要积极地创造市场经济运行所需要的全部外在条件，要对经济活动的结果负责，并且国家应该掌控经济的未来。因此，新自由主义治理本质上是一种积极进行干预的治理模式，是一种把人类的干预和扩张行为放大到了极致的治理模式。

四 自由主义治理之治安管理

18世纪中叶，治理在17至18世纪初所体现的统一性的管治规划解体。自由主义治理分化为两种不同的制度和机制：一方面是大型的激励—调节机制，即经济治理，另一方面现代意义上的治安管理出现。治安管理是用来处理某些混乱状况的制度。清除混乱、保障秩序是治安管理的价值功能所在。治理何以在18世纪中叶对安全问题开始大为关注？其原因在于危险

---

① 〔法〕米歇尔·福柯：《生命政治的诞生》，莫伟民、赵伟译，上海人民出版社，2011，第145页。

文化和风险意识的出现。首先，在这一时期前后，针对现代性风险—危机描述的危险文化出现了。这些关于危险的文化是治安管理发展的条件之一。"19 世纪所出现的关于危险的整个教育、关于危险的整个文化完全不同于《启示录》中的瘟疫、死亡、战争这样一些幻想和巨大危险，这些幻想和危险给中世纪直至 17 世纪的政治想象力和宇宙论想象力提供了养料。……最后，到处都可以看到这种对恐惧危险的刺激，这种危险在某种程度上是自由主义的成立条件、心理关联项和内在文化。没有关于危险的文化，就没有自由主义（治理）。"[①] 危险文化的出现，在于社会化大生产释放出来的现代性风险和危机给当时造成的极大破坏和困扰。对此，自由主义很快形成风险意识，从而从治理中开辟一种专门的制度，即治安管理来处理社会化大生产中出现的混乱状况，维护社会秩序。因此，治安管理本质上是现代文化基于现代性风险—危机构建的一种安全反应机制。这一时期，安全问题与经济管理一样，成为自由主义治理的核心。

自由主义治理很快演变为一种每时每刻都要围绕着风险概念来评判行事的机制。一方面，自由主义要求"利益的运转机理不该对个人和集体造成风险"。另一方面，对风险、危险的刺激又是自由主义的主要活动之一。自由主义的信条就是"危险地活着"：个人永久地处于危险境遇之中，他们被规定着去感受到他们的处境、他们的生活、他们的现在和将来充满着危险。[②] 由此可知，自由主义、现代文化对由其产生的现代性风险和危机及其破坏性是有深刻认识的，从而对治理进行分化，开辟一项专门制度用于风险和危机管理。然而，现代文化之治安管理的最终目的不在于消除风险、解决危机，而仅在于维护社会安定，从而确保社会化大生产的持续运行。自由主义并不打算完全消除风险，只是想把风险和危机控制在不危及社会秩序的范围内活动。因为自由主义还有更进一步的打算。在更深的层面，自由主义要充分利用现代化过程中产生的现代性风险和危机。对人口进行全面控制的一种最好办法就是，让"个人永久的处于危险境遇之中，他们被规定着去感受到他们的处境、他们的生活、他们的现在和将来充满着危险。"通过"知识—权力"结构，自由主义获得对风险和危机的阐释权。

---

① 〔法〕米歇尔·福柯：《生命政治的诞生》，莫伟民、赵伟译，上海人民出版社，2011，第 55 页。
② 〔法〕米歇尔·福柯：《生命政治的诞生》，莫伟民、赵伟译，上海人民出版社，2011，第 55 页。

通过对风险和危机的自我阐释，自由主义用一只"看不见的手"对个体进行管理和控制。因此，现代文化中的个体既是自由的，又是不自由的。自由是相对于前现代社会的人身约束而言的，不自由是无形的但确实存在的。现代个体的不自由主要来源于外界的无形压力，诸多"看不见的手"在无形中规定、调控和限制个体自由。

第三节 公民社会自治[①]

吉登斯曾提出这样一个问题："那些最具依赖性、最柔弱、最受压迫的人们，是否也一样有能力为自己开辟出自主性的领域。"[②] 吉登斯没有直接回答这个问题，但他在提出这个问题之后指出："各种形式的统治均留下一些'机会'，使得那些居于从属地位的人能用以影响那些支配者的活动。由此导致的一项后果是，权力技术或定型的统治程序在面对事件并予以处理时，很少具有它们看来应该能拥有的那种'固定性'。"[③] 由此可以得出：第一，各种形式的定型的统治程序都不是严丝合缝的，都会留下一定的空间——权力空白区域，从而给予人们尤其是"那些最具依赖性、最柔弱、最受压迫的"人们一些"机会"按照自己的方式生活；第二，各种权力技术在对事件予以处理时，在对待问题的态度、事件的处理方式以及处理结果上具有一定的差异性，很少具有它们看来应该能拥有的那种"固定性"，因此这又为人们尤其是"那些最具依赖性、最柔弱、最受压迫的"人们在抓住"机会"后创造的新方式生活的存活留下了空间和"机会"；第三，处于权力空白区域的人们，即"那些最具依赖性、最柔弱、最受压迫的"人们抓住"机会"创造的新生活方式日渐壮大后，也许终有一日能够影响那些支配者的活动方式。

借助吉登斯的这个非常有价值的问题——"那些最具依赖性、最柔弱、最受压迫的人们，是否也一样有能力为自己开辟出自主性的领域"，我们来分析一下被福柯忽视的现代文化的另一种治理机制，公民社会自治问题。

---

① 本文的"公民社会"即"市民社会"。
② 〔英〕安东尼·吉登斯：《民族—国家与暴力》，胡宗泽、赵力涛译，生活·读书·新知三联书店，1998，第11页。
③ 〔英〕安东尼·吉登斯：《民族—国家与暴力》，胡宗泽、赵力涛译，生活·读书·新知三联书店，1998，第11~12页。

一　公民社会自治的起始

亨利·皮朗在对商业资本主义起源的考察中发现，在11世纪商业经济的复兴中出现的城市经济中，"形成了一个名副其实的脱离土地的阶级"——从事工商业者，即商人和工匠。在中世纪闭塞的乡村社会里，奴隶制度已经成为人们的常态，大多数人被禁锢于土地之上，那么自由的商人与工匠阶级是如何产生的？"商业和工业最初从没有土地的人们中间获得发展。这些人在以土地为唯一生存基础的社会里，可以说，是生活在社会的边缘。现在，他们人数众多。除了在饥荒和战争期间离开故乡谋生不再返回乡井的人们以外，还有庄园无力供养的一些人。……子女过多的农民，他们的次子、幼子往往被迫离开父亲……他们扩大了乡村中的流浪汉。"① 除此之外，还有贵族家中无法获得财产继承权的次子和游子也是"自由民"队伍的重要组成部分。这些人迅速地利用到达沿海和河口的船只与商人提供给他们的新谋生手段，他们中间富有冒险精神的人会去充当水手，其余的则加入频繁往来的各种商队中，他们中的优秀者能够抓住机会发财致富，最终演变为有产者中的新阶层——资产阶级。这意味着，早期的商业资产阶级和最初的市民阶层主要是由生活在中世纪社会边缘的流浪者群体和没有继承权的贵族子弟转化而来的。他们是中世纪社会中一无所有的人、被边缘化的人同样也是最早期的"自由民"，他们的"自由"来源于他们的"一无所有"——或者没有土地因而没有所属，或者因为逃离故土而脱离从属关系，或者没有继承权而一无所有。即早期自由民的自由来源于他们在财产和社会关系上的一无所有。

早期的自由民在航运的刺激下构建了一种新的经济模式——商业贸易。随着商业贸易的不断扩展，"展现在没有土地的流浪汉面前的新生活，由于它所提供的获利的希望，对流浪汉具有不可抗拒的吸引力，于是产生了从乡村向新兴城市的真正移民活动。不久，流入新兴城市的，就不限于哥德里克式的流浪汉。其吸引力的巨大，使许多农奴逃离他们出生的庄园，到城市里定居下来，充当工匠，或充当闻名全境的富商的雇工。"② 到此，被

---

① 〔比〕亨利·皮朗：《中世纪欧洲经济社会史》，乐文译，上海人民出版社，1986，第40~41页。
② 〔比〕亨利·皮朗：《中世纪欧洲经济社会史》，乐文译，上海人民出版社，1986，第44页。其中的哥德里克是亨利·皮朗在该书中所记录的一个当时从流浪汉发展为富商的典型人物。

固定在土地上的农奴阶层的自由意识被激发起来。中世纪的"庄园不仅是一种经济组织,而且还是一种社会组织。他支配着庄园居民的全部生活。庄园的居民绝不仅仅是领主的佃农而已;他们是他的臣民"。① 那么,当大规模的"庄园的居民"冒着各种风险向城市迁徙时,与其说是新生活所具有的获利的希望激发了他们对自由的向往,不如说是一种具有相当利益诱惑的新经济方式刺激他们背离土地和原有的既定身份。在这里,可以清晰地看到,吉登斯所言的那些处于权力空白区域的人们,即"那些最具依赖性、最柔弱、最受压迫的"人们抓住"机会"创造了一种新生活方式,随着这种新生活方式的日渐壮大,开始影响、威胁、瓦解那些支配者的活动方式。而吉登斯所提出的问题:"那些最具依赖性、最柔弱、最受压迫的人们,是否也一样有能力为自己开辟出自主性的领域。"也就有了答案。

在11世纪商业经济的复兴中出现的"城市经济最初就是在一种自由的环境中出现的。"② 这道出了"那些最具依赖性、最柔弱、最受压迫的人们"在开辟自主性领域时所必须具备的第一个条件,即自由,而且这种自由必须是一种真正的自由。

对于亨利·皮朗所描述的"从乡村向新兴城市的真正移民活动"这一史实,需要注意的另一个重要事实是,这一阶段的"自由"移民是一种自愿地抛弃原有的生活资源和轨迹,自发的"一无所有"过程,这也许就是亨利·皮朗将之称为"真正移民活动"的缘故。如亨利·皮朗所言,"纯农业文明的一个最突出、最富有特征的制度就是大地产制度。"③ 土地是生活的唯一来源,是构成财富的唯一条件,劳动力只有紧紧依靠土地才能生存。因此,在商业资本主义兴起的早期阶段,贸易的复兴并不是由土地资本造成的,最初的推动力来自外界,在南方是威尼斯的航运,在北方是斯堪的纳维亚的航运。在航运和早期敢于冒险的流浪者的共同推动下,商业贸易和商业资本才显现其雏形。在早期自由民的财富成功故事的鼓动下和新经济方式所具有的利益的刺激下,大批具有固定土地和固定身份的人开始自愿、自发地从乡村向城市移民。如果说商人及其工匠以及后来的工业资产阶级和工人阶层注定是一个脱离土地的阶层,那么资本主义萌芽阶段——商业资本主义初期的脱离土地的过程,从乡村到城市移民的过程则

---

① 〔比〕亨利·皮朗:《中世纪欧洲经济社会史》,乐文译,上海人民出版社,1986,第57页。
② 〔比〕亨利·皮朗:《中世纪欧洲经济社会史》,乐文译,上海人民出版社,1986,第41页。
③ 〔比〕亨利·皮朗:《中世纪欧洲经济社会史》,乐文译,上海人民出版社,1986,第7页。

是基于对一种新的能够带来更多利益的"自由"身份的向往和追求而产生的一种自发、自愿的行为。然而后人通过对这段历史的分析却有可能得出性质完全相反的另一个事实：既然资本的增值，或者说新的商业经济方式必须依靠大量的离开土地的自由民；那么为了商业资本主义的进一步发展或者扩张，可以人为地进行移民。这一行为的典型就是欧洲各地从13世纪一直持续到16世纪的圈地运动。与前一时期基于自愿基础上的自发性行为相比，这一时期的"移民"则是刻意的、极具破坏性和毁灭性的，并非一种真正的自由，而是一种人为的、被迫的并且是悲惨的"自由"之旅。

二 市民的出现和权利性自由

根据亨利·皮朗的考证，市民一词本来是指居住在旧城堡的人。由商人在旧城堡的外围修建的定居点外堡，被称为商埠，居住在外堡的人被称为商埠人。11世纪，商埠人也被称为市民，市民一词的所指得到引申。其原因是商人集团筑起城墙保护自己，其居住地也变成了一个像模像样的城堡，而且新城堡很快使旧城堡黯然失色。由此可见，新城堡中的商埠人是近现代意义上的市民阶层的前身，而近现代意义上的市民阶层则是"商业复兴的产物"①。

如前所言，商埠人由一无所有的自由民构成。"他们之间有不少人事实上已经获得了自由。他们是移民，来自远方，他们的领主无法把他们找回去。尽管他们不是自有的父母所生，可是他们的奴隶身份已经不可能恢复了，所以他们当然是自由人。"② 这种原初的自由是一种事实上的自由，是一种逃脱于当时的统治体制之外的自由，甚至有些自由是有可能被当时的法律所追溯和剥夺的自由。商埠人是一群生活在中世纪权力空白区域的社会边缘人，在不同领主对早期商业贸易的差别化态度——有人反对、有人无视、有人默许、有人支持以及由此形成的差别化处理方式中留下的空间中自谋生存。对他们而言，自由是他们唯一所有，同时也是必不可少的需要——因为一无所有所以自由，因为一无所有所以要寻求新的谋生之路，因为自由才能够从事新的谋生方式。因此，对于商埠人、对于市民而言"最不可少的需要就是个人自由。没有自由，那就是说没有行动、营业与销

---

① 〔比〕亨利·皮朗：《中世纪欧洲经济社会史》，乐文译，上海人民出版社，1986，第45页。
② 〔比〕亨利·皮朗：《中世纪欧洲经济社会史》，乐文译，上海人民出版社，1986，第57页。

售货物的权利,这是奴隶所不能享有的权利,没有自由,贸易就无法进行。他们要求自由,仅仅是由于获得自由以后的利益。在市民阶级的思想里,根本没有把自由视为天赋权利。在他们看来,自由不过是一种很方便的事情"。然而对于"在城市定居、追求新的生机的农奴说来,他们必须感到安全,不担心被强制送回他们所逃出的庄园。他们必须摆脱奴隶所担负的劳役和一切可憎恨的义务,例如只能同本阶级的妇女结婚,必须将所继承财产的一部分交给领主。"① 因此,商埠人必须把这种事实性自由变为权利性自由。居住在新城堡中的市民能否以及如何将这种事实性自由转变为权利性自由呢?在获取权利性自由方面,市民显然取得成功,这种成功主要取决于以下两个因素:一是市民在争取权利性自由过程中所持有的那种非革命性的、谨慎的态度。在争取权利性自由的过程中,市民阶级本身对现存社会采取的是一种柔弱的、非革命的态度。他们认为中世纪的权力构成——地方诸侯的权威、贵族的特权、教会的特权都是当然的。他们甚至承认与他们的生活方式存在明显矛盾的禁欲主义的道德。"他们只希望在阳光之下有一个位置。他们的要求只限于他们所最不可缺少的需要。"② 毫无疑问,市民阶级关于自由的要求是一种谨慎的、最低限度的要求,这成功使得他们的自由要求没有激起当权阶层的强烈反对和联合压制。二是急于扩大君主权力的国王的帮助。市民阶层通过上缴税赋给国王增加国王的财政收入换取相应的合法身法和政治权利。对于国王而言,商人阶层的扩大、商业贸易的扩大意味着税负和财政收入的增加,这对于试图要扩大君主权力和实力、消灭和取缔地方领主的国王来说无疑是要积极扶持的力量。在国王的帮助下,在中世纪欧洲特有的领主—教会—国王多元权力结构体系下,在不同权力主体的对抗中获得机会的市民阶层最终先后在开明领主和国王的帮助下成为一个合法阶层。这一次,是权力机制对抗所产生的缝隙让市民阶层获得了其梦寐以求的权利性自由。通过对早期市民阶层对权利性自由争取的事实分析可知,事实性自由若要转化为实质性自由,必须是一种具有法定约束保护的权利性自由。

三 市民社会的出现

在中世纪后期商业资本主义较为集中的城市出现了早期的近现代意义

---

① 〔比〕亨利·皮朗:《中世纪欧洲经济社会史》,乐文译,上海人民出版社,1986,第46页。
② 〔比〕亨利·皮朗:《中世纪欧洲经济社会史》,乐文译,上海人民出版社,1986,第46页。

上的市民社会。简单地讲，市民社会就是一个由市民组成的有机体。欧洲尤其是西欧在商业资本主义发展初期形成了市民社会这一独立的社会力量。中国社会为什么没有产生市民阶层？回顾中国近代史，也曾经出现过民族资产阶级，中国的民族资产阶级在对待当权者时秉持的也是一种谦恭、温和、低眉顺目的姿态，那么为什么中国的民族资产阶级最终没有发展成为市民阶层？对比市民阶层在欧洲的发展而言，答案也许就在：中国几千年的中央集权帝制造就的是一个大一统的社会，是一个被一种权力机制主宰的一元社会。从古至今，中国历史上从来没有出现过能够与这种一元化的中央集权对抗的其他权利机制，即从来没有出现过中世纪后期地方领主—国王—教会这种多元权力格局和对抗局势。由于缺乏多元权力主体之间形成的对抗，因此也就不存在利用这种对抗所形成的缝隙以获得发展的机会。老子在《道德经》中言：道生一、一生二、二生三，三生天下。其实是告诉人们，"一"也许能够牢牢地统治一个天下，但却是创生不出一个新天下的，新的社会力量的发展、多元化的市民社会的产生在相当大程度上取决于多元化的权力机制的存在。在一种一元化权力机制主导的社会里，很难产生出具有活力的多元化市民社会。

总的来讲，自由是"那些最具依赖性、最柔弱、最受压迫的人们"在开辟自主性领域时第一个必须构成条件。这里讲的自由必须是一种自发、自愿的真正自由，一种具有切实内容的实质性自由，一种具有相关法律约定和保护的权利性自由，而非他者强加的"自由"、形式的自由、被动的"自由"、被剥夺殆尽的"自由"。受法律肯定和保护、拥有特权的市民——是"那些最具依赖性、最柔弱、最受压迫的人们"所获得的全新社会地位，而市民社会——则是"那些最具依赖性、最柔弱、最受压迫的人们"经历商业的洗礼、蜕变之后组成的有机联合体。市民社会的重要性不在于它是由自由民构成，而在于它是一个自治体。

四 市民社会自治

1. 自发性制度

早期商业资本主义的发展不仅产生了一种全新的东西"自由"以及拥有自由的市民阶层和市民社会，还形成了许多自发性制度，如货币等。亨利·皮朗就指出，由于中世纪的法律不能适应以工商业为生计的市民阶层，最迟在 11 世纪初，由于环境的需要，就已经出现了萌芽的商法，这种商法

"是商业活动所形成的一些常规的汇编，是商人们在交易中所通用的一种国际惯例。"① 但是商埠人不仅需要一种灵活的法律，还需要一套迅速的、不依赖偶然性证明方法的审判机制对他们之间的贸易争端进行仲裁。在仲裁制度方面，逐渐形成一套被称作"灰脚法庭"的制度。即经由商人的同意，从商人中选取能够了解他们的争端并能够迅速予以处理的仲裁人对争端进行裁决，这种"法庭"由于到法庭进行诉讼的商人和进行裁决的商人往往脚上还沾染着旅途的灰尘，因而被生动地称为"灰脚法庭"，很快地，这种特别法庭就成为公众权威所认可的固定法庭。货币、早期的商法、"灰脚法庭"等，这些就是后来被哈耶克推崇备至的自发性制度，它们既是经济的原生态结构，也是市民社会的重要构成。

2. 司法自治

如果说是自由是市民的第一需要，那么在拥有了自由尤其是权利性自由之后的市民的下一步就是自治。以"灰脚法庭"为表征的司法自治是市民社会自治的第一步。"灰脚法庭"，这种特别法庭就成为公众权威所认可的固定法庭。随后，在国王的同意和颁布的认可下，城市设立了从市民中选出的市参事会的地方法庭，地方法庭拥有资格对市民进行裁判，从而使城市彻底获得了司法自治。

3. 行政自治和公共管理

当城堡发展为城市，城市与旧城堡一样需要处理诸如城墙这样的防御工事的修建和城市公共安全保障，码头、桥梁、市场、市政基础设施、市区教堂的修建以及同一行会的管理、粮食的分配等问题。由于城市没有传统的统治者，而且城市外的传统统治者既缺乏管理市民的理念和手段，也没有帮助他们的意图，因此城市不得不为自己提供相应的公共管理，即行政自治。在中世纪，没有不设防的城市。对于商人及其商品而言，修建城墙这种防御工事是最迫切的需要，因此城墙的建造是市民担负的第一项公共工程，直到中世纪末年都是城市最沉重的财政负担。对城墙的修建和集资构成了城市财政组织的起点，在欧洲的很多城市，商业税一直被称为城防费。"以供设防的经常费用，最方便的方法就是向市民本身去筹措。所有的市民都关心共同的防御，大家都必须担负防御的经费。每个人负担的数额根据其财产来决定。"亨利·皮朗称这一举措为"一个伟大的革新"，因

---

① 〔比〕亨利·皮朗：《中世纪欧洲经济社会史》，乐文译，上海人民出版社，1986，第47页。

为这时纳税者是根据自己的能力为公共事业纳税,而不是为诸侯的个人利益缴纳的封建税收,这是一种具有公共性质的税收。征收的公款如何进行管理?选举市参事会对诸公共事务进行管理成为必需。而选举产生的参事会中的"参事既是市民的法官又是行政官"。① 市民社会所创造的公共财政和行政管理是一种充分的市民社会行政自治。

早期城市中的行政管理是一种市民社会的行政自治,一种自治型公共管理。这种公共管理的特点是地方性和自治性,每一个城市的市民通过市参事会对城市内的公共事务享有决定权、实施自治和自我管理。这是公共管理的最初形态,也是公共管理的基本形态,与后来在18世纪出现的"police"有着本质区别。起源于城市的市民社会自治在随后的发展中,随着第三部门的兴起,又增加了很多新的元素和内容。当代社会,第三部门管理已经成为公民社会自治的一个重要组成部分。另外,在一些发达国家,基于社区的社区自治也成为公民社会自治的另一种形式。

第四节 何谓治理

一 20世纪90年代的"治理":新事物和新范式?

20世纪90年代,"治理"理念经由世界银行、OECD、联合国等国际组织的使用和推广,被赋予各种新的含义,重新进入全球视野。"治理"在公共领域的复兴起始于世界银行的一份报告。1989年世界银行《撒哈拉以南非洲从危机到可持续发展》(Sub-Africa, From Crisis to sustainable growth)报告中首次使用"治理"一词来解决南部非洲的危机问题,在这份报告中"治理"以"governance in crisis"方式出现。在1992年世界银行年度报告《治理与发展》(Governance and Development)中,世界银行对治理概念给了一个相当广泛的定义:"为发展而在管理一个国家的经济和社会资源方面的权力"。另一个更为实际的定义也在通行:"治理是通过建立一套被接受作为合法权威的规则对公共事务的公正而透明的管理,用以促进和发挥个人和团体追求的公司价值。"② 此后,"治理"一词被一些国际机构广泛使

---

① 〔比〕亨利·皮朗:《中世纪欧洲经济社会史》,乐文译,上海人民出版社,1986,第49页。
② 世界银行:《治理和发展》,世界银行,华盛顿特区,1992,转引自皮埃尔·卡蓝默《破碎的民主:试论治理的革命》,高凌瀚译,生活·读书·新知三联书店,2005,第6页。

用。1996年，经济合作与发展组织（OECD）发布了一份名为《促进参与式发展和善治的项目评估》（*Evaluation of Programmes Promoting Participatory Development and Good Governance*）的报告。联合国开发署（UNDP）的一份年度报告的标题是《人类可持续发展的治理、管理的发展和治理的分工》（*Governance for Sustainable Human Development, Management Development and Governance Division*）。1997年，联合国教科文组织（UNESCO）也提出了一份名为《治理与联合国教科文组织》（Governance and UNESCO）的文件。联合国有关机构还成立了一个"全球治理委员会"（the Commission on Global Governance），并出版了一份名为《全球治理》的杂志（Global Governance）。1998年，《国际社会科学杂志》第3期出了一个名为"治理"（Governance）的专号。联合国的全球治理委员会对治理的定义具有很大的代表性和权威性，该委员会认为治理不是一种正式制度，而是一种过程，一种持续的互动过程。在1995年发表的题为《我们的全球伙伴关系》的研究报告中，全球治理委员对"治理"进行系统界定：治理是各种公共的或私人的机构管理其共同事务的诸多方式的总和，它是使相互冲突的或不同的利益得以调和并且采取联合行动的持续的过程，它既包括有权迫使人们服从的正式制度和规则，也包括各种人们同意或以为符合其利益的非正式的制度安排。它有四个特征：治理不是一整套规则，也不是一种活动，而是一个过程；治理过程的基础不是控制，而是协调；治理既涉及公共部门，也包括私人部门；治理不是一种正式的制度，而是持续的互动。① 在世界银行等国家组织和学术界的推动下，治理在不同领域都大行其道，人们逐渐将其看作为一种用以取代旧的企业管理模式、行政管理模式和社会管理模式的新范式。然而，20世纪90年代兴起的"治理"是不是一种全新的治理范式呢？

关于20世纪90年代兴起的治理，罗森瑙（J. N. Rosenau）将其定义为一系列活动领域里的管理机制，它们虽未得到正式授权，却能有效发挥作用。与统治不同，治理指的是一种由共同的目标支持的活动，这些管理活动的主体未必是政府，也无须依靠国家的强制力量来实现。② 韦

---

① 全球治理委员会：《我们的伙伴关系》，牛津大学出版社，1995，第23页，转引自俞可平《治理与善治》，社会科学文献出版社，2000，第2~3页。
② 〔美〕詹姆斯·罗西瑙：《没有政府的治理：世界政治中的秩序与变革》，张胜军、刘小林等译，江西人民出版社，2001，第5页。

勒（P. Weller）则从政策过程角度指出治理是多中心、多角色互动与合作的政策过程。① 罗伯特·罗茨（R. Rhodes）总结了关于"治理"的六种概念：①作为最小规模的国家治理，即通过削减国家的开支，缩小政府规模来提高政府效率；②作为公司经营的治理，即管理和控制组织的体制；③作为新公共管理的治理，即把私人部门的管理方式和激励机制引入公共部门；④作为"善治"的治理，即指向一种有效率的、开放的、负责的并受审计监督的公共服务体系；⑤作为一种社会控制系统的治理，指向政府与社会、公共部门与自愿部门以及私人部门之间的合作和互动；⑥作为自组织网络的治理，即基于信任与合作的资助而且自我管理的网络。② 新制度主义经济学代表人物威廉姆森认为："治理的精髓在于通过治理机制实现良好秩序。治理结构可以被有益地视为制度框架，一次交易或一组交易的完整性就是在这个框架中被决定的。"③ 把这种"治理"理念与新自由主义治理相比较，可以清楚地发现，20世纪90年代的"治理"理念并非一种新事物和新范式，本质上是新自由主义治理范式的一种延续，其治理理念、限制原则和技术体系都没有脱离新自由主义治理技艺的范畴。齐格蒙特·鲍曼曾经指出，任何观念都可以被"活埋"，在集体失忆中"冬眠"。然而，一段时间后它们有可能获得新生，这不是因为在它们首次出现时没有被真正地"榨干"，而是因为话语机制的原理，某一观念重新出现激发争论并"通过影响"而向前推进。④ 20世纪90年代兴起的"治理"就是通过一定的话语机制及其影响重新显现的"新事物"。世界银行、联合国、欧盟、学术界、媒体、进行新公共管理改革运动的发达资本主义国家、被治理理念所吸引并采用其的后发国家，他们的倡导、呼吁、讨论共同推进了治理的兴起和发展。新兴的"治理"理念作为新自由主义治理技艺的延续和发展，尽管增添了许多新内容、新理念和新口号，但并非一种新事物和新范式。

"治理"就它的现代范式而言，有着500多年的历史。首先，从13～15

---

① 转引自黄健荣《公共管理新论》，社会科学文献出版社，2005，第274页。
② Rhodes R. A. W., *Understanding Governance: Policy Networks, Governance, Reflexivity and Accountability* (Buckingham: Open University Press, 1997), pp. 46 – 52. 转引自黄健荣《公共管理新论》，社会科学文献出版社，2005，第275页。
③ 〔美〕奥利弗·E. 威廉姆森：《治理机制》，中国社会科学出版社，2001，前言第13页。
④ 〔英〕齐格蒙特·鲍曼：《作为实践的文化》，郑莉译，北京大学出版社，2009，第2页。

世纪以来治理的发展历程看，治理本身就是一个现代性的社会存在。其次，从16世纪的依国家理性治理开始，现代国家治理技艺范式就已经完成了从主客体、受限原则到技术体系这一整套治理基本结构的构建。在节制性治理和新自由主义治理阶段，国家治理技艺的基本结构并没有发生根本性变化，甚至治理的主客体都没有发生变化，只是在受限原则和技术体系的部分内容作了变化和调整——新的治理理性不断被导入，与此同时治理的技术体系不断发生更新和变化。20世纪90年代兴起的"治理"理念和模式，无论是在结构上还是在具体内容上都没有突破现代国家治理范式，尤其是新自由主义治理模式的框架。尽管受20世纪70年代以来整体世界格局的变化以及地方分权运动等因素的影响，治理在理念上增添了许多新内容、新口号和新噱头，但其基本结构和宗旨没有发生任何变化。因此，它不是一个具有变革性的、充满力量和希望的新范式、新事物，而仅仅是一种固定的、成熟的权力运行体系的在语言机制上的"复兴"。

二 治理机制的演进

福柯认为，治理术从传统到现代的根本断裂和转型是从18世纪中叶自由主义治理开始的。理由是，自由主义治理术的权力运作是一种全新的规划和分析，它把人口当作自然现象加以研究，获取相关规律的知识，并且利用这些知识来发展国家力量，这是人类政治史上的最重大的变化之一，因此，自由主义治理标志着治理术从传统到现代的根本断裂。然而，衡量一个治理的现代性转变，应该从它所包含的全部内容进行考量，而不能单单只考虑权力运行的变化。治理的现代性从16世纪乃至更早就已经显现出来。16世纪，治理作为一个普遍问题爆发出来，其本身就是现代性的一种表现。众所周知，现代文化的起源可以追溯到13世纪的文艺复兴，尽管现代文化的标志性事件是17世纪的工业革命，但在13~16世纪这一时期，恰恰是后来所发生的工业革命、英国资产阶级革命、法国大革命这些表征现代文化出现的大事件的酝酿时期。13~16世纪，人口的大量增长、农业生产力的革新、商人群体的涌现、城市的兴起、货币的大量使用、中世纪庄园制的瓦解、宗教改革运动、圈地运动，等等。旧的制度在瓦解、新的力量在逐渐扩大影响，一切的变革都在为后来的标志性事件的发生做准备。没有货币的大量使用、商业资产阶级的兴起和圈地运动，就不会有后来的工业革命；没有宗教改革运动、没有商业和工业的兴起，就不会有后来的英国资产阶级革命。13~16世纪是现代文化的萌生、酝酿和发酵时期，是新事物、新力量突起、旧制度和旧社会瓦解时期，因此也是各种问题滋生和暴露的时期，所以会有16世纪治理问题的普遍出现，从家庭治理、儿童治理到国家治理。因此，16世纪治理问题的普遍出现本身就是一种现代性的表现，从这一时期开始，治理就作为现代性的表征和组成部分出现，然后经过不断的发展和演化，最终成为一个完整的结构体系。

总的来讲，现代文化的治理机制包括三个组成部分，分别是国家治理机制、公民社会自治和企业治理。其中最早出现的是公民社会自治，最晚出现的是企业治理。公民社会自治发端于13、14世纪，国家治理发端于16世纪，公司治理兴起于20世纪70年代。作为现代文化管理方式的治理机制，经历了从广义多元治理到狭义治理，再到多元治理形态的转变（见图8-1）。多元治理形态有助于现代文化治理机制向一个更为良性的、更平等、更民主的方向发展，也有助于消除和解决国家治理机制内部的矛盾和暴力冲突隐患。

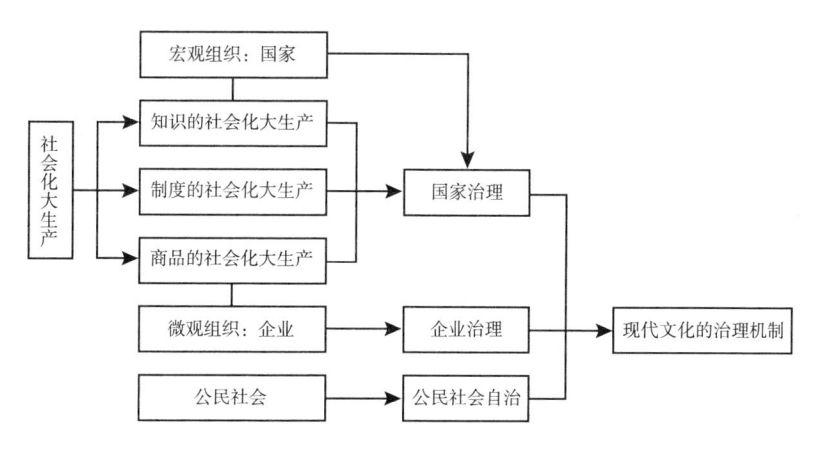

图 8-1 现代文化的治理机制

三 何谓治理

1. 治理是现代文化的管理方式

新的世界观开辟了一个悬而未决的新领域，现代文化的首要任务就是建构一套新秩序取代被其抛弃和批判的旧秩序，从而开启人类的自治道路。现代文化的自治和自我管理方式就是治理。从实践层面来看，现代文化本质上就是一个社会化大生产系统。然而，现代文化如何对全社会人口进行管理使其能够按照现代文化的节拍整齐有序地进入到社会化大生产序列？现代文化对人口实施组织和管理是通过治理方式完成的。通过治理，现代文化一方面使个体的成长和行为满足社会化大生产的需求，另一方面要形成一个有利于社会化大生产的良好社会秩序。因此，治理就是现代文化的管理方式。现代文化之治理形成于16世纪，并发展至今（见图8-2）。

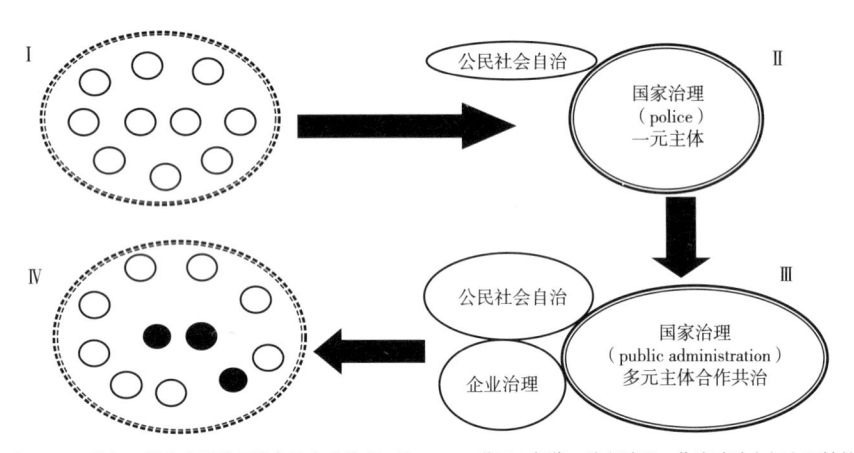

Ⅰ：13~15世纪：拥有多元治理形态的广义治理　Ⅱ：16~20世纪60年代：狭义治理：作为政治主权之运转的治理
Ⅲ：20世纪70年代以来：企业治理出现　Ⅳ：多元治理形态的回归

图8-2　治理机制的演化

2. 治理是一种新型权力运作机制

在前文分析国家治理模式的演化中可知，治理的基本构成包括治理的主体、客体、治理理性和技术体系。其中，治理理性或者治理理念的变化决定了治理模式的变化。现代文化的主要特征就是"知识—权力"模式这种新型的权力关系的出现。现代社会，"知识—权力"模式几乎完全取代了前现代社会的"神—权力"模式，并大大削弱了"血统—权力"模式的作用，成为现代社会权力的主要来源。鲍曼也认为，这种确立于启蒙时代的"知识—权力"共生现象是现代文化的最显著特征。[①] 建立在"知识—权力"新型关系之上的治理是一种知识依赖型管理模式，是一种新型权力运作机制。

---

① 〔英〕齐格蒙特·鲍曼：《立法者与阐释者》，洪涛译，上海人民出版社，2000，第2页。

3. 治理是一个技术体系

通过"知识—权力"模型产生的治理理念决定着治理的发展方向，然而治理理念的具体落实还需要一定的技术体系。作为现代文化管理方式的治理最终体现为一种技术体系。作为技术体系的治理，主要表现为政府管理技术的演变。政府管理经历了从传统行政技术体系到行政管理技术体系，再到公共管理技术体系的演变。20世纪90年代兴起的治理模式，实则是将企业的管理技术移植到政府管理中来。当然这其中还包括治理理念的引进和转变，但更多的是技术手段的革新。技术体系本质上是一种工具手段。工具手段的优良与否决定的是治理的效率和效能。对于治理的后果及影响，则最终是由治理主体所秉持的治理理念决定的。

现代文化之治理，治理的主体是"知识—权力"关系上产生的权力精英，治理的客体是人口。总的来讲，治理就是一整套用以对生命权利进行控制的权力运作机制和技术体系。治理是一种对人的生命进行规划和控制的权力机制，对个体生命进行规划和控制的技术体系。治理的目的是通过对人的生命进行规划和控制，将社会个体系统地组织到社会化大生产之中。治理的这个对个体生命的规划和控制过程本身包含、孕育着各种矛盾和冲突，是公共危机的一个重要起源。

第五节　治理与公共危机

一　依国家理性治理蕴含的暴力因子

16世纪晚期至18世纪初出现的依国家理性的治理是现代治理术的第一种具体形式，在现代治理技艺的发展中具有重要地位。从积极的层面来看，依国家理性治理完成了治理模式的搭建，发展出自己的一套受限原则和技术体系——以此为基础，治理形式的后续演化基本上没有脱离受限原则和技术体系这两个领域。但依国家理性治理也出现了一些系统暴力基质，比如国家理性、常备军以及police对个体生命的规划，这些都是容易激发暴力冲突的潜在系统性因素。

1. 依国家理性治理的合理性问题

依国家理性治理的最大特征是将国家和增强国家力量作为治理的首要目标，并以此为基础发展出常备军制度和一整套对生命的管治技术。尽管从外在约束来看，存在法律和均势原则两个受限原则，但以追求国家实力增强为目的的国家管理运行机制很容易冲破上述两个不带有任何强制性约束和惩罚措施的受限原则。1648 年的威斯特伐利亚条约并没有终止欧洲国家间的战争，它更多的意义在于体现现代欧洲主权国家体系的出现。在 18、19、20 世纪，欧洲国家间、主权国家之间为国家利益进行的战争数不胜数，并最终在 20 世纪上半叶演变为两次世界大战。所以福柯说，这一时期出现的依国家理性的治理，从本质上讲，"不是具备合法性的治理，而是具备必要性的国家理性。"① 接下来，人们必须思考将国家和增强国家力量作为治理的首要目标——这一做法本身的合理性问题，即思考依国家理性治理的合理性问题。在历经了数十次国家间战争和因国家利益导致的种种灾难之后，国家是否应该是治理的终极目的？是否还有更为尊贵、更有价值的目标体存在？国家利益是否是比人民利益、公共利益更高的价值标准，国家利益能否取代人民利益和公共利益，国家安全是否就能够涵盖公共安全？答案显然是否定的。

2. 战争与依国家理性治理之间的关系

吉登斯在《民族—国家与暴力》一书中反复强调战争和军事力量的发展在国家形成中的根本性作用，这里的国家既包括古代国家、封建国家，也包括绝对主义国家和民族—国家。② 战争在绝对主义国家的形成过程中发挥着重要作用。一方面，欧洲恰恰通过常年征战才形成了一个相对稳定的由绝对主义国家构成的格局，战争解决了边陲地区的领土纠纷和划界问题。另一方面，战争背后军事力量的发展推进了行政技术的成熟化和专业化，一个专业的行政管理队伍开始出现。常备军的出现客观上需要以下三个条件：一是军队国有化，二是军队管理制度化，三是军队装备现代化——后两个因素客观上带动了国家促进商业发展的积极性和国家行政管理能力的提升。与此同时，军队国有化和军队力量的强大又为国家间战争提供了更为便利的条件，军队、战争成为政治利益和国家利益的最直接延伸。国家为获取资源、争夺某块领土都可以借助军队发动战争。技术的发展为军队武器的更新提供了强有力的支持，同时也极大地增强了现代军队的杀伤力。

---

① 〔法〕米歇尔·福柯：《安全、领土与人口》，钱翰、陈晓径译，上海人民出版社，2010，第 232 页。
② 参看〔英〕安东尼·吉登斯《民族—国家与暴力》，胡宗泽、赵力涛译，生活·读书·新知三联书店，1998。

当 20 世纪 30 年代希特勒为如何让对犹太人实施屠杀行为的德国军人不因为亲眼看见死亡而心慈手软，进而影响屠杀进程而担忧时，是现代工业的流水线技术在一定程度上帮助希特勒解决了这一问题。"二战"时期德国的纳粹集中营都是按照当时先进的工业生产作业技术设计的。而今天，远在北美洲的一个美国士兵只需面对电子屏幕，按下手中的按钮，就可以摧毁几千公里外的目标和生命而丝毫没有杀人后的恐惧和愧疚感。绝对主义时代建立起来的常备军既是保卫国家安全与和平的工具，也是战争和杀人的武器，是最为暴力的现代工具。

二 节制性治理与公共危机

关于节制性治理的后果和功能，福柯的表述很微妙、很简练，即他认为，"它只能达到某一点"。然而，这"某一点"是指什么呢？根据福柯上下文的表述，可以把"这一点"理解为国家，即节制性治理的功能发挥在国家这个点、这个层面上是有所建树的，但在其他方面则差强人意，甚至会带来消极恶果。节制性治理在国家这个点上的功能具体体现在两个方面：一是维护和增强国家利益，二是在国家内部构建起一个基础性的、普遍的安全机制，用以维护国家秩序、国家安全和稳定。节制性治理的后果不仅仅体现在维护和增强国家利益上，还带来了其他方面的恶果，由于这种自称为节制的治理在广度和强度上的发展一刻也没有停止过，因此，这种所谓的节制性治理所做的那些各种侵犯从未停止，对这种自称为节制治理的那些侵犯所做的反抗也一直没有停止。因此节制性治理"必然呈现出一些悖论"——"既有广度又有强度的整个治理实践带来的众多消极后果、反抗和暴动"，节制治理时代"不停地在外部和内部被过多或过少的问题所困扰"。[①] 扩张产生的暴力引发了新的对暴力的反抗和暴动，这两者都是全球风险社会下的现代性公共危机的主要构成。而 20 世纪 90 年代以来的极端恐怖主义行为、对全球化的抵制、抵制华尔街运动都可以看作是对这种暴力的反抗和抵制。自由竞争和共同富裕、欧洲优先地位、节制性治理技艺这种面向世界开放的经济游戏，很明显蕴含了欧洲和世界其他地方在属性和地位上的不同。一方是欧洲，而另一方是整个世界，欧洲人是玩家，游

[①] 〔法〕米歇尔·福柯：《生命政治的诞生》，莫伟民、赵伟译，上海人民出版社，2011，第 25 页。

戏在欧洲进行，而赌注是全世界。① 这就是自由主义治理技艺之欧洲的"无限富足"的真实逻辑。不是所谓的"共赢"，而是掠夺、赤裸裸的掠夺，对分布在地球上其他地方自然资源的掠夺、对生活在地球上其他地方人类的掠夺。扩张、掠夺、殖民，自由主义治理技艺的这种无限野心和扩张性是导致全球风险社会的根源所在。

三 新自由主义治理与公共危机

新自由主义治理所蕴含的暴力在很多方面都有所体现。比如资本主导下的市场经济在全球的扩张所带来的一系列环境污染和生态破坏问题，跨国公司引发的工业污染、对热带雨林的破坏和原油泄漏问题，等等。在此，主要谈谈新自由主义治理在对生命进行规划和交易过程中所蕴含的暴力。福柯认为，治理本质上是一种对生命进行控制的生命政治。② 这种对生命的控制在新自由主义治理阶段无意识地发展到极致。通过教育和职业（由工作和工资构成），治理对人口、对个体的生命进行管理和规划，从而将个体纳入到国家经济运行和发展这个大系统循环当中，纳入到现代文化发展这个更大系统当中。由此，从宏观意义上讲，个体从此在相当大程度上丧失了主体性自由和主体性地位，其生命和生活状态从属于国家、从属于经济形势，从属于整个现代文化的命运。这就使得，一个生命，如果不幸出生在巴勒斯坦平民家庭，他就必须面对持续不断的流血冲突，面对武器、战争和死亡，他很快就会被剥夺受教育的权利而被迫拿上枪支，不知在哪一天被飞来的子弹剥夺生命。这就使得，一个生命，如果不幸出生在印度的贫民家中，他就必须承受种姓制度，或者经历无政府状态下极为混乱的贫民窟生活，那里是一个自由的一切权利皆无任何保障的社会。这就使得，一个生命，如果有幸生活在相对安定的、正在实施现代化的国家，他也许不会遭遇战争，但他必须接受教育，必须寻找工作、争取工资、养活自己和家人，而他能否获得工作以及能够获得多少工资，并不完全由他和他的家庭曾经所支付的教育成本来决定，而是由国家的经济状况、分配政策和就业状况来决定。无论如何，在现代文化体系内，个体是从属于国家、从

---

① 〔法〕米歇尔·福柯：《生命政治的诞生》，莫伟民、赵伟译，上海人民出版社，2011，第46页。
② 参看〔法〕米歇尔·福柯《生命政治的诞生》，莫伟民、赵伟译，上海人民出版社，2011。

属于现代文化这个更大体系的。从微观来看，当人类脱离了传统社会进入现代文明，个体所拥有的最后一些土地和生产资料被现代文化体系剥夺殆尽，个体仅以劳动力这一商品形式出现和存在，工作和工资就成为约束和控制个体的最有效工具，也成为现代文化之各种不公平产生的基本形式之一。工作的差异决定了收入分配的差异，市场经济下的贫困和贫富差距皆可以从此中找寻原因。实际上波兰尼已经分析了把劳动力当作商品所具有的严重危害性。对生命的规划、控制和压迫势必造成各种反抗，烧毁机器、罢工、冲击和炸毁政府大楼、制造各种恐怖主义活动，这些都是底层群体对实施控制的机制和机器发泄不满和怨恨的方式。在一定意义上，治理对生命的规划和控制，对劳动力的商品化行为本身就是暴力滋生的根源。对生命的规划和控制使得个体对自己的命运的掌握普遍会感到无力和乏力，当个体命运没入穷途时，极端暴力就成为一个极其接近的选择。

第九章　风险和公共危机：现代文化的应对机制

对于现代化进程中出现的种种风险，现代文化在其诞生初期就开始出现一些反向保护运动，并逐步发展出一系列风险和危机应对机制，其目的在于保护文化机制和现代化模式能够在一种相对稳定的局面下持续进行。本章主要分析和阐释"二战"之前，即风险社会出现之前西方国家公共危机管理的发展和演变。

第一节　西方国家公共危机管理的开端

人类文化发展的任何历史时期都存在风险和公共危机，对风险和公共危机的应对措施本身是文化的重要构成。产业革命后，随着西方国家逐步全面地进入现代社会，现代化进程在广度和深度上都进一步蔓延和深化，现代性风险被系统地制造和释放，现代文化不得不制定一系列反应措施和制度，以应对自身所产生的风险和灾难性后果。

一　中世纪后期的风险和公共危机应对

19世纪中期以前是西方早期传统社会救助制度与措施发展的时期，这一时期的社会救助措施主要包括官方社会救助制度与非官方社会慈善救助两个方面。非官方社会慈善救助在西方社会发展中始终发挥着重要影响、享有重要地位。在官方社会救助制度建立之前，非官方社会慈善救助制度是风险和公共危机应对中人们能够仰赖的唯一社会机制。

非官方社会慈善救助则包括教会慈善救助、社会组织慈善救助以及个人慈善救助。在非官方社会慈善救助中，教会慈善救助始终占有重要地位。到中世纪后期，一方面，西欧的行会组织开始发挥重要的社会救济职能；

另一方面，一些地方以特许形式规定市民的互助义务，因此广泛的个人慈善救助行为也开始发挥作用。在社会慈善救助的这三种类型中，教会慈善救助具有广泛性和系统性，是针对所有教民的救助。行会组织的慈善救助具有明显的选择性，体现出强烈的户主色彩和责任与权力对等关系，但行会的这种互助性救济为后来互助保险的出现提供了历史经验。

与非官方社会慈善救助相比，官方社会救助制度出现的时间比较晚。官方社会救助制度出现的一个重要原因是，以英国为首的、最先进入近现代发展的国家发现，传统的社会救助制度在应对新风险和新问题时，越来越捉襟见肘。西欧社会在由小农经济和家庭经济向社会化大生产的转型过程中出现的最为突出的社会危机问题，就是大量丧失土地的赤贫人口的出现。对于这些突然激增的赤贫人口，社会慈善救助制度已经无能为力。必须由国家出面，制定相关应对措施。在中世纪向近代社会的过渡时期，官方社会救助制度，主要是指济贫法制度以及相关的社会救助政策开始登上历史舞台。官方社会救助制度已经出现，立刻在风险和危机应对中居于核心地位。因为与社会慈善救助制度相比，有政府制定的救助制度更具政策性、制度性和社会性。官方社会救助制度的出台的重要政治基础，是宗教改革后世俗权力的不断增长。因此，这一时期，官方救助制度取代教会救助成为风险和危机应对的主体，是世俗权力在一个特殊领域战胜宗教权力的具体体现。在另一个层面，这种政府为公民承担社会责任，为公民提供必要生活保障的行为也是近代政治理念，尤其是近代国家职能观念的重要体现。

起源于英国的官方社会救助制度，对西方社会的影响既有一个时间的演变过程，也有一个空间的扩大过程。有政府执行的广泛社会救助制度兴起于中世纪向近代社会的过渡时期，此后不断发展和完善；在空间上，经历了从主要西欧国家向其他西欧国家乃至北美殖民地逐步扩展的过程。早期官方社会救助制度主要包括济贫法制度及其他相关的社会救助政策。济贫法制度在早期西方官方社会救助制度中居于核心地位。其他官方社会救助政策主要包括工厂法及其他社会福利立法。这类官方社会救助政策出现的时间较晚，并且十分明显地与工业革命及其引发的工业化过程联系在一起。与济贫法一样，工厂法及其他社会福利立法都是工业社会初期出现的一些基本的社会问题在社会政策方面的反映，这些制度的建立和实施方式体现了法治化与规范化，具有一定的现代社会福利的基本属性，体现出鲜明的近代政府职能观念与公民权利理念。

二　前奏：圈地运动和反圈地立法

圈地运动是英国进入现代社会的一个具有标志性的起始事件。由于圈地运动引发了大量社会问题，人们一直在与其作抗争，这其中包括著名的几千农民被残杀的凯特叛乱（Kett's Rebelling）。鉴于圈地运动的社会破坏性和普通民众的激烈反抗，这场运动断断续续在英国持续了几个世纪才得以完成。英国圈地运动的时断时续在一定程度上是反圈地立法的结果。卡尔·波兰尼指出，尽管圈地运动给英国的农民带来了灾难性的苦难，但却没有使英国的社会稳定遭受到严重的破坏。因为，这一时期英国的君主们一直在运用王权来延缓圈地运动和经济发展过程，直到事情的进展速度达到了能够被社会广泛承受的程度。其具体表现就是反圈地立法，而且反圈地立法在延缓变迁速度方面的作用是清晰可见的。

"英国尽管灾难深重，但（英国的社会稳定和社会结构）却没有受到严重破坏，这取决于圈地运动时期，英国的都铎王朝和早期的斯图亚特王朝一直运用王权来延缓圈地运动和经济发展过程，直到圈地运动的发展速度达到了能够被社会广泛接受的程度。"[①] 在反圈地法律中，英国君主利用中央政府的权力来减轻变迁的受害者的痛苦，并试图把变迁的过程引导到破坏性较小的方向上去。在波兰尼看来，这种对圈地运动的谨慎控制是英国君主的一个成就。尽管从圈地运动的整体趋势来看，反圈地立法的效果是有限的，没能全面阻止圈地运动，并且在凯特叛乱被挫败之后，反圈地立法一度从国家法令中被删除。但反圈地立法并非完全无效。反圈地立法极大地影响和延迟了圈地运动的速度，在一定程度上将圈地运动的速度调试到一个社会及人们能够接受的程度，从而从整体上确保了英国社会的稳定。

就西方社会而言，在前工业社会，人们抵御风险和危机的方式主要是教会救济、家庭（家族）救济、个人自救以及一些慈善机构的帮助，等等。在17世纪之前，由国家实施的、普遍性的基本生活保障和公共福利是不存在的。究其原因，在于前工业社会的风险和危机主要源于自然风险和灾害给小农经济带来的伤害。由于尚未形成社会化大生产，因此，风险和危机的发生频率、危害程度和覆盖面都是有限的。除了诸如黑死病、饥荒这样

---

① 〔英〕卡尔·波兰尼：《大转型：我们时代的政治与经济起源》，冯钢、刘阳译，浙江人民出版社，2007，第33~34页。

的大型公共危机，一般的小面积灾害，土地以及依靠土地生活的劳动者都能够在自己的努力和家庭、教会的帮助下缓慢恢复劳动生产能力。此外，前工业社会的人们赖以生存的基础在于土地、技能以及简单的生产工具，而非单一工资货币。土地给予人类的回馈是丰厚的，在农作物被毁灭后，其他动植物依旧能够为生活在其中的人们提供替代食物。与工业社会相比，前工业社会的生产力较为低下，但个体拥有包括土地在内的多样的生存资料和手段，实物而非货币支配着人们的交换，其生产和生活方式决定除了自然灾害和流行性疫病这些自然风险之外，大规模的、普遍性的社会风险并不存在，因此，整个社会并不需要一种由国家主持的社会性危机管理制度。

反圈地立法，严格意义上讲是一种维稳立法。而接下来的济贫法则标志着西方国家公共危机管理的开端。

三 西方国家公共危机管理的开端：济贫法

针对圈地运动产生的大量赤贫人口，以英国为先导，西欧国家先后开始推行济贫法制度。济贫法制度是西方社会刚刚迈入现代，为了应对社会转型中出现的、被剥夺了土地等生产资料的大批量赤贫人口的出现而颁布的法律制度。由于英国最早开启现代化进程，因此英国也是最早实施济贫法的国家。英国政府济贫法制度出台的起因有以下几点：一是经济原因。15～16世纪英国大规模开展的圈地运动导致大量自耕农沦落为失去土地的无业游民，这些被剥夺了生产资料的流民被推向城市和工厂。工业化初期，城市和工厂，即社会化大生产的规模和程度远远没有能够完全消化这些缺乏机器大生产技能的劳动力。从而导致大批赤贫人口的涌现。这一时期出现的两种不同生产方式之间的断层是问题产生的根本原因。二是宗教原因。宗教改革运动后，英国开始大规模解散修道院，仅1536年就解散了374个收入不足20英镑的修道院，1538～1540年又解散了186个修道院。① 16世纪中叶，英国大约有644座修道院、110座教会举办的养育院、2374个教会举办的施物所被解散或者取缔。原来在这些场所接受救济的贫民大约有8.8万人。② 这使得教会在社会救助中的作用被极大地削弱。1536年，英国贫民起义领袖阿斯克在起义失败后接受官方审讯时指出："解散修道院是叛

---

① 〔英〕勃里格斯：《英国社会史》，陈叔平等译，中国人民大学出版社，1991，第139页。
② 彭迪先：《世界经济史纲》，生活·读书·新知三联书店，1949，第104页。

乱的最大原因……因为在北方，寺院给平民以大量的施舍，而现在贫民缺乏吃穿和工资。"① 解散修道院导致英国社会原有的基础性救济制度——教会救济在英国向现代社会的转型中大幅度缩水，从而加深了赤贫流民问题的灾难性和严重性。社会救济与国家救助之间的断层是导致问题恶化的重要原因。三是政治原因。随着近现代民族国家的建立和新政治理念的出现，西欧国家的治理意识在逐渐发生转变。其中一个重要变化是，对贫困人口的救济被视为一种国家和政府责任。当然，客观上赤贫人口的大量出现在一定程度上会危及王权的稳定性。各种因素交织在一起，使得到16世纪后期，英国政府逐步认识到，对流浪者的惩罚措施不足以维护社会秩序，更不利于整个国家的长期稳定。贫穷不仅是一个个人问题，而且是一种社会问题，政府应该采取有效措施帮助那些无以为生的人。在上述基础上，1601年，英国颁布了世界历史上著名的《伊丽莎白济贫法》。这部法案在现代社会公共危机管理制度发展史上具有重要地位，成为先后进入现代进程的欧洲国家效仿的模板。进入18世纪，瑞典也开始进行土地改革，大量失去土地的人口进入城镇谋生或者四处流浪乞讨。为了解决这一问题，1763年，瑞典政府颁布济贫法。随着瑞典工业化的不断发展和变化，济贫法制度逐渐发展成为瑞典政府解决社会问题的主要政策措施。随着现代化进程在欧洲其他国家的扩展，北欧国家也先后在19世纪初开始颁布济贫法，其中丹麦于1803年，挪威于1845年，芬兰于1852年先后颁布济贫法。

济贫法是最早的由欧洲国家实施的社会危机管理制度，因此它标志着西方国家公共危机管理的开端。

第二节 西方国家公共危机管理行为的展开

随着英国工业革命的开启，西方国家先后进入工业革命。工业革命初期，尽管由于使用机器和新的生产方式，劳动生产率获得极大提高，但工人生产和生活条件极为恶劣，用于工厂主普遍和大量使用童工和女工，导致包括成年熟练工人在内的所有依靠出卖劳动力赚取工资的阶层，其收入普遍低廉。贫困、工伤、失业、童工、工作条件恶劣、环境污染等因素导致的健康问题——这些新的现代性风险和公共危机几乎在欧洲所有的工业

---

① 蒋孟引：《蒋孟引文集》，南京大学出版社，1995，第168页。

区和工业城市都普遍存在并且日趋严重。新的社会危机问题的涌现迫使西方国家开始就童工、劳动保护、劳动时间、环境污染、公共卫生等公共危机和社会问题制定相关法律。从此，西方国家开始进入大量以政策法令和制度形式应对现代性风险及其公共危机的阶段，但完整的社会保障理念和公共危机管理制度尚未形成。

一 工人运动和工会制度

1. 工人运动

工业革命初期，由于机器的广泛使用使得大批手工业者失业甚至破产。因此早期的工人把机器视为贫困的根源，用捣毁机器作为反对企业主、争取改善劳动条件的手段，最具代表性的当属卢德运动。卢德运动主要发生在19世纪。此时的工人们尚不能把机器同使用机器剥削工人的工业化制度区别开来，因此采用捣毁机器的方式反抗现实的剥削制度。随着工业革命的深入，工人运动和工人斗争的水平逐渐提高。19世纪30～40年代，独立工人运动兴起。工人运动是由工人自主发起和组织的、旨在反抗各种不合理待遇的自我保护运动。19世纪30～40年代，欧洲三大工人运动兴起，表明工人运动已从经济斗争发展到独立的政治斗争。1831年、1834年法国里昂工人起义的目标是建立一个工人阶级领导的共和国。1836～1848年英国宪章运动试图通过争取普选权改变工人阶级的厄运。1844年德国西里西亚工人起义则鲜明地以反资本主义为旗帜。在工会的领导下，20世纪欧美各国的工人频繁举行大罢工，保护自己的合法权益（详见附录）。

除了运动这种斗争形式之外，劳工阶级还成立工会、互助会、友谊会、丧葬会等合作组织解决广泛存在的贫困、失业和老年问题。

2. 工会制度

工会是近现代历史上出现的一种重要的互助性组织。工会起源于工人阶级早期的互助性组织。随着工业社会的不断发展，工人阶级的队伍和力量不断壮大，其斗争要求和内容也不断提高和扩展。经过不断地发展和完善，工会以向工人提供一定的社会救济、社会安全保障和社会福利为重要职责，在帮助工会成员在贫困、失业、疾病、工伤等风险和危机应对方面发挥着重要作用。现代意义的工会组织产生于工业革命后期。工业革命使得越来越多的农村劳动力进入城市工厂工作。工业革命初期，大多数工厂的工作环境极为恶劣、工人收入极低。由于个体工人无力对抗工厂主，因此，工人们团结在一起，形成工会组织，通过有组织的形式和团体的力量进行自我保护。当时，在很多国家，工会被定为非法组织，政府往往以残酷的刑罚甚至死刑对付工会成员。在这种艰难环境下，工会顽强地生存下来，通过不懈的抗争，最终获得应有的政治权力和地位。随着各国工会组织的合法化，劳工法和工会法也相继诞生，工会制度逐渐趋于完善。工会在保护工人免予资本压迫和剥削方面、保障工人既得利益和权益方面、提高工人工资和待遇等方面发挥越来越大的作用（参看表9-1）。今天，在西方社会，工会已经发展成为一支不可忽视的社会力量和政治力量，在权益保护、民主政治乃至奥斯卡评奖方面都发挥着重要作用和影响力。现代社会之工会制度，在一定意义上是现代化过程中，处于社会最底层的、工业化进程主力军——工人群体自发形成的一种抵御现代性风险和公共危机的保护性机制。

表9-1 1831~1889年英国部分工会所提供的福利

工会名称	丧葬、疾病、养老及工伤津贴（英镑）	失业及罢工津贴（英镑）	工会会员数（人）	年均福利数（英镑）	人均福利数（英镑）
铁匠工会	36000	33000	1600	1100	0.7
气锅、铁船制造工会	419000	382000	7300	18200	2.5
砌砖工人工会	7000	9000	1400	3500	2.5
木工工会	335000	437000	10200	11200	1.1
车辆制造工人工会	9200	114000	5800	4000	0.7
伦敦排字工人工会	26000	115000	3300	600	0.2

资料来源：C. G. Hanson, *Craft Unions, Welfare Benefits, and the Case for Trade Union Law Reform, 1867-1875* (The Economic History Review, 1975), No. 2, p. 248. 另：工会会员和人均福利津贴统计时间为1831~1870年，其他各项的统计时间均为1831~1889年。

二 工业革命期间其他保护性法令

1. 工厂法

工业革命自开展以来，在促进劳动生产率大幅提高的同时也带来了许多新的社会问题，其中大量雇用童工、无限制延长劳动时间、缺乏相关劳动保护以及工资过低等成为主要社会问题。这些问题在19世纪初被普遍暴露在公众面前。工人们在工厂中所遭受的非人待遇开始获得社会同情。在社会的广泛谴责下，经过工人阶级的要求和工人运动的斗争，从19世纪初,主要西方国家开始制定和实施《工厂法》。英国是19世纪前期《工厂法》比较完善的西方国家。针对工厂中的恶劣居住状况和非人待遇,英国政府出台了一系列保护性措施。1802年,英国制定相关法律规定,贫民徒工每天工作时间不能超过12个小时,且不能上晚班。1819年,英国出台法律禁止纺织工厂主雇用9岁以下的童工。1833年,英国法律规定18岁以下的工人每周工作时间为48~69小时,并正式启动政府检查工厂制度。1842年,英国出台法律禁止煤矿雇用10岁以下的孩子。1847年,英国法律规定孩子和妇女每天只能工作10小时。这些法令被统称为《工厂法》。

表9-2 19世纪前期英国主要《工厂法》内容情况

立法时间	主要内容规定
1812年	该法适用于棉、毛纺织厂;规定学徒每天最高工作时间不得超过12小时,不得在晚上9时至早晨5时做夜工。
1819年	该法主要适用于棉纺织工厂;规定禁止雇用9岁以下儿童;9~16岁工人每天最高工作时间不得超过12小时半,9~16岁工人每天不得在晚上9时至早晨5时半做夜工。
1825年	该法适用于棉纺织厂;规定禁止雇用9岁以下儿童;9~16岁工人每天最高工作时间不得超过12小时,周六最高不超过6小时;9~16岁工人每天在晚上9时至早晨5时半不上夜工。
1831年	该法适用于棉、毛纺织厂;规定学徒每天最高工作时间不得超过12小时,不得在晚上9时至早晨5时做夜工。
1833年	该法适用于所有棉纺织厂;规定禁止雇用9岁以下儿童;9~16岁童工每天最高工作时间不得超过9小时;9~21岁工人每天在晚上9时至早晨5时不得做夜工。
1844年	该法适用于所有棉纺织厂;规定禁止雇用8岁以下儿童;9~13岁儿童每天最高工作时间不得超过6个半小时,每周工作时间不得超过30小时;13~18岁童工每天最高工作时间不得超过12小时,每周工作时间不得超过69小时;女工每天最高工作时间不得超过12小时,每周工作时间不得超过69小时;9~21岁工人在晚上9时至早晨6时不得上夜工。
1847年	该法适用于所有棉纺织厂;规定禁止雇用8岁以下儿童;13~18岁童工以及女工每天最高工作时间不得超过10小时,每周工作时间不得超过58小时;9~21岁工人在晚上9时至早晨6时不得上夜工。
1867年	该法适用于所有工厂和工场;规定禁止雇用8岁以下儿童;13~18岁童工以及女工每天最高工作时间不得超过10小时,每周工作时间不得超过58小时;9~21岁工人在晚上9时至早晨6时不得上夜工。
1878年	该法适用于所有工厂、工场和作坊;规定禁止雇用10岁以下儿童;13~18岁童工以及女工每天最高工作时间不得超过10小时,每周工作时间不得超过58小时;未成年工人和女工在晚上9时至早晨7时不得上夜工。

资料来源:任扶善:《世界劳动立法》,中国劳动出版社,1991,第282~283页。

除了英国以外，其他主要欧洲国家在19世纪前期也都颁布实施了工厂立法，法国于1855年、挪威于1860年、瑞典于1864年、丹麦于1873年、意大利于1886年、瑞士于1877年等都先后颁布实施了有关的工厂法。除了欧洲之外，北美和大洋洲一些国家也纷纷制定和实施了工厂法，而且工厂法所适用的工厂和行业范围也逐步扩大。工厂法规定的内容除了涉及禁止雇用年龄很小的童工、规定童工和工人的工作时间等内容之外，还涉及其他方面的内容。工厂的劳动条件、工资的支付方式、伤亡事故报告等内容也开始在工厂法中出现。1831年的英国工厂法规定，工资必须用通用货币支付，不得以实物代替通用货币发放工资。法国在1850年、1856年的工厂法中也规定禁止发放实物货币。1864年英国工厂就规定了工厂的卫生、通风及防护等内容。1888年美国马萨诸塞州开始实施伤亡事故报告制度，随后密苏里州、俄亥俄州也开始实施这类制度。

工厂法是工业革命的产物。工厂法，一方面显示了英国政府在工业革命早期，针对工业革命出现的普遍性暴力所制定的保护措施；另一方面以无可争辩的方式证明了当时英国工人阶级的恶劣生存条件和非人待遇。

2. 生存权利的保护与废止

在英国的工业化进程中，劳动力市场的建立和保护逐渐提上日程。当市场经济开始启动，连普通大众自身都感觉到劳动力市场的缺失是一场比它的引入更加可怕的灾难时，这一步才迈出。经由圈地运动形成的自由劳动力市场是通过一种强制性方式建立起来的。这种强制性过程导致大量新产生的自由劳动力在相当长一段时间处于新旧生产方式交接的空白区域。找不到新工作以及由此产生的贫困和饥荒问题是这些"被自由"的劳动力面临的主要问题。必须引入新法规，以便使劳动力重新受到保护。在英国，1622年的《安居法》和斯品汉姆兰法令有效地防止了具有竞争性的劳动力市场的建立。斯品汉姆兰法令在当时是作为一种应急方案被非正式地提出的，它本身并未经由国会颁布。但它很快就成为几乎覆盖所有乡村的法令，随后又扩展到英国的制造业地区。斯品汉姆兰法令不仅是一个劳动力保护法案，还是一个救济法案。针对工业革命初期的悖论现象——奇迹般的生产力增长与赤贫阶层饿殍满地的现象并存。斯品汉姆兰法令的核心是保护每一个劳动者的生存权。法令要求政府必须保证每一个人的生存权而不管他是否能通过工作来赚取生活所需的工资。这在当时引发了一场观念和社会变革。伊丽莎白一世时代的《济贫法》规定，无论工资多少，穷人必须被强迫工作。只有那些实在无法获得工作的人才能获准临时救济。作为工资补助的救济金是不存在的。然而，按照斯品汉姆兰法令，人们即使有工作仍然可以被救济，只要他的工资总数少于法案确定的他应有的家庭收入标准。这样的制度措施无疑是深得人心的，但在不可阻挡的工业化进程中，其注定是短命的。用以取代斯品汉姆兰法令的是1832年的《改革法案》和1834年的《济贫法修正案》。这两个法案结束了斯品汉姆兰法令的补贴制度，被普遍当作现代资本主义的起点。波兰尼指出，1834年的《济贫法修正案》排除了劳动力市场形成的障碍——"生存权利"被废止，市场经济体系从1834年的《济贫法修正案》中得以解放。[①] 上述事实表明：工资制度与生存权利这两种制度性事实在工业化进程中是相抵触的。

三 商业保险制度

随着工业化的进一步发展，一种新的危机应对方案——商业保险和保险制度开始出现。以风险微积分学为基础，人们发明出一种新方式——商业保险制度——用以对付未来可能发生的风险。商业保险制度的出现，使人类更有能力对付不可预见的未知风险。商业保险起源于英国。17世纪的英国，社会化大生产有了一定发展，但总体实力偏弱。为了寻求进一步的发展，英国王室将目光投向了能够带来丰厚利润的海上贸易。但17世纪海上贸易是由"海上马车夫"荷兰人主宰的，英国人要想从海上贸易中分一杯羹，就必须与荷兰在海上一争高下。从事远洋贸易需要大量的投入，英国王室的储备远不够组织和支付规模庞大的远洋船队。对此英国王室采取了不公开地纵容和支持海盗的方式，暗自借用海盗力量从荷兰人手中抢夺海上贸易份额。在另一个层面，由于缺乏王室的支持，由私人组织的海上贸易需要面对更多的风险，因此专为英国商人提供的海上保险业务开始出现。17世纪中叶，一个名叫爱德华·劳埃德的人在泰晤士河畔开设了一家咖啡馆，这个咖啡馆逐渐成为人们交换远洋航运信息，交流商业新闻、购买海上保险的场所。1969年，这家咖啡馆迁至金融中心伦敦，并逐渐发展为一家保险公司。由此，商业保险制度正式在伦敦初步创立，并很快在英国以及欧洲其他地方乃至全世界铺展。

[①] 〔英〕卡尔·波兰尼：《大转型：我们时代的政治与经济起源》，冯钢、刘阳译，浙江人民出版社，2007，第70~74页。

商业保险制度的建立和发展，主要是基于这样一种分析：首先，现代化进程充满着各种风险；其次，现代化进程中的这些潜在风险是可预防和可控的；最后，人们可以通过一个设计精妙的保险制度来预防和解决这些风险。随着现代化进程的发展，商业保险制度逐步完善并扩展到更多领域。在商业保险制度中，风险被揭示为符合一种普遍政治规则需要的制度事件[1]，危机以事故概率形式出现，风险微积分学向世人宣告，依靠事故统计学的帮助，通过概括性的解决方案以及被推广了的"损害赔偿"交换原则，原本不可计算的风险和事件变得可以计算。商业保险制度就是一个关于现代性风险的赔偿和预防性标准规则的体系。面对开放的不确定的未来，商业保险制度能够制造一定的安全。

面对现代化进程所产生的诸多风险，现代文化逐渐形成了工人运动、工会、商业保险制度等形式进行自我保护。但与之所形成的众多风险和危机相比较，这些保护性机制是远远不够的，整个社会还需要更为专业、更具针对性的公共危机管理制度。

第三节 一般安全机制

治理问题从一开始就是与人口的安全管理问题联系在一起。治理实际上由两种体系构成，一是人口的经济配置，旨在创建和增加国家财富，二是人口的安全配置，旨在维护社会稳定和国家安全。对人口的安全配置就形成了一般安全机制。

一 一般安全机制的三种形式

安全机制是确保国家存续的重要制度。人类文化演变到现代阶段，国家的一般安全机制更为丰富。福柯指出，现代社会的一般安全体制具有三种基本形式，分别是法律—司法机制、规训机制和安全配置机制。[2] 法律—司法的机制是安全机制的古代形式。这种机制奉行一种单一逻辑，在允许和禁止之间作二元区划，在被禁止的某种行动和某种惩罚之间建立衔接，

---

[1] 〔德〕乌尔希里·贝克：《世界风险社会》，吴英姿、孙淑敏译，南京大学出版社，2004，第69页。

[2] 参看〔法〕米歇尔·福柯《安全、领土与人口》，钱翰、陈晓径译，上海人民出版社，2010。

由此构成了法律制度。法律—司法机制的核心是制定刑法禁令对恶的行为进行惩罚，法律惩戒的形式是引人注目的、确定性的绞刑、身体刑罚、罚款、放逐等实施方式。规训机制是在17世纪建立起来的，由监视机制和矫正机制组成。规训机制的对象是犯罪，一方面，对罪犯或者可能的犯罪进行一系列的监督、审核、检查，以及各种控制，即监禁；另一方面，在监禁（incarceration）实践中推行教养技术，即一系列的训练、改造（transformation）、义务劳动、道德教化、行为矫正，等等。18世纪中叶，安全配置机制出现。安全配置机制，是把对象置于一系列概率性事件的问题当中，权力对这些现象的反应被置于成本的计算当中，在统计概率的基础上确立一个被认为最合适的平均率，然后确定一个可接受的底线，超出界限的事是不能允许的，由此大致形成了对风险和危机事件的另一种分配和控制机制。以饥荒为例，法律—司法机制应对饥荒的方式是规训。规训的方式具体包括打击粮食囤积行为，禁止粮食出口，控制粮食流通，限制粮食价格，以及采用各种行政强制手段保证粮食供应，等等。对于饥荒，安全配置的方法则是允许粮食涨价，允许粮食自由流通，甚至允许粮食囤积和粮食出口；政府要无为而治、什么都不要管，因为自由市场的价格规律会使粮价回落到合理位置。安全配置的结果是，虽然还是有些人会被饿死，但是就整体而言饥荒被克服了。

尽管法律—司法机制、规训机制和安全配置机制的出现有一个先后顺序，但它们之间不是一种此消彼长的关系。法律—司法机制并没有因为规训机制的出现而消失，而新的安全配置机制也没有完全取代法律—司法机制和规训机制。法律—司法机制、规训机制和安全配置机制，共同构成了现代社会的一般安全机制。其中，第三种形式安全配置，作为当代体系，是围绕着新的惩罚形式和惩罚成本的计算而组织起来，这种技艺源自美国，但通行于全世界。

二 安全配置的核心要素

现代安全配置机制具有四个基本要素，分别是安全空间、事件、城市和全景机制。

1. 安全空间

安全空间就是安全配置的活动范围或者管理区域。宽泛地讲，主权在领土边界内实施，规训在个体身体上实施，安全配置是在环境内实施。对于安全配置而言，特定的安全空间指的就是一个可能事件的系列——一系列必须要放入给定空间的暂时的和不确定的东西。由一系列不确定的要素展开的空间就是环境，环境是由一系列事件构成，它是流通的基础。环境是对生存在其中的所有元素产生的一定数量联合的、总体的效果，它是一个在效果和原因之间建立循环联系的要素。环境显示为一个干预的场域，通过这个场域，人们试图精确地影响人口（population），人们通过一系列相互作用的事件——由个体、人口和团体所产生的事件，以及发生在他们周围的准自然事件——影响和控制人口。[①] 而在安全空间内事件发生的概率基础上进行控制，这就是安全配置的核心特征。

2. 事件

安全配置对于一系列可能事件是如何进行处理的呢？以饥荒为例，安全配置主要是在人口层面对饥荒进行调解；而不关乎个体层面面临的食物短缺。在安全配置治理，人口层面和个体层面这两个层次之间有一个完全彻底的断裂，对于安全配置而言，杂多的个人是不相关的，与之相关的是人口。个体的死亡不是安全配置关注的对象，安全配置甚至允许一定数量的死亡或者危机事件的发生，安全配置关注的是整体的死亡率和事件发生率，这暗含着对一定个体伤亡、一定事故率的默许。概率的出现为安全配置处理事件提供了有利帮助。安全配置要做的就是对事件的常态进行不同的曲线测定，通过调整这些常态的不同分布，力图使不利的曲线趋向有利的曲线，努力压低最不利的正常曲线，尽量减少那些偏离常态性曲线的失态，使最不利的转变为最有利的，这就是安全配置处理危机事件的方式。另外，出于成本的计算和考虑也被纳入安全配置对事件的处理中来，这意味着，对于一些危机事件，当管理成本远远大于其收益时，安全配置会放弃管理。

3. 城市

在中世纪后期行商的带动下出现的新兴城市是新经济力量的代表和聚集地。18世纪中期以后，城市不仅提出了新的经济要求和政治要求，还提出了新的安全技术和管理技术问题。这是因为无论是食物短缺和饥荒问题，还是传染病和流行病问题，城市都成为安全配置的核心领域。与食物短缺

[①] 〔法〕米歇尔·福柯：《安全、领土与人口》，钱翰、陈晓径译，上海人民出版社，2010，第15~16页。

相关的暴动通常发生在城市；城市作为疾病发源地，是传染病和流行病的源头，也是死亡人数较为集中的地区。作为大量人口的聚集地，城市成为安全机制的核心，而流通则是城市安全所要解决的核心问题。

4. 全景机制

现代全景控制机制的最初设计者是边沁。波兰尼在《大转型》一书中对边沁如何创造圆形监狱设计作了介绍。由于工业革命，最大多数的穷人不是在荒凉的国家或者未开化的民族，而是首先在 16 世纪上半叶的英国出现。到了 19 世纪初，间歇性的贫困已经演变成苦难的洪流。针对英国持续增长的穷人数量，英国社会出现了各种令人眼花缭乱的观点。边沁则提出了一种廉价且有效地的圆形监狱设计。边沁的圆形监狱设计，将原本用于犯人劳动的工厂，改用于穷人，其目的在于剥削受助穷人的劳动。其具体做法是将南英格兰所有贫民事务的管理置于一个名为国家慈善公司的联合股份公司之下，待建的不少于 250 个工厂，每个工厂大约容纳 50 个穷人。在波兰尼看来，边沁的计划从总体上相当于通过大规模的失业商业化来抹平商业周期。① 始于边沁的现代的全景控制机制已沿用至今。

三 一般安全机制存在的问题

一般安全机制是建立在人性恶的假设基础之上的，这种一般机制的整体目的在于消除或者控制人性中的恶以及由此产生的恶性事件或者危机事件。但由于以下两种原因的存在，就使得一般安全机制的运行存在诸多问题。一是人并非完全是恶的，人总体是向善的，因此一般安全机制的运行如果控制不当，即法律过去严苛、规训过度或者全面监控过于推进，就会物极必反，产生新的暴动和反抗，而全面监控会造成对公民权的不合法侵犯。二是现代社会激荡的各种风险更多的是一种现代性风险，以及由此产生的现代性公共危机，它们的根源深深根植于现代文化，而非单纯地是人性恶的表现，因此一般安全机制对于现代性风险—公共危机的控制和应对能力有限。一般安全机制对于现代性风险—公共危机的应对主要体现在对突发事件的控制和一定程度的防范上，但无法从根本上解决问题，因为现代性风险—公共危机的根治需要从现代文化体系内部进行根本性调节。所

---

① 〔英〕卡尔·波兰尼：《大转型：我们时代的政治与经济起源》，冯钢、刘阳译，浙江人民出版社，2007，第 92~93 页。

以,一般安全机制作为现代文化的组成部分,作为现代文化用以应对其风险和危机事件的一般性、基础性机制,其功效和能力是有限的,而且还会因为实施力度和分寸的不恰当,引发新的冲突和危机事件的产生。

第四节 社会保障制度

现代社会保障制度是社会化大生产的产物。就工业革命而言,以使用机器为基础进行的社会化大生产无疑是一种进步。但社会化大生产打破了以手工生产为基础的自给自足的自然经济,劳动者由家庭走向社会,宗法社会解体,以靠工资生活的劳动者在丧失劳动能力或者失去工作后的生存和生活问题逐渐成为日益严重的社会问题。社会化大生产对劳动力的素质提出新的要求,这使得结构性失业增加,再加上劳动者平时没有能力储蓄以应对年老丧失劳动能力时使用的工资和福利,市场经济运行中的失业问题引发了越来越严重的社会问题。在社会化大生产条件下,劳动者均到工厂中做工,劳动力由家庭劳动力转变为社会劳动力,因而劳动者的生老病死伤残的费用也理应由社会来承担。资本主义社会化大生产要求劳动者的生活方式、生活来源、劳动力供给的保障都必须与社会化大生产的方式相适应,因此必须建立一种覆盖更为广泛的保障机制,以适应社会化大生产,现代社会保障制度应运而生。

根据西方国家社会保障制度性质、模式、水平等方面的发展变化,西方国家社会保障制度发展的历史大体上可以划分具有不同特点的五个阶段:19世纪中期以前是西方早期传统社会救助制度与措施发展的时期;19世纪末20世纪初是西方现代社会保障制度出现的时期;两次世界大战之间是西方社会保障制度初步发展的时期;第二次世界大战以后到20世纪70年代初中期是西方社会保障制度快速发展时期;20世纪70年代中期以来是西方社会保障制度改革的时期。

一 现代社会保障制度的建立

19世纪末20世纪初是西方现代社会保障制度出现的时期。这一时期,随着工业现代化的进一步发展,各种社会问题在西方国家均已凸显。这一时期,根据各个国家工业化进程的先后顺序,社会保障制度在西方国家的出现也体现出差异性,以及与工业化进程相关的同步性。部分具有社会保障性质的制度首先在英国出台，随后西欧其他国家纷纷效仿，并逐步向美国、日本、澳大利亚等国家推广。最早出现的社会保障项目是济贫法和工伤保险，随后出现的是养老金制度、健康保险制度与生育保险制度。在19世纪结束之时，失业保险制度在西方国家尚未普遍建立（见表9-3）。

表9-3 1880~1914年主要西方国家社会保障制度建立年份

国　　家	工伤保险制度	养老金制度	医疗保险制度	生育保险制度	失业保险制度
德　国	1884	1889	1883	1883	
英　国	1897	1908	1911	1911	1911
法　国	1898	1910			1905
澳大利亚	1902				
美　国	1908				
日　本	1922				

资料来源：丁建定：《西方国家社会保障制度史》，高等教育出版社，2010，第40页。

总的来讲，这一时期建立的一些社会保障制度与以往相比是一种新型的社会保障制度，尽管它们并不能够完全解决全体社会成员的社会保障问题。与此同时，各种非官方社会慈善救助作为一种补充性社会保障制度仍然发挥着重要的社会救助功能，成为这一时期西方社会保障制度的必要补充。

二　现代社会保障制度的初步发展

两次世界大战之间是西方社会保障制度初步发展的时期。这一时期，西方社会保障制度进一步发展和完善。首先，西方国家普遍建立起养老金制度、失业保险制度、工伤保险制度、健康保险制度、生育保险制度，健全社会保险制度。两次世界大战之间，19世纪末20世纪初在西方大部分国家尚未普遍建立的失业保险制度，受这一时期西方国家经济危机与失业问题严重化的影响，在西方国家普遍建立起来，这是这一时期西方社会保障制度发展变化的重要内容之一。其次，大部分社会保险项目由原来的自愿性互助保险向强制性社会保险制度转变。最后，开始构建诸如家庭补贴等重要社会救助制度措施作为社会保险制度必要补充，进一步完善现代社会保障制度的基本内容。此外，现代社会保障制度在西欧以外的美国、加拿大、澳大利亚等其他西方国家开始出现。社会保障制度在空间范围上的扩展表明建立现代社会保障制度已经成为西方国家的基本共识（见表9-4）。

表 9-4 1919~1939 年主要西方国家社会保障制度建立年份比较

国　　家	养老金制度	医疗保险制度	失业保险制度	生育保险制度	家庭补贴
西班牙	1919		1919	1929	1938
瑞　典			1934		
荷　兰	1919	1931		1931	1939
意大利	1919		1919		1937
葡萄牙	1935	1935		1935	
法　国		1928		1928	1932
芬　兰					
奥地利			1920		
比利时			1920		1930
卢森堡			1921		
瑞　士			1924		
德　国			1927		
希　腊	1934	1922		1922	
美　国	1935		1935		
新西兰			1930		1936
日　本		1922		192	
加拿大	1927				

资料来源：丁建定：《西方国家社会保障制度史》，高等教育出版社，2010，第 42 页。

三　现代社会保障制度的蓬勃发展

20 世纪 50 年代至 70 年代初中期的 20 多年是社会保障制度的蓬勃发展时期。其原因在于，战后西方国家普遍经历了 20 年的"黄金发展时期"，经济的迅速发展带动了社会保障制度的蓬勃发展。另外，在接连经历两次世界大战之后，各国政府普遍认为应该给予饱受战争创伤的人们更多的福利。这一时期，社会保障制度在横向扩展的同时继续朝纵深发展。从横向角度来看，这一时期，首先是西方国家的社会保障制度进一步完善；其次是社会保障制度在亚洲、美洲、大洋洲等地区的发达资本主义国家相继建立和发展，全面社会保障制度在各国广泛建立。从纵向角度来看，较为全面的社会保障制度由以下三部分构成：首先是针对全体有收入者实施的社会保险制度，构成了社会保障制度的核心内容；其次是针对没有收入或者低收入者实施的社会救助制度，构成了社会保障制度基本内容；最后是针对全体公民的公共福利制度，构成了社会保障制度的补充内容。各个国家一方面致力于社会保险制度的发展和完善，另一方面致力于社会救助制度和公共福利制度的建立和完善。这一时期的另一个显著特征是福利国家的出现。福利国家的出现使得社会保障制度所具有的刚性特点越来越明显地表现出来。

四 现代社会保障制度的改革

20世纪70年代中期以来至今是西方社会保障制度改革的时期。改革的原因一方面在于前一阶段社会保障事业的蓬勃发展给各国财政带来了巨大压力和负担。另一方面，20世纪70年代以来，西方经济发展缓慢，失业问题加剧，人口老龄化趋势明显加快。在此背景下，受困于经济危机和财政危机的社会保障制度和福利国家面临的是改革的选择。在经济发展缓慢，失业问题加剧等因素的影响下，西方国家的社会保障制度改革基本上以缩减社会保障开支、推行社会保障私营化与地方化政策这种激进性措施为主。因此，这一时期的福利国家思想分化为两个流派：一是新自由主义的福利国家论，在承认资本主义的基本价值的基础上，把福利国家看作是消除资本主义弊病、维护资本主义基础的手段；二是民主社会主义的福利国家论，把福利国家看作是通向社会主义的途径。

五 社会保障制度的功能与价值

一般认为，社会保障制度作为一种社会安全制度是现代社会发展到一定程度、社会经济和物质条件极大丰富之后所推行的一种"锦上添花"的社会福利制度，是国家的一种"恩赐"和衡量现代国家文明程度的一个指标。实则不然，现代社会保障制度是市场经济体制稳定运行和长远发展中不可或缺的制度内容——因为它解决的是市场经济自身发展所不可避免产生的贫富差距问题以及各种社会性风险问题，它纠正和弥补的恰恰是市场经济自身所无法解决的公平问题、公正问题和安全问题——这些问题的积聚会形成对市场经济制度以及市场经济运行环境的破坏性力量，从而中断或终止市场经济的运行。社会保障制度恰恰是通过消解市场经济运行中产生的这些负因子和负能量，从而成为市场经济运行和发展中不可或缺的一项社会制度。社会保障制度视为在市场竞争中不幸失败者或者失去竞争能力的人提供基本生活保障的、具有互助性质的安全制度。以保证那些在市场竞争中失败的人不致因为失败失去最基本的生活来源，能够获得重新参与市场竞争的机会，使丧失劳动能力的人能够获取基本的生活资料。因此，社会保障是现代社会的另一项安全保障机制。

现代化过程的急剧扩张和过度发展所造成的各种困难、矛盾和社会纠纷一方面是个人及其家庭的力量难以抗拒和承担的，另一方面构成对社会安定、和谐的破坏，并引发公共安全问题。社会保障制度能够帮助个体抵御部分现代性风险、化解现代化过程所积累的社会矛盾和社会问题，构建一个安定、平稳的社会环境。所以说，社会保障是促进经济稳定发展的"调解器""减震器""安全网"。因此，社会保障制度不是现代社会物质条件发展到一定程度的"奢侈之物"，而是现代社会经济体系持久运行的不可或缺的必要制度，是市场经济运行的必要调解和重要组成部分；是现代社会和市场经济持久运行的内在支撑体系。社会保障制度在减弱贫困、维护社会稳定和公共安全、增进社会融合与和谐、改善整体社会环境方面具有重要作用，是维系社会进步的重要制度工具。

现代文化在风险和公共危机应对中形成的各种制度，为全球风险社会下公共危机治理机制的形成奠定了重要的制度基础。尤其是一般安全机制和社会保障制度，与"二战"后出现的公共危机应急管理机制一起构成了全球风险社会下公共危机治理体系。

第十章 全球风险社会下的公共危机治理

作为现代文化管理方式的治理，作为政治主权运转机制的治理，不仅仅是一种经济管理机制、一种经济治理，更是一种人口控制机制和安全配置机制。从节制性治理开始，国家治理明确地划分为市场经济治理和安全治理两条路径。因此，现代文化对风险和危机的治理，或者说治理在风险和公共危机领域出现的时间要远比当前人们理解的久远得多。从最初的反向保护运动到建立一整套完善的安全机制，现代文化对风险和公共危机的治理并非一种新范式。演变到今天，全球风险社会下的公共危机治理机制是一个包括一般安全机制、社会保障体系和公共危机应急管理机制三部分在内的一整套体系。然而，在上一章的分析中已知，治理本身蕴含着风险和暴力因子，是社会冲突和公共危机的主要诱因之一。同时，现代文化又将治理作为对风险和公共危机进行控制和管理的基本方式。对于风险和公共危机而言，治理机制既是导致问题的原因又是解决问题的手段——这是全球风险社会下的公共危机治理机制的最根本也是最严重的问题。

第一节 公共危机应急管理机制

战后和平时期的到来，使得各种公共危机成为影响人们生活和发展的重要问题。从20世纪60年代开始，各国先后建立各种公共危机应急管理机制，现代文化风险和公共危机应对的最后一个成员登场。与一般意义上的安全治理机制不同的是，公共危机应急管理机制是以政府为主导建立起来的专门用来应对各种突发性公共危机事件的制度体系。它与现代文化的一般性安全机制、社会保障机制一起构成全球风险社会下公共危机的治理体系。

一 公共危机应急管理机制形成的背景

从18世纪开始,现代文化在过去200多年的发展和扩张中释放出大量的现代性风险,尤其是工业现代化的快速发展和扩张带来了诸多矛盾和问题。这些现代性风险、矛盾和问题,有一些在工业革命初期的时候就已经表现出来,促成了工会、工人运动以及社会保障制度的形成。但更多的、深层次的、结构性的问题、矛盾和风险经多不断积压、融合和发酵,在20世纪到来的时候,开始以更猛烈的、更庞大的形式爆发,20世纪初的两次世界大战和30年代席卷全球的"大萧条"就是典型。两次世界大战期间,疲于应付战争的各国政府和陷于战争危险境遇的各国人民无暇顾及战争之外的其他公共危机,战争就是这一时期各国面对的最大的公共危机。当战争这个最大的危机消除之后,其他类型的公共危机就得以显现。"二战"结束后,从60年代环境保护运动开始,各种现代性公共危机纷纷登场。包括环境污染问题、核扩散和核污染问题、战后民族分裂和民族冲突、地区冲突和战争、毒品的泛滥、艾滋病的迅速扩展、恐怖主义、经济危机、各种极端天气和气候事件、食品安全和药品安全问题,等等。这些公共危机给各国人民的生活造成了极大的破坏和损失。同时,和平时期的各国政府具有足够的时间和能力来应对这些公共危机。随着公共危机发生的频率和强度的增加,各国政府先后意识到建立专项公共危机应急管理制度的重要性,逐步建立起较为完善的公共危机应急管理机制。

二 公共危机应急管理机制的发展过程

从全球范围来看,西方国家率先完成了公共危机应急管理机制的建立和完善。20世纪上半叶,西方许多国家都参与了两次世界大战,为了保护战争中的平民,参战各国先后建立民防组织,应对战争中可能出现的打击平民的状况,这是现代公共危机应急管理的最初发展。英国在1924年建立起世界上最早的民防组织。冷战期间,西方国家为了应对来自共产主义阵营的打击以及随时可能爆发的第三次世界大战,民防组织依然保持。但随着自然灾害以及其他公共危机的频频发生,民防组织的功能已经开始朝着非战争化的公共危机管理方向发展。冷战结束之后,西方国家的公共危机应急管理机制开始进入全面建设和制度化阶段。公共危机应急管理的制度进一步完善，原则更加明确，理论更为成熟。1979年，卡特总统合并诸多分散的紧急事态管理机构，组成统一的联邦紧急事态管理局，美国的公共危机管理机制正式建立。"9·11"事件后，美国在2002年通过《国土安全法》，批准成立美国国土安全部，该部由22个联邦部门、18万雇员合并而成，联邦紧急事态管理局作为国土安全部的一个组成部分。美国的公共危机管理就此进入了一个新的时期。总的来讲，美国的公共危机应急是世界上最完善、最有成效的制度。在与各种灾难的斗争中西方国家的公共危机应急管理机制逐步建立和完善。与西方国家相比，发展中国家的公共危机应急管理机制尽管建立得比较晚，但发展的速度比较快，目前包括中国在内的很多国家都已经建立起完整的公共危机应急管理机制。这主要在于，一方面，发展中国家在过去的发展中已经积累了相当丰厚的灾害管理经验，在相关思想、理论和制度上都有所积淀；另一方面，西方国家成熟和完善的公共危机应急管理机制为他们提供了可以借鉴和移植的制度范式。2003年SARS事件之后，我国在随后短短的一年多时间里建立起较为完整的突发事件应急机制。总体上讲，进入21世纪，世界上大多数国家和地区都已经建立起一定规模和水平的公共危机应急管理机制。

三 公共危机应急管理机制的一般框架

尽管各国的公共危机应急管理机制在建立时间的先后上有所不同，各国的国情和危机内容有所区别，实践中各国的危机反应速度和应急管理能力也存在很大差别，但就公共危机应急管理制度的基本内容而言，各国之间具有很大的同质性和同构性。第一，各国通过立法对"公共危机""突发事件""公共突发应急事件"的内容、范畴、级别进行了界定；对公共危机应急管理的主体、责任、职能、任务等内容都做了详细的规定和说明。比如美国的"突发事件"就分为这样几个级别：一般的突发事件（incident），具有全国影响的突发事件（Incident of Nation Significance）和灾难性突发事件（Catastrophic Incident）。第二，各国的公共危机应急管理机制按照危机发生前、危机发生和危机结束三个阶段，对应建立起由危机预警机制和事前管理方案、危机应急管理预案、危机善后管理方案和贯穿整个危机应急管理过程的危机管理评估与监测机制四大块内容衔接而成的一般流程。第三，公共危机应急管理的目标基本包括拯救生命；防止伤亡；保护财产安全，等等。第四，建立和完善救灾物资的采购和储备方案，加强在救援、急救、消防、疏散、撤离等方面的技术培训。第五，对社会救济和社会慈善进一步规范化和制度化，强调社区管理。

四 公共危机应急管理机制存在的问题

风险社会与频频发生的公共危机为现代国家和政府管理机制带来了新的挑战，从风险预警机制到各种公共危机应急机制、应急法案的出台，各国都在寻求公共危机的应对之道。然而，"应急"思路毕竟只是权宜之计，存在诸多缺陷和问题。总的来讲，现代文化的公共危机应急管理具有以下问题：一是在应急管理中，公共危机被简单地界定为"事件"，对公共危机本身缺乏系统的思考。立足于这种范畴界定的错误，应急管理"隐含的思想就是简化"[1]，因此应急管理模式无法对风险的成因做出正确回答，也无法从根本上对风险和危机作根治。没有认清问题的根源，因此只能治标、不能治本；仅能够在事后对灾难后果进行处理，但不能消解危机产生的深厚原因。二是从制度层面上讲，目前的危机应对机制建构不完善，各个应急机制之间相互独立，缺乏制度的连贯性、配套性和互补性，同时，应急机制与相关基础性制度缺乏有效衔接。三是路径依赖错误，应急管理制度是建立在国家和市场机制基础上的治理体系，难以摆脱二者本身存在的缺陷，尤其是在国家和市场经济本身就是现代性公共危机的始作俑者的时候。

第二节 全球风险社会下的公共危机治理机制

自现代文化形成之初，各种现代性风险和公共危机就已然开始出现。对于这些现代性风险和公共危机，现代文化的应对从最初的被动逐渐转变为积极主动，从最初的相互间缺乏联系的个案应对和制度化建设逐渐转变为一种相互联系的体系化应对，并在地方、国家、地区和国际不同层面形成一定的联动机制。当前，全球风险社会下的公共危机治理机制已经具有完整的体系，是一个包括一般安全机制、社会保障制度和公共危机应急管理制度在内的整体性系统。在风险预防和公共危机善后处理方面，全球风险社会下的公共危机治理机制在不同层面发挥着重要作用。

---

[1] 〔德〕乌尔里希·贝克：《风险社会》，何博闻译，译林出版社，2004，第24页。

一 全球风险社会下公共危机治理机制的构成

一般安全机制、社会保障制度和公共危机应急管理机制三大体系构成了现代文化的安全治理机制。其中，一般安全机制位于最底层，是全球风险社会下公共危机治理的基础性管理机制，它由法律—司法机制、规训机制和安全配置机制构成，在目标上并不以公共危机管理为直接目的，其散落在法律规章、警察监狱制度、城市管理等各个领域，但在功能上却具有消除社会风险和公共危机管理的职能。在风险和公共危机管理方面，一般安全机制的主要价值在于，当冲突和危机尚处于个体或者萌芽状态时，并将之消除，以避免事态的进一步扩大化。当然，一般安全机制在具体执行过程中，如果处理问题的分寸把握不好，也会成为引发大规模冲突的导火线。在一般安全机制的基础上，社会保障制度作为一张安全网，在风险和公共危机管理方面发挥着重要功能。其主要功能有二：一是通过保障和救济化解和消除潜在的社会风险，降低社会冲突类和利益纠纷型公共危机发生的几率；二是在危机发生后的一般性援助、救济和保障功能。与危机后的救援所不同的是，社会保障是一种一般性、常规性和持久性保障。在一般安全制度和社会保障制度的上面是专门用以对各种突发性公共危机事件进行应急管理的公共危机应急管理机制。公共危机应急管理机制的主要功能是专门针对包括现代性风险在内的各种风险和公共危机突发事件进行预警和应急管理。与一般安全制度和社会保障制度相比，公共危机应急管理机制在公共危机处理方面更具针对性和专业性。并且随着公共危机应急管理技术、流程和组织能力的不断完善，其在救援方面的效果也在不断提高。这样，一般安全机制、社会保障制度和公共危机应急管理机制就共同构成了全球风险社会下的公共危机治理机制，如图10-1所示。

二 全球风险社会下公共危机治理机制的层次

从纵向角度来看，全球风险社会下的公共危机治理机制包括这样几个层次：一是地方政府公共危机管理层级，主要针对的是地方范围内发生的各种风险和突发公共危机事件的应急处理。二是国家层面的公共危机管理，主要针对的是国家范围内发生的各种公共危机的应急管理。三是区域公共危机管理，这是部分国家间的联合管理，是一定区域范围内若干相邻国家就共同面临的公共危机问题所做的协商和合作机制。四是国际层面的公共

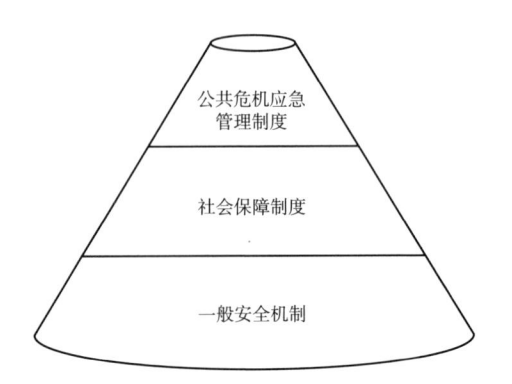

图 10-1　全球风险社会下的公共危机治理机制

（金字塔从上到下依次为：公共危机应急管理制度、社会保障制度、一般安全机制）

危机管理，主要针对的是全球性公共危机问题，需要各国的通力合作和协调。联合国是目前全球公共危机管理的组织者。

全球风险社会下，随着各种现代性风险的增多，各种现代性公共危机频频发生。全球风险社会下的公共危机治理的层级体系呈现出这样的特征和发展趋势：一是地方公共危机管理和国家层面公共危机管理的常态化，即公共危机管理不再是过去那种偶尔为之的特殊状态和特殊管理，随着全球风险社会的来临，公共危机管理逐渐成为政府的一项常态事务。二是政府不再是公共危机管理的唯一主体，包括企业和第三部门在内的公共危机管理呈现出多元主体并存的势态。三是在公共危机管理过程中，对国家间合作的要求越来越强烈。随着全球性公共危机的增多，客观上要求各个国家在全球公共危机或者区域性公共危机的应对中保持密切的协商和合作关系。总的来讲，以国家为主的公共危机管理逐渐呈现出向下和向上延伸发展的趋势。

三　全球风险社会下的公共危机治理机制存在的问题

总体上讲，由一般安全机制、社会保障制度和公共危机应急管理机制共同构成的全球风险社会下的公共危机治理机制在风险和公共危机应对方面发挥了重要作用，极大地保障和挽救了各国人民的生命和财产安全。但也在公共危机处理中展现出一些深层次问题和结构缺陷。第一，一般安全机制的过分控制和使用不当已经成为引发大规模社会冲突的导火线。长期过于严密的监管和控制，尤其是带有民族歧视和种族歧视的监管和控制，在社会中形成了长期的不满和压抑，积聚了大量的风险。这使得一个小小的事件就会成为引发大规模流血冲突的危机事件。第二，受新自由主义政策的影响，社会保障制度开始朝着私人化方向发展，大大削弱了社会保障在风险化解方面的功效和力度。第三，公共危机应急管理机制尽管包含了风险预警机制，但更大层面是一种公共危机发生后的应急管理措施，整个现代社会缺乏一种长期的、有效的，对现代社会风险和公共危机进行根治的决心和制度体系。第四，在一般安全制度、社会保障制度和公共危机应急管理之间缺乏有效的制度联结和配合。尽管这三种制度在风险和危机管理中都各自发挥着重要作用，但由于制度建立的初衷和目的各有不同，因此三个制度之间各为体系、各自为政，没有形成有效的联结和协作。第五，从纵向层面来看，限于民族、种族、宗教和国家等现代性边界的防范性措施和各自不同的利益诉求，全球风险社会下的公共危机治理在区域合作和全球合作层面还面临很多障碍，深层次的区域合作和国家间合作还有待进一步的努力。

全球风险社会的形成和现代性公共危机的频繁发生，人类面临的问题情境更复杂和难以预测。如何从根本上减少和控制现代性风险产生的几率，逐渐扭转全球风险社会这一危险境遇，减少现代性公共危机发生的频率，对此现代社会尚未形成系统的解决之道。因此，全球风险社会下的公共危机治理，一方面，要在现有机制基础上，如何将以上一般安全机制、社会保障制度和公共危机应急管理机制更好地链接在一起，做到术业有专攻的同时又能相互配合与合作，从而整合为一个更具系统性的治理体系。另一方面，则需要对全球风险社会及其公共危机的系统解决之道进行深入思考。

第三节　全球风险社会下的公共危机治理转型：文化视角的阐释

一　全球风险社会及其公共危机：基于现代文化的分析和阐释

纵观公共危机演化的历史可以发现，公共危机在一定程度上是人类文化的产物。而全球风险社会则是人类文化发展到现代文化阶段，在现代化过程系统地制造和释放现代性风险并经过长期的累积而形成的一种危险境遇。现代性风险的积聚以及现代性风险和自然风险的交织共同导致了全球风险社会下公共危机的频频发生。总的来讲，全球风险社会及其公共危机是现代文化的产物，是一种基于现代文化系统基质下出现的结构性暴力。

今天，人们对全球风险社会及其公共危机的分析，无疑都得益于贝克的风险社会理论。贝克的风险社会理论有两大功绩：一是指出了全球风险社会的存在这个事实，引领人们关注和分析全球风险社会这个问题，从而开辟了全球风险社会这个公共话语和公共分析领域；二是提出了"不确定性—风险—风险社会"这条分析路径，尽管他并没有按照这个路径详细地、系统地分析全球风险社会及其公共危机的成因。事实上，他也指出了文明是导致全球风险社会的根本原因，但他仅仅从工业化这个角度来分析风险社会的形成。对于社会科学的研究者来说，文化无疑是一个不愿触碰的领域，因为文化研究本身就是一个深奥的课题，对文化的触碰无疑会占据大量的时间和精力。但文化尤其是现代文化是我们能够全面、深入理解和阐释全球风险社会及其公共危机的唯一视角，舍此无他。

从现代文化出发对全球风险社会及其公共危机进行分析，实际上就是重新树立现代文化的演化历程，从中找寻现代性风险的形成机制。从理论上讲，现代文化的发展经历了一个从观念到实践，再到结构和体系的过程。因此，分析就从三个层面展开：分别阐述作为观念的现代文化、作为实践过程的现代文化、作为结构体系的现代文化与全球风险社会及其公共危机之间的内在逻辑关联。其中，作为过程的现代文化分析是全部分析的重点和核心，因为过程优先于结果，必须从过程层面揭示现代性风险的形成机制。在对现代文化的实践过程的分析中，先后确立了现代文化的核心组织、组织方式和管理方式，最终完成了对现代文化的实践过程的解剖和分析。总的来讲，现代文化就是在民族国家和企业这两个核心组织的参与下，通过社会化大生产这种组织方式，通过治理这种管理方式将全社会纳入到整个现代化进程和体系中进行生产和各种创造活动。现代文化框架下的全球风险社会及其公共危机分析就从现代文化的核心价值观、社会化大生产（宏观和微观）、治理、现代文化自身构建的风险和危机应对体系这几个层面展开，并得出以下结论。

1. 现代文化所包含的创造与规约、脆弱与自治、无序与有序等内在矛盾是引发全球风险社会及其公共危机的内在根源。现代文化本质上是一个关于社会实在的社会化大生产体系，现代文化在社会实在的建构中制造出的人为不确定性和人为确定性是现代性风险的主要根源。现代性风险进而通过知识、制度、物质商品三个序列的社会化大生产系统地被制造和释放，经过几百年的累积最终形成全球风险社会,并以现代性公共危机的形式爆发出来。总的来讲,全球风险社会及其公共危机是一种结构性暴力,现代文化就是这种结构性暴力形成的系统基质。

2. 治理机制作为现代文化的管理方式就是现代文化对个体生命的管理、控制和规划机制。现代文化的治理机制经历了从广义的多元治理形态到狭义的作为政治主权之运转的国家治理单一形态的演变,并随着公司治理和公民社会的出现再次呈现出向多元治理形态的转变趋势。现代文化的治理机制作为一种对个体生命的控制机制,实际上是现代文化对生命的托殖、控制和侵犯过程。这个过程本身就是一个包含和孕育压迫、暴力、矛盾和冲突的过程。

3. 现代文化之治理的主要技术手段是市场经济,市场经济通过治理将全社会的个体生命纳入到社会化大生产和国民经济序列,从而将整个社会逐渐蜕变为一个经济社会——经济利益、经济力量、经济发展主导一切的社会。市场经济和资本主义,二者之中谁是经济社会的主宰力量,全球风险社会及其公共危机的批判矛头又应该指向谁?这依赖于对资本主义和市场经济的区分。总的来讲,主要是位于经济体系顶端的资本主义,而非市场经济是经济社会的主宰者,是各种现代性公共危机的幕后推手,而市场经济的问题则更多地由于维护市场良性竞争的制度不健全所导致的。

4. 对于各种现代性风险和公共危机,现代文化自形成之初就有应对。历经几百年的发展,现代文化逐渐形成了一整套风险和危机应对机制。当前,全球风险社会下的公共危机治理机制是由一般安全机制、社会保障体系和公共危机应急管理机制三种机制共同构成的体系,在风险和公共危机应对中发挥着重要作用,但仍然存在很多问题。

二 作为复杂系统的人类世界:新观点的提出和阐释

面对复杂的真实世界,经济和国家,风险和公共危机,各种文字、数字和方程式仅仅是人类认识这个复杂世界的工具,而且是十分有限的工具。理解这个世界,更重要的是人类的洞察力,透视事物之间相互联系的能力。最近几十年,随着物理学、生物学等领域新的研究成果的出现,人们对世界的理解也发生了一些新的变化。而在这些新变化中,各学科的一个统一趋势是认为我们所赖以生存的世界其实是一个自组织的复杂系统。

20世纪60年代,比利时物理学家伊尔亚·普里戈金(Ilya Prigogine)

在"非平衡动力学"领域做出了杰出贡献,提出了震惊世界的耗散结构论。耗散结构论尽管是物理学领域的贡献,但向全人类提出这样一个基本问题:为什么世界上总是存在结构和秩序?结构和秩序是从哪里来的?铁会生锈、倒下的树会腐烂、澡盆里的热水会渐渐降温,一直降到与它周围的东西同样的温度。自然界好像对解体结构,把事物搅和成某种平均水平,要比对建立结构和秩序更感兴趣。趋于无序和腐朽的过程似乎永无止境。如果事实如此,那么如何用热力学第二定律来解释结构的形成?事实上,正如普里戈金和其他人所认识到的,在现实世界里,原子和分子总是会把自己裸露给从外部流入的某种能量和物质。如果这些从外部流入的能量和物质足够多的话,则第二定律所描述的稳步退化的情形就会被部分地扭转过来。事实上,在某种有限的区域里,一个系统是能够自发形成完整而连续的复杂结构的。普里戈金认为,这类自组织的结构在自然界是普遍存在。激光是一个自组织的系统,飓风是一个自组织的系统,甚至也可以把经济想象成一个自组织的系统。[①] 进入20世纪的后半叶,在生物学领域,人们在揭示了脱氧核糖核酸、蛋白质和细胞中其他元素的构成机制之后,开始探索一个更为根本的奥秘:成千上万亿的分子是怎样组合成一个有生命的物体的呢?在脑科学研究领域,神经学方面的科学家、心理学家、计算机专家和人工智能研究人员们正努力想弄明白心智的本质:即人类头颅里几十亿个稠密而相互关联的神经细胞是如何产生感情、思想、目的和意识的?在物理学领域,物理学家们正在努力建立混沌的数学理论。他们认为,在无数碎片形成的复杂美感以及固体和液体内部的怪诞运动里面都蕴藏了一个基本但却深奥的问题:为什么受简单规律支配的简单粒子有时会产生令人震惊的、完全无法预测的行为?为什么简单的粒子会自动地将自己组成像星球、银河、雪片、飓风这样的复杂结构?为什么简单粒子的运动都在服从一种对组织和秩序的隐匿的向往?这些所有的问题都促使人们对这个世界的存在和运行方式重新进行思考和阐释。

20世纪80年代,包括物理学家马瑞·盖尔曼(Murray GellMann)、菲利普·安德森(Philip Anderson)、诺贝尔经济学奖得主肯尼思·阿罗(Kenneth Arrow)、伦敦经济学院和普林斯顿大学终身成就教授布赖恩·阿

[①] 参看〔比〕伊尔亚·普里戈金《从存在到演化》,沈小峰等译,北京大学出版社,2007;伊尔亚·普里戈金:《确定性的终结》,湛敏译,上海科技教育出版社,1998;伊尔亚·普里戈金:《未来是定数吗》,曾国屏译,上海世纪出版集团,2006。

瑟（Brian Arthur）以及一些著名生物学家组成的桑塔费研究所共同致力于对这个杂乱无序、充满剧变、自发自组的世界的理解。他们提出一种新的复杂性理论，在他们看来这将是一个普照自然和人类的新科学。他们相信，对复杂性理论这一新思想的运用可以使人类得以从过去无人知晓的角度和深度来认识这个自发、自组的动力世界。这一新思想正在凌厉地冲破自牛顿时代以来一直统治着科学的线性的、还原论的思维方式，这种突破能够帮助人类思考和面对当今世界的最重大的问题。这一认识将对经济和商业行为，甚至政治行为发生潜在的巨大影响。简而言之，复杂性科学，不仅仅是一个关于复杂性的科学，而是一个关于这个世界的整体性认识和系统性阐释的新科学。这门新学科的研究价值在于，这是一种模糊不清的、半想象式的科学革命，一个不跟从科学的主流，尝试构想一个对现行世界全新探索的科学。这一新学科将成为新观点的切入点，新的人类发展方式的基础。

那么，如何理解人类世界是一个复杂系统？

第一，复杂系统是一个自发性的自组织。在复杂系统中，许许多多独立的因素在许许多多方面进行着相互作用。比如千百万个蛋白、脂肪和细胞核酸相互产生化学作用，从而组成了活细胞；又比如由几十亿万个相互关联的神经细胞组成的大脑，以及由成千上万个相互依存的个人组成的人类社会。在每种情况的复杂系统中，个体之间无穷无尽的相互作用使系统作为一个整体产生了自发性的自组织。人们在满足自己的需要的过程中，无数人无意识的买卖行为组成了某种经济体制，这种经济体制就是一种自发性的自组织。基因在一个不断发展的胚胎中以一种方式将自己组合成肝脏细胞，又以另一种方式将自己组合成肌肉细胞；飞鸟顺应邻居的行为无意识地将自己聚集成群；不同种类的生物体通过相互适应而得以进化，从而组合成精巧协调的平衡系统；原子通过相互化合找到最小的能量状态，从而使自己形成被称为分子的结构；等等。所有这些情形都是自发性自组织的表现。

第二，自组织的复杂系统是自我调整的。这些复杂的、具有自组织性的系统是可以自我调整的。在这种自我调整中，它们并不仅仅是被动地对所发生的事件做出反应，而是积极将所发生的一切都转化为对自己有利的一种形势。人类的大脑经常在组织和重组它那几十亿个神经联系，以吸取经验；物种为在不断变化的环境中为更好地生存而进化；企业在市场竞争中、在对一系列变化因素不断做出反应中发展；人们的生活方式在外界环境和生存条件不断变化中进步等；这些都是复杂系统自我调整的方式。

第三，自组织的复杂系统的自我调整都具有某种内在动力。这种动力使它们与计算机集成电路块和雪花这类仅仅只是复杂的物体有着本质上的区别。在所有这些情形中，一组组单个的动因在寻求相互适应与自我延续中或这样或那样地超越了自己，从而获得了生命、思想、目的这些作为单个的动因永远不可能具有的集成的特征。个体的生命、思想、有意识的思考、目的、有目的的行为，这些就是自组织的复杂系统自我调整的内在动力。

第四，复杂性系统具有将秩序和混沌融入某种特殊平衡状态的能力。混沌是指一种离奇古怪的、无法预测的螺旋运转状态。早在20世纪八九十年代，混沌理论已经动摇了科学的根基，它使人们认识到，极其简单的动力规律能够导致极其复杂的行为表现，譬如无数细小的碎片所产生的整体美感，或无数泡沫所形成的汹涌的河流。秩序和混沌的平衡点，即混沌的边缘。混沌的边缘就是生命有足够的稳定性来支撑自己的存在，又有足够的创造性使自己名副其实为生命的地方，是复杂性系统能够自发地调整和存活的地带。在混沌边缘发生的复杂、调整和剧变——这些共同的特征越来越明显，以至于越来越多的科学家相信，在一系列仅仅是顺理成章的科学类推之外肯定还有更多的东西存在。

总的来讲，由包括人在内的众多物种和外部环境资源构成的现实世界是一个复杂系统，或者是由诸多复杂子系统组成的"大复杂"系统。复杂系统是一种"无处不在的存在"。与我们今天所认识的世界相比，作为复杂系统的世界比它更为混沌、也更具自发性，更为无序、也更活跃。承认人类世界的混乱无序性和非理性，承认无处不在的复杂性，这正是新的发展观的切入点。在此基础上判断了人类未来发展的方向，将会成为一个全新的、截然不同的基础。

三　观念的转变

今天的世界作为一个经济社会，在思维上很大程度上受着经济理论尤其是新古典经济学理论的支配。新古典经济学自有其美妙得令人窒息之处，它的严格性、清晰性和准确性使得新古典经济学知识作为一门绝妙的技艺，已经能与物理学相提并论，让人赞叹。然而新古典经济学把丰富多彩、错综复杂的世界简化成一系列狭隘、抽象的定理、法则和公式，尽管使其成功晋升为一门科学，但却越加地脱离现实。在经济学理论中，人类所有的弱点和激情都被过滤。具有动物本能的人被描绘成像粒子一样的存在物，这些存在物的理性思维永远是完美无缺的，永远可以冷静地追求可以预测的自我利益。如同物理学家监测粒子反应一样，经济学家通过预测"经济人"对特定经济形势的反应发挥其"实用功能"。新古典经济学下的经济状况永远被描绘为处于完美均衡之中，而先验的、不证自明的自由市场机制总是能把经济效益发挥到最大值。这就如同18世纪的启蒙运动时期的哲学家们把宇宙看成是牛顿完美力学定律下的一种巨大的、有如时钟般精确的装置。尽管经过长期的努力，新古典经济学家们对经济模式的发展做出了各种详尽的阐述，使经济学逐渐能够适应举凡经济学家们能想到的一切领域。但经济学理论仍然无法描述现实人类世界的混乱无序性和非理性。过于依赖数学的新古典经济学理论太过简化，以至于经济学理论逐渐呈现出不可理喻的非现实性。

今天，少数顶尖科学家已经认识到，面对复杂的真实世界，经济学开出的药方——人类会像机器一样对抽象的经济刺激做出反应的观点——至多只是个极其有限的方案。所谓的自由市场经济的自发性更多的是一种起源于重农学派的遗像和杜撰，即便一种真正的自发市场经济是存在的，但其自发的自由机制未必是新古典经济学家所描述的那样。对自由市场经济的自发性和自发机制，人们还须进一步重新理解和考量。此外，经济生活也许是人类生活的重要组成部分，但经济不能成为整个社会的主宰，经济增长不应该成为人类社会发展的主要甚至唯一目标。毕竟，经济活动仅仅是人类生活的一部分、方式之一，既非最重要的那一部分，更非人类生活的全部。当经济、经济增长取代人成为整个社会发展和个体工作努力的主要目标，那么这毫无疑问是一种方式大于主体的错位发展模式。

人类、人口、个体的人，也许并非仅仅是治理和经济政策调控和规约的对象，而应该是一切人类活动和文化形式予以保护和尊重的对象。经济的增长、技术的进步、社会的发展，其本身都不是终极目的。人类一切行为的终极目的，一切的一切都是为了实现人的全面和充分发展，拓展人的实质性自由，增强人的幸福指数。当然，同样应该保护和尊重的，除了人本身之外，还包括与我们人类同在的其他物种以及大家共同赖以生存的环境。

每一种文化都有其不同的特有形式。不同的地区、国家产生了全然不同的但自我连贯性的特有文化形式。现代文化的扩张加剧了现代性与特有文化之间的矛盾，而这种矛盾是很多冲突的内在根源。每一个地区、民族和国家都有权利保有和维持自己文化的发展。现代文化并非一种更为高级的、具有普适性的文化体系。对特有文化的尊重在一定意义上就是对这一地区人民、民族和国家的尊重。

最重要的是，人类世界和我们赖以生存的地球是一个休戚相关、命运与共的复杂系统，对这个复杂系统的全新认识和阐释，目的在于构建一种全球安全共同体。

四 治理的目标：全球安全共同体

打开世界地图册，不同国家的版图将地球分割为各个不同区域，各个国家的人们因此而专注于各自国家和民族的统一和强大，民族国家——这个近代产物将人类世界划分为不同的归属群体，以此为基础，国家利益和民族利益掩盖和取代人类共同利益和公共利益，人们在为国家命运、民族命运奔走的同时，逐渐忽视了人类与之赖以生存的地球之间相互联结的整体命运。但当我们将视线离开地球转入太空，以一个更为开阔的视角观察芸芸众生时，我们看到的是一个被大气层环绕的蓝色星球（见图10-2），这里看不到国家边界和民族分化；在这个蓝色星球上，所有的生命与地球母亲一同构成一个相互依存的共同体。也许，一个由各种复杂系统构成的生命共同体，才是地球及其生活于其上各种物种的真实图景。这个生命共同体不仅包含着人类，还包括与人类生存发展息息相关的其他物种以及各个物种赖以生存的生态环境。万物归宗，从生命共同体的视角审视我们的地球、审视人类与其他物种之间的生物链关系、审视人类社会与生态环境之间的相互依存关系，共同建构全球安全共同体，为这个生命共同体的和谐、安全而努力，才是人类的真正使命和任务。

在充满不确定因素的环境下生存的人类，尽管拥有了现代知识和现代科技这两个有力工具，不断地在拓展对未知领域的探索；拥有现代民族国家和常备军的保护，个体安全和社会安全有了更高程度的保护；拥有市场经济和资本主义，物质生活普遍得以提高；但是，人类依旧没有摆脱其脆弱性。在各种天灾与人祸面前，生命依旧是那么脆弱和渺小。风险是不能

图 10-2 太空俯视地球

从根本上消除的，但由人类自身制造的现代性风险是可控的。全球风险社会下，面对各种风险和结构性暴力，人类依旧可以遵循这样一种逻辑进行自救和应对，那就是在重新认识和阐释世界的基础上，在各种灾难面前，不断重建信心，通过制度变革解决蕴藏在现代文化体系和社会结构中的制度性暴力，如图 10-3 所示。

制度变革对风险和公共危机的化解作用依赖于制度建构过程中，多元主体利益表达机制和决策机制的发展、健全和完善。这是因为，在制度建构过程中，只有各方利益诉求充分得到表达和体现，涉及公共利益和公共安全的制度才能真正具有公共性，才能更好地去维护公共利益和公共安全，而不是仅仅体现为少数特权阶层或者利益集团的利益。然后，多元主体的充分表达和参与，能够有效地限制一些不合理制度的出台，减少由此形成的社会矛盾与冲突。总的来讲，全球风险社会下的公共危机治理，观念的转变和制度变革是必然路径，而一种真正具有建设性作用的、良性的制度变革说到底有赖于公民社会的发展，有赖于公民社会自治能力的发展。

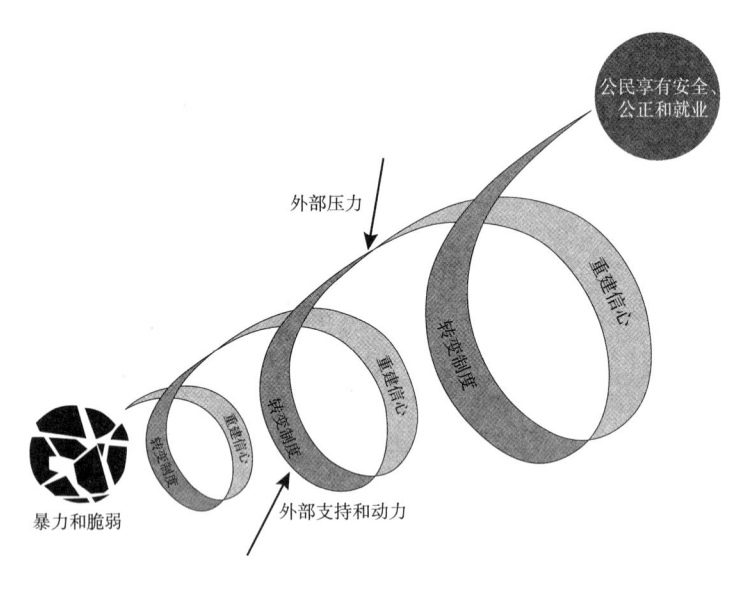

图 10 – 3　从脆弱和暴力转向具备适应能力的制度

资料来源：世界发展报告工作组。
参见世界银行《2011 年世界发展报告：冲突、安全与发展》，第 13 页。

　　除了对公共决策的参与和限制，公民社会自治自身在全球风险社会下的公共危机治理中同样发挥着重要作用。第三部门已然成为公共危机应急管理的一支重要力量，其信息获取的明锐度，行为的敏捷，救援技术的专业性在很大程度上比政府组织更胜一筹。除了第三部门之外，基于社区的安全自治已经成为全球风险社会下公共危机治理的一支生力军。基于社区的自救和灾后恢复已经成为诸如美国、新西兰这样的国家公共危机管理的一个重要组成部分。社区安全自治、第三部门和企业在公共危机管理中的参与以及政府主导的公共危机应急管理共同构成了全球风险社会下公共危机治理的内容。建构全球安全共同体，不仅有赖于政府主导下的三大机制的联动和配合，更有赖于以第三部门和社区安全自治为核心的公民社会自治机制的进一步发展。一个能够提供和确保公民实质性自由的制度体系能够极大地减少由于制度的不合理性所引发的制度性暴力，而由掌握了实质性自由公民组成的公民社会则能进一步推进全球风险社会下公共危机的治理进程。

　　全球风险社会下，如何应对日趋危险的生存境遇和频频发生的公共危机，构建一个全球安全共同体？问题的解决和目标的实现取决于全球各个国家和地区政府和人民的通力合作和共同努力，取决于人们对当前世界认识的普遍改变，取决于制度的变革速度和方向，取决于人们拥有多少实质性自由和权利来推进一种良性的制度变革，取决于公民社会的发展程度和公民社会自治的能力，取决于人们对现代文化及其治理机制能够做多大程度的调整和变革。全球风险社会下构建全球安全共同体，是全人类的共同任务，需要全人类的共同努力来完成。

附录：20世纪的公共危机[*]

1900年

3月，旧金山爆发腹股沟淋巴结炎瘟疫。
8月，秘鲁和厄瓜多尔地区发生地震，数千人遇难。

1901年

3月，俄国圣彼得堡发生暴动并发展至全国。
11月，美国总统西奥多·罗斯福与一位黑人共进晚餐后，美国爆发种族骚乱。

1902年

4月，大火蔓延伦敦城。
5月，代价高昂的英布战争/南非战争结束，英国将垂涎已久富含金矿的德兰士瓦纳为直辖殖民地。
5月，马提尼克岛上的火山爆发，造成5万多人死亡。
10月，埃及霍乱在造成3万多人死亡后有所缓和。

1903年

俄国爆发大饥荒，叛乱和骚乱构成了1903年巴尔干地区的鲜明特征。
保加利亚大屠杀：1903年4月，保加利亚人在马其顿的一个村庄屠杀

---

[*] 附录内容参看〔英〕特里·布劳斯《20世纪看得见的历史》，周光尚等译，中国社会科学出版社，2006；夏明方、康沛竹：《20世纪中国灾变图史》（上、下），福建教育出版社，2001。

了 165 名穆斯林。马其顿人要求土耳其统治当局给予自由的要求，最终以土耳其当局报复性回应而告结束。8 月，马其顿人发动起义，9 月土耳其派遣军队前去镇压叛乱，土耳其军队在马其顿屠杀 5000 多名保加利亚人；并摧毁了卡斯托利亚城，屠杀了城内 1 万人。

1 月，波利尼西亚遭海啸袭击，数千人丧生。

4 月，俄国基什尼奥发生针对犹太人的残酷大屠杀。

12 月，美国芝加哥剧院发生火灾，造成 600 多人死亡。

1904 年

1 月，西南非洲 120 多名德国移民被当地部落成员杀害。

2 月，日俄战争爆发。

6 月，美国一艘游览船发生灾难，1000 多名旅客丧生。

1905 年

1 月，俄国爆发圣彼得堡"流血星期日"事件，军队向参加游行示威的人群开枪射击，打死 105 人，打伤数百。

4 月，印度发生地震，造成一万多人死亡。

1906 年

旧金山地震：1906 年 4 月 18 日旧金山发生里氏 8.25 级地震，造成 700 多人死亡。城市的大部分地区在 1 分钟内变成瓦砾，随后城内很多地区发生火灾，供水系统在地震中毁坏，大火灾在城市中燃烧了三天。

2 月，南太平洋岛遭遇飓风袭击，1 万人丧生。

3 月，法国煤矿发生爆炸事故，1800 名矿工遇难。

4 月，意大利维苏威火山爆发，数百人死亡。

8 月，智利发生大地震。

9 月，香港遭遇台风袭击，数百人丧生；美国占领古巴。

1907 年

俄国和中国爆发饥荒，几百万人被饿死；印度爆发黑死病，100 多万人死亡。

1 月，牙买加发生大地震，700 多人遇难。

1908 年

利奥波德二世在刚果的暴行结束,在其统治期间,这一地区的人口减少到 800 万,人口减少了 70%。

3 月,印度警察开枪击毙参加暴乱者。

4 月,中国发生洪灾,造成 2000 多人死亡。

6 月,西伯利亚通古斯塔河发生神秘的燃烧弹爆炸事件。

12 月,意大利南部发生地震,大约 20 万人遇难。

1909 年

7 月,墨西哥发生大地震。

1910 年

巴黎遭遇 1746 年以来最严重的洪水灾害。

5 月,英国煤矿发生矿难,130 多名矿工死亡。

1910~1911 年,中国长江流域发生大水灾,东北爆发了一场 20 世纪最严重的流行性鼠疫。

1911 年

3 月,纽约工厂发生火灾,146 人丧生。

1912 年

4 月,泰坦尼克号灾难发生。"永不沉没"的"泰坦尼克"号豪华游轮在撞击冰山后沉没,1523 名船运和乘客丧生,仅 705 人幸免于难,这一事件成为"人类骄傲与自满的证明"。

1913 年

3 月,美国俄亥俄州和印第安纳州遭遇洪水灾害。

1914 年

6 月,奥匈帝国皇储弗朗兹·费迪南大公在萨拉热窝遇刺身亡,第一次世界大战爆发。

7月，英国议会在《爱尔兰自治问题》上陷入僵局，英国军队与爱尔兰民族主义分子在都柏林发生冲突。

8月，爱尔兰北部地区乌尔斯特为爱尔兰地区的地方自治与英国军队发生冲突。

1915年

中国珠江三角洲流域发生大水灾。

4月，在1894年骇人听闻的亚美尼亚大屠杀之后20年，土耳其发动针对亚美尼亚人的大屠杀，并开始有计划地驱逐亚美尼亚人，勒令他们转移到叙利亚和巴勒斯坦定居，大批亚美尼亚人在这次种族大屠杀中命赴黄泉。

5月，德国潜艇炸沉"卢西塔尼亚号"客轮，造成大量平民丧生；英国实施收容政策。

1916年

复活节起义："一战"期间，大约有10万多南爱尔兰人为英国而战。1916年4月24日复活节这一天，爱尔兰民族主义者在都柏林举行复活节起义，尽管起义军在爱尔兰并没有获得多少人支持，但英国军队做出了强烈而严厉的反应。为驱赶起义军，英国军队使用了大炮，结果导致大量的财产损失和贫民伤亡。在长达一周的激战中，共有500多人死亡，2000多人受伤，2000多人被送到英国拘禁营地，90人被送上英国秘密军事法庭被判处死刑，其中15人被执行死刑。持续达10天之久的死刑执行完全改变了爱尔兰公众的情绪，原本不受欢迎的起义军通过流血牺牲成为民族英雄。爱尔兰诗人威廉·巴特勒·叶芝的诗篇《一九一六年复活节》记录了这一质变，诗中说：起义领袖已经"变了，彻底的变了：一种可怕的美已经诞生"。

1917年

7月，中国海河沿线发生大水灾。

12月，法国发生火车灾难，造成500人死亡。

1918年

西班牙大流感：世界范围爆发的流行性感冒导致全球至少5000多万

人死亡；由于该传染病不仅在欧洲和北美肆虐，还向非洲大陆、拉丁美洲和亚洲扩散，可能高达 1 亿人被夺去生命。快速蔓延的西班牙大流感成为世界历史上最致命的事件之一，对由于第一次世界大战带来深刻挫败感的战后各地民众而言，西班牙大流感无疑雪上加霜。

英国出现严重粮食短缺。

1919 年

3 月，埃及民族主义者发生暴动。

4 月，印度发生"阿姆理查"大屠杀。

7 月，美国爆发种族骚乱。

1920 年

中国华北爆发大饥荒；英国失业工人总数超过 100 万人。

1 月，近 3 万犹太人在乌克兰大屠杀中丧生。

3 月，中国甘肃省发生大地震。

2 月，数以千计的波兰人成为斑疹伤寒症的牺牲品。

4 月，龙卷风席卷美国南部几个州，造成几百人死亡。

7 月，俄国同波兰之间的战争开始，俄国军队攻入波兰。

9 月，纽约金融区发生炸弹爆炸，造成至少 30 人死亡，罪犯嫌疑人俄罗斯人亚历山大·布莱洛夫斯基被捕；意大利发生地震，造成 500 多人死亡。

11 月，爱尔兰共和军杀死 15 名军校学员。

1921 年

爱尔兰分裂：爱尔兰分裂是 20 世纪持久暴力冲突中的一个典型事例。1921 年 12 月，英爱签署《英爱条约》，南爱独立，成立爱尔兰自由邦，拥有与大英帝国其他成员相同的地位，北爱依然"地方自治"，爱尔兰分裂。

1 月，希腊队土耳其发动战争，侵占安纳托利亚。

2 月，意大利共产主义者和法西斯分子发生暴动。

5 月，埃及爆发民族主义者骚乱。

8 月，中国淮河流域发生大水灾。

1922 年

4 月，从伦敦起飞前往巴黎的一架飞机途中坠毁，6 人遇难。

8 月，意大利社会主义者同法西斯主义者爆发冲突，中国汕头发生风暴潮。

9 月，士麦那落入土耳其手中，希腊居民惨遭杀害。

1923 年

苏联建立第一个强迫劳动集中营；美国接纳 2.3 万名亚阿美尼亚孤儿；波斯和日本发生地震，数千人遇难，瘟疫在印度迅速蔓延；德国经济崩溃；英国经济停滞、政治动荡。

东京大地震：9 月 1 日上午，日本遭受了最具毁灭性的自然灾害，地震几乎毁灭了东京及其邻近的港口横滨。东京的每一座主要建筑物均被夷为平地，数千人在地震中丧生。随后，幸存者面对的是扑面而来的无情大火，在狂风的肆虐下，人们对大火无计可施。地震还引起了海啸，海啸高潮时浪高近 12 米。在东京与外界隔绝长达两天后，救灾食品才空投下来。地震、海啸、火灾、霍乱、痢疾和伤寒共夺走 15 万人的生命，250 多万人无家可归。

2 月，巴黎——斯特拉斯堡的特快列车和一辆货物列车相撞，28 名乘客遇难。

1924 年

7 月，印度穆斯林教徒和印度教教徒发生骚乱。

11 月，土耳其人残酷镇压库尔德人起义。

12 月，秘鲁遭受灾难性的暴雨袭击。

12 月，美国遭遇龙卷风袭击，近 1000 人死亡。

1925 年

秘鲁遭遇灾难性暴雨袭击；美国遭遇龙卷风袭击，造成近 1000 人死亡。

4 月，保加利亚发生炸弹爆炸事件，150 多人死亡。

5 月 30 日，中国发生"五卅惨案"，英国警察向中国示威群众开枪，打死 13 人，打伤数十人。

1926 年

3 月，中国警察在一次北京示威游行中杀害 17 名学生。

4 月，印度穆斯林教徒和印度教教徒发生骚乱，造成大约 100 人死亡。

7 月，法国爆发金融危机；比利时爆发金融危机，引发比利时法郎贬值。

8 月，英国煤矿工人爆发骚乱。

9 月，美国遭遇龙卷风袭击，1500 多人死亡。

1927 年

葡萄牙爆发腹股沟淋巴结炎疫情；南斯拉夫发生地震，数百人遇难。

4 月，蒋介石在汉口建立政府，开始进行"清党"活动。12 月，中国国民党处死 600 多名共产党党员。

7 月，爱尔兰通过《公共安全法案》；维也纳爆发抗议民族主义分子的暴乱和罢工。

9 月，日本遭遇海啸袭击，造成 3000 多人死亡。

1928 年

保加利亚、希腊和土耳其发生地震；荷属东印度群岛火山爆发，共造成数千人死亡

1 月，斯大林将其所有的政敌处死或驱逐出境；英国泰晤士河决堤，造成伦敦 14 人死亡。

3 月，美国加利福尼亚州水坝溃决造成至少 450 人死亡。

1928～1930 年，中国西北、华北发生大饥荒。

1929 年

苏联富农遭到斯大林的迫害。

2 月，印度发生宗教骚乱，100 多人死亡；美国发生"情人节大屠杀"。

8 月，第一次现代暴力——阿拉伯起义导致 100 多名犹太人和 100 多名阿拉伯人死亡，巴勒斯坦局势紧张。

10 月 29 日，"黑色星期四"致使华尔街崩溃，"大萧条"随之而来。

1930 年

中国出现大饥荒；缅甸、意大利和日本发生大地震，数千人死亡。

3月，英国失业人口超过150万。

6月，斯大林开始推行强硬的农业集团化政策，创造性地在农民中划分等级成分，清除富农，整个过程导致无数农民死亡。

8月，英国失业人口达到200万；苏联军队在敖德萨枪杀200多名罢工者。

10月，英国R101号飞艇坠毁，死亡44人；德国亚琛发生煤矿瓦斯爆炸，260多名矿工死亡。

1931 年

中欧国家出现金融危机；印度发生宗教冲突，200多人死亡。

1月，德国失业人口接近500万。

3月，印度坎普尔发生穆斯林与印度教徒冲突，200多人死亡。

5月，金融危机席卷奥地利。

6~8月，中国遭遇百年不遇的特大洪灾，并造成大饥荒。

7月，德国银行发生货币危机，银行系统出现全面崩溃，这种情况引发了巨大的社会动荡，并使之成为导致希特勒上台的重要因素。

1932 年

苏联发生大饥荒；西方国家全面陷入史上最严重的经济危机。

6月，中国松花江流域发生罕见洪水。

10月，斯大林实行大清洗，苏联军队内部很多军官遭到流放。

1933 年

流行性感冒席卷欧洲；希特勒掌握国家大权，在国内开始肃清反对党，并开始利用国家机器大规模欺侮和迫害德国境内犹太人。

2月，美国金融危机迫使银行关闭。

4月，德国纳粹掠夺犹太人财产，犹太教被剥夺在德国执教的权利。

8月，暴雨引发中国黄河流域大水灾。

1934 年

6 月，希特勒在所谓的"长刀之夜"开始肃清反对党；中国长江中下游地区出现严重旱灾。

7 月，美国警察与码头工人发生冲突，7 月 5 日爆发美国历史上著名的"血腥的星期二"。

9 月，英国威尔士矿井坍塌，262 人死亡；伦敦法西斯帮派与反对者冲突；美国纺织工人罢工；飓风袭击日本造成 1500 人死亡。

11 月，斯大林迫使数千人流亡西伯利亚。

12 月，苏共开展新的大清洗。

1935 年

美国中西部沙尘成灾；中国出现水、旱、荒灾合流的境况。

7 月，北爱尔兰发生反天主教骚乱；印度军队在骚乱中打死 10 名穆斯林。

8 月，法国国内发生骚乱导致经济动荡。

9 月，德国纳粹通过立法迫害犹太人。

1936 年

西班牙内战：1936 年西班牙内战爆发，直到 1939 年内战正式结束。在这场血腥的内战中，估计有 50 万～100 万人丧生。许多受压迫的西班牙人希望在欧洲复杂多变的政治环境下通过战斗获得自己的权益，这或许是导致这场战争的主要原因。还有一些人认为西班牙内战是右翼与左翼势力、法西斯与共产党、工人与资本家之间的决斗。而德国和意大利则把西班牙内战当作他们试验新武器和新技术的场所，以便为后来的世界大战做准备。这场内战的一个可悲特征就是无情的杀戮，并且这种杀戮直到 1939 年 4 月 1 日内战全面停止后仍在继续；佛朗哥在西班牙实行独裁统治，杀害了数千被捕的共和派人士和被怀疑为共和派同情者的人们。

5 月，巴勒斯坦阿拉伯人与犹太人发生冲突。

1937 年

中国四川省出现大旱灾，美国中西部各州洪水泛滥；阿拉伯人和犹太人紧张关系升级。

5月，德国"兴登堡"号飞艇在美国撞毁，死亡35人。

8月，日军轰炸上海，德国纳粹建立布痕瓦尔德集中营。

12月，日军在中国南京屠杀超过30万中国人。

1938年

6月，中国蒋介石政府为阻挡侵华日军西犯而人为制造的黄河花园口决口事件导致中国豫皖苏三个省份的千百万人的生命财产尽付洪流。

11月9日晚，德国纳粹一手制造了席卷全国的暴力摧毁犹太社区的恐怖事件。当夜有数百个犹太教堂被烧毁，数千个犹太人被殴打，几乎所有的犹太商店被洗劫一空，这个夜晚被称作"水晶之夜"。此后，反犹暴力行为席卷德国，大批犹太人及其产业受到冲击。

1939年

犹太人逃离中欧。

7~8月，中国海河流域天津地区发生洪灾。

9月3日，英国和法国对德国宣战，第二次世界大战爆发。

1940年

世界人口达到23亿。

2月，苏联侵略芬兰。

3月，苏联军队在波兰肯特恩森林屠杀4000多名波兰士兵。

4月，德国入侵丹麦和挪威。

5月，德国纳粹对荷兰和比利时发动闪电进攻；联军开始从敦刻尔克撤退。

6月，德国纳粹占领巴黎；意大利参战。

8月，德军发起不列颠战役，轰炸造成英国贫民每天死亡300~600人。

10月，载满避难儿童的"不列颠女皇"号游轮被德国潜艇击沉。

11月，泰国军队入侵法国统治下的老挝和柬埔寨领土。

12月，美国开始实施研制原子弹的"曼哈顿工程"。

1941年

第二次世界大战向纵深发展，希特勒进攻苏联；珍珠港事件发生，美国参战；纳粹开始有计划地在德国占领的苏联地区屠杀犹太人，并有计划地将德国的犹太人送往波兰的集中营，维希法国政权开始围捕犹太人并将之送往德国。

1942 年

4 月，1 万多名美军和菲律宾战俘在巴丹半岛死亡。

11 月，美国波士顿"椰林"夜总会发生火灾，433 人当场死亡。

1942～1943 年，中国中原地区发生大饥荒，仅河南一省就有 300 多万人饿死。

1943 年

孟加拉发生大饥荒，中国南部省份广东发生大饥荒。

6 月，美国发生种族骚乱。

1944 年

6 月，德国党卫军部队为报复抵抗者的袭击，屠杀了 642 名法国平民。

8 月，华沙爆发反对德军占领的大起义，德国党卫军镇压起义者，波兰死亡 18 万人。

1945 年

第二次世界大战结束，发现纳粹死亡集中营。

2 月，盟军对德国城市德累斯顿大轰炸，大批市民死亡，死亡人数超过 13.5 万人——几乎是日本广岛原子弹爆炸死难者的两倍，这座美丽的城市从地球上消失。

7 月，美国在新墨西哥沙漠试验原子弹爆炸。

8 月，美国向日本广岛、长崎投掷原子弹，造成 7 万～8 万人死亡。

1946 年

匈牙利出现恶性通货膨胀；世界性小麦短缺；中国内战继续。

7 月，犹太恐怖分子在耶路撒冷制造"大卫王"饭店爆炸，造成 91 人死亡。

1947 年

英国爆发经济危机，出现燃料短缺。
2月，印巴分治造成孟加拉和旁遮普邦内部冲突。
6月，中国广西、广东两省发生洪灾。
10月，印控克什米尔地区爆发战斗。
12月，联合国分治计划宣布后，巴勒斯坦犹太人与阿拉伯人发生战斗。

1948 年

5月，英国结束对巴勒斯坦的统治，以色列在巴勒斯坦宣布建立犹太国，美国和苏联正式承认以色列；埃及、约旦、伊拉克和叙利亚联合入侵以色列。
6月，南非新政府执行种族隔离政策。

1949 年

朝鲜战争爆发，战争造成大量平民死亡和难民危机，朝鲜战争历时三年，涉及20多个国家。造成100多万韩国人、近百万中国人和50多万朝鲜人死亡。以美军为主的联合国军队死亡5万多人。朝鲜双方的工业基地基本上都在轰炸中化为废墟。
1月，南非发生种族骚乱。
3月，苏联宣布拥有核武器。
6月，匈牙利共产党开展清洗运动。

1951 年

联合国难民问题高级专署成立；澳大利亚大旱；美国堪萨斯州和密苏里州洪水泛滥。
3月，捷克斯洛伐克共产党开始清洗运动。
4月，伊朗发生暴乱。
5月，美国研制的世界上威力最大的大规模杀伤性武器——氢弹爆炸成功，氢弹时代来临；巴拿马发生暴乱。
9月，埃及废除1936年签订的与英国结盟的条约，随后发生骚乱。
10月，巴基斯坦总理遇刺，导致平民骚乱；委内瑞拉政府镇压卡拉柯斯暴乱。

1952 年

南非加紧实施种族隔离法；流行性脑炎肆虐美国；干旱造成美国歉收；加拿大查克河核电站核燃料心爆炸。

10 月，肯尼亚进入紧急状态，应对"茅茅"民族主义者制造的骚乱；哈罗火车大灾难发生，英国伦敦北部发生三列火车相撞的惨剧，造成 112 人死亡，200 多人受伤。

12 月，伦敦发生严重空气污染，导致多人死亡。

1953 年

2 月，荷兰洪水泛滥，造成 1000 多人死亡。

5 月，"彗星"号喷气客机在印度坠毁，机上人员全部死亡。

8 月，希腊爱奥尼亚岛地震，导致 100 人死亡，10 万人无家可归。

1954 年

"埃奥卡"恐怖组织成立，其目标是实现塞浦路斯与希腊统一；中国长江、淮河流域发生特大水灾。

3 月，肯尼亚逮捕 700 名"茅茅"运动分子。

4 月，"彗星"号喷气客机第三次坠毁，该型号所有飞机停航。

5 月，美国最高法院宣布在学校实行种族隔离违法。

12 月，希腊雅典发生支持希族塞浦路斯人的骚乱。

1955 年

5 月，阿根廷政府的反天主教法导致国内骚乱。

8 月，摩洛哥和阿尔及利亚发生反法骚乱，导致许多欧洲人被屠杀；阿尔及利亚独立战争爆发。

12 月，美国阿拉巴马州的罗萨·帕克斯因为反种族隔离的公共汽车座位法而被捕，阿拉巴马州的黑人开始抵制公共汽车。

1956 年

6 月，波兰发生群众示威，遭到野蛮镇压；匈牙利国内发生要求民主、反对苏联的示威，苏军进入匈牙利，匈牙利被迫实施军事管制。

1957 年

8 月，叙利亚发生亲共清洗运动。

10 月，英国温德斯卡尔核电站发生事故。

1958 年

中国发起"大跃进"运动；种族骚乱袭击英国。

2 月，法国轰炸突尼斯边境村庄，以报复"民阵"袭击。

5 月，由于民族冲突和骚乱，锡兰宣布进入紧急状态。

1959 年

3 月，肯尼亚发生"赫拉营地"事件，11 名"茅茅"囚犯死亡，肯尼亚国内宣布进入紧急状态。

12 月，法国德瓦斯塔斯河大坝坍塌，造成 300 人死亡。

1959~1961 年，中国连续三年发生严重饥荒。

1960 年

南罗得西亚发生骚乱；美国爆发反种族歧视大示威；刚果陷入"黑暗之心"，整个 60 年代，战争和杀戮一直在刚果蔓延。

1 月，阿尔及利亚发生内战。

2 月，南非发生沙佩维尔大屠杀，警察开枪打死 69 人，打伤 178 人，全国进入紧急状。沙佩维尔大屠杀成为南非内部政治和对外关系的转折点，事件平息后，ANC 和 PAC 这两大组织被南非政府查禁，他们不得不以暴力作为反对种族隔离制度的唯一方式；摩洛哥大地震，造成 1 万多人死亡。

4 月，美国密西西比州白人种族主义者制造的骚乱，导致 10 人死亡，截至当时，这是美国历史上死亡人数最多的一次种族骚乱。

1962 年

9 月，美国密西西比州发生种族骚乱，一群疯狂的白人学生向由 170 多名联邦警卫护送下进入密西西比大学的第一位黑人学生詹姆斯·哈沃德·摩尔德茨投掷石块和砖头，并点燃汽车和建筑。50 多人在混乱中受伤。

1963 年

4月，美国海军"长尾鲨"号核潜艇由于核反应堆意外关闭导致潜艇下沉破裂，艇上 17 名技术人员和 112 名官兵全部遇难，这是美国和平时期遭遇的最严重的潜艇灾难。

6月，南越发生佛教徒自焚事件，以抗议内战。

7月，南斯拉夫地震摧毁苏克比市。

10月，飓风造成加勒比地区重大灾难。

12月，"拉卡尼亚"号渡轮起火沉没，造成 150 人死亡。

1964 年

3月，印度爆发反穆斯林骚乱。

5月，秘鲁足球骚乱造成 318 人死亡，500 多人受重伤。

1965 年

苏联粮食歉收；暴雨袭击印度和巴基斯坦，造成饥荒；美国军队涌入越南，到 1965 年底，美国在南越驻军人数已经超过 18.5 万人，该年共有 1350 多名美国军事人员死于各种战斗行为。

3月，美国阿拉巴马州黑人民权运动暴力行为增加；智力大地震，造成 400 多人死亡。

5月，以色列对约旦克拉利亚村发动大规模袭击。

8月，洛杉矶市发生瓦兹骚乱，最终造成 34 人死亡，其中大部分是被国民警卫队和警察击毙的黑人。

10月，印度尼西亚屠杀共产党嫌疑分子，死亡约 40 万人。

11月，美国七个州和加拿大安大略地区发生严重电力故障。

1966 年

中国十年"文化大革命"开始。

3月，印度食品短缺导致骚乱；中国邢台地区发生强烈地震。

4月，印度尼西亚发生种族骚乱。

7月，美国爆发种族暴乱；以色列对叙利亚进行报复性空袭。

8月，以色列与叙利亚军队开战；土耳其大地震，数千人死亡。

9月，尼日利亚豪萨族和伊博族之间发生部族大屠杀；美国旧金山发生种族骚乱。

10月，英国威尔士阿伯汉地区雨水浸泡导致矿渣山崩塌，造成144人死亡，其中116人为儿童，这场灾难是60年代英国传统工业衰落地区真实生活的悲惨写照，它与绚丽多姿的伦敦的浮华外表形成鲜明的对比，在阿伯汉，英国陈旧工业积累的废墟埋葬了一代人的未来。

1967年

英国发生口蹄疫；英国货币贬值，进入金融危机。

"六日战争"：1967年6月5～10日，阿拉伯国家与以色列爆发战争。在短短的六天里，只有250万人口、27.5万军队的以色列战胜了合计拥有4000多万人口、39.5万军队的各阿拉伯国家。在这场战争中，以色列阵亡689人，而阿拉伯方面则牺牲大于1.35万人。

3月，美军轰炸造成南越80名无辜居民死亡。

4月，也门民族主义者发动暴力骚乱；塞浦路斯希族与图族再次发生冲突。

6月，尼日利亚发生民族暴乱和比夫拉分裂。

7月，美国种族骚乱造成主要城市大规模破坏。

1968年

以色列与以约旦为基地的阿拉伯恐怖分子发生战斗，以色列袭击阿拉伯目标；西德恐怖组织"红色旅"成立；尼日利亚政府军占领港口城市比夫拉，造成供应紧张，导致数千人饿死，而尼日利亚拒绝国际红十字会组织进入比夫拉；美国黑人领袖马丁·路德·金遇刺，金的死亡引起美国大规模骚乱。

3月，驻南越美军在"美莱"攻击中屠杀村庄无辜平民，这就是令人发指的"美莱大屠杀"。

8月，伊朗地震造成数千人死亡。

11月，北爱尔兰发生天主教徒与新教徒的冲突。

1969年

"气象员"派别开始在美国进行恐怖活动；飓风造成美国密西西比湾海

岸灾难，248 人死亡；尼日利亚比夫拉地区发生大规模饥荒。

1 月，北爱尔兰发生宗教暴力。

2 月，阿拉伯恐怖分子在苏黎世劫持以色列航班。

4 月，阿拉伯恐怖分子袭击以色列，以色列对约旦进行报复性空袭；爱尔兰共和军恐怖分子制造邮局爆炸。

5 月，马来西亚发生马来人与华人种族冲突。

8 月，北爱尔兰宗教暴力冲突再起，英国军队进入北爱尔兰，爱尔兰开始进行军事动员；宗教狂热分子在耶路撒冷旧城阿卡萨清真寺纵火。

9 月，印度教徒与穆斯林之间发生暴力冲突。

1970 年

世界人口达 36 亿。

1 月，尼日利亚内战导致 100 多万人丧失生命，其中大部分死于饥饿和营养不良，战争地给这个民族留下巨大创伤。

2 月，瑞士航班被巴勒斯坦恐怖组织炸毁，47 人死亡。

5 月，巴勒斯坦恐怖分子杀死 12 名以色列儿童；秘鲁大地震造成 7 万人死亡。

7 月，英国客机在西班牙坠毁，死亡 112 人。

9 月，巴勒斯坦恐怖主义者在约旦的道芬斯菲尔德机场同时劫持三架飞机，并在约旦炸毁，其目的在于引起国际社会对长期以来忽视对巴勒斯坦人民命运的关注。

11 月，台风和大潮造成东巴基斯坦 15 万人死亡。

1971 年

孟加拉独立：在经历了 20 世纪最血腥的种族大屠杀之后，东巴基斯坦独立，成立孟加拉国。通过大规模的屠杀、强奸和焚烧村庄，巴基斯坦军队和民兵使这个国家成为一片废墟。至少有 100 万人被杀死，大约 1000 万难民越过边界进入印度。

1 月，苏格兰埃布克斯足球场发生人群挤压，造成 66 人死亡。

7 月，摩洛哥发生兵变，90 人死亡。

9 月，美国纽约州阿提卡监狱囚犯暴动，警察镇压造成 43 人死亡。

12 月，北爱尔兰发生酒吧爆炸，造成 15 人死亡。

1972 年

1972 年是北爱尔兰冲突历史上最痛苦的一年,在这一年,共有 467 人,其中包括 103 名英军士兵在这个地区的暴力活动中丧生。1972 年 1 月的一个星期天发生了被称为"流血的星期天"的悲剧,随后,当地 IRA 制造了"血腥的星期五",新教徒与天主教徒之间的宗教仇杀令人惨不忍睹;美国遭遇严重干旱,谷物歉收。

1 月,英国失业人口达到 100 万。

4 月,伊朗地震,造成 5000 人死亡;飓风袭击美国东海岸造成 134 人死亡和重大财产损失。

6 月,美国苏斯克汉纳河水泛滥,冲毁村庄。

8 月,德国慕尼黑奥运会发生恐怖袭击事件。

12 月,尼加拉瓜大地震,造成约 1 万人死亡。

1973 年

石油危机和谷物价格的猛涨,导致世界性经济危机;北爱尔兰骚乱和恐怖活动继续。

智利政变:1973 年 9 月 11 日,由陆军总司令奥格斯图·皮诺切特将军领导的智利武装部队发动血腥军事政变,推翻了民选的阿连德政府。政变之后,皮诺切特建立了军人政权,解散了国会,取缔了反对党并对新闻媒体实行严格的控制,实施长期的恐怖统治。至少有 5000 人被杀,1 万多人受到残酷刑讯的折磨,25 万人作为政治犯被送入集中营。受害者包括左翼政治家、工会领导人、学生、记者、社会工作者等。而美国和英国一些保守势力却赞扬他"拯救了自由",因为他在智利实行了自由市场改革,结束了价格控制并停止了国有化。

1 月,葡萄牙发生恐怖爆炸。

3 月,金融危机导致欧洲外币市场关闭;巴勒斯坦恐怖分子杀害美国驻苏丹大使。

4 月,巴勒斯坦恐怖分子袭击以色列驻塞浦路斯大使;以色列突击队在黎巴嫩杀死三名巴勒斯坦领导人。

7 月,罗得西亚恐怖分子大规模绑架学校儿童。

8 月,罗得西亚种族骚乱;巴勒斯坦恐怖分子袭击希腊机场,造成 4 人死亡。

9月，以色列与叙利亚爆发大规模空战。

10月，以色列与埃及之间爆发"赎罪日"战争，仅以色列一方就有1854人死亡，近2千人重伤。

12月，阿拉伯恐怖分子袭击罗马机场造成32人死亡。

1974年

世界经济衰退，通货膨胀严重；孟加拉饥荒，数十万人饿死；埃塞俄比亚饥荒，数十万人饿死。

3月，一架从巴黎飞往伦敦的土耳其航空公司DC—10型客机发生空难，机上346人全部死亡，这起空难引起了人们对随着近年来飞机数量和规模不断扩大而带来的安全问题的思考。

4月，阿拉伯恐怖分子杀死18名以色列人。

5月，以色列特种部队试图逮捕占据马阿罗克学校的巴勒斯坦恐怖分子，导致20名学生被杀死，以色列对巴勒斯坦难民营实施报复；爱尔兰首都都柏林发生恐怖爆炸，造成32人死亡。

6月，位于英国亨伯赛特郡一座城市郊外的化工厂发生大爆炸。

7月，土耳其入侵塞浦路斯。

8月，台风袭击孟加拉，造成数千人死亡，数百万人无家可归。

11月，北爱尔兰共和军IRA在英国伯明翰制造恐怖爆炸，共造成21人死亡，180人受伤，该事件推动英国议会通过了防恐怖主义法，并赋予警察更多的权力。警察对爆炸行动的反应已经扩大到可以逮捕任何他们认为可能与爆炸相关的人。

12月，飓风破坏澳大利亚北部城市达尔文；巴基斯坦地震造成5000多人死亡。

1975年

2月，伦敦地铁火车相撞，30人死亡。

4月，黎巴嫩内战开始；安哥拉发生内战，持续的内战使安哥拉的经济几乎完全崩溃，人口大量死亡。

8月，英国通货膨胀达到历史最高点，英国遭遇经济危机。

9月，美国肯塔基州因废除种族隔离，学校发生种族暴乱，北爱尔兰发生恐怖爆炸，15 人丧生。

12 月，印尼入侵东帝汶，犯下许多暴行。

1976 年

反常夏季高温，造成英国干旱；北爱尔兰继续发生爆炸、谋杀和其他暴力犯罪；非洲撒哈拉发生大规模武装冲突。1976 年是大地震多发之年，2 月的马尼拉地震，5 月的意大利北部地震和 11 月的土耳其都造成数千人死亡，但这都无法与 7 月 28 日发生在中国河北唐山的大地震相比，根据官方统计，在这次 20 世纪最大的地震中共有 24.2 万人死亡，16.4 万人受重伤。另外，8 月地震和海啸造成印尼 7000 多人死亡。

1 月，北爱尔兰宗教冲突造成 15 人死亡。

6 月，南非城市发生暴乱和示威，警察镇压造成 170 人死亡，波兰因食品价格上涨引发骚乱，地震和山崩导致印尼 3000 多人死亡。

7 月，意大利化工厂戴奥辛气体泄漏，破坏动物生存环境。

8 月，南非城市发生骚乱；地震和海啸造成印尼 7000 多人死亡；英国诺丁山狂欢节发生暴力事件，墨西哥比索贬值，造成物价猛涨。

9 月，英国一架三叉戟飞机与南斯拉夫一架 DC9 飞机在南斯拉夫相撞，造成 179 人死亡。

10 月，古巴一架飞机发生炸弹爆炸，机上 73 人死亡。

12 月，乌克兰油轮在美国南特克特附近搁浅，造成大规模原油泄漏。

1977 年

1~2 月，美国罕见低温天气导致主要河流结冰；阿拉伯国家流行霍乱；安哥拉"人阵"开始进行组织大清洗；斯里兰卡泰米尔分离运动兴起；北爱尔兰和英国本土持续发生爆炸和暗杀事件；黎巴嫩陷于分裂，再次变成血腥屠场。

1 月，澳大利亚火车出轨，桥梁坍塌造成 82 人死亡。

2 月，泰国与柬埔寨发生边界冲突；美国芝加哥列车事故造成 11 人死亡。

3 月，罗马尼亚发生地震，1500 多人死亡，加纳利群岛发生大空难，两架波音 747 客机在地面相撞，这次航空史上最大的灾难共造成 583 人死亡。

4 月，由于大规模开采，英国北海油田地下储油层喷发，造成第一次生态灾难。

5月，南摩鲁加恐怖分子在荷兰亚森劫持一列火车，扣押51名人质。

6月，荷兰特种部队袭击被劫持的火车，6名恐怖分子和2名人质死亡。

11月，飓风造成印尼近万人死亡。

1978年

邪教信徒集体自杀：1978年11月，美国"人民圣殿"教的914名信徒，其中包括276名儿童在圭亚那丛林中的一个村落里集体自杀。

1月，印度航空公司一架波音747飞机在空中爆炸，死亡213人；伊朗库姆圣城爆发宗教骚乱。

3月，阿拉法特的游击队杀死以色列平民30人；以色列入侵黎巴嫩，摧毁巴解基地。

4月，印度旋风造成600多人死亡。

5月，罗得西亚特种部队杀害90个反对派支持者。

8月，伊朗电影院大火导致370人死亡。

9月，伊朗地震造成2.5万人死亡。

1979年

伊朗国王开始清洗和处决反叛的军官。

1月，伊朗伊斯兰狂热分子煽动暴力；墨西哥地震造成1000人死亡，坦桑尼亚入侵乌干达。

4月，苏联因生化武器研究所储存库事故，导致炭疽病爆发，造成人员感染；中非帝国100多名儿童在示威活动中被杀害。

6月，墨西哥油田发生特大井喷，造成世界最严重的环境污染事故，常规技术无法制止井喷，原油泄漏持续数月。

7月，两艘油轮在特立尼达附近相撞，原油泄漏造成污染。

8月，英国女王的堂兄蒙巴顿将军被北爱尔兰共和军IRA杀害，死于恐怖炸弹袭击，同一天，另有18个英国士兵在北爱尔兰的沃宁旁特死于恐怖袭击。

9月，飓风造成多米尼加共和国1000多人死亡。

11月，美国油轮在得州加尔维斯顿水域起火，造成严重污染；一架DC10飞机在南极洲撞山，造成257人死亡。

1980 年

巴西政府开始实施新方案吸引人们居住在亚马孙河地区，这一方案造成热带雨林过度砍伐和当地部落的衰亡；英国失业人口超过 200 万。

2 月，美国新墨西哥州监狱发生暴乱，33 人死亡。

4 月，英国布列斯托发生种族骚乱；菲律宾渡轮与油轮相撞，造成 300 多人死亡。

5 月，美国迈阿密州白人警官杀死一名黑人嫌疑犯被判无罪，导致种族骚乱。

6 月，南非警察与示威民众发生暴力冲突，导致 30 人死亡；印度发生民族冲突，导致 1000 多人死亡。

8 月，右翼恐怖分子在意大利波隆纳火车站制造爆炸，导致 82 人死亡；飓风袭击多米尼加共和国，造成 6000 多人死亡，15 万人无家可归。

9 月，两伊战争爆发。

10 月，英国潘斯犹太人集会遭炸弹袭击，4 人死亡；阿尔及利亚大地震，造成 2 万多人死亡。

11 月，意大利地震，造成数千人死亡。

1981 年

2 月，津巴布韦两大民族组织爆发战斗。

4 月，阿拉伯维和部队与黎巴嫩民兵发生战斗；由于失业压力，英国伦敦郊区布里克斯顿的数百名黑人青年爆发骚乱，骚乱者抢劫和焚烧了十几间商店和办公室。

7 月，利物浦的托克斯特茨发生骚乱，100 多名警察在平息骚乱中受伤。

8 月，德黑兰发生大爆炸。

1982 年

美国一个聚会上出现装有氢化物的羟苯基乙酰胺胶囊，7 人中毒身亡，羟苯基乙酰胺胶囊被禁止销售；英国失业人口突破 300 万大关，美国失业率创新纪录。

2 月，乌干达首都坎帕拉发生叛军与政府军枪战。

6 月，巴勒斯坦恐怖分子袭击以色列驻英国大使，以色列对黎巴嫩实施报复性空袭，以色列入侵黎巴嫩。

7月，伊朗对伊拉克发动新的进攻；IRA在伦敦海德公园制造爆炸造成英军士兵死亡；以色列空袭西贝鲁特。

9月，以色列占领西贝鲁特；黎巴嫩基督教长枪党民兵杀害巴勒斯坦难民。

11月，以色列驻黎巴嫩军营发生爆炸，100多人死亡。

12月，北爱尔兰爆炸造成17人死亡。

1983年

2月，印度发生宗教冲突，造成700多人死亡。

4月，美国驻黎巴嫩大使馆遭炸弹袭击，60多人死亡。

7月，斯里兰卡泰米尔分离主义分子制造骚乱，政府实施宵禁。

8月，一艘油轮在南非开普敦附近海域搁浅，造成严重污染。

9月，韩国一架波音747航班被苏联空军击落，269人死亡。

10月，美军驻黎巴嫩维和部队遭受炸弹袭击，216名美军死亡，法国维和部队也遭攻击，死亡58人；恐怖分子制造爆炸试图暗杀韩国总统，造成19人死亡；土耳其地震造成1300多人死亡，美军入侵格林纳达。

11月，以色列军营遭到自杀式爆炸攻击，60人死亡。

12月，IRA汽车炸弹在伦敦哈罗茨商店附近爆炸，造成6人死亡。

1984年

"两伊"战争继续；埃塞俄比亚饥荒造成200万人死亡。

1月，突尼斯政府全面提高面包价格125%，立即在全国引发大规模民众骚乱，导致100多人丧生。

7月，美国加州麦当劳餐厅被解雇的保安人员疯狂枪杀20多人。

8月，斯里兰卡泰米尔人与僧伽罗人发生暴力冲突。

9月，南非小镇发生骚乱，导致至少14人死亡；美国驻黎巴嫩大使馆爆炸，造成23人死亡。

10月，IRA发动针对保守党领袖、时任首相撒切尔夫人的炸弹爆炸，造成5人遇难，30多人受伤；印度发生反锡克人暴力事件，造成100多人死亡；墨西哥炼油厂爆炸，500多人死亡。

1985 年

英国足球赛季以两场暴力悲惨事故宣告结束，两伤事故共导致近百人死亡，上千人受伤，这两场事故引发人们对公共场所安全状况的普遍关注。

1 月，埃塞俄比亚火车出轨造成 390 人死亡。

3 月，南非警察向示威者开枪，共导致 18 人死亡。

5 月，印度锡克族极端分子制造爆炸，造成 80 多人死亡；美国宾夕法尼亚州警察在制止骚乱中炸毁楼房，导致 11 人死亡，200 多人无家可归；斯里兰卡猛虎组织袭击省城，导致 100 多人死亡；飓风造成孟加拉 1 万多人死亡。

6 月，贝鲁特汽车炸弹造成 52 人死亡；印度飞机在爱尔兰上空爆炸，机上 325 人全部遇难。

7 月，经常出现在保护海洋环境斗争中的"绿色和平"的"彩虹勇士号"轮船在新西兰的奥克兰港被炸沉。

8 月，日本飞机撞山，520 名乘客和机组人员全部遇难。

9 月，墨西哥地震，造成 9500 人死亡，人员伤亡主要来自倒塌的摩天大楼和高层建筑。

10 月，以色列袭击在突尼斯的巴解总部，杀死 60 多人。

11 月，哥伦比亚火山喷发，造成 2.5 万人死亡；埃及航班被劫持到马耳他，埃及派突击队营救，60 人死于枪战。

1986 年

航天飞机灾难：1986 年 1 月 28 日，美国"挑战者号"航天飞机发射升空后，70 秒钟突然爆炸，7 名宇航员遇难。

喀麦隆上空的"死云"：1986 年 8 月 21 日，喀麦隆乌姆地区上空出现有毒气体"死云"，一夜之间导致 1700 多人死亡，两天后政府才开始对该地区实施有效救治，神秘"死云"共夺去了近 2000 人的生命和导致大批牲畜的死亡。

3 月，南非反种族隔离运动日益增长，与此同时白人极端分子的活动也非常猖獗，南非警察对示威群众开枪，杀死 30 人。

4 月，美国环球航空公司被炸，4 人死亡。

9月，阿拉伯恐怖分子在卡拉奇劫持飞机并杀害15名乘客；华尔街交易员鲍斯基"内部交易"曝光，华尔街股市崩溃。

1987年

"黑色星期一"：1987年10月19日，伦敦股票交易市场遭遇"黑色星期一"，美国股市下跌更为剧烈，一场突如其来的灾难席卷全球股票市场，80年代经济繁荣结束。

烈士纪念日大爆炸：11月8日IRA在烈士纪念日这一天在小镇埃恩斯克伦的纪念日游行中制造了最大规模的炸弹爆炸，造成11人死亡，60多人受伤，其中包括很多妇女和儿童。这是有关"爱尔兰问题"历史上令人悲痛的事件，标志着IRA暴力行动的升级。

3月，泽布勒赫渡轮倾覆，近200名乘客和船员死亡；泰米尔猛虎组织炸毁桥梁造成火车出轨，22人死亡。

4月，泰米尔猛虎组织袭击斯里兰卡运输船，造成127人死亡；斯里兰卡首都科伦坡发生爆炸，100多人死亡；IRA利用遥控炸弹炸死北爱尔兰大法官莫里斯·吉本森和他的妻子。

8月，沙特阿拉伯穆斯林教派冲突，警察开枪镇压，造成400多人死亡；英国亨特福德发生枪击案，凶手杀死16人后自杀。

9月，哥伦比亚雪崩造成120人死亡。

10月，美国洛杉矶地震，六人死亡；强烈飓风袭击英国，造成大规模破坏和财产损失，17人死亡和数百人受伤。

11月，贝鲁特国际机场发生爆炸，5人死亡；伦敦英王十字地铁站大火，30人死亡；政治暴力迫使海地大选中止，34人死亡；恐怖分子在缅甸上空炸毁韩国航班，115人死亡。

12月，菲律宾渡轮与油轮相撞，造成1500多人死亡。

1988年

全球变暖趋势加重。

洛克比空难：12月21日，苏格兰小镇洛克比上空，一架从伦敦飞往纽约的波音747爆炸并坠落，机上259名乘客和机组人员全部遇难。

亚美尼亚大地震：1988年12月7日，苏联亚美尼亚共和国与土耳其接壤的西北部遭受地震，估计死亡人数超过10万，无家可归者超过50万。

地震发生后，美国向苏联提供了第二次世界大战以来的第一次慷慨援助。

2月，巴西洪水和山崩导致100多人死亡。

3月，缅甸警察枪杀示威学生；伊拉克军队用毒气镇压库尔德人起义，造成6000多人死亡。

4月，美国对伊朗油田实施报复性轰炸；穆斯林极端分子劫持科威特航班，杀死两名乘客；巴基斯坦军火库爆炸，数百人死亡。

7月，北海油田发生爆炸和大火160人死亡；伊朗客机在波斯湾被美国军舰击落，机上286人全部死亡。

8月，1980年开始的"两伊"战争结束，战争摧毁了两国经济，并造成了100多万士兵的死亡。

9月，孟加拉遭遇70年未见的特大洪水，数千人死亡，数百万人无家可归。

12月，英国伦敦火车事故造成34人死亡。

1989年

哥伦比亚骚乱不安，政府加强反毒品斗争，导致500多人被捕，其中9人被引渡到美国，毒品走私集团实施报复，制造260起爆炸，导致180人死亡；波兰、南斯拉夫和阿根廷发生恶性通货膨胀，造成居民生活困难。

"沃尔茨号"原油泄漏：1989年3月24日"埃克森·沃尔茨号"超级油轮在通过美国阿拉斯加沿岸的威廉王子海峡时触礁搁浅倾覆，5000万升原油泄漏海中，造成历史上最严重的生态灾难，阿拉斯加海洋生态系统和当地捕鱼业受到严重破坏。1990年，作为"埃克森·沃尔茨号"油轮灾难的直接后果，美国政府通过了"石油污染法"，规定船主必须对造成的污染承担无限责任。埃克森石油公司同意赔偿10亿美元，但这根本无法与造成的环境损害相比。

赫尔斯堡惨案：4月15日英国南约克郡赫尔斯堡体育场球迷争斗导致相互践踏、95人死亡的悲剧。

7月，IRA开始袭击英国驻联邦德国军营。

8月，英国泰晤士河游船与挖掘船相撞，造成51人死亡。

9月，飓风对维京群岛和波多黎各造成巨大损失；法国航班在尼日尔被恐怖分子炸毁，171人遇难。

10月，美国旧金山地震，大约90人死亡。

11月，黎巴嫩总统莫阿瓦德和另外23人在贝鲁特发生的爆炸中丧生。

12月，伊朗"哈格5号"油轮在大西洋起火爆炸，造成大面积原油泄漏。

1990年

麦加灾难：1990年7月2日，世界上最惨痛的一次群体灾难发生在伊斯兰教圣地——沙特阿拉伯的麦加。在极度拥挤的情况下，大约有1400人因窒息而死和被他人踩踏而死。

英国人口税引发暴乱："人头税"在英国许多地方引发了普遍骚乱，以伦敦中部爆发的骚乱最为严重。

1月，龙卷风给英国和西欧国家带来灾难。

5月，英国出现疯牛病。

6月，伊朗西北部发生地震，5万多人死亡。

7月，爱尔兰共和军在伦敦实施炸弹袭击，证券交易所受损；利比里亚政府军在内战中屠杀600名平民；一名英国保守党下院议员遭爱尔兰共和军汽车炸弹袭击身亡。

8月，南非科萨人和祖鲁人爆发部族冲突，400人丧生。

10月，遭劫持的中国客机在降落时坠毁，120人丧生；以色列军队在耶路撒冷向游行示威者开火，造成21人死亡。

1991年

秘鲁爆发霍乱，并向巴西蔓延；宗教极端主义者在阿尔及利亚发动骚乱；阿尔巴尼亚国内骚乱和暴力活动造成大量难民外逃；中国遭遇洪涝灾害；索马里爆发内战。

罗德尼·金事件：1991年3月，一名黑人车手罗德尼·金遭到了4名洛杉矶警察的毒打，但在1992年4月29日，全部由白人组成的陪审团却判警察无罪。这种不可思议的判决引发了美国自20世纪60年代以来最具破坏性的骚乱。这次骚乱持续了两天两夜，共造成50多人死亡，数千人受伤。

2月，日本核动力反应堆事故引起人们对核计划安全的忧虑。

4月，孟加拉遭遇龙卷风袭击，造成100万人死亡，数百万人无家可归。

5~8月，中国长江流域和淮河流域的18个省份遭受特大洪涝灾害。

6月，宗教极端主义分子发动暴乱。

1992 年

阿姆斯特丹空难：1992 年 10 月 4 日，一架装载 1000 多吨货物的以色列波音 747 型运输机从荷兰首都阿姆斯特丹市附近的一个机场起飞后不久，因两台发动机起火而坠毁在一居民区，飞来的横祸使 250 多人丧生。

1 月 20 日，87 人在法国空中客车空难中丧生。

2 月，印度旁遮普地区锡克教徒制造选举暴力事件造成 17 人死亡。

3 月，阿根廷发生了一起恐怖主义分子制造的爆炸事件，至少造成 28 人死亡。

4 月，爱尔兰共和军的一枚威力强大的炸弹在伦敦市内的金融中心伦敦城爆炸，3 人被炸死，多人受伤；22 日，墨西哥瓜达拉哈拉市煤气大爆炸，造成 200 多人死亡，1470 人受伤，许多人失踪；1124 座住宅、450 多家商店、600 多辆汽车、8 公里长的街道以及通信和输电线路被毁坏。

5 月，南非博伊帕通爆发所谓的种族暴乱，造成 30 多人死亡；法国发生足球史上最严重的灾难，一个临时看台轰然坍塌造成 700 多人伤亡。

10 月，俄罗斯连续发生爆炸事件，造成十多人死亡；俄罗斯北高加索向外高加索地区输送天然气的管道发生强烈爆炸，造成 300 多米钢管被炸毁，并引起大火。

12 月，印度教极端分子摧毁历史悠久的印度阿约提亚清真寺，引发教派冲突。

1993 年

纽约世贸中心爆炸案：1993 年 2 月 26 日，一群伊斯兰恐怖分子将一枚炸弹安装在一辆卡车上，然后驾车驶入纽约世贸中心双塔下面的停车场内。炸弹在午饭时间爆炸，并引起大火，当时有 5.5 万人正在双塔内上班。爆炸造成 6 人死亡，数千人受伤。

爱尔兰共和军发动炸弹恐怖袭击：1993 年春，爱尔兰共和军在英国本土策划的爆炸袭击活动如火如荼地进行。3 月 20 日，恐怖分子将两枚装置在柴郡沃林顿一个购物中心的炸弹引爆，导致两名儿童，50 人受伤。4 月 26 日，爱尔兰共和军引爆一枚安放在伦敦市中心主教门大街一辆卡车上的巨型炸弹，导致 1 名行人被炸死，40 人炸伤。

4 月，美国邪教"大卫派"教徒集体自焚，82 名大卫教派的教徒死在了韦科总部。

5月，意大利佛罗伦萨发生炸弹爆炸事件，美术馆和大量价值不菲的艺术作品受损。

6月，阿塞拜疆爆发叛乱，利比里亚叛军杀死400多人。

1994年

1月，加利福尼亚发生地震，造成57人死亡。

2月，萨拉热窝发生迫击炮袭击，造成60多名贫民死亡；犹太定居者在希伯伦清真寺打死50多名巴勒斯坦人；约旦发生易卜拉欣大惨案，一名手持自动步枪的以色列犹太移民在易卜拉清真寺内，向正在做祈祷的千余名巴勒斯坦人开枪扫射，死亡人数达57人，另有约300人受伤。

4~5月期间，卢旺达发生种族大屠杀，至少50万人丧生；南非约翰内斯堡市中心发生有史以来最大的汽车炸弹爆炸事件，造成8人死亡，70多人受伤。

6月，中国发生航班空难。飞机上146名乘客、14名机组人员共160人全部遇难。

8月，车臣冲突又起，共造成大约3万人死亡。

9月，一艘载有1047名乘客和船员的"爱沙尼亚"号轮渡在于特岛附近沉没，仅140人生还。这是自"二战"以来发生在欧洲的最严重的一次轮渡灾难。

10月，"太阳圣殿教"教徒在不同地区接连发生三起集体自杀和屠杀事件。人们在被大火烧毁的农舍里共发现了53具尸体。截至1997年底，该邪教组织共有74名成员自杀身亡；以色列特拉维夫市中心发生哈马斯组织策划的公共汽车爆炸惨案，22人死亡，48人受伤。

12月，中国新疆克拉玛依市发生"12.8"特大火灾事故，造成323人死亡，132人受伤的惨剧。

1995年

全世界感染艾滋病的人数超过100万；比索贬值，墨西哥陷入经济危机。

1月，日本神户发生里氏7.2级大地震，共造成3842人死亡，14679人受伤；印度火车炸弹爆炸案造成27人死亡；西北欧遭受水灾。

3月，东京地铁发生"奥姆真理教"毒气袭击事件共造成12人死亡，

5500 人受伤。

4 月，美国俄克拉荷马城遭到恐怖袭击，168 人死亡，更多人受伤。警方最后认定这是大卫教派成员对联邦办公大楼实施的一次报复性袭击；卢旺达连续发生惨案，约 5000 人丧生；约有 150 万卢旺达人逃离国家，混乱中大约有 2.7 万名儿童与家人失散。

5 月，扎伊尔爆发埃博拉病毒，造成 150 人死亡。

7 月，塞尔维亚族武装分子对穆斯林族反抗者展开了骇人听闻的大屠杀；巴黎发生地铁恐怖爆炸案，造成 4 人死亡，62 人受伤，其中 14 人伤势严重。

8 月，巴勒斯坦人在特拉维夫发动自杀性炸弹袭击；巴黎地铁发生炸弹爆炸事件，4 人遇难。

10 月，阿塞拜疆首都巴库的一列地铁列车失火，造成 558 人死亡，269 人受伤。

1996 年

1 月，美国遭受暴风雪袭击，造成 100 多人死亡。

2~6 月，爱尔兰共和军在英国大陆连续实施炸弹袭击。

3 月，英国发生邓布兰凶杀案，一名男子在苏格兰邓布兰镇的一所小学向学生们开枪，共打死了 16 名学生，打伤 11 名。邓布兰凶杀案的直接后果是英国下议院通过法案，禁止个人持有手枪；英国宣布境内出现疯牛病。

4 月，以色列袭击黎巴嫩联合国难民中心，造成 100 多人死亡；伊斯兰极端分子在埃及开罗杀死 18 名游客；一名持枪歹徒在澳大利亚阿瑟角疯狂地杀死 35 名游客。

6 月，19 名美国军人遭汽车炸弹袭击身亡。

7 月，北爱尔兰各地爆发骚乱；美国环球航空公司客机在科尼艾兰附近发生爆炸，机上 228 人全部遇难；布隆的图西族人和胡图族人之间爆发部族冲突；约旦河西岸发生暴乱，造成 80 多名巴勒斯坦人死亡。

9 月，约旦河西岸发生骚乱，造成 80 多名巴勒斯坦人死亡。

11 月，英格兰爆发大肠杆菌疾病。

1997 年

阿尔巴尼亚难民涌入意大利，伊斯兰极端分子在阿尔及利亚制造大屠杀事件，德国家畜中发现疯牛病。

2月，70多名以色列士兵在直升机坠毁事件中丧生；一艘油轮在乌拉圭触礁，溅出的石油造成大面积污染。

3月，邪教组织"天堂之门"的39名教徒集体自杀；美国俄亥俄州洪水泛滥，造成巨大损失。

4月，意大利都灵大教堂遭遇火灾。

5月，伊朗发生地震，4000多人遇难。

9月，耶路撒冷发生炸弹爆炸事件，造成8人死亡；海地一艘渡轮沉没，400多人遇难；印度尼西亚发生森林火灾，产生大量毁灭性的烟雾；穆斯林极端分子在开罗发动炸弹袭击，造成7名游客死亡。

1998年

亚洲金融危机开始，中国遭受历史罕见的特大洪水灾害，受灾地区达23个省份。

1月，冰雹使加拿大陷入一片黑暗。

2月，中国台湾的华航客机发生空难，机上182名乘客和14名机组人员全部罹难，并造成路面人员死亡；阿富汗发生地震，造成4000多人丧生；美国加利福尼亚遭遇暴风雪袭击，造成10人死亡；秘鲁遭遇洪灾，造成重大损失。

4月，100多名朝拜者在沙特阿拉伯麦加因人群拥挤而丧生。

5月，厄里特里亚和埃塞俄比亚之间爆发边界冲突，造成100多人死亡；阿根廷发生反犹太人的恐怖炸弹袭击，造成86人丧生。

6月，德国发生火车出轨事故，造成98人死亡。

7月，希腊发生森林火灾，造成大面积损失。

8月，北爱尔兰发生马基特汽车炸弹爆炸事件，爆炸造成28人死亡，200多人受伤。

9月，巴西爆发经济危机。

10～11月，"米奇飓风"席卷中美洲地区，这次灾难在两个国家共造成至少1万人死亡，100多万人无家可归。

1999年

哥伦比亚发生地震，100多人丧生。

4月，美国哥伦拜中学发生枪击凶杀案，导致15人死亡，另有多人受伤；美国路易斯安那州遭受龙卷风袭击，给长达6.5公里的地区造成重大损失；北约飞机在科索沃误炸难民车队。

8月，土耳其西部发生7.8级地震。

9月，墨西哥发生7级以上地震，中国台湾中部的集集地区发生7.7级大地震。

10月，美国加利福尼亚州发生7级地震。

11月12日，土耳其西北部地区再次发生7.2大地震，土耳其的这两次地震共造成1.8万人丧生。

参考书目

一 译著

《1991年世界发展报告》,世界银行。

《1992年世界发展报告》,世界银行。

联合国开发计划署:《人类发展报告2000》。

联合国IPCC:《气候变化2007综合报告》,政府间气候变化委员会出版,2008。

联合国:《千年发展目标报告2008》,联合国,纽约,2008。

《明镜》周刊:《9·11恐怖袭击背后的历史》,上海远东出版社,2002。

〔美〕"9·11"独立调查委员会:《9·11委员会报告》,世界知识出版社,2005。

〔美〕劳里·加勒特:《逼近的瘟疫》,杨岐鸣、杨宁译,生活·读书·新知三联书店,2008。

〔美〕芭芭拉·沃德、勒内·杜博斯:《只有一个地球——对一个小小行星的关怀和维护》,《国外公害丛书》编译,吉林人民出版社,2005。

〔美〕丹尼斯·米都斯等:《增长的极限——罗马俱乐部关于人类困境的报告》,李宝恒译,吉林人民出版社,2005。

世界环境和发展委员会:《我们共同的未来》,王之佳、柯金良等译,吉林人民出版社,2005。

〔美〕欧文·拉兹洛:《布达佩斯俱乐部全球问题最新报告:第三个1000年》,王宏昌、王裕秉译,吉林人民出版社,2004。

〔美〕赫伯特·金迪斯、〔美〕萨缪·鲍尔斯等:《走向统一的社会科学》,浙江大学跨学科社会科学研究中心译,上海人民出版社,2005。

〔德〕乌尔里希·贝克:《风险社会》,译林出版社,2004。

〔德〕乌尔里希·贝克：《世界风险社会》，吴英姿、孙淑敏译，南京大学出版社，2004。

〔德〕乌尔希里·贝克：《什么是全球化》，常和芳译，华东师范大学出版社，2008。

〔德〕乌尔里希·贝克等：《自反性现代化》，商务印书馆，2004。

〔英〕安东尼·吉登斯：《现代性的后果》，田禾译，译林出版社，2000。

〔英〕安东尼·吉登斯：《社会的构成》，李康、李猛译，生活·读书·新知三联书店，1998。

〔英〕安东尼·吉登斯：《民族—国家和暴力》，胡宗泽、赵力涛译，生活·读书·新知三联书店，1998。

〔英〕安东尼·吉登斯：《失控的世界》，周红云译，江西人民出版社，2001。

〔英〕齐格蒙特·鲍曼：《作为实践的文化》，郑莉译，北京大学出版社，2009。

〔英〕齐格蒙特·鲍曼：《现代性与大屠杀》，郇建立译，江苏人民出版社，2006。

〔美〕阿尔·戈尔：《难以忽视的真相》，环保志愿者译，湖南科学技术出版社，2007。

〔澳〕约翰·伯顿：《全球冲突：国际危机的国内根源》，谭朝洁、马学印译，上海人民出版社，2007。

〔美〕弗兰克·奈特：《风险、不确定性和利润》，郭武军、刘亮译，华夏出版社，2011。

〔英〕保罗·约翰逊：《现代从1919到2000年的世界》（上、下），李建波译，江苏人民出版社，2001。

〔英〕特里·布劳斯：《20世纪看得见的历史》，周光尚、望震、薄景山译，中国社会科学出版社，2006。

〔美〕威廉·麦克高希：《世界文明史——观察世界的新视角》，董建中、王大庆译，新华出版社，2003。

〔美〕肯尼思·F. 基普尔主编《剑桥世界人类疾病史》，张大庆主译，上海科技教育出版社，2007。

〔荷〕H. L. 韦瑟林：《欧洲殖民帝国1815～1919》，夏岩等译，中国社会科学出版社，2012。

〔美〕R. R. 帕尔默等：《欧洲崛起：现代世界的入口》，苏中友等译，世界图书出版公司，2010。

〔美〕R. R. 帕尔默等：《工业革命：变革世界的引擎》，苏中友等译，世界图书出版公司，2010。

〔美〕R. R. 帕尔默等：《启蒙到大革命：理性与激情》，陈敦全等译，世界图书出版公司，2010。

〔美〕罗伯特·希斯：《危机管理》，王成、宋斌辉、金瑛译，中信出版社，2004。

〔美〕米歇尔·艾伦·吉莱斯皮：《现代性的神学起源》，张卜天译，湖南科学技术出版社，2012。

〔斯〕斯拉沃热·齐泽克：《暴力：六个侧面的反思》，唐健、张嘉荣译，中国法制出版社，2012。

〔法〕E. 迪尔凯姆：《社会学方法的准则》，狄玉明译，商务印书馆，1995。

〔美〕克利福德·格尔兹：《文化的解释》，纳日碧力戈等译，上海人民出版社，1999。

〔英〕马林诺夫斯基：《科学的文化理论》，黄剑波等译，中央民族大学出版社，1999。

〔德〕马克斯·霍克海默、〔德〕西奥多·阿道尔诺：《启蒙辩证法》，渠敬东、曹卫东译，上海人民出版社，2006。

〔英〕雷蒙德·威廉斯：《文化与社会》，吴松江、张文定译，北京大学出版社，1991。

〔美〕塞缪尔·亨廷顿、〔美〕劳伦斯·哈里森主编《文化的重要性——价值观如何影响人类进步》，新华出版社，2002。

〔加〕D. 保罗·谢弗：《文化引导未来》，许春山、朱邦俊译，社会科学文献出版社，2008。

〔加〕D. 保罗·谢弗：《经济革命还是文化复兴》，高广卿、陈炜译，社会科学文献出版社，2006。

〔英〕阿诺德：《文化与无政府状态》，韩敏中译，生活·读书·新知三联书店，2002。

〔美〕威廉·A. 哈维兰：《文化人类学》（第10版），翟铁鹏、张钰译，上海社会科学院出版社，2006。

〔美〕拉德克利夫 – 布朗：《社会人类学方法》，夏建中译，华夏出版社，2002。

〔法〕阿尔贝特·施韦泽：《文化哲学》，陈泽环译，上海人民出版社，2008。

〔美〕托比·米勒编《文化研究指南》，王晓路译，南京大学出版社，2009。

〔美〕约翰·R. 霍尔、〔美〕玛丽·乔·尼兹：《文化：社会学的视野》，周晓红、徐彬译，商务印书馆，2004。

〔美〕爱德华·T. 霍尔：《自然·人·哲学·无声的语言》，刘建荣译，上海人民出版社，1991。

〔英〕泰勒：《原始文化》，蔡江浓编译，浙江人民出版社，1988。

〔美〕克利福德·格尔茨：《文化的解释》，韩莉译，译林出版社，1999。

〔美〕克莱德·克拉克洪等：《文化与个人》，高佳、何红、何维凌译，浙江人民出版社，1986。

〔德〕狄特·富尔特：《哲人小语——人与自然》，生活·读书·新知三联书店，1993。

〔加〕巴里·艾伦：《知识与文明》，刘梁剑译，浙江大学出版社，2010。

〔英〕阿雷恩·鲍尔德温等：《文化研究导论》，陶东风等译，高等教育出版社，2004。

马克思、恩格斯：《马克思恩格斯全集》第46卷（上），人民出版社，1979。

〔德〕伊曼努尔·康德：《纯粹理性批判》，李秋零译，中国人民大学出版社，2004。

〔德〕康德：《历史理性批判文集》，何兆武译，商务印书馆，1991。

〔德〕康德：《康德书信百封》，李秋零编译，上海人民出版社，1992。

〔德〕海德格尔：《基本著作》，英文版，纽约哈普和劳出版社，1977。

〔德〕冈特·绍伊博尔德：《海德格尔分析新时代的技术》，宋祖良译，中国社会科学出版社，1993。

〔英〕以赛亚·柏林：《自由论》，胡传胜译，译林出版社，2003。

〔美〕约翰·罗尔斯：《正义论》，何怀宏等译，中国社会科学出版社，1998。

〔美〕里米·里夫金、〔美〕特德·霍华德：《熵：一种新的世界观》，吕明、袁舟译，上海译文出版社，1987。

〔美〕詹姆斯·施密特编《启蒙运动与现代性》，徐向东、卢华萍译，上海人民出版社，2005。

〔法〕吉尔松：《中世纪哲学精神》，沈清松译，上海人民出版社，2008。

〔美〕悉尼·胡克：《理性、社会神话和民主》，金克、徐崇温译，上海世纪出版集团·上海人民出版社，2006。

〔德〕奥特弗里德·赫费：《作为现代化之代价的道德——应用伦理学前沿问题研究》，邓安庆、朱更生译，上海译文出版社，2005。

〔美〕罗芙云：《卫生的现代化》，江苏人民出版社，2005。

〔美〕丹尼尔·查尔斯：《收获之神 生物技术、财富和食物的未来》，袁丽琴译，上海世纪出版集团·上海科学技术出版社，2006。

〔奥〕卡林·诺尔－塞蒂纳：《制造知识：建构主义与科学的与境性》，东方出版社，2001。

〔奥〕弗里茨·瓦尔纳：《建构实在论：一种非正统的科学哲学》，江西高校出版社，1996。

〔美〕约翰·R. 塞尔：《社会实在的建构》，李步楼译，上海世纪出版集团·上海人民出版社，2008。

〔美〕约翰·塞尔：《心灵、语言和社会——实在世界中的哲学》，李步楼译，上海译文出版社，2006。

〔德〕哈贝马斯：《公共领域的结构转型》，曹卫东译，学林出版社，1999。

〔法〕米歇尔·福柯：《主体解释学》，佘碧平译，上海人民出版社，2005。

〔法〕米歇尔·福柯：《福柯集》，杜小真选编，上海远东出版社，2004。

〔法〕米歇尔·福柯：《生命政治的诞生》，莫伟民、赵伟译，上海人民出版社，2011。

〔法〕米歇尔·福柯：《安全、领土与人口》，钱翰、陈晓径译，上海人民出版社，2010。

〔法〕皮埃尔·卡兰默：《破碎的民主——试论治理的革命》，高凌瀚译，生活·读书·新知三联书店，2005。

法国更新治理研究院：《治理年鉴2007》，金俊华等译，新星出版社，2008。

法国更新治理研究院：《治理年鉴2008》，金俊华等译，新星出版社，2009。

法国更新治理研究院：《治理年鉴2009~2010》，金俊华译，吉林出版集团有限责任公司出版，2011。

〔法〕让-皮埃尔·戈丹：《何为治理》，钟震宇译，社会科学文献出版社，2010。

〔美〕奥利弗·E. 威廉森：《治理机制》，王健、方世建等译，中国社会科学出版社，2001。

〔美〕詹姆斯·罗西瑙：《没有政府的治理：世界政治中的秩序与变革》，张胜军、刘小林等译，江西人民出版社，2001。

〔英〕勃里格斯：《英国社会史》，陈叔平等译，中国人民大学出版社，1991。

〔美〕R. 柯林斯：《哲学的社会科学》（上、下），吴琼、齐鹏、李志红译，新华出版社，2004。

〔美〕詹姆斯·C. 斯科特：《国家的视角：那些试图改善人类状况的项目是如何失败的》，王晓毅译，胡博校，社会科学文献出版社，2004。

〔美〕诺姆·乔姆斯基：《失败的国家》，白璐译，上海译文出版社，2009。

〔美〕诺姆·乔姆斯基：《霸权还是生存 美国对全球统治的追求》，张鲲译，上海译文出版社，2006。

〔美〕詹姆斯·加尔布雷斯：《掠夺性政府》，苏琦译，中信出版社，2009。

〔美〕弗莱德·查尔斯·依克莱：《国家的自我毁灭》，相蓝欣译，华东师范大学出版社，2008。

〔美〕萨缪尔·亨廷顿：《失衡的承诺》，东方出版社，2009。

〔美〕大卫·考恩：《布什的谎言》，李春怡、王勇智译，东方出版社，2004。

〔美〕R. M. 昂格尔:《现代社会中的法律》,吴玉章、周汉华译,译林出版社,2008。

〔美〕克莱·G. 瑞恩:《道德自负的美国:民主的危机与霸权的图谋》,程农译,上海人民出版社,2008。

〔美〕加埃塔诺·莫斯卡:《政治科学要义》,任军锋、宋国友、包军译,上海人民出版社,2005。

〔美〕罗伯特·杰维斯:《国际政治中的知觉与错误知觉》,秦亚青译,世界知识出版社,2003。

〔美〕温都尔卡·库芭科娃、〔美〕尼古拉斯·奥鲁夫、〔美〕保罗·科维特主编《建构世界中的国际关系》,北京大学出版社,2006。

〔美〕萨缪尔·亨廷顿:《第三波——20世纪后期民主化浪潮》,刘军宁译,上海三联书店,1998。

〔美〕斯蒂芬·范·埃弗拉:《战争的原因》,何曜译,上海世纪出版集团·上海人民出版社,2007。

〔美〕查默斯·约翰逊:《帝国的悲哀:黩武主义、保密与共和国的终结》,任晓、张耀、薛晨译,上海世纪出版集团·上海人民出版社,2005。

〔美〕爱德华·萨义德:《文化与抵抗 萨义德访谈录》,梁永安译,上海世纪出版集团·上海人民出版社,2009。

〔美〕爱德华·萨义德:《报道伊斯兰》,阎纪宇译,上海译文出版社,2009。

〔美〕理查德·克罗卡特:《反美主义与全球秩序》,陈平译,新华出版社,2004。

〔美〕玛莎·芬尼莫尔:《干涉的目的:武力使用信念的变化》,袁正清、李欣译,上海世纪出版集团·上海人民出版社,2009。

〔美〕诺姆·乔姆斯基:《恐怖主义文化》,张鲲、郎丽璇译,上海译文出版社,2006。

〔澳〕约翰·伯顿:《全球冲突 国际危机的国内根源》,谭朝洁、马学印译,上海人民出版社,2007。

〔美〕查尔斯·蒂利:《集体暴力的政治》,谢岳译,上海人民出版社,2006。

〔法〕乔治·索雷尔:《论暴力》,乐启良译,上海人民出版社,2006。

〔美〕托马斯·戴伊:《谁掌管美国》,梅士、王殿宸译,世界知识出版社，1980。

〔美〕查尔斯·蒂利：《社会运动：1768～2004》，胡位钧译，上海人民出版社，2009。

〔美〕罗伯特·L. 海尔布罗纳、〔美〕威廉·米尔博格：《经济社会的起源》（第12版），李陈华、许敏兰译，格致出版社、上海三联书店、上海人民出版社，2010。

〔法〕保尔·芒图：《十八世纪产业革命》，杨人楩等译，商务印书馆，2012。

〔美〕弗雷德里克·L. 努斯鲍姆：《现代欧洲经济制度史》，罗礼平、秦传安译，上海财经大学出版社，2012。

〔英〕亚当·斯密：《国民财富的性质和原因的研究》（上、下卷），郭大力等译，商务印书馆，2002。

〔英〕亚当·斯密：《道德情操论》，蒋自强等译，商务印书馆，1998。

〔英〕卡尔·波兰尼：《大转型：我们时代的政治与经济起源》，冯钢、刘阳译，浙江人民出版社，2007。

〔美〕理安·艾斯勒：《国家的真正财富　创建关怀经济学》，高铦、汐汐译，社会科学文献出版社，2009。

〔德〕G·齐美尔：《货币哲学》，许泽民译，贵州人民出版社，2009。

〔美〕米尔顿·弗里德曼：《货币的祸害——货币史片断》，安佳译，商务印书馆，2006。

〔秘鲁〕赫尔南多·德·索托：《资本的秘密》，王晓东译，江苏人民出版社，2001。

〔美〕维克托·R. 福克斯：《谁将生存？健康，经济学和社会选择》，罗汉等译，上海人民出版社，2000。

〔墨〕卡洛斯·安东尼奥·阿居雷·罗哈斯：《拉丁美洲：全球危机和多元文化》，王银福译，山东大学出版社，2006。

〔英〕约瑟夫·克罗普西：《国体与经体》，邓文正译，上海人民出版社，2005。

〔美〕埃德温·贝克：《媒体、市场与民主》，冯建三译，上海人民出版社，2008。

〔英〕弗里德里希·A. 哈耶克：《科学的反革命》，冯克利译，译林出版社，2003。

〔印〕阿马蒂亚·森:《以自由看待发展》,任赜、于真译,中国人民大学出版社,2002。

〔印〕阿马蒂亚·森等:《生活水准》,徐大建译,上海财经大学出版社,2007。

〔印〕阿马蒂亚·森、〔美〕玛莎·努斯鲍姆主编《生活质量》,龚群等译,社会科学文献出版社,2008。

〔印〕让·德雷兹、〔印〕阿马蒂亚·森:《饥饿与公共行为》,苏雷译,社会科学文献出版社,2006。

〔印〕阿马蒂亚·森:《论经济不平等:不平等之再考察》,王利文、于占杰译,社会科学文献出版社,2006。

〔印〕阿马蒂亚·森:《饥荒与贫困——论权力与剥夺》,王宇、王文玉译,商务印书馆,2001。

〔印〕阿马蒂亚·森:《集体选择与社会福利》,胡的的、胡毓达译,上海科学技术出版社,2004。

〔美〕道格拉斯·C.诺斯:《经济史上的结构和变革》,商务印书馆,1999。

〔德〕柯武刚、史漫飞:《制度经济学》,商务印书馆,2004。

〔美〕奥兰·扬:《世界事务中的治理》,陈玉刚、薄燕译,上海世纪出版集团·上海人民出版社,2007。

〔英〕巴瑞·布赞等:《新安全论》,朱宁译,浙江人民出版社,2003。

〔美〕彼得·辛格:《一个世界——全球化伦理》,应奇、杨立峰译,东方出版社,2005。

哈佛燕京学社主编,〔美〕雅克·布道编著《建构全球共同体 全球化与共同善》,万俊人、姜玲译,江苏教育出版社,2006。

〔英〕齐格蒙特·鲍曼:《共同体》,欧阳景根译,江苏人民出版社,2003。

〔俄〕A.H.科斯京:《生态政治学与全球学》,胡谷明等译,武汉大学出版社,2008。

〔美〕丹尼尔·A.科耳曼:《生态政治 建设一个绿色社会》,梅俊杰译,上海世纪出版集团·上海译文出版社,2006。

〔美〕加勒特·哈丁:《生活在极限之内——生态学、经济学和人口禁忌》,戴星翼、张真译,上海译文出版社,2001。

〔日〕佐佐木毅、〔韩〕金昌泰主编《地球环境与公共性》，韩立新、李欣荣译，人民出版社，2009。

〔日〕佐佐木毅、〔韩〕金昌泰主编《国家·人·公共性》，金熙德、唐永亮译，人民出版社，2009。

〔日〕佐佐木毅、〔韩〕金昌泰主编《中间团体开创的公共性》，王伟译，人民出版社，2009。

〔日〕佐佐木毅、〔韩〕金昌泰主编：《科学技术与公共性》，吴光辉译，人民出版社，2009。

〔德〕阿克塞尔·霍耐特：《为承认而斗争》，胡继华译，上海人民出版社，2006。

〔美〕托马斯·谢林：《承诺的策略》，王永钦、薛峰译，上海人民出版社，2009。

〔美〕查尔斯·蒂利：《身份、边界与社会联系》，谢岳译，上海人民出版社，2008。

〔美〕E.弗洛姆：《人类的破坏性分析》，孟禅森译，中央民族大学出版社，2000。

〔美〕米歇尔·沃尔德罗普：《复杂：诞生于秩序与混沌边缘的科学》，陈玲译，生活·读书·新知三联书店，1997。

〔德〕马克思·舍勒：《资本主义的未来》，罗悌伦等译，生活·读书·新知三联书店，1998。

〔美〕罗伯特·L.海尔布罗纳、〔美〕威廉·米尔博格：《经济社会的起源》（第12版），李陈华、许敏兰译，格致出版社、上海三联书店、上海人民出版社，2010。

〔法〕费尔南多·布罗代尔：《资本主义论丛》，顾良、张慧君译，中央编译出版社，1997。

〔法〕费尔南多·布罗代尔：《15至18世纪的物质文明、经济和资本主义》（第一卷），顾良、施康强译，生活·读书·新知三联书店，1993。

〔法〕费尔南多·布罗代尔：《15至18世纪的物质文明、经济和资本主义》（第二卷），顾良、施康强译，生活·读书·新知三联书店，1993。

〔法〕费尔南多·布罗代尔：《15至18世纪的物质文明、经济和资本主义》（第三卷），顾良、施康强译，生活·读书·新知三联书店，1993。

〔美〕保罗·萨缪尔森、〔美〕威廉·诺德豪斯：《经济学》（第17

版),萧琛主译,人民邮电出版社,2008。

〔美〕伊斯雷尔·柯兹纳:《市场过程的含义》,冯兴元等译,中国社会科学出版社,2012。

〔美〕克里斯托夫·帕斯、〔美〕布赖恩·洛斯、〔美〕莱斯利·戴维斯:《科林斯经济学词典》(第三版),罗汉译,上海财经大学出版社,2008。

〔比〕亨利·皮朗:《中世纪欧洲经济社会史》,乐文译,上海人民出版社,1986。

〔英〕弗里德里希·冯·哈耶克:《通往奴役之路》,王明毅、冯兴元等译,中国社会科学出版社,1997。

〔美〕约瑟夫·熊彼特:《经济分析史》(第一卷),朱泱等译,商务印书馆,2005。

〔美〕尼尔·博斯曼:《技术垄断》,何道宽译,北京大学出版社,2007。

〔法〕马塞尔·莫斯、〔法〕爱弥尔·涂尔干、〔法〕亨利·于贝尔:《论技术、技艺与文明》,蒙养山人译,世界图书出版公司,2010。

〔德〕海德格尔:《基本著作》,英文版,纽约哈普和劳出版社,1977。

二 中文著作

黄健荣:《公共管理新论》,社会科学文献出版社,2005。

潘光旦:《人文史观》,上海三联书店,2008。

梁漱溟:《中国文化要义》,上海人民出版社,2005。

梁漱溟:《东西文化及其哲学》,上海人民出版社,2006。

罗钢、刘象愚主编《文化研究读本》,中国社会科学出版社,2000。

杨深编《走出东方:陈序经文化论著辑要》,中国广播电视出版社,1995。

张岱年、程宜山:《中国文化与文化论争》,中国人民大学出版社,1990。

刘岩:《风险社会理论新探》,中国社会科学出版社,2008。

李湛军:《恐怖主义与国际治理》,中国经济出版社,2006。

张家栋:《恐怖主义论》,时事出版社,2007。

张家栋:《全球化时代的恐怖主义及其治理》,上海三联书店,2007。

李湛军：《恐怖主义与国际治理》，中国经济出版社，2006。

王逸舟主编《恐怖主义溯源》，社会科学文献出版社，2002。

何秉松：《恐怖主义、邪教、黑社会》，群众出版社，2001。

美国"9·11"独立调查委员会：《9·11委员会报告》，世界知识出版社，2005。

陈超：《新疆的分裂与反分裂斗争》，民族出版社，2009。

许纪霖：《回归公共空间》，江苏人民出版社，2005。

郭树勇：《建构主义与国际政治》，长征出版社，2001。

戴启秀：《德国模式解读：建构对社会和生态负责任的经济秩序》，同济大学出版社，2008。

夏明方、康沛竹主编《二十世纪中国灾变图史》（上、下），福建教育出版社、广西师范大学出版社，2001。

夏明方：《民国时期自然灾害与乡村社会》，中华书局，2000。

夏明方：《天有凶年——清代灾害与中国社会》，生活·读书·新知三联书店，2007。

卜凤贤：《周秦汉晋时期农业灾害和农业减灾方略》，中国社会科学出版社，2006。

孙绍骋：《中国救灾制度研究》，商务印书馆，2004。

周晓丽：《灾害性公共危机治理》，社会科学文献出版社，2008。

杨雪冬等：《风险社会与秩序重建》，社会科学文献出版社，2006。

庄贵阳等：《全球环境与气候治理》，浙江人民出版社，2009。

俞可平主编《治理与善治》，社会科学文献出版社，2000。

武汉大学发展研究院SARS研究课题组：《SARS挑战中国：SARS时疫对中国改革与发展的影响》，武汉大学出版社，2003。

张小明：《公共部门危机管理》，中国人民大学出版社，2006。

周宪、许钧主编《自反性现代化》，商务印书馆，2001。

夏宝成编著《美国公共安全管理导论》，当代中国出版社，2007。

杨桂英、杜文编著《社区及家庭：公共安全管理实务》，化学工业出版社，2006。

夏宝成：《西方公共安全管理》，化学工业出版社，2006。

薛澜、张强、钟开斌：《危机管理 转型期中国面临的挑战》，清华大学出版社，2003。

杨念群：《再造"病人"》，中国人民大学出版社，2006。

汪丁丁、韦森、姚洋：《制度经济学三人行》，北京大学出版社，2005。

韦森：《文化与制序》，上海人民出版社，2003。

韦森：《市场、法治与民主》，上海人民出版社，2008。

韩大元：《生命权的宪法逻辑》，译林出版社，2012。

万鹏飞主编《美国、加拿大和英国突发事件应急管理法选编》，北京大学出版社，2006。

傅勇：《非传统安全与中国》，上海人民出版社，2007。

余潇枫：《非传统安全与公共危机治理》，浙江大学出版社，2007。

余潇枫、潘一禾、王江丽：《非传统安全概论》，浙江人民出版社，2006。

潘一禾：《文化安全》，浙江大学出版社，2007。

林尚立：《制度创新与国家成长——中国的探索》，天津人民出版社，2005。

潘伟杰：《制度、制度变迁与政府规制研究》，上海三联书店，2005。

路国林编译，薛晓源主编《全球化与风险社会》，社会科学文献出版社，2005。

秦晖：《变革之道》，郑州大学出版社，2007。

刘云德：《文化论纲》，中国展望出版社，1988。

张耀南编《知识与文化：张东荪文化论著辑要》，中国广播电视出版社，1995。

彭迪先：《世界经济史纲》，生活·读书·新知三联书店，1949。

蒋孟引：《蒋孟引文集》，南京大学出版社，1995。

任扶善：《世界劳动立法》，中国劳动出版社，1991。

丁建定：《西方国家社会保障制度史》，高等教育出版社，2010。

三 中文论文

〔德〕乌尔里希·贝克：《"9·11"事件后的全球风险社会》，王武龙编译，《马克思主义与现实》（双月刊）2004年第2期。

〔德〕乌尔里希·贝克：《风险社会再思考》，《马克思主义与现实》（双月刊）2002年第4期。

〔德〕乌尔里希·贝克：《风险社会政治学》，《马克思主义与现实》

（双月刊）2005年第3期。

〔英〕斯科特·拉什：《风险社会与风险文化》，王武龙编译，《马克思主义与现实》（双月刊）2002年第4期。

〔印〕阿马蒂亚·森：《简论人类发展的分析路径》，尔东译，《马克思主义与现实》2002年第6期。

〔印〕阿马蒂亚·森：《论社会排斥》，王燕燕摘译，《经济社会体制比较》2005年第3期。

〔印〕阿马蒂亚·森：《为什么恰恰承诺对于理性是重要的》，杨未昌译，《华东经济管理》，2007年10月。

〔印〕阿马蒂亚·森：《有关全球化的十个问题》，朱雅文译，《国外社会科学文摘》2001年第9期。

〔德〕康德：《关于一种出自世界公民意图的普遍历史的观念》，〔德〕康德：《康德书信百封》，李秋零编译，上海人民出版社，1992。

〔美〕萨基凯·福库达·帕尔：《人类发展分析路径：检阅、反思和前瞻》，陈雪莲编译，《马克思主义与现实》2002年第6期。

成伯清：《"风险社会"视角下的社会问题》，《南京大学学报》（哲学·人文科学·社会科学）2007年第2期。

赵宏燕、李迎春：《可行能力问题研究——贫困问题分析的新视角》，《前沿》2007年第12期。

张戎凡：《观察"风险"何以可能：关于卢曼〈风险：一种社会学理论〉的评述》，《社会》2006年第4期。

季羡林：《文化交流的复杂性和必然性》，载自季羡林、张光璘编选《东西文化议论集》，经济日报出版社。

张岱年：《中国文化与中国哲学》，载自季羡林、张光璘编选《东西文化议论集》，经济日报出版社，1997。

曹树基：《1959~1961年中国的人口死亡及其成因》，《中国人口科学》2005年第1期。

范子英、孟令杰、石慧：《为何1959~1961年大饥荒终结于1962年》，《经济学》Vol.18，No.11，October，2008。

张成福：《公共危机管理：全面整合的模式与中国的战略选择》，《中国行政管理》2003年第7期。

张小明：《论危机管理研究中的术语规范问题——从SARS危机引发的

思考》,《术语标准化与信息技术》,2004。

张海波:《风险社会与公共危机》,引自《江海学刊》2006年第2期。

杨通进:《寻找人类中心主义与非人类中心主义的重叠共识》,《伦理学》2006年第6期。

四 外文著作和论文

F. Hayek, The Fatal Conceit: The Errors of Socialism, Chicago: the University of Chicago Press, 1988.

Cf. P. Bairoch, *Victoires et déboires. Histoire économique et sociale du monde du XVIe siècle à nos jours* (3 vols; Paris 1997), vol. Ⅱ.

Giddens, A. and Pierson, C. (1998), *Conversation with Anthony Giddens: Making Sense of Modernity.* Cambridge: Polity.

Rosenthal U., Pijnenburg B., *Crisis Management and Decision Making: Simulation Oriented Scenarios* [M]. Boston: Kluwer Academic Publishers 1991.

Rosenthal Uriel, Charles Michael T., ed. *Coping with Crises: the Management of Disasters*, Riots and Terrorism. Springfield: Charles C. Thomas, 1989.

Friedrich Nietasche, *The Philosophy of Nietasche*, ed. Geoffrey Clive, New York, Mentor books, 1965.

Ernest Gellner, *Nations and Nationalism*, Oxford, Blackwell, 1983.

John Carroll, Humanism: *The Wreck of Western Culture*, London, Fontana Press, 1983.

C. G. Hanson, *Craft Unions, Welfare Benefits, and the Case for Trade Union Law Reform, 1867–1875*, The Economic History Review, 1975.

Emergency Management Institute, Independent Study IS230, *Principle of Emergency Management*, March, 2003.

Emergency Management Australia, *Australia Emergency Management Glossary*, Better Printing Service, Commonwealth of Australia, 1998.

Booth, ken (1991), "Security and Emancipation", Review of International Studies.

五 报刊类

〔印〕阿马蒂亚·森:《市场经济繁荣的目的》,方柏林译,《全球经济报道》2004 年 9 月 21 日。

〔印〕阿马蒂亚·森:《全球化:只要公平就好》,《21 世纪经济报道》2001 年 8 月 9 日。

《全球经济从哪里找到足够的持续行动的需求?——保罗·克鲁格曼谈世界经济现状》,《南方周末》2009 年 4 月 16 日,C20 版。

《民意与智慧改变厦门》,《南方周末》2007 年 12 月 20 日,头版头条。

《全球经济从哪里找到足够的持续行动的需求?——保罗·克鲁格曼谈世界经济现状》,《南方周末》2009 年 4 月 16 日,C20 版。

刘斌:《议员修理马桶　民众修理议员》,《南方周末》2009 年 5 月 28 日,B12 版。

《三联生活周刊》2007 年 7 月 23 日,2007 年第 27 期,总第 441 期。

《中国"癌症村"地图》,《凤凰周刊》2009 年第 11 期,总第 324 期。

《时代》周刊,1989 年。

美国《新世纪杂志》,特辑,1990 年春季。

六　网络文献类

中国科学院网站高能物理研究所 2009 年 7 月 23 日发表的文章"暗物质与安能量",http://www.ihep.cas.cn/kxcb/kjqy/200907/t20090723_2160257.html。

http://news.xinhuanet.com/world/2004-04-06/content_1404423.htm,"卢旺达大屠杀 10 年祭——本可避免的人间惨剧"。

新华网:《美国示威者"占领华盛顿"》,http://news.xinhuanet.com/world/2011-10-07/c_122124302.htm。

新华网:《美"占领华尔街"运动蔓延全国》,http://news.xinhuanet.com/world/2011-10-04/c_122119146_2.htm。

新华网:《贫富悬殊激化矛盾"占领华尔街"渐成社会运动》,http://news.xinhuanet.com/fortune/2011-10-10/c_122134591.htm。

茅于轼:《"占领华尔街"运动说明了什么?》,http://blog.sina.com.cn/s/blog_49a3971d0102dutm.html。

新华网:《骚乱双城记:2011 年伦敦 Vs2005 年巴黎》,http://news.xinhuanet.com/world/2011-08-14/c_121852160_10.htm。

新华网:《国际观察:几近失控并蔓延多个城市　伦敦骚乱缘由几何》,

http://news.xinhuanet.com/world/2011-08/11/c_121845868_2.htm。

中国新闻网:《新疆疏附县12·15暴恐案细节:团伙多次进行试爆》,http://www.chinanews.com/df/2013/12-17/5626400.shtml。

新浪网:《美国漏油事故威胁9大物种生存》,http://news.sina.com.cn/w/2010-05-05/014620204765.shtml。

新浪网:《卫星图显示墨西哥湾油污带进入海洋环流》,http://news.sina.com.cn/w/p/2010-05-20/100220310935.shtml。

今晚网:《亚马逊雨林"环境大屠杀"巴西牧场主拯救》,http://news.jwb.com.cn/art/2013/11/7/art_189_3745016.html。

环球网:《巴西牧场主拯救亚马逊雨林纪实》,http://photo.huanqiu.com/gallery/2013-11/2715987_3.html。

新浪网:《高盛被指粮食危机罪魁祸首 大饥荒成金融彩票》,http://finance.sina.com.cn/money/future/fmnews/20130124/095214388868.shtml。

辽宁新闻:《华尔街五大投行覆灭》,http://news.lnd.com.cn/xwzx/htm/2008-12/23/content_465310.htm。

凤凰网:《经济全球化"发展中国家"崛起成谎言 贫富差距扩大》,http://finance.ifeng.com/opinion/hqgc/20110119/3237678.shtml。

人民网:《盘点世界几大贫民窟 贫民窟也有希望》,http://house.people.com.cn/n/2012/1102/c164220-19476683-2.html。

新浪网:《贫民窟问题困扰世界各国》,http://news.sina.com.cn/o/2006-08-17/14479776746s.shtml。

联合国网站:《什么是贫民窟》,http://www.un.org/zh/development/housing/slum1.shtml。

联合国网站:《贫民窟为什么存在》,http://www.un.org/zh/development/housing/slum2.shtml。

后 记

　　几年的博士生生活如白驹过隙，即将结束。博士论文即将出版之日，回首走过的岁月，感慨良多。从6岁入学到35岁博士毕业，又加之工作后一直从事高校教师一职，人生的绝大部分时间是在学校和学习中度过。博士生涯于我而言十分重要，并不在于它赋予我一张博士文凭，而在于它重塑了我的学习方式和人生价值。在南京大学深造的几年，我常常感叹自己是本科、硕士、博士一起读。跨专业学习使得自己对行政管理专业前沿理论掌握得甚少，读博伊始，一切从零开始。在某种意义上，我的学习和学术生涯是从南京大学开始的。在南京大学的这几年，通过不懈的努力，不仅在专业理论和研究方法等方面有所积淀，而且在人生观、价值观和学术观上也进一步成熟。因为修学的过程，同样也是修人的过程。博士论文答辩顺利完成，书稿即将出版，深感南京大学的学习经历是人生一次难得的锻造和提升。所以，感谢南京大学，感谢南京大学诚朴、务实、大气的校风，扎实、沉稳、浓烈的学风和厚重的学术研究氛围，对我的影响将贯穿一生。

　　全球风险社会下，媒体和舆论关于公共危机事件的报道和评论不绝于耳。对于生活在中国西北边陲重镇——乌鲁木齐的我，更是强烈地感受到公共安全对社会稳定、对普通民众的生活、对国家发展的重要意义。从"7·5事件"到最近发生在昆明、乌鲁木齐火车南站和广州火车站的一系列暴力恐怖袭击事件，新疆一次次被推上舆论的风口浪尖。生活于中国反恐斗争的前沿，面对随时可能发生的恐怖暴力袭击活动，我有着更为深刻的感触和体会。于是决心更深入地挖掘、思考现代性风险和公共危机的根源，系统地思考全球风险社会及其公共危机的治理之道。因此，选择"全球风险社会下的公共危机治理"作为博士论文选题，是生存之地赋予我的潜在使命。

2010年，毕业论文开题不久，发现自己有孕在身，对于这个意外事件，内心无不纠结，因为它偏离了我先完成学业再做母亲的人生规划。在这个人生重要的选择时刻，我的导师黄健荣老师再一次帮助和指引了我。老师以轻松幽默的语气对我说："王丽啊，国家现在不正提倡'以人为本'吗？对于这个'突发事件'，我们也应该遵循'以人为本'。"正是这句"以人为本"，在攻读博士学位期间，使我收获了一个憨实、可爱的儿子。然而新生命孕育的过程并不顺利，贝克所言的"现代化风险和安全问题"不期而至。不知道是食品、药品，或其他哪个环节有问题，在医生和家人的众多反对声中，我和支持我的丈夫坚持将孩子生了下来。所幸未影响孩子的孕育，但这段刻骨铭心的经历，令我对潜伏在生活之中的现代性风险有了更为深刻的体验。感谢最终上天仍赐予我们一个健康的孩子，过去所遇到的问题也一一找到了化解的方法。在被现代性风险刺伤的同时，我也在感悟现代医学的缺陷。就这样，孕育生命的过程开启了我对生命的领悟与尊重，以一种别样的经历帮助我对毕业论文做更深一步的思考。

论文的完成过程十分艰辛，照顾年幼的孩子和日常教学工作占据了相当一部分时间。受限于自身知识的存储和驾驭能力的欠缺，从文化的视角研究全球风险社会及其社会危机治理的研究进行得十分困难。在论题驾驭与论文写作过程中，我常常感到力不从心。困顿时，我总是会以论文开题报告会上黄老师那句"王丽，我很期待你的论文"提醒自己，要继续努力，不能有负导师所望。抑或告诫自己，不可以在学业上半途而废，给儿子树立一个不好的典范。这样，在这一老一幼的督导下，辗转一年半，终于完成毕业论文的写作。在此，特别感谢恩师黄健荣教授的信任、鼓励和悉心指导，帮助我树立信心，克服困难，不断前行。在过去几年，我深刻体会到黄老师的善、严、平的导师风范。针对学生入学时理论基础薄弱的问题，黄老师始终以"善"待之，指出问题，不作嫌弃批评之言，始终以循循善诱的态度鼓励和帮助学子，这种包容和信任极大地增强了学生对学术研究的信心。对于学生在学习过程中时而懈怠的行为，黄老师是"严"的。他可以不介意学生入学时功底的薄弱，但不允许学习过程的不努力。于是，我们这群禁不住外界诱惑、经常懈怠的"孩子"，在黄老师的严厉批评和不断督促下，终能完成学业、修得"正果"。在与学生的交流和沟通中，黄老师始终以平和之心待之。学术问题的讨论、论文观点的指导，老师始终以一种平和的态度、平等的姿态与我们沟通和交流。对于学生的不同观点，老师总是秉持尊重的理念，先去聆听和理解，然后加以指导。在这种平等的沟通和交流中，师生之间总能碰撞出一些思想上的火花。对于学生的新想法，老师总是在沉吟片刻后鼓励我们去做相关研究。因此，尽管论文的写作过程不断被延长，但每一次与黄老师的沟通和交流总是"痛并快乐"的。写作的"煎熬"、问题被揭批的"痛"和师生之间观点碰撞的"乐"使我充分感受到学术研究之真实意蕴。总之，"读博"期间和博士学位论文完成过程的点点滴滴都凝聚了黄老师的大量心血。每当夜深人静，我时常感叹，进入南京大学和遇见黄老师，实乃自己人生一大幸事。给这种幸福锦上添花的是我们善良、可爱的师母姜秀珍女士。对于严师，犯错的学生总是心存惧怕的，这时候和善的师母总是会在一旁善解人意地帮助我们。导师主管学生的学业。对于生活，师母则给予我们无微不至的关心和帮助，常常让我们备感温暖。博士论文预答辩时，当我和导师、同门在教室里持续几个小时辩证时，是师母在教室外帮我照看三岁的幼儿。答辩结束后，师母匆匆离去时不忘嘱咐我："小朋友可能要睡觉了。"那一刻，所有的感激都涌在心里，不知该如何表达。就这样，过去几年，在老师和师母的关怀和引导下，我走完了人生中最重要的一段路程。感谢老师和师母的关怀和培养，在你们那里我感受到的不仅是知识和温暖，还有为人师、为人母之道！

我在南京大学读书10多年，自觉南京大学诚朴、务实、沉稳的校风及厚重的学术氛围已经深深融入我的血液。每当我置身于南大校园，都有一种难以描述的幸福感。衷心感谢攻读博士学位期间的各位老师：南京大学的童星教授、庞绍堂教授、张凤阳教授、林闽钢教授、孔繁斌教授、李良玉教授、魏姝教授等在专业学习方面给予我的指导和帮助。感谢我的同门兄弟姐妹——杨占营、余敏江、叶芬梅、向玉琼、刘伟、王子明、钱洁、李强彬、廖业扬、张华、刘超、陈宝胜、李玲、廖尹航、姜维、王君君、张京宁等一直以来对我的关心与帮助。感谢钱洁、李玲、胡建刚和鲍林强四位同学在答辩期间对我的照顾和帮助。感谢和我同期入学的苗红娜、吴娆两位挚友对我的关心和帮助。良师、同门、益友的相处是我在南京大学期间除学业之外最美好的回忆和收获。衷心地感谢和祝福他们！

过去的10年中，我的工作单位新疆财经大学的领导和同事们对我的工作和学业给予了大量的支持和帮助。感谢新疆财经大学工商管理学院院长龚海涛先生和巩丽华女士在我攻读博士学位期间给予的大力帮助和支持。感谢新疆财经大学公共经济管理学院行政管理教研室全体同仁在我博士论文写作和答辩期间给予的大力帮助和支持。感谢行政管理教研室的老主任樊亚利女士长期以来对我的鼓励和帮助。感谢新疆财经大学公共经济管理学院院长赵国春女士在书稿出版方面给予的大力帮助与支持。

最后,要特别感谢我的父母和家人。"读博"期间,没有他们任劳任怨的辛勤付出,我不可能全身心地投入学业和研究中。感谢我的丈夫,他是我人生道路和求学过程的坚实支柱,是他的包容与爱每每陪我度过人生中艰苦而难忘的岁月。感谢我的父亲,我所获得的一切不是因为我有多努力,而是因为他在上天一直庇佑我。感谢我的母亲,是她给予了我不断进取和不轻言放弃的性格。感谢我的公公婆婆,在论文写作的关键时刻,是他们帮助我照顾年幼的儿子。感谢我可爱的儿子,感谢他来到我的身边,让我的人生更加饱满而充实。

书稿出版在即!写作过程的所学所得、所感所悟皆历历在心。学术研究之路刚刚开始,带着过去几年的积淀,希望自己不疾不徐,渐行渐远!

王 丽
2014 年 9 月

图书在版编目(CIP)数据

全球风险社会下的公共危机治理：一种文化视阈的阐释/王丽著.—北京：社会科学文献出版社，2014.12
ISBN 978-7-5097-6759-7

Ⅰ.①全… Ⅱ.①王… Ⅲ.①突发事件-公共管理-研究-中国 Ⅳ.①D63

中国版本图书馆CIP数据核字（2014）第267599号

全球风险社会下的公共危机治理：一种文化视阈的阐释

著　　者／王　丽

出 版 人／谢寿光
项目统筹／李　响
责任编辑／孙燕生　赵慧英

出　　版／社会科学文献出版社·社会政法分社（010）59367156
　　　　　地址：北京市北三环中路甲29号院华龙大厦　邮编：100029
　　　　　网址：www.ssap.com.cn
发　　行／市场营销中心（010）59367081　59367090
　　　　　读者服务中心（010）59367028
印　　装／三河市东方印刷有限公司
规　　格／开　本：787mm×1092mm　1/16
　　　　　印　张：24.75　字　数：417千字
版　　次／2014年12月第1版　2014年12月第1次印刷
书　　号／ISBN 978-7-5097-6759-7
定　　价／95.00元

本书如有破损、缺页、装订错误，请与本社读者服务中心联系更换

版权所有　翻印必究